Nelles Verlag

Foto: Günther Lahr

Tansania

Autorin:
Elke Frey

KARTENVERZEICHNIS

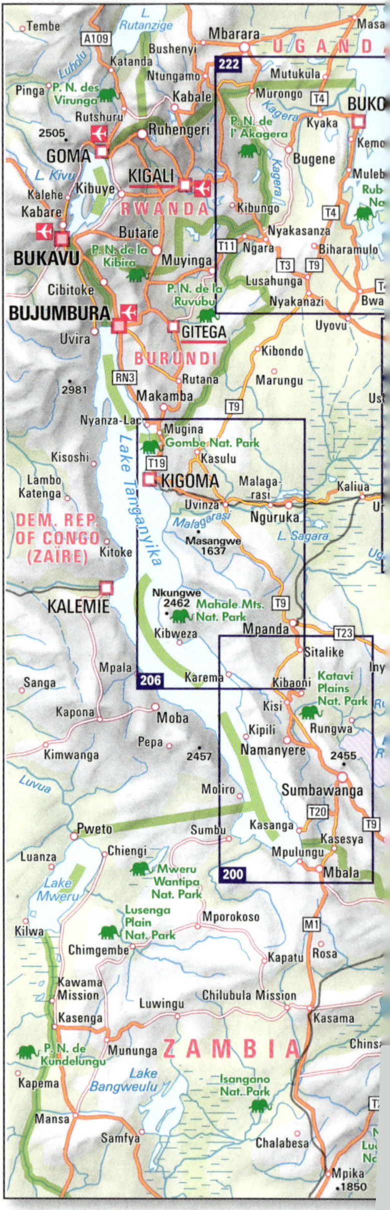

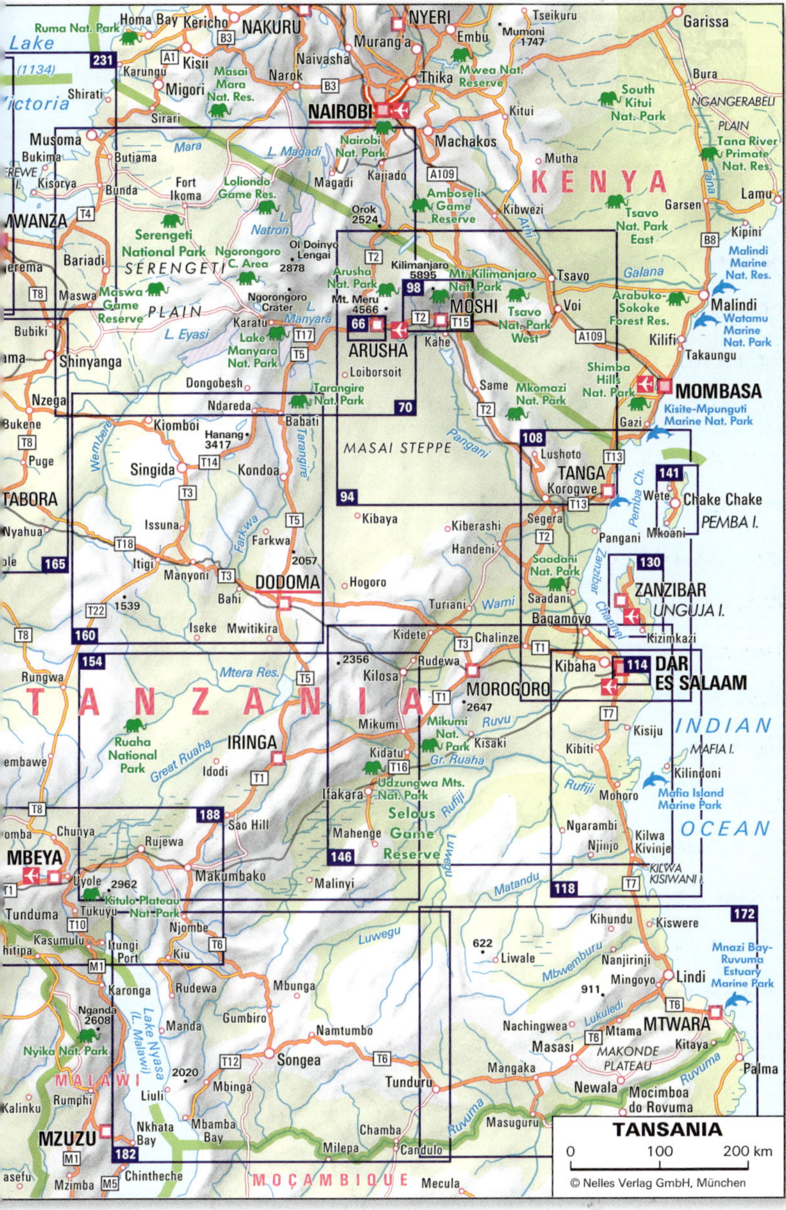
Ruma Nat. Park
Homa Bay
Kericho
NAKURU
Lake
(1134)
Victoria
Shirati
Karungu
Kisii
Migori
Masai Mara Nat. Res.
Narok
Naivasha
NYERI
Murang'a
Embu
Mumoni 1747
Tseikuru
Garissa
Thika
Mwea Nat. Reserve
Bura
South Kitui Nat. Park
NGANGERABELI PLAIN
NAIROBI
Kitui
Sirari
Musoma
Bukima
Butiama
Mara
L. Magadi
Nairobi Nat. Park
Machakos
Tana River Primate Nat. Res.
Tana
Mutha
KENYA
Kisorya
Bunda
Fort Ikoma
Loliondo Game Res.
Magadi
Kajiado
A109
Amboseli Game Reserve
Kibwezi
Athi
Garsen
Lamu
MWANZA
Natron
Orok 2524
Tsavo Nat. Park East
Kipini
Serengeti National Park
Ngorongoro C. Area
Ol Doinyo Lengai 2878
Malindi Marine Nat. Res.
Bariadi
SERENGETI PLAIN
Arusha Nat. Park
Kilimanjaro 5895
Mt. Kilimanjaro Nat. Park
Tsavo
Galana
Maswa Game Reserve
Ngorongoro Crater
Mt. Meru 4566
MOSHI
Arabuko-Sokoke Forest Res.
Malindi
Watamu Marine Nat. Park
Voi
Bubiki
Karatu
Manyara
Lake Manyara Nat. Park
Tsavo Nat. Park West
L. Eyasi
ARUSHA
Kahe
Kilifi
Takaungu
Shinyanga
Loiborsoit
Shimba Hills Nat. Park
MOMBASA
Dongobesh
Tarangire Nat. Park
Same
Mkomazi Nat. Park
Kisite-Mpunguti Marine Nat. Park
Nzega
Ndareda
Babati
Gazi
Bukene
Kiomboi
Hanang 3417
Wembere
Tarangire
MASAI STEPPE
Pangani
Lushoto
Puge
Singida
Kondoa
TANGA
Korogwe
Pemba Ch.
Wete
Chake Chake
PEMBA I.
TABORA
Issuna
Kibaya
Kiberashi
Segera
Mkoani
Nyahua
Farkwa
Handeni
Pangani
Itigi
Manyoni
2057
Saadani Nat. Park
Zanzibar
DODOMA
Hogoro
ZANZIBAR
UNGUJA I.
Bahi
1539
Turiani
Wami
Saadani
Channel
Bagamoyo
Iseke
Mwitikira
Kidete
Chalinze
Kizimkazi
Rungwa
Mtera Res.
2356
Rudewa
Kilosa
Kibaha
DAR ES SALAAM
MOROGORO
TANZANIA
2647
Ruaha National Park
Great Ruaha
IRINGA
Mikumi
Mikumi Nat. Park
Ruvu
Kisaki
Kisiju
INDIAN
Idodi
Kidatu
Gr. Ruaha
Kibiti
MAFIA I.
Udzungwa Mts. Nat. Park
Rufiji
Kilindoni
Mafia Island Marine Park
Ifakara
Mohoro
Selous Game Reserve
Sao Hill
Mahenge
Ngarambi
OCEAN
Chunya
Kilwa Kivinje
Njinjo
MBEYA
Rujewa
Luwegu
Makumbako
KILWA KISIWANI
Uyole
2962
Malinyi
Matandu
Kitulo Plateau Nat. Park
Tunduma
Tukuyu
Kihundu
Kiswere
Njombe
Kasumulu
Itungi Port
Luwegu
622
Liwale
Mnazi Bay-Ruvuma Estuary Marine Park
Kiu
Mbwemburu
Nanjirinji
Karonga
Rudewa
Mbunga
Mingoyo
Lindi
911
Nganda 2608
Lake Nyasa (L. Malawi)
Manda
Gumbiro
Lukuledi
Nachingwea
Mtama
MTWARA
Namtumbo
Masasi
MAKONDE PLATEAU
Kitaya
Nyika Nat. Park
Songea
Mangaka
Ruvuma
Palma
2020
MALAWI
Tunduru
Newala
Mocimboa do Rovuma
Rumphi
Mbinga
Liuli
Kalinku
Ruvuma
Nkhata Bay
Mbamba Bay
Chamba
Masuguru
MZUZU
Milepa
Candulo
Chintheche
MOÇAMBIQUE
Mecula
Mzimba
231
165
160
154
188
182
66
98
70
94
108
141
130
114
146
118
172
A1
B3
A109
T2
T4
T8
T5
T17
T15
T13
T14
T3
T18
T22
T1
T7
T16
T10
M1
T6
T12
M5
B8
TANSANIA
0
100
200 km
© Nelles Verlag GmbH, München

IMPRESSUM / KARTENLEGENDE

Liebe Leserin, lieber Leser,

AKTUALITÄT wird in der Nelles-Reihe groß geschrieben. Unsere Korrespondenten dokumentieren laufend die Veränderungen der weltweiten Reiseszene, und unsere Kartografen berichtigen ständig die auf den Text abgestimmten Karten.
Wir freuen uns über jeden Korrekturhinweis! Unsere Adresse: Nelles Verlag, Machtlfinger Str. 26 Rgb., D-81379 München, Tel. +49 (0)89 3571940, Fax +49 (0)89 35719430, E-Mail: Info@Nelles.com, Internet: www.Nelles.com
Haftungsbeschränkung: Trotz sorgfältiger Bearbeitung können fehlerhafte Angaben nicht ausgeschlossen werden, der Verlag lehnt jegliche Produkthaftung ab. Alle Angaben ohne Gewähr. Firmen, Produkte und Objekte sind subjektiv ausgewählt und bewertet.

LEGENDE

★★	Top-Attraktion *(in Text und Karte)*
★	sehr sehenswert *(in Text und Karte)*
8	Orientierungsnummer in Text und Karte
8	Orientierungsnummer in Text und Stadtplan
	Öffentliches bzw. bedeutendes Gebäude
	Hotel, Lodge, Camp
	Restaurant, Club, Casino
	Hospital / Post
	Einkaufszentrum / Markt
	Touristeninformation
	Botschaft / Polizei
Lushoto *(Ort)* Rock Paintings *(Sehenswürdigkeit)*	in Karte gelb Unterlegtes wird im Text erwähnt
	Internationaler Flughafen / nationaler Flughafen
	Landepiste
Kwaraha 2415	Berggipfel (Höhe in Meter)
	UNESCO Welterbe
	Nationalpark
	Strand
	Golfplatz / Höhle
	Hinduistischer Tempel / Moschee
	Kirche / Friedhof
	Leuchtturm / Fort
	Antike Stätte / Aussichtspunkt
	Schnellstraße
	Fernverkehrsstraße (überwieg. asphaltiert)
	Fernverkehrsstraße (überwiegend Schotter)
	Hauptstraße (unbefestigt)
	Landstraße
	Nebenstraße, Piste, Pfad
	Eisenbahn
	Staatsgrenze
	Verwaltungsgrenze
	Wasserstelle, Brunnen / Quelle
18	Entfernung in Km.
B1 A104	Straßennummern
	Busstation / Parkplatz

IMPRESSUM

TANSANIA

Druck: Bayerlein, Germany
Einband durch DBGM geschützt

- F2020 -

6 ZENTRAL-TANSANIA

7 SÜD-TANSANIA

8 AM TANGANYIKA-SEE

9 AM VICTORIA-SEE

10 REISE-INFORMATIONEN

Fröhlicher Abschied vom alten Jahr in Makunduchi

Günther Lahr

Der Löwe weiß, dass vom Safariauto keine Gefahr droht

HÖHEPUNKTE

★★**Arusha National Park** (S. 67): Tansania im Kleinen: Die Wildnis hier umfasst die reiche Flora und Fauna von der Savanne bis zum Hochgebirge.

★★**Mount Meru** (S. 68): Der majestätische Hausberg der Touristenhochburg Arusha bietet mit dem 4566 m hohen Gipfel exzellente Einstimmung auf die Kilimanjaro-Besteigung.

★★**Ngorongoro** (S. 79): Die Big Five auf einer einzigen Safari – der Vulkankrater ist dank der Fülle seiner afrikanischen Wildtiere UNESCO-Welterbe.

★★**Serengeti-Nationalpark** (S. 88 u. 237): Nirgendwo ist die Migration afrikanischer Tiere eindrucksvoller; durch das UNESCO-Welterbe wandern neben hunderttausenden anderer Savannentiere allein ca. 1 Million Gnus!

★★**Kilimanjaro** (S. 92): Mit guter Vorbereitung und Bedacht schaffen es viele auf den höchsten Gipfel Afrikas.

★★**Sansibar** (S. 129): Das kleine Inselland mit Millionen Nelkenbäumen und anderen exotischen Gewürzen glänzt mit seiner verwunschenen Altstadt ★★**Stone Town** (S. 133) und ihren märchenhaften orientalischen Bauten. An der Nordspitze ★★**Ras Nungwi** (S. 138) lädt der Indische Ozean zum Schnorcheln, Tauchen und Kite-Surfen ein – oder zu Beach-Partys an makellosen Stränden.

★★**Selous-Wildschutzgebiet** (S. 145): Wald- und Savannenland von der Größe der Schweiz – und nur wenige Tausend Besucher jährlich erleben die erregende Fülle dieser Wildnis.

★**Tarangire National Park** (S. 75): unvergessliche Wildbegegnungen hat man hier, auch auf Fußsafaris; nahebei, im ★**Lake Manyara National Park** (S. 76), tummeln sich unzählige Vögel.

★**Ol Doinyo Lengai** (S. 84): Tansanias einziger tätiger Vulkan ist steil und kahl, eine Herausforderung für Konditionsstarke.

★**Usambara-Berge** (S. 100): Ideal für Waldwanderungen mit Aussicht.

★**Pangani** (S. 110): Das verschlafene Küstennest war einst Sklavenhafen.

★**Saadani National Park** (S. 112): Einmalig – Elefanten am Meeresstrand!

★**Bagamoyo** (S. 112): Heute beliebter Strandort, aber im 19. Jh. Start und Ziel unsäglicher Sklavenkarawanen.

★**Dar es Salaam** (S. 113): Das pulsierende Herz Tansanias ist supermodern und sympathisch dörflich zugleich.

★**Mafia** (S. 119): Weltabgeschiedene Insel mit fantastischem Meerespark.

★**Kilwa** (S. 120): UNESCO-Welterbe mit imposanten Ruinen aus der Ära des Goldhandels und der Portugiesen.

★**Pemba** (S. 139): Ruhesuchende lieben Sansibars kleine grüne Schwester.

★**Udzungwa Mountains National Park** (S. 150): Ein biologisches Schatzkästlein mit rund 400 Vogelarten, das endemische Waldrebhuhn wurde erst vor wenigen Jahren entdeckt.

★**Mikumi-Nationalpark** (S. 150): Hier kreuzen Wildtiere die Hauptstraße A 7; doch der ★**Ruaha National Park** (S. 156) hat nur einsame Pisten.

★**Isimila Stone Age Site** (S. 158): Ein Ausflug in Afrikas Altsteinzeit.

★**Mikindani** (S. 178) hat eine Vergangenheit als Sklavenmarkt.

★**Kitulo Plateau National Park** (S. 190): Millionen bunter Blumen färben das Hochplateau nach der Regenzeit.

★**Mbozi-Meteorit** (S. 191): Gruß aus dem Weltall – 12 t Eisen und Nickel!

★**Lake Tanganyika** (S. 199): Über den tiefsten See Afrikas fährt die 100-jährige Liemba – made in Germany.

★**Mahale Mountains National Park** (S. 207): Schimpansen leben in dem abgelegenen Waldgebirge am bezauberndem Strand des Lake Tanganyika, ebenso im ★**Gombe Stream National Park** (S. 208), berühmte Wirkungsstätte der Schimpansenforscherin Jane Goodall.

Rechts: In allen Türkisfarben leuchtet das Meer an der Nordspitze Sansibars.

Foto: Marta (Fotolia)

EINSTIMMUNG

Märchenhaft schimmert die weiße Schneekappe des tropischen Vulkans Kilimanjaro, Afrikas höchster Gipfel. Unvergesslich bleibt die Migration von Millionen Gnus und Zebras, dazwischen hungrige Löwen, in der Weite der Serengeti oder der unglaubliche Wildreichtum im Kraterkessel des Ngorongoro: Diese Superlative afrikanischer Wildnis sind Tansanias Markenzeichen und garantieren erfolgreiche Fotosafaris.

Ernest Hemingway beschrieb die „grünen Hügel Afrikas", aber davon gibt es weit mehr als der jagende Literaturnobelpreisträger je besuchte: Von den grünen Usambara-Bergen im Norden zieht sich ein weiter Bogen bis zu den fruchtbaren Dreitausendern im Süden beim Lake Nyasa. Tansanias riesige Seen im dramatischen Rift Valley, wo Afrika auseinanderbricht, bergen unzählige farbenprächtige Buntbarsche.

Über 800 km lang ist die Sand- und Mangrovenküste am Indischen Ozean. Dazu die zauberhafte Inselwelt Sansibars und anderer Koralleninseln, deren Meeresfauna Taucher begeistert. Die tausendjährige Geschichte von Goldhandel, Sklavenkarawanen und Elfenbein mutet wie ein Märchen aus Tausendundeiner Nacht an – für das die alten Paläste in Sansibars Stonetown die passende historische Kulisse abgäben.

Karibu – Willkommen! So lautet der einladende Gruß in diesem friedlichen Vielvölkerland. Tansania gehört zu jenen afrikanischen Staaten, die mit diplomatischem Geschick und Langmut ihre Probleme selbst meistern und sich für die von politischen Wirren erschütterten Nachbarländer als hilfreiche Partner erweisen. Julius Nyerere (1922-1999), der erste Präsident, unbestechlich und bescheiden, ist unvergessen – als Integrationsfigur für das eigene Land und als „Gewissen Schwarzafrikas".

Die Tansanier selbst in all ihrer Vielfalt und menschlichen Wärme sind allein schon ein guter Grund, dieses Land zu bereisen und die vielen kulturellen Facetten zu erleben. *Safari njema* – Gute Reise!

Wiege der Menschheit

Vor über 3 Mio. Jahren entwickeln sich in Ostafrika die Vorläufer des Menschen, Spuren des *Australopithecus afarensis* finden sich in Laetoli, östlich der Serengeti.
Vor 1,5 Mio. Jahren lebt im Umkreis der Oldupai-Schlucht am Ostrand der Serengeti u. a. der Frühmensch *Homo habilis*.
Vor ca. 100 000 Jahren stellen altsteinzeitliche Jäger in Zentral-Tansania (Isimila bei Iringa) Steinwerkzeuge her; diese werden über Zehntausende von Jahren immer feiner.
1500 v. Chr. - 800 n. Chr. Khoisansprachige Jäger und Sammler, wohl die ältesten Ethnien Ostafrikas, gelten als Urheber von Höhlenmalereien in der Gegend von Kondoa (nördliches Zentraltansania), die der Kunst der Buschmänner ähneln. Als zweitälteste Ethnie in Ostafrika werden die Kuschiten angesehen, ursprünglich Hirtennomaden aus dem somalischen Raum; sie finden sich heute nur noch im Vulkanhochland südlich des Ngorongoro-Kraters und sind Ackerbauern.
1500 v. Chr. - 1000 n. Chr. Bantuvölker ziehen in mehreren Schüben aus dem Kongogebiet nach Ost- und Südafrika. Auch die Ethnien des heutigen Tansania sind überwiegend bantusprachig.
Ab ca. 1000 v. Chr. sind die Bantus Bauern und Viehzüchter.
Ab 800 v. Chr. stellen einige Bantustämme bereits Eisen her.
Ab Chr. Geb. wandern Niloten aus dem Südsudan nach Ostafrika ein; ihre Hauptvertreter sind die Vieh züchtenden Maasai.

Swahili-Kultur und Intermezzo Portugals

Ab 800 Muslimische Seefahrer, Händler und Handwerker aus dem arabischen Raum besiedeln die ostafrikanische Küstenzone und ihre Inseln. Diese Swahili-Kultur entwickelt enge Kontakte zur Bevölkerung des afrikanischen Festlands und treibt dank der jahreszeitlich wechselnden Monsunwinde Handel bis nach Indien und Ostasien.
13.-15. Jh. Während der Blüte des Goldbergbaus von Simbabwe im südlichen Afrika gedeihen in der sog. Shirazi-Zeit die ostafrikanischen Küstensultanate; Kilwa Kisiwani ist bedeutendster Umschlagplatz des Goldes.
1497/98 Der portugiesische Seefahrer Vasco da Gama umrundet die Spitze Südafrikas, passiert Ostafrika und segelt mit Hilfe eines Swahili-Navigators weiter nach Indien.
16./17. Jh. Portugiesische Eroberungen an Ostafrikas Küsten beschneiden die Vorherrschaft der Shirazi.
1698 Die Eroberung des Portugiesen-Forts von Mombasa (Kenia) dank Hilfe aus Oman läutet die Rückkehr Ostafrikas zu muslimischer Dominanz an der Küste und auf den Handelswegen im Binnenland ein.

Foto: Pegaso (Dreamstime)

Denkmal zur Erinnerung an den Sklavenhandel am Platz des ehemaligen Sklavenmarkts in Stonetown auf Sansibar.

Sklaven- und Kolonialzeit

1804-1856 Der omanische Herrscher Seyyid Said erobert die Swahiliküste; Sklaven- u. Elfenbeinhandel sowie Gewürznelken-Plantagen auf Sansibar machen ihn reich. Ab 1840 regiert er von Sansibar.
19. Jh. Die Karawanenrouten arabischer Händler reichen von Ostafrikas Küste bis ins Kongogebiet. Afrikanische Zulieferer und Träger unterstützen den Handel; Europäer erforschen auf diesen Wegen

das Innere Afrikas, um es für ihre Nationalstaaten nützlich zu machen. Im Binnenland ringen mehrere Bantuvölker um territoriale Ansprüche.

1873 Verbot des Sklavenhandels; der Sultan von Sansibar betreibt ihn jedoch heimlich weiter.

1886 Großbritannien und Deutschland teilen Ostafrika als Kolonialbesitz unter sich auf. Die Grenzen Deutsch-Ostafrikas entsprechen, außer im Westen, den heutigen Festlandsgrenzen Tansanias.

1890-1963 Sansibar ist Britisches Protektorat.

1905-1907 Viel Blut vergießen die Afrikaner in den Maji-Maji-Kriegen und anderen Aufständen gegen die strengen deutschen Kolonialherren. Diese bauen u. a. die Häfen von Tanga und Dar es Salaam sowie Eisenbahnlinien wie die von Dar es Salaam zum Tanganyikasee oder nach Moshi; in der Landwirtschaft fördern sie den Baumwoll- und Sisalanbau.

Foto: Jurie Maree (Dreamstime)

Julius Nyerere (1922-1999), erster Präsident und Einiger Tansanias, auf der 1000-Schilling-Banknote).

1919-1961 Deutschland verliert 1919 seine ostafrikanische Kolonie an Großbritannien, das sie dann unter Völkerbund/UNO-Mandat als *Tanganyika Territory* verwaltet.

Unabhängigkeit

1961 Der Lehrer *(Mwalimu)* Julius Nyerere, Gründer der ersten Partei TANU, führt die Nationalbewegung an und wird erster Premierminister des unabhängigen *Tanganyika*.

1964 Bei der Unabhängigkeit Sansibars wird der krasse Gegensatz zwischen reicher arabischer Oberschicht und afrikanischer Unterschicht offenbar, es kommt zu Massakern an Arabern und Indern. Der Sultan flieht. Der Revolutionär Karume, nun Sansibars neuer Präsident, und J. Nyerere vereinen die beiden Staaten zur Republik *Tansania* (aus „Tan" und „San") und verfolgen einen sozialistischen Kurs. Karume wird Vizepräsident.

1961-1985 *Ujamaa*, Nyereres afrikanischer Sozialismus, scheitert zwar ökonomisch; Nyerere gilt aber als unbestechlich und einigt das komplexe Land u.a. durch Förderung von Kiswahili als Nationalsprache. Seit der Gründung seiner CCM (Revolutionspartei) 1977 bestimmt diese den Kurs des Landes. Nyerere gilt als das „Gewissen Schwarzafrikas": Er unterstützt u.a. Südafrikas Apartheid-Gegner und bekämpft Ugandas Diktator Idi Amin.

1985-1995 Zwei Legislaturperioden führt der frühere sansibarische Präsident Ali Hassan Mwinyi das Land Tansania vorsichtig aus der sozialistischen Wirtschaftsweise und hilft auch, die erneut aufkeimenden Aufstände in Sansibar zu beenden.

1995-2005 Bei den ersten Mehrparteienwahlen siegt die CCM; Präsident Mkapa setzt die Privatisierung von Staatsbetrieben fort, Wirtschaftsaufschwung; dennoch Verschärfung sozialer Probleme.

2000 Tansania, Kenia und Uganda lassen das Bündnis der East African Community wieder aufleben.

2005-2015 Unter Präsident Jakaya Kikwete (CCM) setzen sich wirtschaftliche Liberalisierung und Privatisierung fort, die sozialen Probleme verringert er nicht. Die Wilderei besonders an Elefanten nimmt zu. Hauptabnehmer für illegales Elfenbein ist China.

2015 Die Parlamentswahlen gewinnt erneut die CCM; der neue Präsident John Magufuli beginnt mit dem Kampf gegen die Korruption.

2017 Korruptionsverdacht beim Edelsteinexport aus der Mwadui-Mine – Beschlagnahmung von 19 kg Rohdiamanten. Der bekannte, überaus engagierte Naturschützer und Antiwildereiaktivist Wayne Lotter wird mitten in Dar es Salam ermordet.

2019 Im Kampf gegen die grassierende, für die Touristik existenzbedrohende Wilderei werden zunehmend Drohnen zur Aufklärung eingesetzt.

Das Karanga Camp (4030 m; s. S. 99) auf der Machame-Route zum Kilimanjaro, zwischen Barranco und Barafu, ermöglicht Kili-Besteigern eine zusätzliche Übernachtung zur besseren Höhenanpassung und einen schönen Blick auf den vergletscherten Gipfel

Geparden jagen ein Impala-Kitz

Fritz Pölking (Tierbildarchiv Angermayer)

DA LACHT DIE HYÄNE

Es gibt einige Tierarten, die bei den Menschen unverdient in schlechtem Ansehen stehen. Spinnen gehören dazu, Schlangen, Haie, und auch die Hyäne. Was hat man ihr nicht alles nachgesagt! Als hinterhältiger, feiger, verdreckter Aasfresser gilt sie. Lange Zeit glaubte man gar, sie sei Hermaphrodit, weil die Geschlechtsorgane weiblicher und männlicher Tiere äußerlich sehr ähnlich aussehen: in den Augen mancher menschlicher Betrachter ein Hauch von Unmoral! Menschen neigen dazu, ihre eigenen Wertmaßstäbe an Tiere anzulegen, ohne diese genau zu kennen; dann bauen sich Vorurteile auf, die so leicht nicht zu beseitigen sind.

Fisi heißt die Hyäne auf Kiswahili, besonders verbreitet ist in Tansania die Tüpfelhyäne (*Crocuta crocuta*; *spotted hyaena*). Auch bei Afrikanern ist sie nicht gerade ein Lieblingstier. Sie hat nicht die rassige Stromlinienform des Leoparden, die schwarz-weißen Streifen des glatten Zebrafells, die spielerische Eleganz einer Thomson-Gazelle! Die Schultern der knapp schafsgroßen Hyäne stehen höher als ihr Rumpf, ihr Rücken fällt schräg vom kräftigen Kopf bis zum struppigen Schwanz hin ab. Die abstehenden Rückenhaare des undefinierbar bräunlichgrauen Fells mit den unregelmäßigen dunklen Flecken geben dem Raubtier etwas Ungepflegtes.

Diesen nächtlichen Jäger trifft man tagsüber manchmal einzeln an: Wenn er dann, auf Zehen laufend, ohne Eile seinen scheinbar ungelenken Körper vorwärts schiebt und sich misstrauisch umschaut, dann wirkt er auf viele Menschen eher abschreckend, auf keinen Fall aber „nett" oder „possierlich". Nein, eine Hyäne hat's nicht leicht, menschliche Freunde zu finden.

Das Leben einer Tüpfelhyäne beginnt isoliert in einem kleinen Bau, in dem das Hyänenweibchen ein oder zwei, selten mehr, Junge wirft. Dort bleiben sie ungefähr zwei Wochen, bis die Mutter sie in den Gemeinschaftsbau des Rudels bringt.

In den ersten sechs Monaten ihres jungen Lebens erhalten die Hyänen nur Muttermilch. Sie ist von einer Qualität, die Hochleistungskühe vor Neid erblassen ließe: Sie enthält das Vierfache an Eiweiß und Fett der Milch einer guten Schwarzbunten! Für die Hyänenmutter bedeutet dies, dass sie intensiv für ihr eigenes Futter sorgen muss. Ihre Hauptnahrung sind Steppentiere, aber notfalls können sich Hyänen sogar mit großen Insekten zufrieden geben. Im Fall der säugenden Mutter allerdings muss kräftige Nahrung her. Da Hyänenrudel ein festes Revier haben und der Bau ortsfest ist, sehen sich die Hyänenweibchen gezwungen, den wandernden Steppentieren wie Gnus oder Zebras zu folgen. Bis zu 25 % ihres Körpergewichts können Hyänen auf einmal fressen. Sie sind hervorragende Futterverwerter. Sogar die Knochen der erjagten Tiere werden mit den kräftigen Backenzähnen zerkleinert und vollständig verdaut.

Hunderte Kilometer pro Monat läuft die Tüpfelhyäne zur Futtersuche und kehrt wohlgenährt zum Bau zurück. Hier warten – bis zu fünf Tage können sie es aushalten – die Hyänenkinder auf ihre Mütter, bewacht von anderen ausgewachsenen Hyänen. Alle Jungtiere des Rudels leben gemeinschaftlich im Bau, aber jede Hyänenmutter säugt nur ihre eigenen Kinder. Im Alter von einem halben Jahr fangen die Jung-Hyänen an, Fleisch zu fressen, völlig entwöhnt sind sie erst nach 1,5 Jahren.

Ein Hyänenrudel umfasst bis zu 80 Individuen und verteidigt ein Revier von 75 bis 100 km^2. Im Zentrum liegt ihr Gemeinschaftsbau, in der Regel eine kleine Erhebung mit mehreren Eingängen zu dem unterirdischen Labyrinth. Gebietsgrenzen werden mit einem Drüsensekret und mit Kot markiert, der kalkweiß aussieht, sobald er getrocknet

Rechts: Hyänen und Löwen teilen sich die Beute.

Foto: Duncan Willetts (Camerapix)

ist – eine Folge der vielen kalziumhaltigen Knochen, die die Hyänen fressen.

Hyänenweibchen sind durchschnittlich 6 kg schwerer und größer als die Männchen. Jedes Geschlecht hat im Rudel seine eigene Hierarchie, aber insgesamt dominieren die Weibchen.

Man hat früher Hyänen ausschließlich für Aasfresser gehalten, sie waren oft an Tierkadavern zu beobachten, an denen sich auch Löwen gütlich taten. Den Löwen traute man es zu, dass sie Gnus, Zebras und Giraffen töteten, den viel kleineren Hyänen weniger. Man unterschätzte bei weitem ihre Jagdkunst und Stärke! Eine einzige Hyäne wird leicht mit einer mittleren Gazelle fertig, zu dritt erjagen Tüpfelhyänen ohne weiteres alle großen Steppentiere, und wenn sie gesättigt sind, überlassen sie nicht selten Löwen einen Teil der Beute. Für manch einen Junglöwen war diese Vorarbeit der Hyänen lebensrettend! Hyänen jagen überwiegend schwache und kranke Individuen, sie sorgen auf diese Weise für einen gesunden Bestand der Steppentiere.

Wer in der tansanischen Wildnis im Zelt übernachtet, kann dem geisterhaften und bis zu 5 km weit tragenden „Gesang" der Hyänen nicht entrinnen. Ihr lang anhaltendes katzenartiges Geschrei, ihr „Husten" und ihr berühmtes „Lachen" – das alles sind Verständigungs- und Warnsignale dieser nachtaktiven Jäger. Das mag nicht gerade wie Musik in den Ohren der menschlichen Zuhörer klingen! Den Hyänen ist es gleichgültig, wie die Touristen über ihr Konzert denken – dass manch einer sich davor fürchtet, könnten sie sich nicht vorstellen. Für sie sind ihre Stimmen Ausdruck ihres Könnens und ihrer Gemeinschaftsarbeit. Auch mit ihrer körperlichen Schönheit sind sie sicherlich einverstanden. Und die menschliche Ansicht über den Löwen als König des Tierreichs? Da lacht die Hyäne! Der ist eher ein Bettler!

TIERKINDHEIT

Bei manchen Fischarten ist das Maul zu weit mehr fähig als nur zum Fressen: Vielen Buntbarschen (Cichliden) dient das mütterliche Fischmaul als Kinderstube. Im Nyasa-See sind sogar alle Cichliden *Maulbrüter*. Hat das Weibchen seine Eier abgelegt, meist in eine flache Grube, die das Männchen mit Hilfe von Maul oder Flossen dafür auf einer sandigen Stelle des Gewässers vorbereitet hat, schnappt sich das Weibchen die befruchteten Eier, natürlich mit dem Maul, und behält sie dort. Die Mutter schichtet sie immer wieder sorgfältig um, sie macht dabei eine Art „Kaubewegung". Mit der eigenen Nahrungsaufnahme hat sie es in dieser Zeit nicht gerade einfach. Im Maul bilden sich die Larven, und daraus die Jungfische. Nach zwei, drei Wochen, manchmal länger, ist es dann so weit: Mutter öffnet die Tür des Kindergartens und die Kleinen schwimmen ins Freie. In den ersten Tagen ist das eine unbekannte, gefährliche Welt. Sind die Kleinen bedroht, öffnet die Buntbarsch-Mutter einladend ihr Maul, und die Kinderschar kehrt brav nach Hause zurück. Die Mutter macht sich sogar Sorgen um vorwitzige Ausreißer: Wer nicht heimkommt, wird gesucht und eingefangen!

Wer möchte im Maul einer Raubtiermutter stecken? Den kleinen Löwenjungen macht das nichts aus: Eine Löwin kann ihr Junges derart vorsichtig mit ihrem gewaltigen Gebiss transportieren, dass sich das Löwenbaby darin so wohl fühlen muss wie in einer Schaukel, vorsichtshalber verhält es sich aber völlig bewegungslos. Von David Livingstone wird überliefert, dass er, ein ausgewachsener Mann, solch einen „Löwentransport" ohne schwerere Verletzungen überlebt hat: ein Beweis, dass ein Raubtiergebiss sehr feinfühlig benutzt werden kann.

Höchste Empörung allerdings empfinden Menschen, wenn sie von der Grausamkeit männlicher Löwen erfahren, die die Löwenkinder eines ganzen Rudels totbeißen und sogar verzehren! Solche Art von Kannibalismus hätten sie dem „König der Tiere" nicht zugetraut!

Doch man muss genauer hinschauen, um zu begreifen, wann und warum dies geschieht. Löwen leben in einer Art „Großfamilie" in einem bestimmten Revier. Den Kern des Rudels bilden die weiblichen Tiere, sie sind mehr oder weniger miteinander verwandt, ein durchschnittliches Rudel umfasst etwa fünf bis zehn Löwinnen, dazu ihre jeweiligen Kinder. Außerdem gehören zwei bis drei männliche Löwen dazu, die die Aufgabe haben, neue Löwen zu zeugen und das Revier zu bewachen. Diese Aufgabe erfüllen sie so lange, bis stärkere Löwenmännchen von außerhalb ihnen den Platz streitig machen. Gelingt es den Neuankömmlingen, die früheren Revierlöwen zu vertreiben und sich selbst an ihre Stelle zu setzen, dann dulden sie die Kleinkinder der ehemaligen Väter nicht und stehen unter dem Zwang, sie zu töten. Manche Löwenmutter versucht, ihre Kinder, die von den verjagten, also erfolglosen Löwenvätern stammen, zu verstecken: Es nützt ihr nichts. Das Gesetz der Natur fordert, dass die Erfolgreicheren die Fortpflanzung bestimmen. Sehr rasch nach dem Verlust der Kinder kommen die Löwinnen in den Östrus, so dass sie mit den neuen Herren des Rudels wieder Kinder zeugen. Diesen Löwenbabys sind ihre Väter wohl gesonnen. Es würde ihnen nicht in den Sinn kommen, ihre eigenen Kinder zu töten.

Es ist bemerkenswert, was vielen eben geborenen Tierkindern schon bald nach der Geburt abverlangt wird. In den riesigen, wandernden Gnuherden kommt der größte Teil der Kälber zu Tausenden innerhalb eines kurzen Zeitraums zur Welt. Die Geburt geschieht mitten in der Herde; in den großen Steppen, der Heimat der Gnus, scheint dies der am besten geschützte Platz für

Rechts: Ein Leopardenjunges darf sich gegenüber der Mutter einiges herausnehmen.

Foto: Fritz Pölking (Tierbildarchiv Angermayer)

Mutter und Kind zu sein. Das Gnubaby ist bereits wenige Stunden nach der Geburt fähig, mit seinen staksigen, langen Beinen der Mutter rasch zu folgen, spätestens nach drei Tagen kann es mit jedem anderen Tier der Herde Schritt halten. Gras fressen die Kleinen bereits nach zehn Tagen, obwohl sie noch in den folgenden vier Monaten von der Mutter gesäugt werden.

Andere Huftiere der großen Grassteppen wie Impalas, Thomson- und Grantgazellen sondern sich zur Geburt ab und finden im offenen Land Verstecke für ihre Kinder. Die Mutter achtet sehr sorgfältig darauf, dass sie alle verräterischen Hinweise auf ihr Baby verwischt: Sie leckt es ausführlich ab, frisst die Plazenta auf oder entfernt das Junge so weit davon, dass dieser liegengebliebene Leckerbissen für Geier oder Raubtiere das Jungtier nicht verrät, und dann – verlässt sie es.

Das Baby verhält sich ganz und gar vernünftig: Es sagt nichts, bewegt sich nicht, ist durch die gründliche Pflege der Mutter nahezu geruchlos und darüber hinaus mit einem hervorragend angepassten Fell versehen, so dass es zwischen den Grasbüscheln außerordentlich schwer zu finden ist. Die Mutter kann sich diesen Platz gut merken. Nach ihren eigenen Weidegängen kommt sie mehrmals am Tag zurück, um ihr Baby zu säugen.

Strauße entwickeln geradezu schauspielerische Fähigkeiten, um ihre Jungen vor Räubern zu schützen. Geht eine Straußenfamilie spazieren, Mutter voran, Kinder mittendrin und am Ende der Vater, und die Eltern wittern einen Feind, dann verdrücken sich Mutter und Kinder heimlich, während Vater Strauß großes Theater aufführt: Dem herannahenden Raubtier signalisiert er, dass er ein kranker Vogel sei, er hinkt auffällig, lässt einen Flügel hängen und macht den hungrigen Räuber so auf sich aufmerksam. Der sieht seine Beute schon in greifbarer Nähe, aber nun zeigt Vater Strauß, was wirklich in ihm steckt: Er ist einer der besten Langstreckenläufer der Steppe und hängt das Raubtier nach einiger Zeit ohne Mühe ab.

KANGA – MODE UND SPRÜCHE

Kanga ist das Kiswahiliwort für „Perlhuhn", ein hübscher, etwa hühnergroßer Vogel mit zartem, schwarzem Gefieder, das über und über mit weißen kreisrunden Pünktchen betupft ist. *Kanga* ist auch die Bezeichnung für die vielfarbig gemusterten Baumwolltücher, in die sich die Frauen in Ostafrika auf fantasievolle und individuelle Weise einhüllen. *Kanga* kauft man immer als zusammenhängendes Paar, zwei Tücher gleicher Größe (etwa 1m x 1,50m) mit demselben Muster. Man schneidet sie auseinander, säumt sie, dann sind sie gebrauchsfertig. Auch wenn sich Farben und Design sehr rasch ändern, werden meist bestimmte Gestaltungsprinzipien beibehalten: Ein rechteckiger Rahmen umgibt ein großes Feld, meistens mit einem besonderen Motiv als Blickfang in der Mitte. Das kann eine große Mangofrucht sein, ein Flugzeug, ein Huhn, eine Fantasieblume, ein riesiger einfarbiger Kreis tut es auch, und viele andere Symbole sind möglich. Unter dem auffälligen zentralen Detail steht in der Regel ein Spruch auf Kiswahili, seltener auf Englisch.

Ein „Kleid" ist ein *Kanga* nicht unbedingt, meist eher eine Art Überkleid. Es hat ganz unterschiedlichen Zwecken zu dienen: Es sieht attraktiv aus, wenn man es elegant umzuwerfen versteht. Es schützt vor Kälte. Es hält den Staub ab. Es lässt sich geschickt zu einem dekorativen Turban auftürmen, während die andere *Kanga*-Hälfte passend dazu um die Hüfte geschlungen wird. Mütter wickeln Kleinkinder so in ein *Kanga*, dass die Kleinen bequem wie ein Rucksack herumgetragen werden können. Der Zipfel eines *Kanga*, zu einem festen Knoten verschlossen und an der Taille unter den *Kanga*-Wickelrock geschoben, dient als diebstahlsicheres Portemonnaie – die Nutzanwendungen sind unerschöpflich.

Doch es gibt noch einen weiteren, ganz wichtigen Grund, ein *Kanga* zu tragen: Dadurch vermag eine Frau ihre Ansichten, geheimen Wünsche oder unaussprechlichen Ideen öffentlich zu demonstrieren. Die allerhäufigste Art, ein *Kanga* zu tragen, ist als Wickelrock, wobei das auffällige Bildmotiv und der Spruch hinten zu sehen sind: Jeder kann ihn lesen, ohne der Trägerin die eigene Neugierde zu offenbaren. Die Frau von nebenan wird schon verstehen, wenn ihre Nachbarin einen *Kanga* mit „Misch dich nicht ein" trägt! Oder: „Täglich redest du wie vor einer großen Versammlung, aber nur der Hütteneingang hört dir zu".

Was hat überhaupt das Perlhuhn mit der Modegeschichte Ostafrikas zu tun? Sansibar wurde im 19. Jh. zu einer Drehscheibe des Welthandels. Ganz Ostafrika war begierig auf Waren aus der weiten Welt. Die europäischen, amerikanischen und asiatischen Kaufleute hatten das längst gespürt und waren zur Stelle. Ihre neuartigen Produkte, industriell gefertigte Textilien, begeisterten die Afrikaner. Ein *marekani* (in Amerika gefertigter Stoff) z. B. empfand man als etwas viel Feineres als das Selbstgesponnene, die Rinden- oder Baststoffe oder gar Lederbekleidung. Wer ausländischen Stoff besaß, stieg im sozialen Ansehen.

Portugiesische Kaufleute trieben schon im 16. Jh. in Mosambik Handel mit kleinen Stoffquadraten im Taschentuchformat: Darin konnten die Afrikaner den Goldstaub gut transportieren. Solche Taschen-, Kopf- oder Halstücher (Portugiesisch *lenço*) wurden als Stoffbahnen geliefert, auf denen sich das Tuchdesign in langer Reihe wiederholte. Daraus ließen sich die quadratischen Tücher einzeln abschneiden.

Spätestens um die Mitte des 19. Jh. waren findige Damen aus Sansibar auf die Idee gekommen, einen sechs- oder zwölffachen Rapport zu kaufen, den Stoff nur einmal durchzuschneiden

Rechts: Kangas sind industrielle Massenprodukte, aber jede Frau trägt sie auf ihre Weise (Ostküste von Sansibar).

Foto: Laurent Villeret

und die beiden schmalen Bahnen aneinander zu nähen: So war aus einem schmalen, langen ein doppelt breites Rechtecktuch entstanden. Es wurde Mode, sich kokett darin einzuwickeln und fortwährend die Drapierung effektvoll zu ändern. *Leso* nannte man die schicken Tücher. Daraus entwickelten europäische Kaufleute, beraten durch indische Händler, ein neues Produkt: große Rechtecktücher, die man nicht mehr zusammenzunähen brauchte.

Als um 1890 ein Händler ein Tuch herausbrachte, das weiße Punkte auf dunklem Grund zeigte, mit einem Rand, auf dem sich das Muster versetzt wiederholte, wurde dies *kanga* – Perlhuhn – genannt. Die Muster haben sich viele tausend Male verändert, aber der Name blieb haften. Für das doppelte Tuch ist immer noch die Bezeichnung *leso* gebräuchlich.

Etwa zwanzig Jahre später schlich sich auf den *Kangas* eine – offensichtlich verkaufsfördernde – Neuerung ein, die so erfolgreich war, dass sie bis heute beibehalten wurde: In das innere Feld druckte man außer dem Muster auch einen Spruch auf Kiswahili. Es waren wohl Damen aus der feinen, gebildeten Gesellschaft, die zunächst Spruch-*Kangas* mit Verszeilen erotischer Poesie in Auftrag gaben.

Heutzutage berühren die aufgedruckten Sprüche das gesamte Spektrum der menschlichen Empfindungen, des Wissens, der Weisheit und des Lebenswitzes: sexuelle Anspielung, Ausdruck von Ärger, Bitte um Verzeihung, Verteidigung gegen Gerüchte, u. a. m. Nicht selten ist die Bedeutung der Aufschrift so verschlüsselt, dass nur ganz bestimmte Bekannte der Frau deren Sinn voll begreifen. *Kangas* sind auch wunderbare Geschenke zu verschiedenen Anlässen – wichtig ist es, den passenden Spruch zu wählen.

Die Muster der *Kangas* wechseln sehr rasch – wer trägt schon die Mode von gestern? Doch so mancher Spruch bleibt attraktiv – und vieldeutig – wie z. B. dieser: *Dunia ya jana si la leo* – Die Welt von gestern ist nicht die Welt von heute.

BAO – SPIEL OHNE GRENZEN

Ganz Afrika frönt der Spielleidenschaft für *bao*. Es ist auf dem gesamten Kontinent und unter vielen verschiedenen Namen und Spielweisen bekannt. Handelsleute verbreiteten es rund um den Indischen Ozean; die Sklaven aus Westafrika brachten es in die Karibik.

Uralt ist es: Archäologen fanden die Spielbretter im alten Ägypten: eingemeißelt in die Steine der Cheopspyramide und in den Tempeln von Luxor und Karnak. In den Kaffeehäusern des neuzeitlichen Ägypten war es im 19. Jh. Sitte, dass der Verlierer den Kaffee bezahlte, der während des Spiels getrunken wurde. Im vorkolonialen Tansania konnte es den Verlierer härter treffen: *Isolo* nannten die *Sukuma* dieses Spiel. Es soll vorgekommen sein, dass Häuptlinge ihren vollständigen Besitz, alle Dörfer samt ihrer Bewohner, an ihren Gegner verloren.

Das Kiswahili-Wort *bao* heißt nichts anderes als „Brett". In Ostafrika benutzt man meistens ein Holzbrett, auf dem in zwei Reihen 16 oder in vier Reihen 32 Vertiefungen (*mashimo*, Einzahl: *shimo*) eingekerbt sind, also immer acht Gruben in jeder Reihe. Als Spielsteine (*kete*, Kaurimuschel – wurde früher als Geld verwendet) benutzt man etwa bohnengroße Samen oder Steine. Zu Beginn des 16er-*bao* haben die Spieler 18 *kete* in Gruppen (*mtaji* – wörtlich: „Kapital") von je drei Stück in beliebige *mashimo* ihrer eigenen Reihe verteilt; auf jeder Seite sind also sechs *mashimo* gefüllt, je zwei bleiben leer.

Man bestimmt, wer anfängt, und der erste Spieler greift alle *kete* aus einem beliebigen seiner *mashimo* heraus und verteilt sie einzeln gegen den Uhrzeigersinn in die folgenden (drei) *mashimo*. Dieses Abräumen und Neuverteilen heißt *takata* (wörtlich: „sauber werden").

Fällt das letzte *kete* in ein leeres *shimo*, ist der andere Spieler an der Reihe, wenn nicht, geht das Spiel für den ersten Spieler weiter: Angenommen, er habe sein drittes *kete* in ein *shimo* mit drei *kete* fallen lassen – dann greift er diese vier *kete* aus dem *shimo* heraus und verteilt sie weiter in die nächsten vier *mashimo*. Der Spieler wiederholt das *takata* so lange, bis sein letztes *kete* in ein leeres *shimo* fällt: *kete imelala*, „das *kete* hat sich schlafen gelegt" sagt man dazu. Dann darf der Gegner mit seinem *takata* loslegen. Kommt dieser wiederum so weit, dass sein letztes *kete* „schläft", ist wieder der erste Spieler an der Reihe.

Am Spielanfang führt jeder Spieler zwei *takata* durch. Dann erst geht das Spiel richtig los: Wenn bei den folgenden *takata* das letzte *kete* in ein *shimo* gerät, in dem ein einziges *kete* liegt, hat der Spieler Glück: Er hat ein „Haus" (*nyumba*) gewonnen! Dabei ist es gleichgültig, ob das *nyumba* des Spielers auf seiner eigenen Seite oder auf der des Gegners liegt. Dieses „Haus" gehört dem, der es einmal erspielt hat, und die Steine darin werden nicht herausgenommen, im Gegenteil: Immer wenn eine neue Verteilungsrunde das Haus „überquert", muss hier ein *kete* abgeliefert werden: Die Steine im Haus wachsen mit der Zeit an und zählen als Pluspunkte für den „Hausherrn".

Nach den beiden Anfangsrunden beginnt auch das „Abkassieren": Nun bemüht sich jeder Spieler, beim *takata* mit seinem letzten *kete* in ein leeres *shimo* auf seiner eigenen Seite zu kommen – wenn es sich lohnt. Das ist dann der Fall, wenn im *shimo* genau gegenüber ein möglichst „dickes" *mtaji* – eins mit vielen *kete* – liegt. Je mehr *kete* im gegnerischen *shimo*, desto besser: Alle diese *kete* nimmt der Spieler seinem Gegner weg und legt sie beiseite.

Natürlich klappt es nicht immer mit dem Abkassieren. Genau so wichtig ist es, weitere *nyumba* zu bauen und die *mashimo* zu füllen, damit der Gegner keine Chance hat, *nyumba* zu bauen

Rechts: Vom Bao-Spiel lassen sich auch die Zuschauer hinreißen.

Foto: Gunther Wurschi

oder abzukassieren. Ein *nyumba* darf niemals abkassiert werden.

Gewinner ist derjenige mit den meisten *kete*, die er durch Abkassieren und durch den Inhalt seiner *nyumba* erreicht hat.

Bao wird unglaublich schnell gespielt. Man muss blitzartig mitzählen und höllisch aufpassen. Ist man mit den Grundregeln vertraut, macht allein schon das Zuschauen Spaß.

Komplexer wird das Spiel auf dem gewöhnlich verwendeten 32er-Brett. Hierbei bewegt sich jeder Spieler beim *takata* nur auf seinen eigenen zwei Reihen des insgesamt vierreihigen Spielbretts, er hat also zweimal acht *mashimo*. Jeder Spieler besitzt anfangs 24 *kete*, von denen er 20 in Zweiergruppen auf seiner Brettseite verteilt, vier bewahrt er für den weiteren Spielverlauf auf. Nachdem jeder Spieler zehn gefüllte und sechs leere *mashimo* vorbereitet hat, kann's losgehen:

Der Spieler hat die Wahl, ob er das *takata* mit oder gegen den Uhrzeigersinn unternehmen will, auf jeden Fall holt er zu Beginn ein weiteres *kete* aus seinem Vorrat und verteilt seine *kete*, bis er an einem leeren *shimo* angekommen und sein Gegner dran ist. Jeder Spieler führt zweimal sein *takata* durch, danach beginnt das Häuser bauen und eine andere Form des Abkassierens. Solange noch *kete* im Vorrat sind, beginnt das *takata* jeweils mit einem zusätzlichen *kete* daraus.

Das Abkassieren entscheidet sich in den beiden mittleren Reihen, also denen, die an die gegnerische Seite grenzen: Wenn ein Spieler beim *takata* sein letztes *kete* in ein *shimo* seiner Frontreihe legt, das ein einziges *kete* enthält, dann gehört dem Spieler das *mtaji* aus dem *shimo* der gegenüberliegenden Frontreihe (allerdings nicht in dem Fall, wenn es sich um ein *nyumba* handelt): Er greift nun aus diesem *shimo* des Gegners alle *kete* heraus und verteilt sie auf seiner eigenen Seite weiter, beginnend mit dem *shimo* neben dem, in das er gerade sein letztes *kete* gelegt hat. Immer hat er die Wahl, mit oder gegen den Uhrzeigersinn zu spielen. Alles klar?

Foto: Javed Jafferji

NATURRAUM UND TIERWELT TANSANIAS

Die Vielfalt der Natur in Tansania ist überwältigend: Der Indische Ozean brandet auf einer Länge von 800 km an tropische Korallenriffe oder weiße, palmengesäumte Strände und Mangrovenküsten. Schneestürme überzuckern das schimmernde Gletschereis und die dunklen Vulkanspitzen des Kilimanjaro, immerhin fast ein Sechstausender – der höchste Berg des afrikanischen Kontinents. Glasklar und warm ist das Wasser des Tanganyika-Sees auf seiner ganzen Länge von 676 km; unzählige schillernde Buntbarsche bevölkern seine oberen Regionen, während seine tiefe, unerforschte Erdspalte erst 663 m unter Normalnull endet – er ist nicht nur der längste, sondern mit 1436 m auch der tiefste See Afrikas, der zweittiefste der Erde. Flach wie eine Untertasse ist dagegen die Senke des größten Süßwassersees von Afrika und des zweitgrößten der Erde: Die Riesenfläche des Lake Victoria sorgt für frische, grüne Landschaft rund um den See.

Millionen von Wildtieren durchstreifen Savannen und Grasland, um nach den alljährlichen Regen in riesigen Herden neue Weidegründe zu finden. Elefanten, Zebras, Gnus und viele andere Antilopen, dazu Raubtiere und Vögel – kein anderes afrikanisches Land kann mit solch einer Vielzahl von Tieren aufwarten.

Tropische Jahreszeiten

Tansanias Nordgrenze läuft quer durch den Victoria-See, auf 1° südlicher Breite. Die Südgrenze bildet viele Hundert Kilometer lang der Lauf des Ruvuma-Flusses etwa zwischen 11° und 12° südlicher Breite, bis er in den Indischen Ozean mündet. Tansania liegt also da, wo die Strahlen der Sonne am intensivsten sind: in den Tropen, südlich des Äquators.

In den inneren Tropen (d. h. zwischen den Wendekreisen) ist es bekanntlich heiß – aber da gibt es bemerkenswerte Unterschiede, ganz besonders in einem so vielfältigen und großen Land wie Tansania. Auch in heißen Ländern hat die Sonne im Lauf eines Jahres und an verschiedenen Orten deutlich unterschiedliche Wirkung. Zwischen dem 21. Juni und 21. Dezember „wandern" die senkrechten (und dadurch besonders intensiven) Sonnenstrahlen vom nördlichen zum südlichen Wendekreis (23,5° n. Br. – 23,5° s. Br.), von da „wenden" sie sich wieder auf Nordkurs. Am 21. März und 23. September quert die stärkste Hitzewelle den Äquator.

Und so wirkt sich der unterschiedliche Sonnenstand auf die Temperaturen in Tansania aus: Vergleichsweise kühl ist es dort in den Monaten, in denen die Sonne ihre stärkste Kraft auf der Nordhalbkugel ausübt, etwa zwischen April und September. Juni und Juli sind die Monate mit den niedrigsten Temperaturen. Doch was heißt „kühl" in diesem tropischen Land? Ein Küstenort wie Dar es Salaam hat eine Juli-Mitteltemperatur von 24 °C; Arusha, die bedeutendste Touristenstadt im Norden, über 300 km von der Küste entfernt und 1300 m hoch gelegen, weist im gleichen Zeitraum 17 °C auf, Mbeya, eine wichtige Regionalstadt im Süden auf knapp 1700 m Höhe und über 600 km weit im Binnenland, 13 °C. Wer vorhat, in dieser Zeit die sehr schönen Berglandschaften von Tansania zu besuchen, erlebt zwar tagsüber angenehme Wärme, sollte aber an warme Kleidung für die Zeit nach Sonnenuntergang denken. Er wird sich auch nicht über die dicke Wolldecke auf seinem Hotelbett wundern oder gar beklagen. Reist man zur gleichen Zeit dagegen ins Küstengebiet oder auf die vorgelagerten Inseln, kann man getrost auf Wollsocken und kofferbelastende

Links: Aufmerksam betrachten Maasai-Giraffen die fotografierenden Touristen.

Wintersachen verzichten: hier bleiben auch nachts die Temperaturen mild.

Zwischen Oktober und März hingegen scheint die Sonne besonders intensiv in den Gebieten südlich des Äquators: An Tansanias Küste wird es jetzt richtig heiß: In Dar es Salaam liegt die Januar-Mitteltemperatur bei 28 °C, nachts kühlt es sich nicht wesentlich ab, d. h. am Tag sind über 30 °C zu erwarten, in der Nacht kaum unter 24 °C.

In den Hochländern strahlt die Sonne dann ebenfalls kräftiger ein und die unerfreuliche Nachtkälte entfällt. Arusha hat im Januar sehr angenehme 21 °C (Mittelwerte tags um 28 °C, nachts um 14 °C), Mbeya etwa 18 °C (tags um 23 °C, nachts um 14 °C) als Mitteltemperatur.

Auf besondere Bedingungen muss man beim Bergsteigen gefasst sein: Wie überall auf der Welt nimmt die Temperatur mit der Höhe ab, als Faustregel gilt: 6,5 °C pro 1000 m. Wer in der 800 m hoch gelegenen Stadt Moshi, am Fuß des Kilimanjaro, bei 25 °C im Schatten schwitzend auf einer der luftigen Dachterrassen sitzt und fasziniert den weißen Gipfel betrachtet (während die Eiswürfel in der Limonade rasch dahinschmelzen), sollte daran denken, dass die Temperatur auf der vergletscherten Spitze dort oben, in 5895 m Höhe, einige Grade unter dem Gefrierpunkt liegt und nachts in noch frostbeulenverdächtigere Tiefen absinkt!

Die zwischen den Wendekreisen wandernde Hitzewelle bringt nicht nur hohe Temperaturen mit sich. Sie ist ein gewaltiges Schwungrad für alle Klimazonen der Erde. Sie folgen dem Höchststand der Sonne als breite Gürtel über den Globus.

Da, wo die Sonne die Erde am stärksten erwärmt, bringt sie ungeheure Luftmassen in Bewegung: Sie steigen auf, fließen in großen Höhen nord- und südwärts ab und sinken nach ungefähr 25-30 Breitenkreisen „Höhenreise" wieder Richtung Erdoberfläche zurück. Ein Teil dieser Luft weht dann bodennah wieder auf den großen Sog der Sonnenheizung, dem wandernden „Wärmeäquator", zu: nördlich davon als Nordost- und südlich als Südostpassat.

So kommt es, dass man in Tansania während der heißen Jahreszeit, wenn der große „Ofen" Sonne sich über der Südhalbkugel der Erde aufhält, nördliche oder nordöstliche Winde (Kiswahili: *kaskazi*) spürt. Während der „kühlen" Jahreszeit dagegen kommen die Winde aus südlichen Richtungen (*kusi*). Diesen zuverlässigen halbjährlichen Wechsel der Windrichtungen in den Tropen haben sich seit Jahrhunderten Seefahrer zunutze gemacht. Sie gaben den Winden passende Namen: *Trade winds* im Englischen oder „Passat" vom portugiesischen *passar* (hinüberfahren) weisen auf den Gebrauch in der Handelsschifffahrt hin. Die Passate haben einen entscheidenden Einfluss auf die vergangenen 2000 Jahre Geschichte von Ostafrika gehabt, denn arabische, indische, indonesische und chinesische Seeleute nutzten sie längst, um Ostafrikas Küsten zu bereisen, lange bevor Europäer in diese Gegend gelangten.

Regen – eine Zauberei?

Die Sonne ist nicht nur das Schwungrad für die Winde, sondern in den Tropen folgen ihrem Höchststand nach ungefähr vier Wochen auch die kräftigsten Regen des Jahres. Sie entladen sich oft aus heftigen Gewittern. Da die Sonne mit ihrem Senkrechtstand in der heißen Jahreshälfte Tansania zweimal überquert, erfährt das Land normalerweise zweimal im Jahr stärkere Regen. Den meisten erhält es im April/Mai (in manchen Landschaften auch einen bis zwei Monate früher), in der großen Regenzeit (Kiswahili: *masika*); geringer fällt er im November/Dezember aus, in der kleinen Regenzeit (*vuli*). Auch zwischendurch kann man in der heißen

Rechts: Nach einem kräftigen Gewitterguss in den Straßen von Stone Town (Sansibar).

Foto: Javed Jafferji

Jahreszeit von Güssen überrascht werden; weithin werden die Landschaften dann grün.

Zwischen Juni und Oktober dagegen, wenn die Sonne kräftiger auf die nördlichen Tropen scheint, ist es in Tansania, südlich des Äquators, meist trocken. Anfangs, also im Juni/Juli, herrscht noch die „kühle“ Jahreszeit, die Regen der *masika*-Zeit sind gerade vorüber und die Vegetation sieht noch frisch aus. Dann nähert sich die große Kraft der Sonne, und je weiter das Jahr fortschreitet, um so heißer wird es: Das Land dörrt immer mehr aus – bis schließlich etwa im November die ersehnten „kleinen Regen“ den Staub binden und die brennende Hitze vorübergehend mildern.

Wenn man sich auf den Regen so verlassen könnte wie auf die Bewegung der Erde um die Sonne, dann hätte es in Tansania wohl nie das wichtige Amt des „Regenmachers“ gegeben. Es waren Häuptlinge oder besonders kundige Personen, die den Regen dann herbeizurufen vermochten, wenn man ihn dringend brauchte. Zauberei war das in aller Regel nicht, denn diese Experten verstanden sehr wohl etwas von den Wettererscheinungen, genauer gesagt: vom Verhalten der Natur vor dem Eintritt des Regens. Sie beobachteten Windrichtung, Luftfeuchtigkeit, Vögel, Insekten, Pflanzen etc., und wenn sie klug waren, setzten sie die Rituale ihres Regenzaubers erst an, wenn die Anzeichen für einen baldigen Regenguss gegeben, aber für die Unkundigen noch nicht sichtbar waren. Wehe dem Regenmacher, der den versprochenen Regen nicht herbeizauberte! Das konnte ihn das Leben kosten.

Jeglicher Regenzauber ist da machtlos, wo die Natur nicht mitspielt. Große Teile von Tansania erhalten nur geringe Niederschläge, und diese fallen unglücklicherweise auch noch sehr unzuverlässig. Das benachteiligt Ackerbauern: Sie brauchen den Regen da, wo sie ihre Felder angelegt, und dann, wenn sie gesät haben. Ihnen gegenüber haben es Nomaden leichter: Sie wandern mit ihren Herden dorthin, wo Regen gefallen ist und dann ausreichend Fut-

Foto: Volkmar E. Janicke

ter für ihre Tiere sprießt. Weite, für den Anbau ungeeignete Flächen Tansanias sind auf diese flexible Weise als Weideland nutzbar.

Den reichsten und zuverlässigsten Regenfall bekommen die Bergländer, die von feuchten Luftmassen berührt werden. Tansania hat jedoch nur wenige Landschaften, die diesen Vorteil genießen: die Süd- und Ostflanken der hohen Vulkane Kilimanjaro und Meru im Norden des Landes; die fast bis 3000 m hoch reichende Gebirgslandschaft zwischen Mbeya und dem Nyasa-See im Süden; die Bergländer und Gebirgsinseln, die sich mit Unterbrechungen von den Usambara-Bergen im Nordosten mitten durchs Land nach Südwesten ziehen. Die Bergketten südlich von Bukoba am Victoria-See erhalten eine Extraportion Feuchtigkeit durch östliche Winde, die über den riesigen See streichen. Das unmittelbare Küstenland am Indischen Ozean und die vorgelagerten Inseln profitieren von der hohen Luftfeuchtigkeit des Meeres, aber jenseits eines Streifens von rund 50 Kilometern landeinwärts ist meist Schluss mit diesem Segen.

Und genau darin liegt ein wichtiger Grund, weshalb gerade in Tansania so viel Wildnis und so herausragende Naturwunder erhalten blieben: Die Menschen können mangels Regen das Land nur beschränkt nutzen.

Es hat eine Fläche von rund 945 000 km^2 – so groß wie Frankreich, Deutschland und die Schweiz zusammen. Oder: Die großen US-Staaten Texas und New Mexico sind gemeinsam nur wenig größer. Damit ist Tansania zwar das größte Land in Ostafrika, aber mit seinen über 55 Millionen Einwohnern ist es am wenigsten dicht besiedelt. Die Bevölkerung ballt sich da, wo auch die höchsten Niederschläge fallen; fast menschenleer sind die Gebiete mit geringen Regenmengen.

Oben: Tee, Mais, Obst und Gemüse gedeihen bestens im regenreichen Hochland südlich vom Mbeya. Rechts: Die inselartigen Felsreste der Kopjes erinnern an längst verschwundene Gebirge.

Foto: Günther Lahr

Ein Kontinent zerreißt

Beim Blick auf eine Relieflandkarte von Afrika erkennt man: Ein gewaltiger Riss zieht sich über den Osten des Kontinents hin. Er verläuft durch den Njassasee (Malawisee) auf der Südhalbkugel nordwärts, dann durch das Rote Meer und setzt sich – im Toten Meer und im Tal des Jordans – bis nach Syrien fort, markiert durch lang gestreckte Täler und Ketten länglicher Seen. Wie eine spröde Keramikplatte verhält sich die Erdkruste des geologisch uralten Afrika. Sie hat nicht mehr die Flexibilität „junger" Gesteine, sondern ist hart und brüchig geworden, und viele seiner früheren Gebirge sind bereits eingeebnet.

Afrika ist „nur" ein Bruchstück des ursprünglich mehr oder weniger zusammenhängenden Kontinents Gondwanaland, der überwiegend die Südhalbkugel der Erde einnahm. Seine Teile trennten sich im Erdmittelalter (vor ca. 150 bis 100 Millionen Jahren) voneinander und sind weit auf dem Globus verteilt: Die Antarktis, Australien, Südamerika und Indien gehörten dazu. Nur bei der großen Insel Madagaskar fällt noch der einstige Zusammenhang mit Afrika auf, alle anderen haben sich, fast bis zur Unkenntlichkeit, auf und davon gemacht. Aber ihre gemeinsame Herkunft lässt sich durch Gesteinsvergleiche oder mit Hilfe von Spuren der belebten Natur (z. B. gemeinsam auf allen Kontinentbruchstücken vorkommenden Fossilien) nachweisen.

Die nach und nach eingeebneten Flächen dieses uralten Kontinents machen einen großen Teil von Tansania aus. Ihre Gesteine bestehen meist aus Gneisen oder Graniten, deren körniges, kristallines Material, zu Schutt zerkleinert und abgetragen, die Oberflächen der weiten Ebenen ausfüllt. Wie zum Andenken an frühere Zeiten haben sich an manchen Stellen noch unzersetzte, widerständige Gesteinsreste erhalten. Sie ragen als größere Inselberge oder nur noch als kleine, abgerundete *kopjes* (Niederländisch / Afrikaans: „Köpfchen") steil und aufrecht aus den Ebenen heraus.

Die meisten Besucher Tansanias be-

gegnen ihnen in der Serengeti, dem berühmtesten Nationalpark des Landes: Viele Touristen machen am Parkeingang *Naabi Hill* Halt: Der Hügel ist ein kleiner Inselberg oder, wenn man so will, ein großes *kopje*. Das Seronera Hotel im Parkzentrum ist sogar in eine Gruppe von *kopjes* hineingebaut. Die östliche und südliche Umgebung des riesigen Victoria-Sees ist voller Granithügel: Der *Bismarck Rock* am Hafen von Mwanza gilt als ein Wahrzeichen der Stadt. Ganz im Süden von Tansania umgeben die dekorativen, naturgeschützten *Masasi Hills* den kleinen Distriktort Masasi in der Region Mtwara. Die Ebene westlich davon ist übersät mit eigenartig geformten Inselbergen.

Diese Granit- und Gneislandschaften enthalten stellenwiese reiche Bodenschätze: Edelstein- und Goldvorkommen sind eine wichtige Einkommensquelle Tansanias.

Oben: Blick vom aktiven Vulkan Ol Doinyo Lengai auf die von Flüssen zerfurchte Flanke des Ostafrikanischen Grabens.

Als Gondwanaland auseinanderbrach – und auch noch danach – tauchte der Ostrand des afrikanischen Bruchstücks unter den Meeresspiegel, fiel aber auch mehrmals wieder trocken. Daher besteht ein breiter Landstreifen vom Indischen Ozean bis über 150 km landeinwärts aus Meeresablagerungen und küstennahen Sedimenten. Während man in den sehr alten Kontinentteilen keine Fossilien finden kann, bieten jene vergleichsweise jungen Ablagerungen umso erstaunlichere Funde: z. B. versteinerte Riesensaurier und frühe Säugetiere am Tendaguru-Berg in der Region Lindi im Südosten Tansanias.

Kalkfelsen entstehen heute noch am Westrand des Indischen Ozeans: Im flachen Wasser vor Ostafrikas Küste bauen Korallen Riffe auf. Ebene Riffplatten liegen bei Niedrigwasser stellenweise als kilometerbreite Wellenbrecher vor Festland und Inseln. Diese Gebiete haben sich in jüngster Zeit gehoben: Riffkalke ragen z. T. mehrere Meter über dem Meeresspiegel wie Tischplatten empor, während das Meer ständig Hohlkehlen in ihren Unterbau nagt.

Doch die für Ostafrika folgenreichste geologische Erscheinung ist jener unübersehbare Riss im Osten, der sich vor ca. 20 Millionen Jahren zu öffnen begann und nord-südlich durch den Kontinent zieht: das *Ostafrikanische Grabensystem*. Das ist nicht eine linienhafte Kluft, sondern eine ganze Reihe von riesigen Spalten und treppenartig gestaffelten Talhängen mit Sprunghöhen von kaum 100 m bis über 2000 m. Im Süden von Tansania gibt es nur einen einzigen tiefen Graben: den Nyasa-See; nördlich davon teilt sich der Riss in der Gegend von Mbeya in zwei markante Äste. Der *Zentralafrikanische Graben* im Westen (Englisch: *Western Rift Valley*) lässt sich in der Rukwa-Senke und am Tanganyika-See verfolgen, während der *Ostafrikanische Graben* (*Eastern Rift Valley*) einen weiten Bogen etwa durch die Mitte des Landes macht. Er bildet im Süden über lange Strecken die breite Talung, durch die der Great Ruaha fließt, und begrenzt das Hochland von Iringa an dessen Westflanke. Viele Hundert Kilometer weiter nördlich formt der Bruch die Senke des Eyasi-Sees. Nur eine Schulter des Grabens ist sichtbar am Manyara-See und an der Ostseite des Ngorongoro-Hochlands. Deutliche Graben-Form hat dann wieder das Tiefland des Lake Natron im Norden von Tansania. Von dort zieht sich der Bruch, durchsetzt von vielen weiteren Seen, durch ganz Kenia bis zum Lake Turkana.

Bevor es dieses Grabensystem im Gebiet von Tansania gab, waren die großen Seen noch nicht vorhanden. Heute vereinigt die flache Mulde des zwischen dem Zentralen und Östlichen Graben gelegenen Victoria-Sees alle Flussläufe seiner Umgebung auf sich, um das gesamte Wasser im Norden, nur an einer einzigen Stelle, in den Victoria-Nil zu entlassen. Vor mehr als 20 Millionen Jahren lag nahezu ebenes Land an der Stelle des heutigen Sees, viele Flussläufe querten es von Osten nach Westen und flossen westwärts dem Kongo, und damit dem Atlantik zu. Ebenso verhielt sich der Malagarasi, der größte Zufluss des Tanganyika-Sees, der ungestört nach Westen floss und den Kongo erreichte.

Dann aber kam es zum großen Bruch: Der Malagarasi schaffte es, quer durch die tiefe Spalte des Tanganyika-Sees hindurch auf der westlichen Uferseite seinem alten Lauf (durch die Flüsse Lukuga, Lualaba und Kongo) zu folgen. Weiter nördlich aber riss das Land nicht nur auf, um Spalten zu bilden, sondern aus dem Erdinneren quoll auch Magma hervor, Vulkane türmten sich auf, und außerdem wurden alte Gesteinsschollen in die Höhe gedrückt. Für die Flüsse aus der großen Ebene (des späteren Victoria-Sees) war dadurch der Weg nach Westen versperrt, ihnen blieb bis heute nur die Nordrichtung übrig, um über den Nil ins Mittelmeer zu fließen.

Ein erheblicher Teil der oft nur zeitweilig Wasser führenden Flüsse Tansanias verläuft sich in abflusslosen Salz- oder Sodaseen: Rukwa-, Eyasi-, Manyara- und Natron-See sind die größten, ihre Ausdehnung schwankt erheblich entsprechend den jahreszeitlich unterschiedlichen Zuflüssen. Die restlichen Flüsse münden in den Indischen Ozean, die wasserreichsten unter ihnen sind der mächtige Rufiji und der Pangani. Den gleichen Weg nehmen alle Flussläufe, die in den Nyasa-See münden: der Shire-Fluss an seinem Südende entwässert über den Sambesi in den Indischen Ozean. Tansania ist das einzige Land Afrikas, das seine Flüsse in alle drei großen Meere schickt, die den Kontinent umgeben.

Landschaft und Landwirtschaft

Der gewaltige Riss durch Ostafrika bescherte Tansania nicht nur den höchsten Berg Afrikas, den Kilimanjaro, sondern auch viele weitere Einzelvulkane und mächtige Lavaergüsse. Vulkanischer Boden ist sehr fruchtbar und das hohe, noch wenig abgetragene Vulkanland wird vom Regen begünstigt.

So liegen die ertragreichsten landwirtschaftlichen Gebiete um Kilimanjaro und Meru, im vulkanischen Hochland südlich des Ngorongoro-Gebiets und im Süden des Landes, zwischen Mbeya und dem Nyasa-See.

Nur etwa 10% des großen Staatsgebiets von Tansania werden als landwirtschaftliche Nutzfläche eingestuft, etwa 40% gelten als Weideland. Über 6 % beträgt die Fläche seiner 16 festländischen Nationalparks: fast 57 000 km^2. Neben diesen von jeglicher Nutzung – außer Tourismus – ausgeschlossenen, streng geschützten Gebieten stellt Tansania weitere rund 108 000 km^2 Wildreservate unter Schutz, für deren Nutzung mehr oder weniger strenge Auflagen gelten. Zusammen mit zahlreichen, meist kleinräumigen Meeres-, Wald- und Sonderschutzgebieten ist über ein Drittel des Landes naturgeschützt. Die tansanische Regierung unternimmt erhebliche Anstrengungen, die kostbare Wildnis zu bewahren. Angesichts der nötigen Modernisierung des Landes sind aber nicht einmal mehr Straßenbaupläne durch die Serengeti ein Tabu; massive internationale Kritik verhinderte bisher deren Realisierung. Leicht ist die Aufgabe nicht, Naturschutz, moderne Wirtschaft und angestammte Lebensweisen der Bauern, Fischer, Jäger und Nomaden in Einklang zu bringen.

Besucher aus Ländern, in denen fast jeder Quadratmeter Land unter Kultur genommen ist, finden in Tansania ein Eldorado freier, wilder Natur, die es inner- und außerhalb der Naturreservate zu erleben und zu bestaunen gibt.

Tansanias tropisches Klima mit ausgeprägter Trocken- und Regenzeit verleiht den meisten Landschaften zwei jahreszeitlich unterschiedliche Gesichter und bringt den Vegetationstyp der *Savanne* hervor. Sie weist eine große Bandbreite auf. Etwa die Hälfte des Landes (ein Gebiet knapp so groß wie Frankreich) ist mit *miombo* bedeckt. Das ist eine lichte Waldlandschaft mit tropischen Bäumen (zumeist *Brachystegia*-Arten), wenig Unterholz, oft dürftigem Boden, meist grasbedeckt. Der Wald übersteht die alljährliche Trockenzeit, indem die Bäume ihr Laub abwerfen. Das oft mannshohe Gras verdorrt. Diese ausgetrocknete Landschaft erwacht noch im Lauf der Trockenperiode zu neuem Leben: Die Blätter treiben aus, aber sie besitzen in den ersten Tagen noch kein Blattgrün, sondern sind bunt, meist in Gelb-, Braun-, Rosa- und Rottönen gefärbt. Kurz vor der Regenzeit stehen viele Bäume in Blüte, die Blätter erhalten ihre grüne Farbe.

Das verdorrte Gras hat sich in manchen Fällen in der brennenden Hitze selbst entzündet und verkohlt zusammen mit dem abgefallenen Laub; bei den Bäumen richtet dies kaum Schaden an. Die Kleintierwelt hat eher darunter zu leiden, andererseits werden dabei auch Schädlinge vernichtet. Etwas sehr Erstaunliches vollzieht sich bald nach dem Durchzug des Feuers: Trotz monatelanger Trockenzeit beginnt aus der schwarzen Asche frisches, grünes Gras zu sprießen, selbst wenn es noch keinen Tropfen geregnet hat. Dieses „Naturwunder" machen sich manchmal Bauern zunutze: Ihr Vieh findet gerade auf dem Höhepunkt der Trockenzeit nur noch wenig zu fressen: Sie legen daher selbst Feuer, und bald darauf grünt frisches Futter. Viele Brände werden von Wilderern entzündet: Damit nehmen sie dem Wild die Deckung und locken es zu den jungen Grasschösslingen.

Viehhaltung im Miombo-Waldland ist nur beschränkt möglich: In den meisten Miombogebieten leben verschiedene Arten der Tsetsefliege. Sie befallen das Vieh mit der *Nagana*-Seuche (tödlich; es gibt bisher kein Mittel dagegen) und suchen den Menschen von der Schlafkrankheit heim (kommt selten vor und ist heilbar).

Wildtiere sind gegen die Seuche immun. Diese Tatsache hat schon man-

Rechts: Gut getarnt lebt der Große Kudu im Miombowald.

Foto: Günter Ziesler (Tierbildarchiv Angermayer)

chen spöttischen Naturfreund insgeheim frohlocken lassen: Die weite Verbreitung der Tsetsefliege in Tansania sei der zuverlässigste Schutz für seine Naturreservate. Es gibt zahlreiche Hinweise, dass im 19. Jh. manche Landschaften Tansanias besiedelt waren, die heute tsetseverseucht und menschenleer sind. Besonders im 19. und 20. Jh. ist die Bevölkerung durch Sklaverei, Stammeskriege, eingeschleppte Krankheiten, Hungersnöte, Auflehnung gegen die Kolonialherrschaft oder Umsiedlungen in manchen Regionen dezimiert worden – das ließ die Wildnis wieder das Regime ergreifen, und mit ihr kam die Tsetsefliege.

Tierwelt zwischen Wald und Savanne

Ein Großteil der Wildreservate (*Game Reserves*) Tansanias liegt im Miombo-Waldland. In beschränktem Maß ist in ihnen Jagd nach Abschussquoten gestattet; das größte ist das Selous-Reservat im Südosten des Landes. Typische Waldtiere sind z. B. die 170-250 kg schwere Antilope Großer Kudu (*Tragelaphus strepsiceros*, Engl.: *greater kudu*), deren unauffällig braune, gestreifte Decke ihr gute Anpassung an ihr Habitat gibt, oder zahlreiche Ducker-Arten (*Cephalophus sp.*; Engl.: *duiker*), kleine Antilopen zwischen 3,5 und 75 kg, deren dünne, kurze Vorderbeine ihnen ein geducktes Aussehen verleihen. Nationalparks mit ausgedehnten Miombo-Waldbeständen liegen im zentralen Teil Tansanias: Mahale, Katavi, Ruaha, Mikumi.

Viele Tierarten bewegen sich zwischen dem Waldland und der offenen Savanne. Dieses parkartige Grasland ist nur mit einzelnen Büschen und Bäumen durchsetzt, das Wild lässt sich daher dort gut beobachten. Hier weiden Tiere, die sowohl Gras als auch Laub fressen; die vielseitige Landschaft liefert ein umfangreiches Nahrungsangebot.

Typisch ist hier der Afrikanische Elefant (*Loxodonta africana*, Kiswahili: *tembo* oder *ndovu*), mit einem Gewicht von 3,5 bis 6,5 t das schwerste Landsäugetier der Erde. Sein asiatischer Kollege

(*Elephas maximus*) in Indien oder Thailand ist kleiner – auch was die Ohren anbelangt – und hat am Rüsselende nur einen fingerartigen Greifer statt zwei wie der afrikanische Elefant.

Elfenbein war bis zum Verbot durch das Washingtoner Artenschutzabkommen 1989 ein seit Jahrtausenden begehrtes Handelsgut. Es „wuchs" reichlich in Afrikas Elefantenbeständen, bei Bullen und Kühen (die asiatischen Schwestern sind stoßzahnlos), und das in gigantischer Größe: über 50 kg kann ein afrikanischer Stoßzahn wiegen. Wilderer dezimierten die Rüsseltiere; in den 1980er Jahren lebten 110 000 Elefanten im Selous-Gebiet, 20 Jahre später nur 25 000. Heute sind es nur noch 15 000, obwohl sich bis 2006 die Population auf 70 000 erholt hatte. Doch als die intensive Kontrolle durch Wildhüter aufgegeben wurde, fachte die Korruption in Tansania den Elfenbeinhandel nach China wieder an. Der Kampf gegen die Wilderei ist für Ranger und Tierschützer lebensgefährlich.

Ein 5-Tonnen-Elefant benötigt 250 kg Futter und 150 l Wasser täglich. Elefantenherden wandern viele Kilometer, um ihren Nahrungsbedarf zu decken. Zunehmend wird das schwieriger, da die Tansanier immer mehr Land beanspruchen. U. a. gab es einst intensive Elefanten-Wanderungen zwischen den Parks Manyara und Tarangire; heute konzentrieren sich die Tiere im Tarangire-Park, weil zunehmend Siedlungen und neue Äcker ihren Wanderungskorridor beeinträchtigten. Den Großtieren im Süden Tansanias z. B. wird der Selous-Niassa Corridor, ein Durchgangsgebiet zwischen dem Selous- und dem Niassa-Reservat, freigehalten.

Ist der Lebensraum von Elefanten zu klein, wirken sie zerstörerisch auf ihr Habitat. Haben sie eine größere Reichweite, verteilt sich diese Wirkung: Die Pflanzenwelt kann sich besser regenerieren. Auf Äckern in der Nachbarschaft von Schutzgebieten richten Elefanten gelegentlich Schäden an; sie gelten zwar als sehr kluge Tiere, aber die Anzeigetafeln an den Grenzen der Reservate können sie natürlich nicht lesen...

Von Blattwerk ernährt sich das mehr als 1 t schwere Spitzlippen-Nashorn (*Diceros bicornis; black rhinoceros*; das Gras fressende, größere Breitmaul-Nashorn, *Ceratotherium simum, white rhinoceros*, kommt in Tansania nicht vor), dessen Oberlippe zum Greifen gut geeignet ist. Im Gegensatz zu Elefanten leben Rhinozerosse als Einzelgänger. Das allein schon erschwert ihnen in Zukunft ihre Fortpflanzung: Diese altertümlichen Dickhäuter mit einem längeren und einem etwas kürzeren Horn (eigentlich eine Art zusammengewachsener, verdickter Haarschopf) auf der „Nase" sind von Wilddieben so stark dezimiert worden, dass die Tiere es schwer haben, überhaupt Paarungspartner zu finden. Pech auch fürs Nashorn, dass es bequem zu jagen ist: Es sieht nicht nur schlecht, sondern geht täglich seinen gewohnten Weg zur Wasserstelle im Glauben, dass ihm niemand etwas antun könne. Der Mensch ist sein einziger Feind, nur Jungtiere fallen gelegentlich Raubtieren zum Opfer. Der Grund für das hemmungslose Töten von Rhinos ist grotesk: Pulverisiertes Rhinohorn gilt in Ostasien als Potenz- und Heilmittel, und im Jemen braucht ein „richtiger" Mann nun mal einen Dolch mit Nashorn-Griff. Gut geschützt sind Rhinozerosse im Ngorongoro-Krater; 1997 wurden in der Serengeti, später im Mkomazi-Park einige ausgesetzt – sie haben Leibwächter nötig.

Askari wa kifaru, Wächter des Nashorns, heißen auf Kiswahili nicht die bewaffneten Wärter in den Nationalparks, sondern die zur Starenfamilie zählenden Madenhacker (z. B. Rotschnabel-Madenhacker: *Buphagus erythorhynchus; red-billed oxpecker*), denen ihr Wirt reichlich Nahrung bietet: Zecken, Tsetsefliegen und andere Quälgeister. Diese

Rechts: Spitzmaulnashörner mit Madenhackern (Ngorongoro-Krater) – die kleinen Vögel schmarotzen zwar, warnen aber auch vor Angreifern.

Foto: Winfried Wisniewski (Silvestris Online)

geselligen Vögel beschränken sich nicht nur auf Rhinos, sondern betreiben auch bei anderen Großtieren der Savanne, Büffeln, Antilopen, Zebras und bei Eseln und Rindern Körperpflege. Es ist sogar beobachtet worden, dass sie ihren Wirt bei Gefahr warnen: Sie versammeln sich auf seinem Rücken und lärmen zischend, wenn sich ein Raubtier oder ein Jäger nähert – der Tod des Wirts bedeutet für die Vögel nämlich: Schließung der Gaststätte. Doch den Rhinozerossen hat das alles nichts genützt.

Doppelt so schwer wie Spitzlippen-Nashörner können Flusspferde (*Hippopotamus amphibius*) werden. Die deutsche Bezeichnung „Nilpferd" weist auf seine weite Verbreitung im alten Ägypten hin, doch mit zunehmender Siedlungsdichte im unteren Niltal musste das Tier dort den Menschen weichen. In Tansania ist es auch außerhalb von Schutzgebieten oft zu finden, überall, wo es ausreichend Wasser zur Verfügung hat. Flusspferdgruppen verbringen den Tag in Seen, ganzjährigen Flüssen oder an Flussmündungen nahe den großen Seen des Landes. Der Körper, bis auf Ohren und Augen, ruht im Wasser; die bis zu 6 cm dicke, haarlose Haut liebt dieses Element. Feuchte Gebiete, wenn sie nicht völlig versumpft sind, sind in Tansania begehrtes Ackerland; darauf können die in der Nähe lebenden tonnenschweren Flusspferde große Schäden anrichten, wenn sie nachts zu ihren Weideplätzen spazieren. Sie sind weitgehend Grasfresser.

Antilopenarten wie Riedböcke (*Redunca redunca*; *Bohor reedbuck*) und Wasserböcke (Ellipsen-W. *Kobus ellipsiprymnus*; *common waterbuck*; Defassa-W. *Kobus defassa*) benötigen Wassernähe, besonders die im Sumpf lebende Sitatunga (*Tragelaphus spekii*), die im Rubondo-Nationalpark im Victoria-See ein angemessenes Habitat findet.

Ans Wasser gebunden sind auch Krokodile (*Crocodilus niloticus*). Bis zu 1 t können diese Reptilien wiegen, sie sind in Süßwasserflüssen und -seen weit verbreitet, in großer Zahl am Rufiji-Fluss und dem Rukwa-See. Auch wenn sie meistens scheinbar harmlos und unbe-

Foto: Mogens Trolle (Dreamstime)

weglich herumliegen, sind diese reinen Fleischfresser gefährliche Jäger.

Die anderen berühmten großen Jäger der Tierwelt sind Säugetiere: die Raubkatzen Löwe (*Panthera leo*, Kiswahili: *simba*), Leopard (*Panthera pardus*, Kiswahili: *chui*) und Gepard (*Acinonyx jubatus*; Engl.: *cheetah*; Kiswahili *duma*). Sie teilen sich zwar annähernd den gleichen Lebensraum und ähnliche Jagdbeute, zeigen aber große Unterschiede in ihren Lebensweisen und Jagdgewohnheiten. Während Löwen in Familienverbänden zusammenleben und ihr Jagderfolg gemeinschaftlichem Handeln (meist der Weibchen) zuzuschreiben ist, sind Leoparden ausgesprochene Einzelgänger, die sich vorzüglich an andere Tiere heranschleichen und selbst schwere Beute in das Geäst von Bäumen fortschleppen können. Löwen und Leoparden jagen überwiegend nachts, Geparde dagegen tagsüber: Ihnen kommt ihre außergewöhnliche Schnelligkeit zustatten.

Ihre Beute – das sind oft die Herdentiere der offenen Savannen und der Grasländer. Diese endlos erscheinenden natürlichen Weiden (in der Serengeti am ausgedehntesten, auf kleineren Flächen auch im Tarangire-Nationalpark, dem Selous-Reservat und anderen Gebieten) besuchen im jahreszeitlichen Wechsel Hunderttausende von Gnus (*Connochaetes taurinus*; Engl.: *wildebeest*), Tausende von Zebras (*Equus burchelli*) und verschiedene Gazellenherden: Impalas (*Aepyceros melampus*) sowie Grant- und Thomsongazellen (*Gazella granti/thomsoni*); Kaffernbüffel (*Syncerus caffer*), Kuhantilopen (*Alcelaphus buselaphus ssp.*) und andere.

Alljährlich bewegen sich Millionen von Huftieren über Tausende von Kilometern durch die ostafrikanische Wildnis, jeweils dorthin, wo nach dem Regen Futter zur Verfügung steht. Da die Tiere sich auf bestimmte Pflanzen oder deren Teile spezialisiert haben, können ganz unterschiedliche Tierarten neben-

Oben: Afrikanische Wildhunde greifen im Rudel an, hier verteidigen sie ihre Beute gegen eine Tüpfelhyäne. Rechts: Nur die Impalaböcke tragen ein Gehörn.

einander auf derselben Weide grasen, auch die Rinder der nomadisierenden *Maasai* haben da noch ihren Platz.

Streckenweise mögen ihnen die großen Raubtiere auf ihren Wanderungen folgen, auch kleinere wie Hyänen (Tüpfel-H. *Crocuta crocuta; spotted hyaena;* Streifen-H. *Hyaena hyaena; striped h.*) oder Serval (*Felis serval*), aber überwiegend sind diese Raubtiere ortsfest. Wenig angewiesen auf ein angestammtes Revier sind dagegen die geselligen Hyänenhunde (*Lycaon pictus; African hunting dog, wild dog*), sie begleiten die umherziehenden Herden und sind ein Musterbeispiel für koordiniertes Gruppenverhalten bei der Jagd.

Kleinräumige, aber äußerst vielseitige Lebensräume bilden die *Galeriewälder* entlang von Flüssen oder zeitweiligen Trockentälern, die Savannen und Steppen durchziehen. Sie sind eine erfrischende Abwechslung in der Landschaft, ganz besonders zu Dürrezeiten, wo sich außer Großtieren auch eine vielfältige Vogelwelt sammelt.

Jedes Habitat hat seine eigene Avifauna – so leben an den Sodaseen hoch spezialisierte Flamingos; andererseits sieht man Greife wie den Gaukler (*Terathopius ecaudatus*) fast überall.

Wer nach Tansania reist, um die großartige Tierwelt der ausgedehnten Savannen und Grasländer kennen zu lernen, sollte auf die Jahreszeit achten: Zur Trockenzeit (Juni-Oktober) konzentrieren sich ortsfeste Tiere an den schrumpfenden Wasserlöchern, und meistens sind die Wege in den Parks problemlos befahrbar. Bei Regen kann das Vorwärtskommen auf den Tonschlammböden (Kiswahili: *mbuga*) schwer, wenn nicht unmöglich werden, so dass zur *masika*-Zeit (ca. März-Mai) manche Unterkünfte geschlossen sind. Zwischen der kleinen und großen Regenzeit (ca. November-Februar/März) ist die Landschaft vielerorts herrlich grün, dann lassen sich die riesigen wandernden Herden am besten bewundern. Auch die Blumenteppiche im Kitulo Plateau National Park sind dann besonders prächtig und sollten zu dieser Zeit besucht werden.

Foto: Heinz Joerissen

Tansania bietet das ganze Jahr über Naturattraktionen – Hochgebirge in den Nationalparks Kilimanjaro und Arusha; Bergwälder in den Nationalparks Udzungwa, Mahale und Gombe Stream sowie im Bereich der Uluguru- oder Usambara-Berge und der Vulkane in der Mbeya-Region. Als riesige Süßwasserseen zum Baden, Tauchen und Schnorcheln empfehlen sich Nyasa- und Tanganyika-See. Wer Traumstrände unter Palmen sucht und die faszinierende Unterwasserwelt tropischer Korallenriffe durch die Taucherbrille bewundern möchte, sollte einige Tage auf Sansibar oder Mafia einplanen. Versierte Guides, erfahrene Bergführer und Safari-Chauffeure in den Nationalparks, gute Tauchlehrer und eine überwältigende Zahl von kenntnisreichen und hilfsbereiten Tansaniern in allen Regionen eröffnen den Besuchern eine in den meisten Teilen unserer Erde verschwundene, hier jedoch allgegenwärtige, staunenswerte, aber auch herausfordernde Natur.

Foto: Archiv für Kunst und Geschichte, Berlin

GESCHICHTE UND KULTUR

Die Grenzen der *Vereinigten Republik von Tansania* sind ein Erbe der Kolonialzeit. England und Deutschland legten ihre „Interessensphären" in Ostafrika 1886-1890 fest – ohne einen Gedanken an die Interessen der Afrikaner zu verschwenden. Gleichzeitig hatten die Europäer die Macht des Sultans von Sansibar beschnitten: seine beiden großen Inseln Pemba und Unguja wurden britisches Protektorat, einen Teil seines Küstenstreifens am gegenüberliegenden Festland hatten die Deutschen ihm abgekauft. Was sich westlich davon bis zum Tanganyika-See erstreckte, fiel den Deutschen zu. Im Süden reichte ihr Gebiet bis zum Ruvuma-Fluss, im Norden ging die Grenze quer durch den Victoria-See, dann in einer südöstlich verlaufenden Linie bis zum Indischen Ozean – mit einem großzügigen Knick um den Kilimanjaro zugunsten der Deutschen. Sie verloren ihre Kolonie Deutsch-Ostafrika nach dem Ersten Weltkrieg, Großbritannien übernahm sie vom Völkerbund als Treuhandgebiet, das den Namen *Tanganyika* erhielt. 1961 wurde es unabhängig.

Das kleine Land *Zanzibar* (deutsche Schreibweise: Sansibar, 2460 km^2) besteht aus den beiden großen Inseln des ehemaligen Sultanats vor der ostafrikanischen Küste und vereinigte sich 1964 mit Tanganyika (rund 943 000 km^2) zu *Tanzania* (Tansania).

Frühe Handelswege

Der Indische Ozean ist seit über 2000 Jahren ein internationales Meer. Kühne Seefahrer kamen im ersten Jahrtausend aus Indonesien, überquerten den Ozean westwärts und landeten auf Madagaskar. Ihr wichtigster Beitrag zur afrikanischen Kultur: Sie führten die Banane ein, die hier größte Artenvielfalt und Bedeutung als Grundnahrungsmittel erreichte.

Zanjistan oder *Zanzibar*, Land der Schwarzen, nannten die Perser die Ostseite des afrikanischen Kontinents nach dessen dunkelhäutigen Bewohnern (*zanj*). Im 9. Jh. hatte sich Bagdad zur führenden Stadt des islamischen Kulturkreises aufgeschwungen. Seeleute vom Persischen Golf und der Südküste der Arabischen Halbinsel versorgten die Wohlhabenden des Abbasidenreichs mit Luxusgütern. Ostafrika hatte Elfenbein, Ambra (Walrat, für die Parfümherstellung) und, besonders für den Tauschhandel mit Ostasien, Leopardenfelle und Rhinozeros-Horn zu bieten. Zwei weitere Güter ließen sich Perser und Araber damals kommen: Mangrovenstämme für den Hausbau in ihren nahezu baumlosen Ländern und – Sklaven. Sie mussten in den Salzgärten von Basra arbeiten und die Sümpfe im südlichen Zweistromtal trockenlegen. Dagegen revoltierten sie Ende des 9. Jh. mit dem Erfolg, dass der Sklavenexport aus Ostafrika für Jahrhunderte bedeutungslos wurde, wenn er auch nicht gänzlich einschlief.

Über 1000 Jahre, bis in das 20. Jh. hinein, beherrschten arabische, persische, später auch indische Seeleute mit Dauen, hölzernen Schiffen mit Lateinersegel, den nördlichen Indischen Ozean: Sie stellten die Verbindung zwischen Indien und der ostafrikanischen Küste her. Die jahreszeitlich wechselnden Windrichtungen der Passate laden regelrecht dazu ein: Während der Zeit des Nordostpassats (November bis Februar) trägt der Wind die Dauen von Indien nach Arabien und weiter nach Ostafrika (Segelzeit ca. 20-30 Tage auf der direkten Route Indien – Ostafrika). Zwischen April und September beherrscht der Südostpassat dasselbe Gebiet, der glücklicherweise auf der Höhe des Äquators in Südwestrichtung umschlägt und als Südwestmonsun den Seglern achterlichen Wind für die Rückreise beschert.

Links: Ob dieser steinzeitliche Jagdzauber wohl hilfreich war? – Felszeichnung im Gebiet der Sandawe.

Weiter östlich von Indien operierten Schiffe von Ostasiaten oder arabischen Händlern, die sich in Süd- und Südostasien niedergelassen hatten. Es ist aber auch belegt, dass 1420 ein chinesisches Schiff im Hafen von Malindi (Kenia) festmachte und auf seinem Rückweg die erste Giraffe nach China importierte. Ostasiens kostbare Waren, besonders Seidenstoffe und Porzellan, wurden oft in Indien umgeschlagen, in Bengalen, an der Malabarküste oder Gujarat, um dann weiter westwärts transportiert zu werden. Archäologen fanden an alten Häfen der ostafrikanischen Küste chinesische Keramik; in die Grabmale reicher Leute und Moscheen der Küstenstädte mauerte man mit Vorliebe chinesische Porzellanschalen ein.

Shirazi-Zeit

Die arabisch-persischen Händler brachten ihre Kultur mit nach Afrika. Sie führten Nutzpflanzen wie Zitrusfrüchte und Baumwolle ein. Als Muslime errichteten sie Moscheen; ihre Bauten waren aus festem Korallenstein – anders als die vergänglichen Häuser der Afrikaner. Letztere – an der Küste lebende *Bantu* – versorgten die Städter mit Lebensmitteln und stellten die Verbindung zum Binnenland her. Die eingewanderten muslimischen Händler und die Bauern im Küstensaum mischten sich; man nannte sie *Swahili*. Ihre Sprache, das *Kiswahili*, ist eine *Bantu*-Sprache, die um viele arabische Begriffe bereichert wurde.

In den meisten Fällen lagen die Häfen der eingewanderten Handelsleute auf Inseln vor dem Festland, so auch Kilwa, die bedeutendste historische Stadt Tansanias zwischen dem 12. und 15. Jh. Sie wurde Umschlagplatz für ein neues Produkt auf der ostafrikanischen Angebotspalette: Gold, heiß begehrt in Asien und Europa. Die *Shona* in Simbabwe, im südafrikanischen Binnenland, gewannen es und transportierten es zu dem einst bedeutenden Hafenort Sofala, gegenüber von Madagaskar. Muslimische Händler segelten mit der kostbaren Fracht dann nordwärts zu den ostafrikanischen Fernhandelshäfen.

Wenn man der „Kilwa-Chronik" Glauben schenkt, war die Stadt im 11. Jh. einer der Landeplätze von sieben Schiffen einer adligen persischen Familie aus Shiraz. Der Vater und seine sechs Söhne verteilten sich im Gebiet zwischen Manda (Kenia) im Norden und den Komoren-Inseln im Süden; Mombasa (Kenia) und die Insel Pemba waren ebenfalls Endstationen von Schiffen der *Shirazi*. Die Epoche muslimischer Einwanderer nach Ostafrika vor dem 16. Jh. heißt allgemein *Shirazi*-Zeit. Bewohner Sansibars, deren Vorfahren damals eingewandert waren, nennen sich *Shirazi*, obwohl es sehr unwahrscheinlich ist, dass alle muslimischen Immigranten jener Zeit aus Shiraz stammten. Der *Shirazi*-Sultan Ali Bin al-Hasan, der Mitte des 11. Jh. regierte, und seine Nachfolger kontrollierten von Kilwa aus den Goldhandel.

Intermezzo der Portugiesen

Der Portugiese Vasco da Gama umrundete 1497 als erster europäischer Kapitän das Kap der Guten Hoffnung, die Südspitze von Afrika; 1498 kreuzte er vor der ostafrikanischen Küste auf, segelte an Kilwa vorbei und machte in Mombasa fest. Das Gastgeschenk des dortigen Sultans – Apfelsinen, den Europäern damals kaum bekannte Früchte – heilte die an Skorbut erkrankte Mannschaft. Vasco da Gama nahm im Konkurrenzhafen Malindi einen arabischen Lotsen an Bord, dessen Navigations- und Ortskenntnisse dem überheblichen Kapitän Achtung einflößten – ohne die Hilfe dieses Muslims wäre er kaum so rasch nach Indien gelangt.

Rechts: Ein Sklaventreck, wie ihn der Afrikaforscher David Livingstone 1858 sah.

Foto: Archiv für Kunst und Geschichte, Berlin

Die Portugiesen – barbarische weißhäutige Fremde, gierig nach Gold, Gewürzen und chinesischer Seide, intolerant gegenüber Andersgläubigen und fanatisch in der Verbreitung ihres christlichen Glaubens, rissen binnen weniger Jahre die Vorherrschaft in Ostafrika an sich. 1505 zerstörten sie Kilwa, behielten dort lediglich ein Fort am Hafen und machten Mombasa zu ihrem wichtigsten Umschlagplatz. Sie rüsteten ihn mit einer gewaltigen Festung aus. Der Welthandel ging derweil an Tansania vorbei.

Der Handel an der ostafrikanischen Küste nahm wieder Aufschwung, als der Stern der Portugiesen im Sinken begriffen war. Sie waren nie zahlreich vertreten gewesen im Land der *Swahili* und hatten mit der Konkurrenz anderer Europäer – Franzosen, Holländer und Engländer – in Asien genug zu tun. Einige Stadtstaaten entlang der Küste entzogen sich nach und nach der portugiesischen Kontrolle, und mit Hilfe der Omaner (aus dem Südosten der Arabischen Halbinsel) fiel Mombasa 1698 nach dreijähriger Belagerung.

Omans Griff nach Ostafrika

Das Sultanat Oman beherrschte den größten Teil des ostafrikanischen Küstenlandes bis 1890. Der kaufmännisch sehr aktive Sultan Seyyid Said (1804-1856) verlegte 1828 seinen Sitz von Oman nach Sansibar und riskierte damit die Abspaltung vom Mutterland (1856). Doch er hatte gute wirtschaftspolitische Gründe für diesen Umzug: Sansibar war der wichtigste Umschlaghafen für die Küstenschiffe, die ihre Ladung von den Endpunkten von Karawanenwegen aus dem Binnenland bezogen: Tanga, Pangani, Bagamoyo, Kilwa, Mikindani und anderen. Der Handel mit dem Inneren des Kontinents war sprunghaft angestiegen und die Ursachen dafür waren mehrschichtig.

Wie seit über 1000 Jahren waren Elfenbein und Rhinohorn weiterhin gefragt, zusätzlich erfuhr das „Handelsgut“, das jahrhundertelang eine untergeordnete Rolle gespielt hatte, plötzlich große Nachfrage: Sklaven. Als Ostafrika während der Portugiesenzeit in eine Art

Foto: Manfred Braunger

Dornröschenschlaf gefallen war, konzentrierten sich die Europäer auf die Tropen und Subtropen Amerikas: Für ihre Plantagenwirtschaft importierten sie als Arbeitskräfte westafrikanische Sklaven. Vor der ostafrikanischen Küste gab es erst in der zweiten Hälfte des 18. Jh. solche arbeitsintensive Produktion: auf den französischen Besitzungen im Indischen Ozean. Es war nahe liegend, dass sich die Franzosen für ihre Zuckerplantagen auf Mauritius Sklaven aus Süd- und Ostafrika besorgten. Auch in Arabien wuchs die Nachfrage nach Sklaven, ebenso benötigte das Sultanat Oman/Sansibar billige Arbeitskräfte: Auf Unguja und Pemba, den beiden großen Inseln des Sansibar-Archipels, begann in den 1820er Jahren der Gewürznelken-Anbau – Sklaven erledigten die Arbeit. Damals wurde Sansibar weltweit führend in Nelkenproduktion und -export. Außer den enormen Einkünften aus dem Sklaven-, Nelken- und Elfenbeinhandel förderte ein weiteres Element den Handelsboom im Inselreich: Das ostafrikanische Hinterland wurde zum Absatzmarkt für europäisch-amerikanische Industrieprodukte: Draht, Glasperlen, Eisenhacken, Baumwollstoffe, bald auch für Gewehre und Schnaps. Europäische und amerikanische Konsulate wurden auf Sansibar eingerichtet. Neben der arabischen Oberschicht und den Europäern rundeten indische Bankiers das Bild seiner feinen Gesellschaft ab, während christliche Missionare das entsetzliche Los der Sklaven anzuprangern begannen, die vom Festland importiert wurden.

Oben: Gewürznelken – auch heute noch Sansibars wichtigstes Handelsprodukt. Rechts: Museums-Diorama – so stellt man sich die menschenähnlichen Australopithecinen vor.

Frühe Kulturen und Völkerwanderungen

Was war in den voraufgegangenen Jahrhunderten und Jahrtausenden auf dem Kontinent geschehen? Historische Relikte wie an der Swahili-Küste – Steinhäuser, Berichte von Reisenden, Chro-

Foto: Archiv für Kunst und Geschichte, Berlin

niken oder Münzfunde – fehlen im Binnenland bis Mitte des 19. Jh. fast gänzlich. Die vorgeschichtlichen Zeugnisse reichen hier dagegen viel weiter in die Vergangenheit zurück: Wissenschaftler spürten sie auf in den 3,6 Millionen Jahren alten Fußspuren aufrecht gehender Vorläufer des Menschen (*Australopithecus afarensis*) in Laetoli oder nahebei in der Oldupai-Schlucht mit Knochenfunden und Steinwerkzeugen des *Australopithecus robustus boisei*, *Homo habilis* und *erectus*. Die riesigen Ansammlungen steinzeitlicher Geräte von Isimila bei Iringa bezeugen, dass auch dieses Gebiet vor 100 000 bis 60 000 Jahren besiedelt war.

Hunderte von Zeichnungen an Felswänden, vermutlich von einer Jäger-Bevölkerung aus der Zeit vor 3500 bis vor 800 Jahren, vor allem in den Regionen Dodoma, Manyara und Singida, zeigen große Ähnlichkeit mit buschmannoiden Malereien in Südwestafrika. Den Forschern fiel auf, dass nur in dieser Gegend von Tansania zwei Stämme leben, nämlich *Sandawe* und *Hadzabe*, deren Sprache (*Khoisan*) eine Eigentümlichkeit der Buschmann-Sprachen aufweist: Klicklaute. Unter den *Hadzabe* gibt es heute noch Sammler und Jäger. Man nimmt an, dass Buschmann-Völker hier einstmals viel weiter verbreitet waren, aber von aus Westen einwandernden *Bantu*-Völkern überformt oder nach Südafrika abgedrängt wurden. Die *Bantu* waren Ackerbauern, kultivierten u. a. die Banane in den fruchtbaren, regenreichen Landesteilen und kannten vor 2000 Jahren bereits die Eisenherstellung.

Sie waren nicht die einzigen Einwanderer. Nördlich der Jagdgebiete der *Hadzabe* am Eyasi-See siedelt das Volk der *Iraqw* (*Mbulu*), das noch vor der *Bantu*-Invasion von Norden gekommen war. Die *Iraqw* sprechen eine *kuschitische* Sprache, die sie gemeinsam mit Völkern haben, die aus Äthiopien und Somalia stammen.

In Engaruka, nur wenig nördlich des fruchtbaren Mbulu-Plateaus, liegen die steinernen Bewässerungsanlagen und Hausfundamente eines mysteriösen Volks, das hier bis vor 300 Jahren einen ausgeklügelten Feld- und Gartenbau betrieb – niemand weiß, wohin oder warum es verschwand.

Das Herkunftsgebiet der vierten Sprachgruppe Tansanias, der *Niloten*, vermutet man im Sudan. *Nilotisch* sprechende Völker erreichten Nordtansania möglicherweise zeitgleich mit den *Bantu*, auch sie verstanden sich auf die Produktion von Eisengeräten, u. a. von Waffen. Sie waren überwiegend Vieh züchtende Nomaden, Spezialisten für die Grassteppen und offenen Savannen. Das Volk der *Barabaig*, jetzt ebenfalls in der weiteren Umgebung des Eyasi-Sees ansässig, gehört zu dieser Gruppe. Sie mussten sich gegen die seit dem 16. Jh. einwandernden, ebenfalls *Nilotisch* sprechenden *Maasai*-Nomaden durchsetzen. Erst die kriegerischen *Hehe* (*Bantu*-Ackerbauern) im Zentrum des Landes hinderten die *Maasai* am weiteren Vordringen nach Süden im 19. Jh.

Die *Maasai* in traditionellem Umhang, die Frauen mit kahl geschorenen Köpfen und buntem Glasperlenschmuck und die jungen Männer der Altersgruppe der Krieger (die auffällig verzierten und fantasievoll frisierten *Moran*) beeindrucken Besucher immer wieder, so dass dieses „exotische" Volk gern touristisch ausgeschlachtet wird. Die selbstbewussten Maasai nutzen das und verlangen als Gelegenheitsfotomodelle stolze Preise von knipsenden Urlaubern. Ihre bewundernswerte Beharrlichkeit und Unerschrockenheit verschafft ihnen Achtung. Unbeliebt machen sie sich bei ihren Nachbarn, wenn die *Moran* bei ihren Streifzügen gelegentlich fremdes Vieh stehlen.

Über 90% der Bewohner Tansanias sind bantustämmig, genauer gesagt, *bantu*-sprachig, denn „Stamm" suggeriert ethnische Verwandtschaft. Seit Jahrtausenden wandern Afrikaner verschiedener Ethnien und Sprachgruppen über ihren Kontinent. Die Zuwanderer lernten von den Ansässigen – und umgekehrt. Immer wieder vermischten sich Neuankömmlinge mit Bodenständigen. Die afrikanischen Landsmannschaften sind im Lauf ihrer Geschichte kräftig durcheinandergewirbelt worden. Tansania hat rund 120 verschiedene „Stämme" – also kleinere, sprachlich-kulturelle Einheiten – und keiner davon beansprucht heute Dominanz.

Immer wieder ist es allerdings zu Macht- und Eroberungskämpfen gekommen, am besten bekannt sind die des 19. Jh. Gut organisierte Stämme mit neuer Technologie gingen dabei am ehesten in Führung. Die *Yao* in Südost-Tansania waren im 18. Jh. aktiv am Binnenhandel mit ihren selbst geschmiedeten Hacken und Waffen sowie am überregionalen Elfenbeinhandel beteiligt. Ihre guten Kontakte zur Küste ließen sie Muslime werden. Von den Afrikanern waren sie gefürchtet als Sklavenjäger, von den Europäern als erbitterte Widersacher gegen „christliche" Kolonialherrschaft. Schon früh benutzten sie Gewehre.

Zu schweren Kämpfen mit vielen Stämmen kam es beim raschen Einfall der *Ngoni*, die aus Zululand in Südafrika in wenigen Jahrzehnten nordwärts strebten und um 1840 das südliche Tansania erreichten. Ihre Kurzspeere und mannshohen Schilde waren den Waffen anderer Stämme überlegen – solange bis diese von ihnen lernten: die *Sangu* im Süden und die *Hehe* im Zentrum. Die *Ngoni* gründeten zentralistische, straff organisierte Reiche östlich des Nyasa-Sees und sollten sich Anfang des 20. Jh. als besonders erbitterte Guerilla-Kämpfer gegen die deutschen Kolonialherren erweisen.

Weit reichende Erfahrung als Handelsleute hatten die *Nyamwezi*, nahe Verwandte der nördlich von ihnen siedelnden *Sukuma*. Viele *Nyamwezi* arbeiteten als Fernhändler; ihre Kontakte erstreckten sich über den halben Kontinent von der Ostküste bis in das Kongobecken. Sie handelten mit Kupfer

Rechts: Zu den jüngsten Einwanderern nach Ostafrika zählen die Maasai.

Foto: Javed Jafferji

aus Katanga (Kongo), Salz aus Uvinza, Eisenwaren und natürlich Elfenbein, das sie auf Fußmärschen nach den Hafenstädten der Ostküste trugen.

Elfenbein und Sklaven

Die Nachfrage nach Elfenbein und Sklaven stieg seit Beginn des 19. Jh. so sehr, dass die *Nyamwezi* mit ihren Lieferungen nicht Schritt halten konnten. Die Routenkenntnis dieser erfahrenen Berufskollegen machten sich Araber und *Swahili*-Händler zu Nutze: Sie heuerten *Nyamwezi* als Träger an und organisierten ihre eigenen Karawanen, nicht selten vorfinanziert durch indische Bankiers. Manchmal umfasste eine Karawane weit über 1000 Personen! Zugtiere kamen für den Warentransport nicht in Frage, denn Tsetsefliegen beherrschten auch damals große Teile von Tansania.

Der Weg von der Küste ins Binnenland verlief nicht auf exakt definierten Straßen, sondern man ging da, wo es möglich war. Das war in der Regenzeit abhängig von Furten, in der Trockenzeit von Wasserstellen, auch vom Angebot an Lebensmitteln, die man von verschiedenen Stämmen entlang der Strecke erwarb. Ebenso spielte der Wegezoll eine Rolle, den Häuptlinge stellenweise einkassierten. Manchmal musste man kriegerischen Auseinandersetzungen aus dem Weg gehen. Ein Treck von Bagamoyo an der Küste nach Ujiji am Tanganyika-See (gut 1300 km) dauerte wenigstens drei Monate. Der wichtigste Ort unterwegs war Unyanyembe (Kazeh, Tabora), wo sich seit 1820 arabische und indische Händler niedergelassen hatten. Hier verzweigten sich die Karawanenwege zu den Königreichen am Victoria-See sowie an den nördlichen und südlichen Tanganyika-See. Sklavenfang und Elfenbeinjagden erstreckten sich jenseits des Sees bis tief in den Regenwald des Kongobeckens hinein. Dort besaß in der zweiten Hälfte des 19. Jh. Tippu Tip, berüchtigter arabischer Sklavenhändler aus Sansibar, mit seinen Söhnen ein privates, gut organisiertes Handelsimperium.

Auch wenn der Sklavenmarkt in Sansibar 1873 offiziell geschlossen wurde, hielt sich der Sklavenhandel unter der Hand bis in das 20. Jh. hinein. Eine Buchführung über den Menschenhandel in Ostafrika gab es verständlicherweise nie, Schätzungen liegen bei 1-3 Millionen in der Zeit zwischen 1770 und 1896. Europäische Staaten hatten in den ersten Jahrzehnten des 19. Jh. die Sklaverei verboten. Um so dringender klangen die Appelle ihres berühmtesten Gegners aus Afrika, des Schotten David Livingstone.

Der afrikaerfahrene Arzt und Missionar war 1866 zur Erforschung der Nilquelle aufs Neue von Mikindani an der südtansanischen Küste aufgebrochen; Ende des Jahrzehnts glaubte man ihn im Innern des Kontinents verschollen. Die Suchexpedition und Entdeckungsreise des Journalisten Henry Morton Stanley, der Livingstone 1871 in Ujiji am Tanganyika-See aufspürte, war von vornherein als Medienspektakel geplant. Stanleys Reportagen im *New York Herald* waren äußerst populär in Europa und Amerika, auch die Bücher über seine Abenteuer in Afrika sowie die Schriften anderer „Entdecker" wie Speke, Burton oder Baker, die auf längst bekannten Karawanenrouten und mit Hilfe von professionellen Führern und Trägern zu ihren „Entdeckungen" fanden. Diese Berichte zählen zu den ausführlichsten Beschreibungen über die Verhältnisse im damaligen Ostafrika, gleichzeitig enthalten sie viele Missverständnisse und zählebige Vorurteile, die bis heute nicht gänzlich abgeschüttelt sind.

Deutsches Reich gegen Britisches Empire

Die Abenteuergeschichten feuerten den kolonialen Wettlauf an und waren eine Herausforderung für skrupellose Draufgänger wie jenen Deutschen Carl Peters („*Hänge-Peters*"): Er hatte sich 1884 eigenmächtig und heimlich aufgemacht, einzelnen Häuptlingen in Ostafrika vorzuschwindeln, dass der deutsche Kaiser sie fortan beschützen würde, wenn sie nur ihre Unterschrift leisteten – auf einem Schriftstück, mit dem sie ihr Land hergaben. Wenige Jahre später, als die Grenzziehung mit England abgesprochen und die Kolonie „Deutsch-Ostafrika" gegründet war, mussten die Afrikaner das bittere Gegenteil erfahren: Mehrere Rebellionen einzelner Stämme wurden blutig niedergeschlagen. Der berühmteste und folgenschwerste Aufstand brach 1905 aus – der Maji-Maji-Krieg (Kiswahili *maji* bedeutet „Wasser"). Das „heilige Wasser" eines Zauberers versprach gute Ernte, Fruchtbarkeit und Jagderfolge und sollte auch gegen schwarze Magie, Krankheiten und die Kugeln aus den Feuerwaffen der Europäer immun machen. Wie ein Lauffeuer hatte sich die Kunde vom Wunderwasser über viele Stämme und Hunderte von Kilometern im gesamten Südosten des Landes ausgebreitet. Ein ungewöhnlicher Vorgang, denn noch nie waren so viele unterschiedliche Stämme gemeinsam von einer Idee beseelt: die lästigen Eindringlinge abzuschütteln. Doch das *maji* hielt nicht, was man von ihm erwartete. Kämpfe, systematische Zerstörung der Dörfer und die nachfolgende dreijährige Hungersnot vernichteten vermutlich ein Drittel der Bevölkerung des Südostens. Weite, früher besiedelte Gebiete wurden wieder zu Wildnis.

In „friedlichen" Landesteilen setzte sich der Anbau von Plantagenprodukten durch: Sisal, Kautschuk, Baumwolle, Kaffee. Deutsche Siedler ließen sich nieder, bevorzugt in den Usambara-Bergen und im Umkreis des Kilimanjaro. Zwei Eisenbahnlinien erschlossen von der Küste aus das Hinterland: Tanga-Moshi im Norden und Dar es Salaam-Kigoma im Zentrum. Diese Bahn war 1914 gerade bis an den Tanganyika-See vollendet, als Deutsch-Ostafrika in den Ersten Weltkrieg hineingezogen wurde – mit erheblichen Verlusten bei den als Söld-

Rechts: 1914 konnte trotz widriger Umstände die „Tanganjikabahn", die 1250 km lange deutsche Kolonialeisenbahnlinie Dar es Salaam – Kigoma, fertig gestellt werden; als Central Line ist sie bis heute in Betrieb.

Foto: Archiv für Kunst und Geschichte, Berlin

ner für die Deutschen und Briten eingesetzten Afrikanern (Kiswahili: *askari*). Die listenreiche Rückzugstaktik der deutschen Schutztruppe unter General von Lettow-Vorbeck endete erst 1918 in Nordrhodesien.

Deutschland verlor den Krieg und seine Kolonien, und Großbritannien verwaltete Tanganyika nun unter Völkerbundsmandat. Verglichen mit den fruchtbareren britischen Kolonien Uganda und Kenia konnte sich Tanganyika zunächst eigenständiger entwickeln: In landwirtschaftlich begünstigten Gebieten (z. B. der *Chagga* am Kilimanjaro, der *Haya* von Bukoba, der *Sukuma* von Mwanza) entstanden schon früh Bauern-Genossenschaften.

Eine neue Generation junger, selbstbewusster Afrikaner forderte nun mehr Mitbestimmung und setzte sich gegenüber einseitigen Maßnahmen der Briten-Regierung zur Wehr. Am 7.7.1954 wurde die TANU (*Tanganyika African National Union*) gegründet, ihr Präsident war der katholische Lehrer (Kiswahili: *mwalimu*) Julius Nyerere.

Unabhängigkeit und Sozialismus

Tanganyika war das erste ostafrikanische Land, das unabhängig wurde: am 9.12.1961. Die TANU war eine überzeugende afrikanische Bewegung, die auf Unabhängigkeit (Kiswahili: *uhuru*) pochte, und England mag der Verlust seines Treuhandgebiets verhältnismäßig leicht gefallen sein: Einige landwirtschaftliche Projekte waren gescheitert, die Ausbeute an Bodenschätzen war gering, die Anzahl weißer Siedler im Vergleich zu Kenia klein.

Die koloniale Grenzziehung hatte willkürlich eine politische Einheit geschaffen, die zuvor nie so existiert hatte: Das riesige Land Tanganyika bestand aus über 100 Stämmen mit sehr unterschiedlichem kulturellen Hintergrund, für die es kein erprobtes gemeinschaftliches Regierungssystem gab. Die Kolonialherren hatten die Infrastruktur auf ihren eigenen Nutzen ausgerichtet und einen Haufen ungelöster Probleme hinterlassen. Im kleinen Sansibar, das 1963 von den Briten in die Unabhängigkeit entlassen wurde, eskalierten 1964 die Klassengegensätze zwischen den arabischen Grundbesitzern und den landlosen Pächtern und Arbeitern. Der Sultan wurde abgesetzt und es kam zu einem Massaker an Arabern. Es war die Zeit des „Kalten Krieges": Als UdSSR und DDR diese Revolution unterstützten, wollten die USA kein zweites Kuba vor Afrika. So schlossen die Präsidenten Nyerere und Karume 1964 die Union von *Tanganyika* und *Sansibar* zu *Tansania*. Immer mal wieder aufkeimende Unruhen und separatistische Bewegungen im islamischen autonomen Sansibar nimmt der „große Bruder" vom Festland bis heute stets mit Gelassenheit.

Die anfangs noch vagen Zielvorstellungen des TANU-Vorsitzenden und Präsidenten Julius Nyerere in dem stark kolonial beeinflussten Land erhielten 1967 durch die *Arusha Declaration* deutliche Aussagen für die Zukunft: Gleiche Chancen auf Bildung und Einkommen, Ablehnung von Privilegien, Loslösung von ausländischem Kapital und gemeinschaftliches Handeln. Große Teile der Wirtschaft wurden verstaatlicht, insbesondere Großfirmen und Banken. Wichtiger noch: Die Landwirtschaft, von der 90 % der Bevölkerung lebte, sollte neu organisiert werden.

Ujamaa (Familiengemeinschaft) war unter Julius Nyerere das Schlagwort des tansanischen Sozialismus: In afrikanischen Familien ist es selbstverständliche Pflicht, allen Mitgliedern beizustehen. Diese Tradition gegenseitiger Hilfe sollte nun auf die ganze Dorfgemeinschaft übertragen werden. Daher plante man, die ländliche Bevölkerung in größeren *Ujamaa*-Dörfern zusammenzufassen. Solche Zentren ließen sich leichter mit Wasser, Schulen, gemeinsamen landwirtschaftlichen Maschinenparks, Lagerhäusern und anderen modernen Einrichtungen versorgen als weit verstreute Kleinsiedlungen. Die einleuchtenden Grundsätze riefen anfangs unter den Tansaniern Begeisterung hervor und überzeugten ausländische Geldgeber, westliche wie östliche. Doch die Verwirklichung des großen nationalen Vorhabens stieß in diesem riesigen, wenig erschlossenen Land auf Hindernisse. Der Lokalisierung mancher neuer Dorfstandorte waren ungenügende Eignungs-Untersuchungen vorausgegangen, und als die Zusammenfassung zu *Ujamaa*-Dörfern nur schleppend voranging, verlief so manche Umsiedlung unter Zwang.

Die Funktionäre der allgegenwärtigen Partei – anfangs TANU auf dem Festland und ASP/ *Afro-Shirazi Party* auf Sansibar, 1977 vereinigt zur Einheitspartei *Chama cha Mapinduzi*/CCM (Partei der Revolution) – genossen Vorteile. Das erklärte Gleichheitsprinzip waren nur hohle Worte. Die Abhängigkeit von ausländischen Geldgebern stieg, statt zu sinken. Kritik wurde unterdrückt, Dissidenten landeten im Gefängnis.

Die 1970er-Jahre brachten enorme Schwierigkeiten: Der Ölpreis stieg, während die Weltmarktpreise für Agrarprodukte (Sisal, Kaffee) sanken; das Land erlebte schwere Dürren; die 1967 hoffnungsvoll begonnene Wirtschaftsunion EAC mit Uganda und Kenia (*East African Community*) zerbrach 1977. 1978 drangen Soldaten des ugandischen Diktators Idi Amin nach Nordost-Tansania ein; Tansania wehrte sich militärisch. Dies führte zum Ende der Schreckensherrschaft, aber auch zu einem tiefen Loch im tansanischen Etat.

Mwalimu Julius Nyerere mit seinem Eintreten für Gerechtigkeit in ganz Afrika und seiner vorbildlichen Bescheidenheit wurde zum „Gewissen Schwarzafrikas". Tansania gewährte z.B. dem südafrikanischen ANC (*African National Congress*) Unterschlupf bis zum Ende des Apartheid-Systems 1992. Aber innenpolitisch war Nyerere vielen nicht flexibel genug, um die Fehler seiner *Ujamaa*-Politik zu korrigieren und mehr Demokratie zuzulassen. Dennoch sehen die Tansanier

Rechts: Der „Vater der Nation" Julius Nyerere mit seiner Gattin.

Foto: Javed Jafferji

in ihm den „Vater der Nation" (*baba ya taifa*). Und sie wählten ihn immer wieder zum Präsidenten, bis zu seiner Abdankung 1985. Ihm gelang das schier Unmögliche: einen willkürlichen Ausschnitt aus der Landkarte Afrikas zu einer Nation zusammenzufügen. Auch das Kiswahili als Nationalsprache, die Rotation von Partei- und Beamtenposten sowie die fortschrittliche Schulpolitik trugen dazu bei. Nyerere starb 1999.

Auf Reformkurs ins 21. Jahrhundert

Reformen an der gescheiterten *Ujamaa*-Politik und der rigiden staatlichen Lenkung kamen erst in den 1980er Jahren in Gang. Nyereres Nachfolger wurde 1985 Ali Hassan Mwinyi, der frühere Präsident Sansibars. Das Präsidentenamt wurde auf zwei Amtsperioden begrenzt, private Wirtschaft wieder zugelassen und 1992 das Einparteiensystem abgeschafft. Tansanias Wirtschaft ist seither im Aufwind. Obwohl es kein Einparteiensystem mehr gibt, schaffte es die CCM bis heute, bei jeder Parlamentswahl den Präsidenten zu stellen: 1995–2005 Benjamin Mkapa; 2005-2015 Jakaya Kikwete; seit 2015 John Magufuli, der sich dann im Amt als Vorkämpfer gegen Korruption profilierte und 10 000 Beamte entließ.

Im muslimischen Sansibar konkurriert die muslimisch dominierte CUF (Civic United Front) mit der CCM, was zu politischen Spannungen führt.

Das 55-Millionen-Einwohner-Land gehört mit einem BSP von ca. 970 US$ pro Kopf zu den ärmsten der Welt und ist stark von der Landwirtschaft geprägt, in der 68 % der Tansanier arbeiten. Der Export von Agrarprodukten (Kaffee, Tee, Baumwolle und Tabak) ist rückläufig – im Gegensatz zu wertvollen Mineralien und Gold, doch von den Bodenschätzen profitieren nur wenige, und das geförderte Erdgas dient dem Eigenverbrauch. Die Einkünfte aus dem florierenden Tourismus sind ebenfalls ungleich verteilt.

Die Regierung hatte bisher wenig Erfolg bei der Bekämpfung von Hauptentwicklungshemmnissen wie Armut, Aids und Malaria.

Foto: Berthold Schwarz

GÄSTE UND GASTGEBER

Tansania hat eine sehr spezielle Fremdenverkehrstradition. Einer der berühmtesten Besucher des Landes, der amerikanische Schriftsteller Ernest Hemingway, hat das luxuriöse Leben von Jagdgesellschaften in „Die grünen Hügel Afrikas" und „Der Schnee vom Kilimanjaro" verewigt. Über 100 000 km^2 *Game Reserves* ermöglichen auch heute solche Jagdreisen – ein warmer Regen für das tansanische Staatssäckel, denn der Abschuss von Großwild bringt mehrere Tausend Dollar pro Tier.

Eine *Safari* (Kiswahili: Reise) in die afrikanische Wildnis, auf der man Tiere beobachten und fotografieren möchte, zeigt noch Anklänge an die Luxustouren der Großwildjäger: Man braucht ein Auto, das für unzugängliche Gegenden geeignet ist, einen Fahrer, der sich dort auskennt und Tiere und Pflanzen zu benennen weiß. Auch ein Koch ist mit dabei, der in aller Regel Universaltalent ist: Er hat die Lebensmittel besorgt, Wasser und Treibstoff verstaut, die Zeltausrüstung gepackt; er sorgt fürs leibliche Wohl, wäscht ab, baut Zelte auf und ab und hilft bei Autoreparaturen, wenn es nötig ist. Die Touristen lassen sich die Rundumversorgung gefallen. Allein gelassen in dieser grandiosen, aber ungewohnten Wildnis wären sie ohne ihre tansanischen Helfer ziemlich hilflos. Zeltet man nicht, gibt es mitten in den berühmtesten Nationalparks gut ausgestattete Hotels und feste oder mobile Luxus-Zeltcamps, die den Hotels in nichts nachstehen.

Auch den Kilimanjaro besteigt man mit Komfort: Führer, Träger, Köche sind da, so dass mancher *mzungu* (Weißer; Mehrzahl: *wazungu*), der es gewohnt ist, auf seinen Reisen Rucksack, Zelt, Kochgeschirr und Lebensmittel auf dem eigenen Rücken zu tragen und selbst für sich zu sorgen, kopfschüttelnd zusieht, wie sich andere für ihn abrackern.

In den berühmten staatlichen Parks sollen die Gäste einerseits die unvergleichliche Natur genießen, andererseits mit Stil bedient werden – das bringt Devisen, schafft Arbeitsplätze und dient der Imagepflege, eine begreifliche Einstellung in einem Land mit recht begrenzten Ressourcen. Ganz bewusst will Tansania kein Billig-Reiseland sein.

Hotels an der Küste des Indischen Ozeans zwischen Tanga im Norden und der Insel Mafia im Süden führten jahrzehntelang eher ein Schattendasein im Vergleich zu den Wildparks. Das hat sich seit der Liberalisierung der tansanischen Wirtschaft, besonders aber seit Mitte der 1990er Jahre, sprunghaft geändert: Tansania ist auch ein Ziel für Strandurlauber geworden. Das Inselland Sansibar ist der wichtigste Magnet, denn es hat neben bildschönen Stränden, aufregender Unterwasserwelt und üppigen Gewürzgärten auch ansehnliche Zeugen seiner Geschichte zu bieten. Ein sehr breites Spektrum von Unterkünften und zahllose Ausflugsangebote warten hier auf Besucher, aber auch an den Küsten des Festlands: Kunduchi, Bagamoyo, Pangani, an den Stränden südlich von Dar oder gar auf der Insel Mafia.

Das dritte touristische Standbein von Tansania ist nicht als solches geplant – der riesengroße Rest des Landes: unverfälscht, ohne einstudierten Service, ohne Fremdenverkehrs-Make-up, dafür mit besonders herzlichen Bewohnern, großer landschaftlicher Schönheit und Vielfalt und oft unzureichenden Straßen. Dies öffnet sich Besuchern u. a. mit Hilfe des *Cultural Tourism Programme* (S. 248) und der Initiativen einiger Reiseveranstalter, auch entlegene Orte an Einkünften aus dem Tourismus zu beteiligen. Das Land ist arm, doch seine Infrastruktur verbessert sich zusehends: Von Dar es Salaam aus erreicht man die Nachbarländer Malawi, Sambia, Uganda und Kenia auf neuen Asphaltstraßen

Links: Hilfreiche tansanische Begleiter erleichtern die Besteigung des Kilimanjaro.

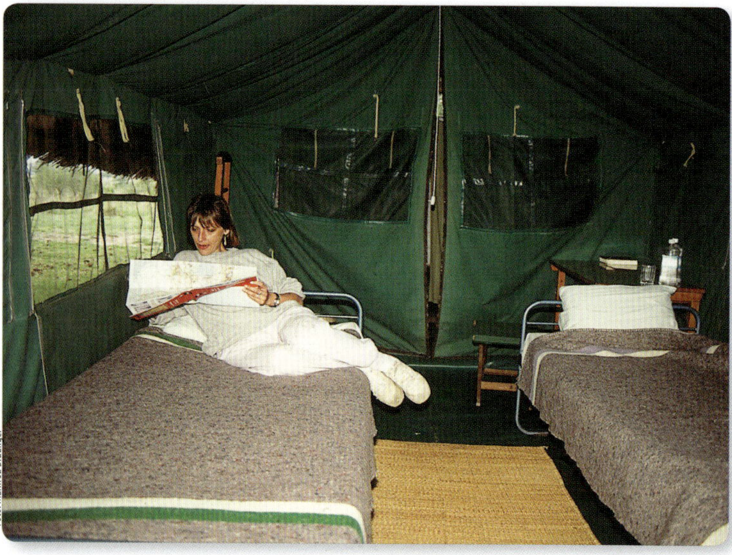

Foto: Manfred Braunger

mit flottem Busverkehr. Die wenigen Züge sind relativ pünktlich, Schiffstouren auf den großen Seen und entlang der Küste sind ein Erlebnis. Die landesüblichen *gesti* nehmen zu – das sind kleine Hotels, ausgestattet mit dem Nötigsten: Moskitonetz über dem Bett mit Schaumstoffmatratze und handgewaschenen Laken. Mit viel mehr Mobiliar darf man bei älteren *gesti* in abgelegenen Gegenden nicht rechnen, dagegen bieten neu erbaute Häuser meist einige Zimmer mit eigener Dusche und Toilette (*self contained*). Es kann vorkommen, dass in manchen Orten und zu manchen Zeiten Elektrizität oder fließendes Wasser fehlen. Dann bekommt man Petroleumlampen bzw. Wassereimer. Hier wohnt der ausländische Gast (*mgeni*, Mehrzahl: *wageni*) wie der tansanische, und nicht in einem Touristengetto.

In den modernen kleinen Hotels hat zwar längst der Computer Einzug gehalten, aber in einfachen *gesti liegt* gelegentlich noch das großformatige Gästebuch (*kitabu ya wageni*) zur Registrierung von Neuankömmlingen an der Rezeption bereit. Darin muss jeder Reisende eine beträchtliche Anzahl von Angaben eintragen, angefangen vom Namen (*jina*) über Woher (*kutoka*) und Wohin (*kwenda*) bis zum Zimmerpreis (*bei ya chumba*), am Ende die Unterschrift (*sahihi*). Noch viele andere Einzelheiten werden dem Gast entlockt – welche, das kann man aus den Einträgen anderer Gäste leicht erschließen, auch wenn man nicht Kiswahili versteht: Nationalität, Datum, Zimmernummer etc. Nur bei *kabila* zögern die meisten *wazungu*. Während die Tansanier gewissenhaft ihre Stammeszugehörigkeit ins Buch schreiben: *Chagga, Makonde, Maasai* oder einen anderen der über 100 Stämme, wissen die meisten ausländischen Besucher nicht so recht, was tun und machen nur einen Strich. Das ist nicht verkehrt, aber einige haben mit dem nötigen Ernst oder – wie man's nimmt – Spaß z. B. „Texaner", „Schotte",

Oben: In den meisten Nationalparks gibt es komfortable Zeltcamps. Rechts: Sopa Lodge, ein Hotel der Luxusklasse im Tarangire-Nationalpark.

Foto: Günther Lahr

„Sachse" eingetragen, wenn ihr Heimatland USA, UK oder Deutschland hieß. Sie gehören einer besonderen Volksgruppe ihres Landes an, die sich in Geschichte, Kultur, Eigenheiten der Bewohner und einen Dialekt von den benachbarten Landsmannschaften unterscheidet. Sie sind ein bisschen stolz auf ihr Zuhause, ohne deswegen gleich überheblich zu sein. An solch eine Zugehörigkeit zu bestimmten Landsleuten und ihrer Kultur sollte man denken, wenn man in Tansania von „Stämmen" spricht. Probleme, wie sie Tansanias westliche Nachbarn Burundi und Rwanda erschüttern (als „Stammesfeindschaften" deklariert, aber in Wirklichkeit entstanden aus der Auflehnung gegen soziale und politische Ungerechtigkeiten), oder Furcht vor der Übermacht eines zahlenmäßig besonders großen Stamms (wie die *Kikuyu* in Kenya) haben in Tansania allein schon durch die Vielzahl der Stämme und die fehlende Dominanz eines einzelnen Stammes keine Grundlage.

Ein einigendes Band für Tansania ist die Nationalsprache Kiswahili. Diese *lingua franca* Ostafrikas verstehen auch viele Bewohner der Nachbarländer von Tansania. Konsequent wird sie in tansanischen Schulen, Behörden und in der Öffentlichkeit benutzt, während in vielen Familien zu Hause die Stammessprache üblich ist. Wer in Ostafrika über Land reisen will, hat es leichter mit der Kenntnis einiger Kiswahili-Redewendungen, und die werden sich im Lauf der Reise schrittweise erweitern: Überall ist Zeit und Gelegenheit zum Lernen. Das Reisen in abgelegenen Gebieten mit öffentlichen Verkehrsmitteln, oft Bussen älteren Datums oder Pick-ups, geht *polepole*, langsam. Beim stundenlangen Warten an einer Haltestelle ist man nicht allein und kommt schnell ins Gespräch...

Je weiter man sich von touristischen Zentren und Asphaltstraßen entfernt, je seltener eine Gegend von *wazungu* aufgesucht wird, um so willkommener ist dort jemand, der Neuigkeiten von weit her bringt. Die Kinder entdecken den Besucher meistens zuerst, und rufen schon fröhlich und ungeniert: *Mzungu!*

Foto: Barbara Credner

(Weißer!) Manchen Schülern fällt *Good morning, teacher!* zu allen Tageszeiten ein, andere sagen ehrerbietig: *Shikamoo!* In ländlichen Gegenden grüßt man Vorbeikommende und bleibt oft für einen kurzen Schwatz stehen. Will man etwas Besonderes in einer entlegenen Gemeinde besichtigen oder auch nur querfeldein spazieren gehen, empfiehlt sich vorher ein Besuch beim Dorfvorsteher.

Das ausführliche Grüßen bei einer Begegnung ist in Tansania unabdingbar; verpönt ist es, mit der Tür ins Haus zu fallen. Erstmal stellt man Harmonie zu demjenigen her, den man trifft: *Hujambo?* Wie geht's? Wörtlich: Hast du irgendwelche Probleme? Antwort: *Sijambo!* Nein, ich hab' keine Probleme (obwohl man vielleicht doch welche hat, aber davon erzählt man erst später)! *Habari gani?* Wie geht's? Wörtlich: Was für Neuigkeiten gibt's? *Nzuri.* Gute (vielleicht sind sie nicht so gut, aber davon zu sprechen ist immer noch Zeit). *Habari za leo?* Wie geht's heute? Wörtlich: Neuigkeiten von heute? *Nzuri! Habari za kazi?* Was macht die Arbeit? – Neuigkeiten von der Arbeit? *Nzuri!* oder *njema* (gut), auch: *salama* (Friede): Damit schließt man (insbesondere in der Küstengegend) die Begrüßung ab.

Ein passendes Grußwort sollte man parat haben, wenn man jemanden anspricht. Egal ob einen Bekannten oder Fremden, einen Polizisten auf der Straße oder einen Beamten in einer Behörde: Man grüßt immer, bevor man ein Gespräch beginnt. Ältere Leute und hoch gestellte Persönlichkeiten werden mit *shikamoo* (abgeleitet von: Ich halte deine Füße) begrüßt, worauf sie mit *marahaba* (willkommen) antworten. Der Gruß *jambo* (hallo) ist eher salopp, wird aber Ausländern gegenüber häufig verwendet, allein schon deshalb, weil man ihnen die Kenntnis der Begrüßungsfloskeln nicht zutraut.

Höflich und beherrscht zu sein ge-

Oben und rechts: Willkommensgruß „Karibu": Ausgelassen von Schülern in Igawa (Mbeya-Region); zurückhaltender von einer Schwesternschülerin im Moshi-Distrikt.

hört in Afrika zum guten Ton, genauso wie korrekte Kleidung. Doch was ist korrekt, wenn Lumpen zum Alltagsbild in den Straßen gehört? Von jemandem, der so viel Geld hat, dass er sich einen Flug nach Ostafrika leisten kann (selbst der Preis eines Billigtickets ist für viele Tansanier eine riesige Summe), erwartet man, dass er gepflegt aussieht. Kurze Hosen oder Röcke, unordentliches Outfit, knappe Strandkleidung außerhalb der Baderegion signalisieren ungehobeltes Benehmen.

Während des Fastenmonats Ramadan essen und trinken Muslime tagsüber nicht: Provokant wirkt dann jeder, der in aller Öffentlichkeit ungeniert Speisen und Getränke zu sich nimmt.

Manche Tansanier haben eine bestimmte Vorstellung von den *wazungu*. Das Vorurteil schreibt ihnen geradezu unbeschränkte finanzielle Mittel und eine gute Ausbildung zu. Dies pauschale Bild ist erklärlich, denn die meisten Besucher Ostafrikas in den vergangenen 150 Jahren waren überwiegend Missionare, Ärzte, Kaufleute, Berater, Spezialisten – Menschen also, die tatsächlich besondere Kenntnisse besitzen und deren Geld – aus der Sicht der Tansanier – aus einer nicht bekannten Quelle reichlich fließt.

Alle Wörter für „Geld" in Kiswahili sind Lehnwörter: *Fedha* (Silber) kommt aus dem Arabischen, *pesa* haben mit ihrem „Peso" die Portugiesen eingeführt, die Deutschen haben *hela* (von Heller) hinterlassen und die tansanische Währung heißt „shilling" – ein europäisches Wort mit jahrhundertelanger Tradition. Tansania gehört zu den Staaten in Afrika, die seit der Unabhängigkeit unverhältnismäßig üppig mit Hilfsmitteln versorgt wurden – das hat auch zu einer ungewollten Abhängigkeit geführt. Wenn ein Tourist, der sich mühsam sein Reisegeld zusammengespart hat und mit einigem Missbehagen mit unerwartet hohen Preisen in Tansania konfrontiert wird, mit *naomba hela* – ich bitte um Geld – angegangen wird, dann wird

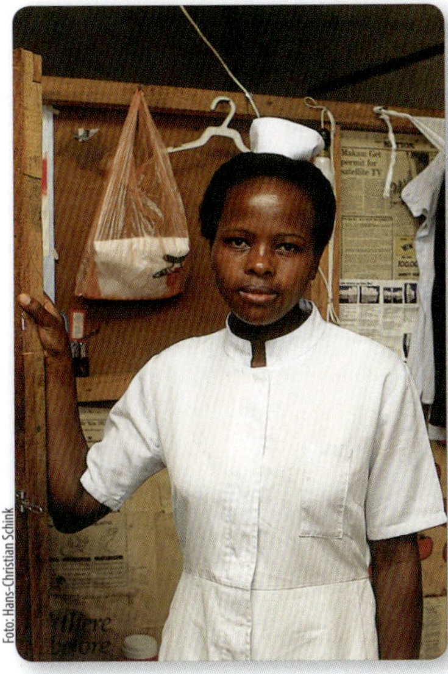

Foto: Hans-Christian Schink

(u. a.) dieses Dilemma und das schiefe Bild vom reichen Weißen deutlich.

Nicht selten vermissen Ausländer ihre von zu Hause gewohnte Präzision in Tansania. Das Wort „Pünktlichkeit" ist im Kiswahili nicht vorgesehen... Wie angenehm kann es andererseits sein, statt eines zwar eindeutigen, aber unflexiblen „Nein!" (*hapana*) ein freundliches *labda kesho*, „vielleicht morgen", zu hören.

Ähnlich wie in anderen ehemals sozialistischen Staaten begann auch in Tansania ein Umdenken nach seiner langen Periode staatlicher Lenkung, die dämpfend auf Eigeninitiative und Arbeitseinstellung gewirkt hatte. Es wäre ein krasses Vorurteil, wenn die Besucher die Tansanier ganz generell nach den Zwängen und Folgen dieses Systems beurteilten. Wie witzig, pfiffig und engagiert die Menschen in Tansania sein können, erfährt man am allerbesten, wenn man sich in ihre Gemeinschaft begibt. *Karibu* (wörtlich: nahe), „Komm her, willkommen!" lautet die Einladung dazu in Tansania.

Maasai im Ngorongoro-Gebiet

Günther Lahr

Rudolf H. Berger (Tierbildarchiv Angermayer)

Gnus auf der großen Wanderung

Foto: Javed Jafferji

AUF SAFARI IM NORDEN

ARUSHA
TARANGIRE
LAKE MANYARA
NGORONGORO
SERENGETI
MOSHI / KILIMANJARO
PARE-BERGE
USAMBARA-BERGE

AUF SAFARI IM NORDEN

Arusha

Arusha ❶ ist Tansanias Drehscheibe des Tourismus schlechthin und liegt klimatisch angenehm in 1380 m Höhe, was schon deutsche Kolonialisten und Missionare im 19. Jh. zu schätzen wussten. Doch als schmucker Touristenort präsentiert es sich nicht; vielmehr ist es ein aufstrebendes Handels- und Verwaltungszentrum, wo der Tourist übernachtet, seine Safari organisiert, umsteigt, ankommt oder abfliegt. Auf dem **Kilimanjaro International Airport,** 45 km östlich von Arusha, landen immer mehr Direktflüge aus Europa. Arushas **Inland-Flughafen** am westlichen Stadtrand wird im Linien- und Charterverkehr angeflogen.

Ein Teil der Tansania-Touristen kommt auf dem Landweg aus Kenia, dank der guten internationalen Flugverbindungen der Hauptstadt Nairobi; zum Grenzort Namanga sind es ca. 140 km und dann noch 105 km bis Arusha auf Tansanias Nationalstraße T 2.

Ideal liegt Arusha zu den nördlichen Nationalparks (Arusha N. P.: 30 km; Tarangire: 115 km; Manyara: 120 km; Kilimanjaro: 120 km; Ngorongoro: 160 km; Serengeti (Seronera): 350 km). Ca. 100 Reiseagenturen haben hier ihre Büros, und unzählige Kundenwerber auf Safariteilnehmersuche sind permanent in Arushas Straßen unterwegs. Auch über das *Cultural Tourism Programme* (s. S. 66) bekommt man hier den besten Überblick.

Die Regionalhauptstadt (über 420 000 Einwohner) ist Marktzentrum der fruchtbaren, aber auch vom Bergbau (u.a. Schmuckstein Tansanit) geprägten Umgebung. Arusha hat eine besondere Bedeutung in der tansanischen Geschichte: Am 5.2.1967 wurden in der *Arusha Declaration* die Richtlinien des tansanischen Sozialismus verkündet. Die Stadt ist u. a. Sitzungsort der Ostafrikanischen Gemeinschaft (EAC), hier sprach das Internationale Kriegsverbrechertribunal Recht im Ruanda-Konflikt. Das Internationale Konferenzzentrum (s. S. 66) und das große Hotelangebot eignen sich für Großveranstaltungen.

Der zweithöchste Berg des Landes, der 4566 m hohe **Mount Meru**, überragt Arusha im Norden mit seinen begrünten Flanken und seiner dramatischen Spitze und schickt mehrere Flüsse herab, die die Stadtviertel angenehm auflockern. Auf dem schmalen Rücken zwischen den tief eingeschnittenen Tälern von **Themi-** und **Naura-Fluss** liegt der kleinere, aber wichtige Teil des

Links: Ein Elefant im Tarangire-Park pflegt seine Haut.

» Karte S. 70-71, Stadtplan S. 66-67, Info S. 102-103

Stadtkerns: Die restaurierte **Deutsche Boma** (1) von 1886 beherbergt heute das Büro des **Tanzania Cultural Tourism Programme** (CTP) und das **Naturhistorische Museum** (u.a. mit Kopien der 3,5 Mio. Jahre alten Hominidenfußabdrücke von Laetoli). Nahebei liegen Verwaltungen, Banken, Wechselstuben, die **Hauptpost**, viele Reisebüros und einige Hotels. In den drei Parallelstraßen **Boma Road**, **India Street** und **Goliondoi Road** und ihrer Umgebung sowie im wenige 100 m nördlich gelegenen **Arusha International Conference Centre** (2) (AICC) hat der Tourist gute Chancen, Devisenkurse, Souvenirpreise und Safari-Angebote zu vergleichen sowie gleichgesinnte Safari-Partner zu treffen. Das hilfreiche **Informationsbüro des Tansania Tourist Board** (3) (TTB), Boma Road 47, gibt u.a. Auskunft über zugelassene Reiseveranstalter. In der India Street erfährt man im **Tanzanite Experience** Interessantes über den ungewöhnlichen blauen Tansanit, einen der seltensten Edelsteine der Welt.

Am Kreisverkehr mit **Clocktower** endet die Boma Road. Hier bietet – „auf halbem Weg zwischen Kap und Kairo" – das traditionsreiche, modernisierte **Arusha Hotel** u. a. Garten, Pool und gut bestückten Kiosk. Ostwärts verläuft die Nyerere Road und die Nelson Mandela Road durch ein Villenviertel. Beim modernen **Impala Hotel** zweigt die breite Simeon Road nach Norden ab, passiert den **Golfplatz** und führt zur Hauptstraße A 23 Arusha–Moshi. Das traditionsreiche Luxus-Hotel **Mount Meru** nahe dieser Fernstraße wurde zeitgemäß renoviert. Budget-Reisende nutzen gern Zeltplatz und Hütten des **Masai Camp** an der Nyerere Road (auch: Old Moshi Rd.), 3 km östlich des Impala-Hotels).

Der zweite Teil von Arushas Zentrum liegt westlich vom tiefen, grünen Tal des Naura-Flusses: ein rechtwinkliges Straßennetz zwischen der Geschäftsstraße **Sokoine Road** und der **Makongoro Road**, in der Mitte der besuchenswerte, geschäftige **Markt** (4). Nahebei fahren Kleinbusse zu Dörfern der näheren Umgebung ab. Nördlich vom **Stadion** (5) gibt es eine Vielzahl preiswerter und Mittelklasse-Hotels.

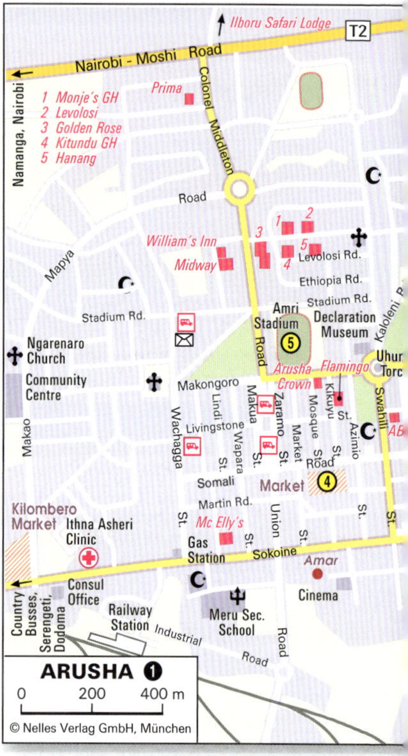

Arushas Umgebung mit Kaffeeplantagen, vielfältiger intensiver Landwirtschaft zwischen den Hängen des Meru und weiteren kleineren Vulkanen ist landschaftlich sehr reizvoll – ein guter Grund, sich außerhalb einzuquartieren, wenn man ein eigenes Fahrzeug hat oder Taxikosten nicht scheut (z. B. **Ilboru Lodge**; **Moivaro Lodge**).

Bevor man von Arusha aus eine längere Safari antritt, bleiben oft 1-2 Tage Pause – ideal für von Einheimischen geführte Ausflüge des *Cultural Tourism Programme* (CTP) in ländliche Gebiete der Um-

» Stadtplan S. 66-67, Info S. 102-103

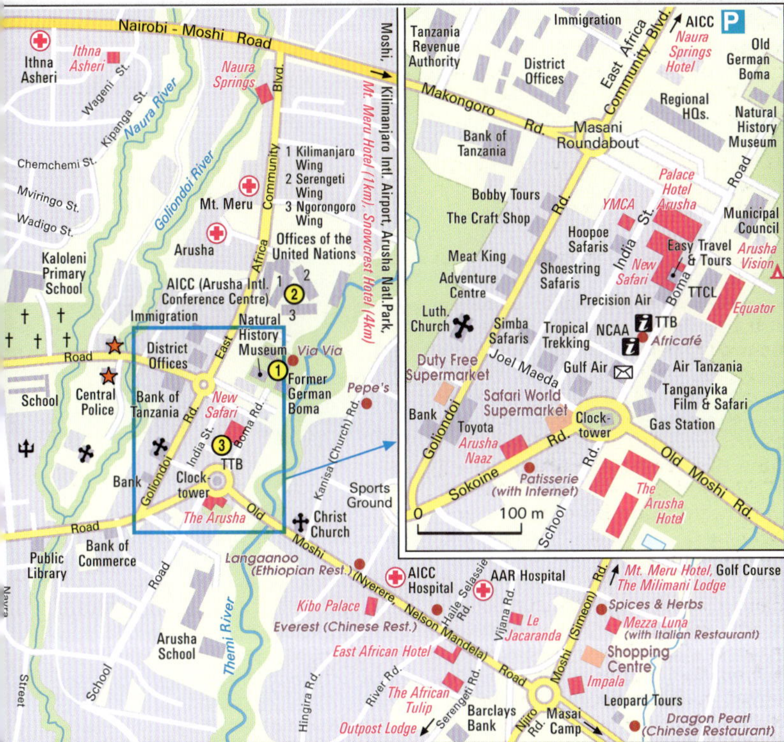

gebung: z. B. zu den Dörfern der *Arusha* oder *Meru* an den Hängen des Mount Meru, oder zu den *Maasai* nach **Monduli** ❷ oder **Longido** ❸. Auf Wanderungen beobachtet man Pflanzen und Tiere und erfährt, wie die Natur traditionell genutzt wird. CTP-Programme gibt es mittlerweile in vielen Orten Tansanias. Man kann auch in Dörfern übernachten und die ortsüblichen Speisen kennen lernen. Die Kosten sind im Vergleich zu konventionellen Nationalpark-Safaris gering, enthalten aber immer eine bescheidene Pauschale, die den besuchten Gemeinden und ihren örtlichen Projekten zugute kommt. Informationen und Buchungen sind beim CTP, der Touristeninformation und Reiseveranstaltern möglich.

★★Arusha National Park

Ideal für eine „Safari in einem Tag" ist der grüne, landschaftlich reizvolle ★★**Arusha National Park** ❹ (30 km ab Arusha; nach 20 km auf der Hauptstraße Richtung Moshi/Dar hinter Usa River nordwärts abbiegen, ausgeschildert: Ngare Nanyuki). Der Park ist kleiner als viele andere, bietet aber auf seinen 552 km² zwischen 1500 m und 4566 m ü.M. eine breite Landschaftspalette – Steppe, Dschungel, Hochgebirge – mit besonders artenreicher Tier- und Pflanzenwelt. Er umfasst im Westen Hänge, Krater und Gipfel des Viertausenders Mount Meru, im Nordosten die Seenlandschaft der Momela Lakes, den Südosten füllt der

Foto: Ryan Faas (iStockphoto)

grüne Krater des Ngurdoto aus. Niedrige Vulkankegel, Sümpfe, die „Kleine Serengeti" (*Serengeti Ndogo*) – eine Baum- und Gras-Savanne im Miniformat mit Giraffen, Büffeln und Zebras – ergänzen die Vielfalt dieses kleinen, aber feinen Parks.

Eine Durchfahrtsstraße quert den Park von Süden nach Norden und verbindet die Hauptstraße Arusha–Moshi mit dem nördlich des Parkgebiets gelegenen Ort Ngare Nanyuki. Entlang dieses Hauptwegs mitten durch den Park liegen seine beiden Zugänge: im Norden das **Momela Gate** und im Süden das **Ngongongare Gate**.

Im Osten des Parks begleitet dichter, hoher Wald den Rand des **Ngurdoto-Kraters**, auf dessen Boden ungestört u. a. Büffel, Warzenschweine und Wasserböcke leben. Der Kraterboden ist für Touristen tabu, doch entlang der Piste am **Kraterrand** sind einige hervorragende ★**Aussichtsplätze** ausgewiesen: zum Blick in den Krater, in das Umland mit dem Meru und Kilimanjaro und zur Tierbeobachtung im Wald, z. B. der Guerezas (*Colobus abyssinicus*; *black and white colobus monkey*).

Die **Momela-Seen** dagegen liegen in offener Landschaft. Hier leben Flusspferde und eine reiche Vogelwelt, darunter unzählige Flamingos, zwischen Oktober und April auch viele Zugvögel (Kanusafari möglich). In ihrer Umgebung können Wasserbock, Riedbock, Buschbock und Büffel beobachtet werden. Einen schönen Hintergrund gibt der schneebedeckte Kilimanjaro im Nordosten ab. Nicht weit vom Momela Gate ruft die **Hatari Lodge** die Erinnung an Hardy Krügers einstige Farm Momella wach – auch ideal für eine Mittagsrast mit Blick auf den Mt. Meru.

Oben: Arushas geschäftiges Herz – der Markt im Zentrum der Stadt. Rechts: Am Mt. Meru befeuchten Wolken die üppigen Flechten im montanen Regenwald.

★★Mount Meru

Den westlichen Teil des Arusha-Nationalparks nimmt der hufeisenförmige, nach Nordosten geöffnete Krater des Meru ein. Zwar führt ein Fahrweg

» Karte S. 70-71, Info S. 102-103

für Geländewagen vom **Momela Gate** (1500 m) bis zur **Miriakamba-Hütte** in 2514 m Höhe, aber er ist schon nach wenigen Kilometern in recht rauer Verfassung – zu Fuß aufsteigen ist viel lohnender. Für Wanderungen und die Besteigung des Meru ist wegen der wilden Kaffernbüffel ein bewaffneter Wildhüter als Begleitung erforderlich.

Angesichts des nahen Kilimanjaro „übersehen" viele Bergwanderer den rd. 1300 m niedrigeren ★★**Mt. Meru** (4566 m). Dabei bietet der Meru großartige Ausblicke und die ideale Gelegenheit, sich Kondition und Höhenanpassung für die Besteigung des „Kili" zu holen. Die Bergtour dauert in der Regel vier Tage, beginnt am Momela Gate und führt am ersten Tag durch abwechslungsreiches Waldland, mit Wildtieren, Wasserfällen und gelegentlichen Ausblicken auf den Kilimanjaro, zur Miriakamba-Hütte (1000 m Höhendifferenz; 10 km Wegstrecke, ca. 5 Stunden).

Ca. drei Stunden wandert man zur 4 km entfernten **Saddle Hut** auf 3570 m (mit eindrucksvollen Blicken in den Krater und zum Gipfel), auf dem Sattel zwischen dem Hauptvulkan und dem **Little Meru**. Für einen Abstecher von der Hütte bis zu diesem 3820 m hohen Nebengipfel muss man zwei Stunden für Hin- und Rückweg rechnen.

Am dritten Tag sollte man schon 2 Uhr nachts aufbrechen, um auf dem Meru-Gipfel die Sonne hinter dem Kilimanjaro aufgehen zu sehen. Erst auf dem Rückweg wird man erkennen, wie exponiert der Pfad auf dem schmalen Rücken zwischen dem Steilabfall der Kraterinnenseite und den Abhängen nach außen ist. Die Aussichten sind unübertroffen: nach Westen bis zum Kraterhochland von Ngorongoro, nach Süden auf Arusha und die Maasai-Steppe, nach Osten auf den „Kili". Wer es eilig hat, kann noch am selben Tag zum Momela Gate hinuntersteigen.

Gewarnt wird vor Angeboten, den Meru „billig", unter Umgehung der Parkgebühren, durch die Forstgebiete von der West- oder Nordseite zu besteigen. Das ist nicht nur illegal, sondern auch lebensgefährlich.

» Karte S. 70-71, Info S. 102-103

Musoma
Mara
Kisaka
Gisondo
Lamai Gate
Mara
Maasai Mara
Nat. Res.
Keekorok Lodge
Sand
Gate
Sayari
Ikungu
Nyakanga
Magana
Wegero
Masura
Swamp
Kiagata
Maji Moto
Nyansurua
Kihemba
Bwayi Pt.
T4
Kisisi
Julius Nyerere
Memorial Museum
Iramba
1801
Bologonja Gate
Mugango
Suguti
Bay
Kukirango
Simba
103
Musoma Rd.
Tabora B
Gate
Klein's
Camp
Butiama
Buhemba
Maburi
Suguti
48
1741
43
M A R A
Mugumu
Serengeti
Mrangi
Nyambono
Nyamuswa
Grumeti
Klein's Gate
Migration
Camp
Lobo
2155
Lobo
Wildlife Lodge
22
1752
Mugeta
Negoti
30
Mohoji
Bunda
24
Hunyari
54
Ikorongo
Game
Ushashi
Ruwana
Isenye
Sasakwa
Lodge
Fort
Ikoma
Park
Headquarters
Nata
Kalukekele
23
Reserve
Nduara
Loliondo
Camp
Guta
21
Grumeti Game Reserve
30
Robanda
Kibara
Kirawira
Camp
Four
Seasons
Serengeti
73
Kasuguti
Ndabaka
Gate
Grumeti
Camp
24
Grumeti
Ikoma Gate
Mbuzi Mawe
AUGUSTA IS.
Lamadi
Kijereshi
Camp
128
Retima Hippo Pool
National
Lake
Victoria
Speke Bay Lodge
Western Corridor
Orangi
Kalemera
Mkula
Mbalageti
Matongo
Serengeti
Serena
Lodge
15
39
Kilalo
Nyahanga
1375
Sapiwi
T36
Mbalageti
Camp
Seronera
21
Visitors Centre
33
Nyankalalo
Ngasamo
Melia Lodge
Seronera WL Lodge
Masonza
Corner
T4
Nyanguli
Dutwa
Nkindwabiye
Barafu
Kopjes
Duma
Serengeti
Sopa Lodge
Magu
Salama
1530
Park
78
Nyakabindi
50
Nghaya
Nkololo
Dunia Camp
Ngwa-
mala
Ngulyati
Old
Maswa
Simiyu
Gol
Kopjes
20
Moru Kopjes
Simba Kopjes
Mhango
Mwawuchuma
Somanda
Bumera
Bariati
Maswa
Bariadi
Sagata
Naabi Hill Gate
19
29
S E R E N G E T I
Inalo
9
Gorge
Male-
kano
Shishiyu
Luguru
Zanzui
S I M I Y U
Olduvai
Museum
L. Ndutu
18
Oldupai
Simiyu
Kusini
Camp
Malya
Idonalo
(L. Lagarja)
L. Masek
Kisesa
Game
Nomad Masek L.
Ndutu
Safari Lodge
50
Kijiji
Malita
Malampaka
T36
Kimbago
1426
Sakasaka
Sadiman
2650
Nguliguli
Conservation
Ilkungu
Maswa
Iborogeru
Isagenghe
Mwandoya
Reserve
Enduler
49
1381
Luguru
Ya Mbuga
Semu
P L A I N
2051
Seke
Masanwa
Mbelagane
Kakesio
Endamaghay
Likenejo
35
Banya
Subeti
Makao
Kisima Ngeo
Mwigumbi
Iduk iro
Lalago
Kimali
1952
56
T8
Williamson
Diamond Mine
Mwandete
Area
Mang'ola
Maganzo
Mwadui
Sanga
Mpuya
Semu
Mwanhuzi
Lake
36
Nkoma
Kolandato
Mhunze
49
Kishapu
T A N Z A N I A
1539
Eyasi
27
Ibadakuli
Ukenyenge
(Salt L.)
(1030)
Shinyanga
Mangu
Kasaji
Bukundi
KIDERO MTS.
36
Mbusi
VALLEY
Kilolele
YAIDA
Ng'wanshiku
Mihama
Kalitu
Mwanyomba
Yaida
Swamp
1623
Manonga
Kinungu
Ng'wawomba
Buzinza
Hendawashi
Sibiti
Igurubi
Kininginila
Chem
Chem
1446
Mwamashimba
L. Austin
(Tlawi)
Isansu
L.
Kitangiri
Itunduru
Isakamaliwa
Kidaru
Mwangeza
Mkalama
Tulia
Bukawa
Haidom
Kisiriri

Sekenani
Bakitabu
LOITA HS.
Mara Sopa L.
Narosura
Osupugo
2679
2740
Ololaimutiek
2259
Morijo
LEBETERO
HILLS
2344
Entasekera
NGURUMAN ESCARPMENT
Ewaso Ngiro
Nasikie Engida
RIFT VALLEY
Kalema
Olkiramatian
Lake Magadi
Magadi
Birdlife Sanctuary (Flamingoes)
Engare Ngiro Swamp
Oloika
Shompole
1260
Oltepesi
C58
Olorgasailie Prehistoric Site
2025
Endoinyo Narok
L. Kuenia
Koora
Elangata Wuas
Kenya Marble Quarry
Singiraini
Toroka
Ilemelego 2158
L. Loongojit
L. Kabongo
Ilbisil
A104
ATHI PLAINS
A104
Lukenya
Stony Athi
A109
Isinya
KAPUTIEI
PLAINS
Konza
Ulu
Kajiado
45
Kiu
30
Olkejiu Adu
1940
Mashuru
Selengei
KENYA
TANZANIA
Olmesutye
2320
54
Lemesikio
Bololedi
2527
Olosha
Wasso
16 Loliondo
2530
Naidigidigo
Loliondo
Digodigo
Sambu 2042
Lake Natron (Soda L.) (610)
14
Sonjo
130
Game
Arash
2179
Malambo
15
Piaya
Engare Sero
Lake Natron Camp
Controlled Area
Gelai 2941
Gelai Lumbwa
Gelai Bomba
Mtowabaga
★Ol Doinyo Lengai
12
2878
Kerimasi 2614
Empakaai Crater
★★Ngorongoro
3231
Ela Nairobi
L. Empakaai
Ruins
17 Engaruka
3082
Meshili
Olmoti 3099
13
Lolmalasin 3648
Nainokanoka
ENGARUKA
BASIN
Engaruka Magadi
Serena
Simba L.
Ngorongoro Crater ★★
8
Sopa Lodge
L. Magadi
Wildlife Lodge
Crater L.
Lodoare Gate
35
Gibb's Farm
Oldeani 3216
Plantation L.
Oldeani
Karatu
10
Serena L.
Kirurumu Manyara L.
6 Mto wa Mbu
31
T17
Lake Manyara Hotel
Selela
1857
82
KENYA
Olioserri
2120
METO HILLS
Engare Naibor
Meto
2301 Meto
Kibalbal
2210
Oldinka Legeru
97
Kitumbeine
Kitumbeine 2865
ARUSHA
MAPARASHA HILLS
Ngantataik
Mailua
Emotoroki
Amboseli
Game
Reserve
88
Lake Amboseli
Namanga River Lodge
C103
Orok 2524
Namanga
Namanga
(Salt Pan)
26
Longido 2637
Sinya Mine
Amboseli Serena L.
3 Longido
Maasai Cultural Centre
Mabati
T2
Ol Molog
Londorossi Gate
Tinga Tinga
Mt. Kilimanjaro Nat. Park
Ngare Nanyuki
Engare Nairobi
Shira 3962
83
1731
Hatari
Momela W.L. Lodge
Momela Ls.
Sanya Juu
Machame Gate
Tarosero 2256
Oldonyo Sambo
Monduli 2660
★★Mt. Meru
4566
Momela Gate
Ngurdoto Crater
Kwa Sadala
★★Arusha Nat. Park 4
Monduli 2
Ngaramtoni
ARUSHA
Ngurdoto G.
Losimingur 2300
Meserani Snake Park
Kisongo
1 Tengeru
Mt. Meru L.
T2
Boma Ngombe
Moshi
50
28
Usa River
53
Duka Bovu
1579
L. Duluti
Arumeru River L.
Karangai
T5
1450
Loilera
Makiba
Kilimanjaro International Airport
Nduruma Chini
Mbuguni
Mirerani
32
Ghorofani
Seremala
7 ★Lake Manyara National Park
Makuyuni
Endabash
Lemala C.
Manyara
Maji Moto Kubwa (Hot Springs)
1783
Lake Manyara (Soda L.) (960)
Manyara Tree Camp
26
Elephant Tented Lodge
Kirurumu Tarangire Lodge
Aicho
Daudi
Minjingu
Gate
1297
Magara
Tarangire River
Treetops Lodge
Loikisale
2188
Tarangire Safari Lodge
28
L. Burungi (Soda L.)
Komolo
Boundary Hill
Loiborsoit
Terat
1356
LOSSOGONOI
PLATEAU
Mbulu
Dara 2256
Madwa
Maweninga
Tarangire Sopa Lodge
Kweremth
Magugu
★Tarangire
Kikoti
5
Dongobesh
1722
Kirogwa
Tarangire
National
36
Park
Leya 2416
T5
Swala Camp
Nomad
Sambu 1570
T14
Babati
Oliver's Camp
SERENGETI, NGORONGORO
1-24
0
20
40 km
© Nelles Verlag GmbH, München

Foto: Archiv für Kunst und Geschichte, Berlin

Besuchermagneten im Norden

Der **Kilimanjaro** – der höchste Berg Afrikas, die **Serengeti** – der berühmteste Nationalpark Tansanias und der **Ngorongoro-Krater** – die atemberaubende Naturkulisse für den Auftritt der *Big Five:* Diese drei Höhepunkte in Tansanias Norden sind UNESCO-Welterbe, genießen weltweite Publicity und sind zu Recht absolute Besuchermagneten.

Tansanische Naturschützer und Touristiker sind stolz darauf, doch zugleich ist ihnen die Gefahr bewusst, dass sich die Natur gegen zu viel Besucherandrang zur Wehr setzt. Der Nachbar Kenia bietet lehrreiche abschreckende Beispiele unmittelbar jenseits der Grenze. Die tansanischen Tourismus-Verantwortlichen möchten den gleichen Fehler vermeiden. Sie fassen die gesamte Region von der Westgrenze der Serengeti bis zu den Usambara-Bergen im Osten – eine Entfernung von mehr als 600 km – großzügig zum *Northern Circuit* zusammen. Darin liegen die drei weltberühmten Sehenswürdigkeiten, zugleich aber auch eine Vielzahl von weniger bekannten Naturattraktionen, an denen vorbeizufahren zu schade wäre: Die viel besuchten Punkte will man entlasten, indem man hier mehr Alternativen anbietet.

Zusätzlich „erfanden" die Touristiker den *Southern Circuit*, um vom Norden etwas abzulenken und auch auf die Fülle der Naturschönheiten in den übrigen Landesteilen aufmerksam zu machen. Man verspricht sich mittels Preispolitik eine bessere Verteilung der Besucher: Eintrittspreise und Übernachtungen in den bekannteren Parks sind in der Regel höher als in den übrigen.

Das Problem der Belastung von Naturschönheiten wurde früh genug erkannt. Wie weit es gelöst wird, hängt nicht zuletzt von der Einsicht der Touristen ab. Reiseveranstalter wissen, dass der simple Maßstab „Wie viel krieg' ich für mein Geld?" von vielen Kunden angelegt wird, und bieten daher möglichst viele Sehenswürdigkeiten in knappster Zeit. Wer glaubt, in der Menge der Parks oder der gefahrenen Kilometer läge der höchste Gewinn, oder wer den Erfolg einer Safari an der bloßen Anzahl seiner geschossenen Fotos misst – vielleicht eine Art Jagdfieber? – wird sehr wahrscheinlich an vielen Kostbarkeiten der Wildnis vorbeirennen. Sich Zeit lassen, das ostafrikanische Motto: *polepole*, ist bei Safaris dringend angeraten: Man sieht, hört, erfährt – und genießt mehr!

Weltbekannte Wildnis

Drei Nationalparks, mehrere Wildreservate und das naturgeschützte Ngorongoro-Kraterhochland liegen heute im riesigen Gebiet zwischen Arusha und Victoria-See. Der Wildbestand hier unterlag im 20. Jh. häufigen Wandlungen. Blamabel war die unbeherrschte Jagdleidenschaft von Weißen in der ers-

Oben: Bernhard Grzimek, berühmter Fürsprecher für die afrikanische Tierwelt. Rechts: Die geselligen Zebras brauchen täglich Tränken nahe ihrer Weiden.

» Karte S. 70-71, Info S. 102-103

Foto: Winfried Wisniewski (Silvestris Online)

ten Hälfte des Jahrhunderts: Es kam vor, dass weiße Jäger auf einer einzigen Safari 100 Löwen schossen und noch stolz darauf waren, diesem „schädlichen" Raubtier mehr oder weniger heldenhaft den Garaus gemacht zu haben.

1929 entstand ein 250 km² großes Wildreservat im Zentrum der heutigen Serengeti. In den 1950er Jahren entwickelte es sich zum Nationalpark, auf einem langen Streifen Land zwischen dem Victoria-See im Westen und dem Ostrand des Vulkanmassivs, auf dem sich der Ngorongoro-Krater befindet.

Man wusste damals noch sehr wenig über die Tiere dieser Wildnis. Niemand hatte sie gezählt; über ihre Lebensgewohnheiten und ihre jährlichen Wanderbewegungen gab es nur ungefähre Vorstellungen. 1957-1959 erforschten dann der deutsche Zoodirektor Prof. Bernhard Grzimek und sein Sohn Michael durch systematisches Überfliegen großer Teile des Wildgebietes das Verhalten einiger Großtierarten, stellten Zählungen an und befassten sich mit den Nahrungsgewohnheiten einzelner Arten. Diese Erkenntnisse führten dazu, dass man die Grenzen der Schutzgebiete neu gestaltete. Mehr noch: Die weltweite Veröffentlichung der Untersuchungen durch Buch und Film – mit dem aufrüttelnden Titel „Serengeti darf nicht sterben" – brachte diesem weltgrößten Lebensraum für Steppentiere, einem Gebiet von der Größe Belgiens, so viel Bekanntheit und Zuneigung, dass er heute noch davon zehrt.

Aufgeteiltes Ökosystem

Mehr als ein halbes Jahrhundert nach Grzimeks wichtigen Untersuchungen haben viele weitere Forscher sich mit der Tier- und Pflanzenwelt in diesem Gebiet befasst und bemerkenswerte Veränderungen festgestellt. Nur ein Beispiel: Die Grzimeks ermittelten 1957 eine Gnu-Population von 100 000; heute gibt es über eine Million Gnus! Das Schutzgebiet muss aber nicht nur den wechselnden Ansprüchen der Tiere, sondern auch denen der Menschen gerecht werden: Es grenzt im Nordwesten u. a.

» Karte S. 70-71, Info S. 102-103

an Landwirtschafts- und Goldminenareale in der tansanischen Region Mara; ein Teil der Wildtier-Weidegebiete wird auch von den Herden der nomadisierenden *Maasai* benutzt; an einigen Stellen der Wildnis treiben die Bewohner unerlaubt Ackerbau; Wilddiebe betätigen sich weiterhin; die Zahl der Touristen nimmt zu. Sogar eine Fernstraße quer durch den Norden der Serengeti wurde erwogen, ein Desaster für die Tierwanderungen; es hagelte Proteste dagegen. Tansanias riesige Schutzgebiete zum Wohl aller Betroffenen – Tiere, Pflanzen und Menschen – zu organisieren, bleibt ein Kompromiss. Es gibt daher Gebiete mit unterschiedlichem Schutzstatus:

Kerngebiet ist der **Serengeti National Park** mit 14 763 km^2, ein streng geschütztes Gebiet, in dem keine wirtschaftliche Nutzung in Form von Jagd, Ackerbau und Viehzucht erlaubt ist. Seine „Hakenform" gibt ihm eine Ost-West-Erstreckung von 140 km, Nord-Süd sind es 190 km. Im Norden grenzt der Park an Kenia, wo sich das Wildreservat **Masai Mara Game Reserve** anschließt. Die Tiere bewegen sich hier zwanglos von einem Land ins andere – Touristen nicht, denn Tansania hält den Grenzübergang Bologonja geschlossen.

Drei **Schutzgebiete** schließen sich an den Westseiten des Nationalparks an, denn den riesigen wandernden Tierherden reicht das Parkgebiet nicht aus (man müsste die dortigen Bewohner aussiedeln, wenn man auch diese Landschaften unter den strengen Schutzstatus eines Nationalparks stellte): die beiden kontrollierten Zonen **Ikorongo** und **Grumeti** in der Region Mara und das zur Region Simiyu gehörende Reservat **Maswa Game Reserve**.

Östlich der Serengeti folgen die 8292 km^2 des Schutzgebiets **Ngorongoro Conservation Area**, hier ist stark reglementierte Landnutzung erlaubt. Nach Norden bis zur kenianischen Grenze liegt die **Loliondo Controlled Area** (**Game Reserve**), eine 4000 km^2 große Zone mit

Oben: Galeriewald am Seronera River. Rechts: Baobabs im Tarangire N. P. – Charakterbäume der Savanne.

» Karte S. 70-71, Info S. 102-103

Foto: Günther Lahr

weniger strengem Schutzstatus. All diese Gebiete, ca. 30 000 km², haben Anteil an schier unvorstellbaren jährlichen Wildtierbewegungen (s. S. 89). Ein weiteres Migrationsgebiet mit jahreszeitlichen Wanderungen auf 20000 km² erstreckt sich südwestlich des Kraterhochlands in den Nationalparks **Manyara** und **Tarangire** und ihrem Umland, der Maasai-Steppe.

Was nützt es dem Reisenden, die verschiedenen Schutzgebiete auseinanderzuhalten? Eine Geldfrage: 24 Stunden Aufenthalt im Serengeti-Nationalpark und im Ngorongoro-Gebiet kosten jeweils 60 US$ sowie mindestens 30 US$ für einen Zeltplatz. Einige Reiseveranstalter bieten preiswerte Touren an, bei denen die Gäste außerhalb der „teuren" Gebiete auf Safari gehen oder zumindest außerhalb der Parkgrenzen übernachten. So fallen bei einer Fahrt zum Lake Natron (Loliondo Controlled Area) keine Eintrittsgelder an und die Campingkosten sind maßvoll; dagegen ist wegen der Nationalparkgebühren ein Besuch der Serengeti deutlich teurer.

★Tarangire National Park

Der Fluss **Tarangire** entspringt in den Bergen von Kondoa, die sich nach Süden an das vulkanische Hochland anschließen. Er fließt nordwärts durch die westliche **Maasai-Steppe**, ein ausgedehntes, niederschlagsarmes Gebiet, und endet im abflusslosen **Burungi-See**, nicht weit vom Südende des Manyara-Sees entfernt. Der größte Teil des Flusslaufs führt durch den 1970 eingerichteten, rund 2600 km² umfassenden ★**Tarangire National Park** ❺. Nordöstlich und südlich davon hat man große Flächen zu Wildschutzgebieten erklärt (**Lolkisale**, **Simanjiro** und **Mkungunero**), die Savannen im Norden bis zur kenianischen Grenze (**Mto wa Mbu** und **Lake Natron Game Controlled Areas**) sind Gebiete, in denen ebenfalls die Herden der Nomaden und Wildtiere zusammenleben. Ähnlich wie die Serengeti ist auch der Tarangire-Park nur der Kern eines viel größeren Migrationsgebietes, in dem das Wild im jahreszeitlichen Wechsel zu geeigneten Weideplätzen wandert. Aus dem Nationalpark verbannt sind wie in der Serengeti die Herden der *Maasai*.

Auf dem Höhepunkt der Trockenzeit, zwischen August und November, sind besonders der Tarangire-Fluss und die trocken fallenden Sümpfe im Süden des Parks Lebensadern für die Tierwelt des riesigen Wildgebietes der westlichen Maasai-Steppe. Sobald im November/Dezember die kleine Regenzeit einsetzt, fohlen die Zebras und kalben die Gnus. In der kurzen Trockenperiode Januar/Februar bleiben die Tiere im Park. Wenn aber im März die große Regenzeit folgt, wird es in der umliegenden Landschaft grün, und viele Tiere verlassen das Reservat Richtung Norden und Osten. Sie kehren zu Beginn der Trockenzeit nach und nach zurück: im Juni Elefanten, Elenantilopen und Oryxe, im Juli Zebras, Gnus und Büffel.

Von Arusha sind es nur zwei Autostunden zum Park: Wo in **Makuyuni** das Gros der Touristen auf die viel befahrene Strecke zum Ngorongoro-Park abbiegt, führt die Nationalstraße T 5 nach 27 km bis **Minjingu**, nach 7 km ist man am Eingang. Es gibt Zeltplätze (*„public"* und *„special" campsites*), feste Unterkünfte wie **Sopa Lodge**, **Tarangire Safari Lodge** und, östlich des Parks,**Treetops** und **Boundary Hill Lodge** sowie mehrere – meist sehr luxuriöse – Zeltcamps in ausgesuchter Lage wie **Oliver's**, **Swala** oder **Maweninga**. Einige z.T. preiswertere Unterkünfte liegen außerhalb der Parkgrenzen, wie **Tarangire River** oder **Kikoti**.

Die flache, offene Parklandschaft in 1100 m Höhe, in der die wenigen niedrigen Hügel schon zu wichtigen Landmarken werden, besteht zur Hauptsache aus Akazienwald: z. B. Schirmakazien (*Acacia tortilis*, *umbrella thorn*), Flötenakazien (*Acacia drepanolobium*; *whistling thorn*) und Fieberakazien (*Acacia xanthophloea; fever tree / yellow barked acacia*). Ein Charakterbaum ist der Affenbrotbaum (Baobab; *Adansonia digitata*); auf grundwassernahen Böden wachsen Borassuspalmen (*Borassus aethiopum*).

Rechts: Kennzeichen des Manyara N. P. – Löwen auf Bäumen.

Nicht alle Tiere nehmen an den jährlichen Wanderungen teil; im Park leben ständig u. a. Impalas, Kleine Kudus, Grantgazellen und Giraffen; bekannt ist der Park für seine Pythonschlangen, die die Angewohnheit haben, sich um Baumäste zu winden.

Die Parkverwaltung hat Pisten für Rundfahrten durch verschiedene Habitate angelegt, die den gesamten Park abdecken, stärker befahren sind die nördlichen, der Süden ist einsam und selten besucht. Fragen Sie Ihren Veranstalter nach **Fuß-Safaris**!

★Lake Manyara National Park

Viele Landrover und Busse flitzen über die asphaltierte Touristenstrecke Arusha-Ngorongoro durch trockenes, weites Maasailand mit seinen markanten Vulkanmassiven. Bevor man das Hochland der Vulkane erreicht, wird meist Halt gemacht in **Mto wa Mbu** ❻. Der Ortsname ist identisch mit dem des Flusses, der hier ganzjährig reichlich aus den Bergen sprudelt: Er bedeutet, wohl zu Recht, „Mückenfluss". Die vor wenigen Jahrzehnten gegründete Oase bevölkern Bewohner aus vielen Teilen Tansanias. Hiesiges Gemüse und Obst kann man auf dem großen **Markt** erstehen. Näher an der Hauptstraße liegt unübersehbar der **Souvenirmarkt.**

Fluss und Grundwasser lassen nicht nur die hohen, schattigen Bäume, Felder und Gärten des Ortes gedeihen, sondern halten den Nordrand einer flachen, lang gestreckten Senke so feucht, dass dort dichter, natürlicher Wald wächst. Die Mulde erhielt ihren Namen nach jener praktischen Euphorbie, mit der die Bewohner von Engaruka ihre Pflanzen vor Vieh schützen (s. S. 87). Die *Maasai* lassen sie als Schutzhecke für ihre Herden wachsen und nennen sie *manyara*.

Der 960 m über dem Meeresspiegel liegende **Manyara-See** füllt die Senke

» Karte S. 70-71, Info S. 102-103

Foto: Manfred Braunger

sehr unterschiedlich aus, je nachdem, wieviel Wasser während der Regenzeiten vom steilen Hang des Ostafrikanischen Grabenbruchs herabkommt oder wie lang und ausdörrend die Trockenzeit ist. Zahlreiche Flüsschen schießen vom Mbulu-Hochland in den See hinab, den die Grabenflanke wie eine hohe Mauer im Westen begleitet.

Der Hangfuß der Steilwand und die westliche Hälfte des Sees machen den 330 km² großen ★**Lake Manyara National Park** ❼ aus, mehr als zwei Drittel nimmt der See ein. Die gewaltige, nahezu 1000 m hohe Flanke der **Bruchstufe** im Westen und das über den See hinaus unermesslich erscheinende weite Land im Osten machen die Lage des Parks sehr reizvoll. Diese einmalige Szenerie erlebt man nicht nur im Park selbst, sondern auch äußerst eindrucksvoll aus der Vogelperspektive, während man auf der asphaltierten Hauptstraße Arusha-Ngorongoro die Serpentinen zwischen Ebene und Mbulu-Hochland hinauffährt.

Am besten, man übernachtet oben, unmittelbar am Rand des Grabenbruchs. Vier Hotelanlagen bieten sich hier an: **Lake Manyara Hotel**, die **Serena Lodge**, die **Kilimamoja Lodge** und das vorbildlich sich dem Naturschutz widmende Luxus-Camp **Kirurumu Manyara Lodge**.

Die Landschaften des Parks lassen sich schon aus der Höhe unterscheiden: Waldland, wo im Norden Grundwasser den Boden feucht hält; der schimmernde Rand des Sees, zeitweilig von Flamingos gesäumt; Akaziensavanne; Grasland sowie Galeriewälder entlang der kurzen Bäche.

Die Hauptpiste führt vom Parkeingang im Norden ca. 50 km auf dem schmalen Streifen Land zwischen See und Bruchstufe bis zum südlichen Parkende, dort muss man umkehren, es gibt nur das eine Gate. In den unterschiedlichen Habitaten beobachtet man eine Vielzahl von Tieren: Im Wald z. B. Paviane und Diadem-Meerkatzen (*Cercopithecus mitis, blue monkey*), im Grasland, auf dem vereinzelt dunkle Wilde Mangobäume (*Tabernaemontana usambarensis*) und Dumpalmen (*Hyphaene ven-*

Foto: Günther Lahr

tricosa) stehen, Zebras, Impalas, Büffel und Warzenschweine; in Tümpeln suhlen sich Flusspferde.

Südlich des feuchten Waldlands beginnt eine vielfältige Akaziensavanne. Hier wartet die größte Attraktion auf die Besucher: die in den Schirmakazien sich lässig ausruhenden Löwen. Falls man die Raubtiere nicht an ihren ungewöhnlichen Ruheplätzen antrifft, könnte es sein, dass sie gerade beim Jagen sind. Etliche Löwen scheinen allerdings ihre frühere Neigung zum Baumklettern ganz aufgegeben zu haben.

Giraffen, Riedböcke, Wasserböcke, Elefanten, Streifenmungos und eine Unzahl von Vögeln, z. B. elegante Kronenkraniche, lassen sich zwischen Gebirgswall und Seeufer beobachten. Zwei heiße Quellen (*maji moto*) gibt es im Süden des Parks, südlich davon stehen die zehn Baumhäuser des Luxus-Zeltcamps **Manyara Tree Camp**.

Oben: Blick in den Ngorongoro-Krater auf Lerai Forest und Lake Magadi. Rechts: Dinner-Vorbereitungen auf der Simba-Campsite am Kraterrand.

Preiswerter ist das **Lemala Camp**: Man wohnt schlichter, auf drei Zeltplätzen und in Bandas (Hütten) der Parkverwaltung. Einfache Quartiere gibt es auch in und nahe Mto Wa Mbu.

Die beste Besuchszeit ist in der Trockenzeit Juni bis Oktober und Januar/Februar. Wenn es geregnet hat, ist der riesige See Rastplatz vieler Vögel, darunter unzählige Flamingos. Für Vogelfreunde ist der Park wegen seiner Vielseitigekeit ganzjährig ein Dorado. Nach starkem Regen im Hochland sind manche der vom Plateau herabkommenden Bäche so sehr angeschwollen, dass man sie zeitweilig nicht überqueren kann. Dann bietet sich eine Baumwipfel-Tour auf dem bis 18 m hohen, fast 400 m langen **Manyara Treetop Walkway** nahe dem Parkeingang an.

Mto wa Mbu wartet mit interessanten Ausflügen des Cultural Tourism Programme auf, u. a. zu Fuß, per Fahrrad oder Kanu (man paddelt dann auf dem Manyara-See); Anlaufstelle ist das **Red Banana Café** an Mto Wa Mbus Hauptstraße.

» Karte S. 70-71, Info S. 102-103

Foto: Berthold Schwarz

★★Ngorongoro Conservation Area

Jährlich besuchen ca. 600 000 Touristen den weltberühmten Vulkankrater ★★**Ngorongoro** ❽. Sie genießen den Luxus von vier Hotels mit Blick in den Krater – **Sopa Lodge**, **Wildlife Lodge**, **Crater Lodge**, **Serena Lodge**. Außerdem gibt es oben am Kraterrand einige mobile Luxuscamps sowie die schön gelegene, einfache **Simba-Campsite**; das Zelten unten im Krater ist verboten. Siedlungen und Weidegebiete der Maasai liegen außerhalb der Caldera.

Von den vier Luxushotels sowie einigen Aussichtspunkten schaut man auf eine fast unwirkliche Landschaftskulisse: Ein steiler **Kraterrand** zieht sich in einer Höhe zwischen 2200 und 2400 m um eine gewaltige Caldera, deren Boden rund 600 m tiefer liegt. In seiner Mitte leuchtet der helle Rand des Sodasees **Lake Magadi**, dessen Größe und Farbenspiel erheblich mit der Jahreszeit schwanken. Baumbestandene Flussläufe führen auf ihn zu, wenige kleine dunkelgrüne Waldflecken und Sümpfe heben sich von der helleren Grasebene ab. Ein vielseitiger Lebensraum ist dieses 260 km² große, schüsselförmige Zentrum des erloschenen Feuerbergs. Das Einmalige ist, dass auf dieser relativ kleinen Fläche zeitweilig bis zu 25 000 Großtiere leben; die unterschiedlichen Habitate auf engstem Raum bieten eine Vielfalt an Tieren, wie man sie in der Serengeti meist nur auf mehreren *game drives* kennen lernt. Mit etwas Glück sieht man die *Big Five* – Elefant, Nashorn, Büffel, Löwe und Leopard – während eines einzigen Besuchs!

Im Ngorongoro-Krater

Die Gelegenheit, Ostafrikas Tierwelt in so kurzer Zeit auf einem Fleck zu beobachten, ist einmalig. Doch beim Hinunterfahren der **Seneto Descent Road** in der Hochsaison, der Einbahnstraße in den Krater hinein, kommen manchem Safariteilnehmer Zweifel: Er ist nicht allein, sondern eingereiht in eine lange Kette von Geländewagen – da fällt schon mal das Wort „Rummel-

» Karte S. 70-71, Info S. 102-103

Foto: Günther Lahr

Krater". Und die Besucherzahlen steigen weiter... Die Fahrer kennen dieses Problem, und während die Touristen bei der Ankunft auf dem Kraterboden, nahe den Büschen und Bäumen der **Seneto Springs**, schon von den ersten Tieren, vielleicht Büffeln oder Elefanten, abgelenkt werden, verteilen sich die Autos in der Regel rasch auf dem Gelände.

An Wasserstellen versammeln sich die Tiere gern, lohnende Beobachtungsplätze für die Touristen sind deshalb die **Goose Ponds**, während der feuchten Jahreszeit das Sumpfland der **Mandusi Swamps** sowie die kleinen, über das Gelände verteilten Tümpel. Es gibt einige Kraterkegel innerhalb der Caldera, von denen sich im Norden der **Engitati Hill** ca. 60 m über den Kraterboden erhebt und einen guten Aussichtspunkt bietet; der Aufstieg auf den **Silalei** im Osten ist beschwerlicher.

Der **Munge River** durchfließt den Nordteil des Kraters. Er entspringt im benachbarten Vulkan **Olmoti** in knapp 3000 m Höhe. Nahe seinem Lauf verwittern die Mauerreste eines Bauernhofs, den der Deutsche Adolf Siedentopf bis 1914 betrieb: Er hielt bis zu 1200 Rinder und züchtete Strauße.

An den Quellen von **Ngoitokitok**, einem beliebten Picknickplatz, trifft man vermutlich wieder mit anderen Touristen zusammen. Das Quellwasser verteilt sich im **Gorigor Swamp**, wo man mit Sicherheit Flusspferde am **Hippo Pool** zu sehen bekommt. **Lake Magadi**, den Sodasee, lieben besonders Flamingos. Um das Wäldchen **Lerai Forest** führt ein Fahrweg, der nahe am Kraterrand einige Flussläufe quert: gut für Vogelbeobachtung. Oberhalb des Waldgebiets windet sich in vielen Serpentinen die **Ascent Road** als Einbahnstraße zum Kraterrand zurück.

Es wird eng am Krater

Die kundigen Fahrer geben sich viel Mühe, eine möglichst große Bandbreite der Tierwelt vorzuführen. Interessant

Oben: Hochsaison im Ngorongoro-Krater – 25 000 Großtiere und jährlich rund 600 000 Touristen!

» Karte S. 70-71, Info S. 102-103

zu wissen, welche Tiere man im Krater *nicht* antrifft: Giraffen, Topis und Impalas; auch reicht hier der Lebensraum für Elefantenfamilien nicht aus: Es kommen zwar einige Bullen in den Krater hinunter, Kühe und Kälber halten sich aber außerhalb, im Waldland, auf.

Die meisten Tiere leben jetzt permanent in der Caldera, denn Wanderungen nach draußen werden immer schwieriger. Nur 3 % nimmt der Krater von der Gesamtfläche des von der Ngorongoro Conservation Area Authority (NCAA) verwalteten Areals (NCA) ein. Das Gesamtgebiet wird auf verschiedene Art geschützt, aber auch genutzt. Rund 65 000 Maasai leben hier und lassen darin 14 000 Rinder und knapp 200 000 Schafe und Ziegen weiden; das Waldland auf der West- und Südseite des Hochlands ist wichtig für die Wasserversorgung, es darf nicht genutzt werden. Von Süden her schieben sich bis unmittelbar an die Parkgrenzen Ackerland und Kaffeeplantagen. Und jährlich besuchen 600 000 Touristen die Region. Zur Erhaltung des Welterbe-Status forderte die UNESCO von der NCAA bereits Maßnahmen ein.

Hochland der Vulkane

Das **Hochland der Vulkane** und seine Umgebung ist seit Jahrmillionen eine Heimstatt für Mensch und Tier gewesen. Auch das ist einmalig: Nirgendwo auf der Welt lässt sich eine beständige Besiedlung über einen so langen Zeitraum nachweisen. Die etwa nord-südliche, der Richtung des **Grabenbruchs** (Rift Valley) folgende Reihe von Vulkanen, die den Ngorongoro flankieren, ist erdgeschichtlich nicht besonders alt. Der jüngste von ihnen, **Ol Doinyo Lengai**, ist noch aktiv (er steht nördlich außerhalb des Ngorongoro-Schutzgebiets). Alle anderen sind erloschen. Die ältesten liegen im Süden: **Lemagrut**, **Sadiman** und **Oldeani** sind ebenmäßige, zur Regenzeit grüne Bergkegel, die z. T. über 3000 m ansteigen.

Vulkane konnten hier entstehen, weil sich erstmals vor 20 Millionen Jahren in diesem Teil der recht alten afrikanischen Erdkruste eine lange Spalte auftat. Man kann sie noch heute am Westufer des **Lake Eyasi**, ganz im Süden der NCA, als markanten, ca. 1000 m hohen „Wall" auf einer Länge von mehr als 80 km erkennen. Eine weitere Spalte ist der kaum zwei Millionen Jahre alte steile Abhang westlich vom **Lake Manyara**. Oberhalb dieser Steilwand zieht sich das bewaldete Hochland hin. Im Norden überdeckt sie der junge Vulkan **Kerimasi**, dann läuft sie westlich vom Ol Doinyo Lengai und dem Sodasee **Lake Natron** bis nach Kenia hinein.

Die heute erloschenen und stark abgetragenen Vulkane waren früher viel höher – vom Ngorongoro glaubt man, er sei einst so hoch gewesen wie der Kilimanjaro heute – und noch bessere Regenfänger. Im Schutz ihrer Westseiten breitete sich, nicht wesentlich anders als heutzutage, die Serengeti als große, tierreiche Steppe aus, bewässert durch Flüsse und Seen aus dem Hochland.

Bei Vulkanausbrüchen trug der vorherrschende Ostwind Lavaasche nach Westen, sie deckte Teile der Erdoberfläche zu und „konservierte" auf diese Weise den damaligen Zustand. Unter den mächtigen Schichten von vulkanischen Ablagerungen liegt also ein Teil der jüngsten Erdgeschichte versteckt.

Glücksfall dank Vulkanasche – ★Oldupai und Laetoli

Ein *korongo*, ein Flusslauf, der den größten Teil des Jahres trockenfällt, half die verborgenen Zeugnisse zutage fördern: Er zieht sich ungefähr vom Lake Ndutu (Lake Lagarja) in Richtung auf das Hochland und versickert in den **Olbalbal-Sümpfen** in der Grassteppe **Ngata Salei** westlich der Vulkane. Der Fluss hat sich in den letzten 30 000 Jahren tief in ältere Gesteinsschichten eingeschnitten, und in seiner Schlucht wachsen viele Sansevierien (eine Agavenart), die die *Maasai „oldupai"* nennen. Hier in der ★**Oldupai-Schlucht** ❾

» Karte S. 70-71, Info S. 102-103

forschten zunächst Geologen und seit 1931 das Archäologen-Ehepaar Louis und Mary Leakey. Sie entdeckten einen der wichtigsten Fundorte zur Entwicklungsgeschichte des Menschen.

Das **Museum** nahe der Schlucht, 6 km abseits der Piste vom Ngorongoro zur Serengeti, zeigt die Funde und erläutert die Stufen der menschlichen Evolution: Vor ca. 1,7 Mio. Jahren gab es zwei menschenartige Vertreter, von denen *Australopithecus robustus boisei* ein kleineres, *Homo habilis* ein größeres Hirn besaß. Ersterer starb vor über einer Million Jahren aus. Letzterer hat auch nicht überlebt, aber man traut ihm zu, dass er einfache Steinwerkzeuge benutzt hat. Es ist möglich, dass sich aus ihm *Homo erectus* entwickelt hat, der vor rund 1,2 Millionen Jahren schon verfeinerte Werkzeuge anfertigte.

Der Blick in die Schlucht offenbart die Abfolge der verschieden gefärbten Sedimentschichten aus der Zeit der letzten 2 Millionen Jahre. Wer zu den jeweiligen Fundstellen von Menschen- und Tierknochen sowie von Steinwerkzeugen gehen möchte, muss einen örtlichen Führer mitnehmen.

Dem amerikanischen Paläontologen Andrew Hill gelang 1978 ein weiterer, Aufsehen erregender Fund, nur rund 20 km von der Oldupai-Schlucht entfernt, bei **Laetoli**. In den 3,5 Millionen alten Ascheschichten des Vulkans Sadiman fand er neben Tierspuren auch die Fußabdrücke aufrecht gehender Vorfahren des Menschen. Drei Individuen des *Australopithecus afarensis* müssen damals dort entlangspaziert sein. Ein Besuch dieser Fundstelle lohnt sich noch nicht, sie dürfte aber zu einer bedeutenden Attraktion werden, wenn irgendwann in der Zukunft dort ein Besucherzentrum entsteht. Wissenschaftler hatten die Stelle 1996 vorerst sorgfältig versiegelt, nachdem sie Kopien der Fußspuren für Museen und Forschungszwecke hergestellt hatten.

Oben: Die Gesteinsschichten der Oldupai-Schlucht enthüllen wichtige Stationen der Evolution des Menschen. Rechts: Stolz trägt der Maasai-Krieger schweren Schmuck und eine kunstvolle Frisur.

» Karte S. 70-71, Info S. 102-103

Viele Völker im Vulkanland

Welche Völker in den vergangenen Jahrhunderten im Bereich von Serengeti und Krater-Hochland gelebt haben, ist nicht leicht zu ermitteln. Auffällig viele unterschiedliche Stämme besiedeln heute die fruchtbaren Landschaften der Vulkane: Die **Maasai** haben zuletzt Besitz von Serengeti und dem Gebiet der Krater ergriffen (inzwischen werden ihre Rechte von übergeordneten staatlichen Interessen zurechtgestutzt, zum Nutzen der Touristen).

Sie haben vermutlich die ebenfalls nomadisierenden Tatoga-Stämme nach Süden abgedrängt; die auch als **Barabaig** bezeichneten Nomaden haben sich gegenüber den kriegerischen Maasai aber so bewunderungswürdig verteidigt, dass diese ihnen den Namen Mangati („achtunggebietender Feind") verpassten. Die Barabaig leben als Nomaden oder Bauern östlich und südlich des Eyasi-Sees und werden jetzt von anderer Seite bedrängt: durch die Ausdehnung großer Weizenfarmen und kleinbäuerlicher Wirtschaft in den südlichen Ausläufern des Vulkanhochlands.

Während Barabaig und Maasai nilotische Stämme sind, ist das Volk der **Mbulu** – es nennt sich selbst Iraqw – kuschitisch, d. h. es stammt aus dem äthiopischen Raum. Es hat wohl seit Jahrhunderten im Kraterhochland und westlich des Manyara-Sees Ackerbau getrieben; die Maasai drängten es südwärts auf das **Mbulu-Plateau** ab.

Der letzte größere Ort vor dem **Loduare Gate** (Lodoale Gate), dem Eingang zum Ngorongoro-Gebiet, ist **Karatu** ⑩, das Zentrum des fruchtbaren, intensiv bebauten Landes der Mbulu. Hier gibt es neben Campingplätzen und Guesthouses stilvolle Hotels wie **Plantation Lodge** und **Gibb's Farm**.

Ein weiteres Volk, das im Bereich des abflusslosen Eyasi-Sees zu Hause ist, nennt sich **Hadza** (von anderen auch *Hadzabe* oder *Tindiga* genannt). Außer ihm gibt es nur noch einen weiteren

Foto: Javed Jafferji

Stamm in Tansania (die Ackerbau betreibenden *Sandawe* in der Dodoma-Region), dessen Sprache Klicklaute hat wie die südafrikanischen Buschmann-Sprachen. Die Hadza sind seit Jahrtausenden Sammler und Jäger, wohnen in Grashütten und jagen mit Giftpfeilen. Das hat nicht nur den Wissensdurst von Ethnologen, sondern auch die Neugier von Touristen geweckt; es gibt Reiseveranstalter, die den Besuch der Hadza im Programm haben.

Man fährt dazu nach **Mang'ola** ⑪ nahe dem von Grün umgebenen und oft salzverkrusteten **Lake Eyasi**. Anderthalb Stunden sollte man für die gut 50 km von Karatu aus rechnen. An einer Rechtskurve der Hauptstraße zum Ngorongoro-Krater zweigt dann, 7 km westlich von Karatu, ein Weg nach links zum **Dorf Oldeani** ab. Es liegt am Osthang des gleichnamigen Vulkans, man passiert es in ungefähr 1 km Entfernung. Die Fahrt geht in südwestlicher Richtung, zunächst durch Plantagenland, dann durch vielfältige Savanne mit nur wenigen Siedlungen.

» Karte S. 70-71, Info S. 102-103

Foto: Javed Jafferji

Von **Mang'ola** erreicht man das Hauptdorf der Gegend, **Ghorofani**. In seiner Umgebung finden anspruchslose Reisende mehrere Zeltplätze, in Seenähe bieten die Camps **Tindiga** und **Kisima Ngeda** angenehmen Zeltbungalowkomfort ohne großen Luxus. Letzteres ist teurer und liegt an einem Wäldchen aus Dumpalmen, sogar eine **Quelle** sprudelt hier, ein Aussichtshügel lädt zum Träumen ein.

Es ist Geschmackssache, ob man sich vom örtlichen Führer „echte" Sammler und Jäger zeigen lassen möchte. Die Camps organisieren Führungen zu den Siedlungsplätzen, den lose geflochtenen **Rundhütten** der **Hadza**. Bereitwillig führen die Bewohner Pfeil und Bogen vor und man kann einiges über die Lebensweise der Hadza erfahren. Die tatsächlichen Sammler und Jäger leben sehr versteckt im Waldland.

Oben: Nahe dem Ol Doinyo Lengai grasen die Herden der Maasai. Rechts: Der Ol Doinyo Lengai, der heilige Berg der Maasai, ist der einzige derzeit noch tätige Vulkan Tansanias.

★Ol Doinyo Lengai – Zu Fuß zum heiligen Berg

In den Parkverwaltungen wird ernsthaft darüber nachgedacht, wie man das Autofahren in den Parks reduzieren und den Besuchern Safaris zu Fuß anbieten kann. Mit Guides der NCAA kann man 4-5-tägige Wandertouren am Vulkan Oldeani unternehmen, bekannter aber sind die Wanderungen vom Ngorongoro-Krater zum „Gottesberg" der *Maasai:* **★Ol Doinyo Lengai** ⓬ (*ol doinyo* = Berg, *ngai* = Gott). Dort lässt man sich von einem Wagen abholen.

Mit dem Auto gelangt man dorthin auf Pisten durch einsame Gegenden östlich des Ngorongoro-Schutzgebiets, sie sind während der Regenzeiten schwer zu meistern und in der Trockenzeit äußerst staubig. Im Hochland der Krater kann es beim Wandern in der Trockenzeit Juni bis Oktober anfänglich (Juni-August) recht kühl sein, gegen Ende der Trockenzeit ist es in der Umgebung des Ol Doinyo Lengai sehr heiß. Im Bergland kommt es unverhofft zu Regengüssen;

» Karte S. 70-71, Info S. 102-103

Foto: Dominique Wirz

die hoch gelegenen Wanderwege können durch dichte Wolken führen, die die Sicht nehmen. Die Einrichtungen auf den *special campsites* sind in der Regel gleich Null, dennoch kostet die Übernachtung 50 US$. Wen solche Widrigkeiten nicht schrecken, der wird mit einer ungewöhnlich reizvollen Tour durch abwechslungsreiche Natur und Maasai-Dörfer belohnt.

Ausgangspunkt für die Wanderung im Kraterhochland ist das Dorf **Nainokanoka** ⓭ am Fuß des Vulkans **Olmoti**. Am Loduare Park Gate sind für die gesamte Zeit des Aufenthalts im Ngorongoro-Schutzgebiet Eintrittsgebühren (je Person 60 US$ für 24 Stunden) und Campinggebühren zu entrichten, für die Fahrt von dort über den dicht bewaldeten östlichen Kraterrand des Ngorongoro bis zum Zeltplatz im Dorf kann man mit etwa 2-3 Autostunden (gut 45 km, nach 30 km passiert man die Sopa Lodge) rechnen. Ein kleiner Fußmarsch zum 3000 m hohen Kraterrand des Olmoti erfordert ca. 1 Stunde hin und zurück. In der Caldera des Olmoti entspringt der Fluss Munge, der den Ngorongoro bewässert. Es ist üblich, in Nainokanoka Esel und Treiber anzuheuern, so dass man seine Ausrüstung nicht selbst zu tragen braucht (je Person und Tier mindestens 10-15 US$ pro Tag).

Der Weg führt über *Maasai-Dörfer* in die Kurzgrassteppe der **Bulbul-Senke**, wo Rinder und Ziegen der Maasai neben Wildtieren wie Zebras und Gnus weiden. 10 km nördlich von Nainokanoka liegt ein Zeltplatz beim Dorf **Bulati**. Danach folgt der Aufstieg zum westlichen Rand des **Empakai-Kraters** (auch Embagai oder Empakaai), um dessen über 3200 m hohen Rand ein ehemaliger Fahrweg läuft (Umrundung 32 km, mehrere Zeltplätze). Die bewaldete Caldera hat einen Durchmesser von ca. 5 km, ein See liegt darin. Für einen Abstecher in den Krater sollte man wenigstens 4 Stunden veranschlagen.

Durch üppiges tropisches Waldland steigt man abwärts zum Dorf **Naiyobi** (Zeltmöglichkeit, Bulati-Naiyobi ca. 6-7 Stunden). Zwei Stunden darauf ist die Steilstufe des Ostafrikanischen Grabens

» Karte S. 70-71, Info S. 102-103

Foto: Nigel Dennis (Silvestris Online)

erreicht (auch hier ein Zeltplatz), mit Blick auf den ebenmäßigen Kegel des heiligen Bergs. Über lockeres vulkanisches Gestein geht es hangabwärts, dann noch einige Kilometer in der trockenen Ebene nach Norden zum Abhol-Fahrzeug.

Den 2878 m hohen aktiven Vulkan **Ol Doinyo Lengai** – seine letzte Eruption war 2008 – besteigen die wenigsten: lockere Vulkanasche, Lavaflüsse im Krater, schweflige Gase, steile Flanken und die Tageshitze machen diese Bergtour zu einer echten Herausforderung, Dauer: mindestens acht Stunden. Viel Wasser muss man mitnehmen! Ein örtlicher Führer ist dringend geboten.

Lake Natron und Loliondo

Durch die heiße, ausgedörrte Ebene, die nordwärts im 610 m hoch gelegen **Lake Natron** ⓮ ausläuft, fließt das ganze Jahr hindurch das klare Wasser des **Ngare Sero** (auch: Engare Sero). Es stürzt über mehrere Wasserfälle von der westlichen Bruchstufe herunter durch ein eng eingeschnittenes Tal, an dessen Austritt in die Ebene und in Seenähe Zeltplätze und -camps liegen, u.a. **Lake Natron Camp**.

Der Ngare Sero bewässert die Südzone des Natron-Sees: Dieses Naturschutzgebiet (Eintritt 15 $) ist frischgrün von den vielen Salvadora-Büschen (*Salvadora persica; toothbrush-bush*: die Zweige nimmt man zum Zähneputzen). In diesem Süßwasser-Morast finden zahlreiche Vogelarten Nahrung (u. a. Watvögel wie der Säbelschnäbler). In dem stark natronhaltigen See, wo es anderen Tieren in den über 40 °C heißen Fluten zu ungemütlich wird, haben sich **Flamingos** auf Algen spezialisiert. Die Vögel brüten im August und haben dank der für andere Tiere unerträglichen Bedingungen kaum Feinde.

Eine raue Piste geht in westlicher Richtung durch Steppenland nach **Malambo** ⓯ (Möglichkeit zum Zelten), weiter nach Westen erreicht man die Serengeti am

Oben: Am Lake Natron. Erkennungsmerkmal für Zwergflamingos – rosa Gefieder und dunkelroter Schnabel.

» Karte S. 70-71, Info S. 102-103

Klein's Gate. Noch in der **Loliondo Game Controlled Area**, nahe der Grenze zur Serengeti, ist das **Buffalo Luxury Camp** entstanden, in einer Gegend, die während der Migration im Juli und September/Oktober von Gnus und Zebras bevölkert ist und wo sich ganzjährig auch standorttreue Arten aufhalten. Weiter östlich, ca. 25 km vor der kenianischen Grenze, liegt **Loliondo** ⑯, Hauptort des Schutzgebiets, in dem Jagd zugelassen ist – zum Nachteil der Natur und der ansässigen Maasai.

Engaruka-Becken

Arbeitet man sich auf steiniger Piste aus dem Ostafrikanischen Graben in Richtung Osten hinaus und blickt zurück in das trockene, heiße Tal, schimmert nordwärts der unnahbare Natron-See und im Süden ragt der kahle, zerfurchte Kegel des Ol Doinyo Lengai auf, von dem niemand weiß, wann er das nächste Mal feurige Lava oder Asche ausstößt. Man gelangt auf eine ausgedehnte Grassteppe. Hat es geregnet, ist sie herrlich grün und Weideplatz für Maasai-Herden, aber auch für Gnus, Zebras und Gazellen. Kleine, bewachsene Vulkankegel gliedern die Landschaft, ihre größeren Kollegen in der Ferne, **Gelai** und **Kitumbeine**, beide über 2800 m hoch, sind bewaldet. Bei sehr klarer Sicht sind weit im Osten der dunkle Viertausender Mt. Meru und sogar der 5892 m hohe Schneegipfel des Kilimanjaro zu sehen.

Südwärts teilt sich die Piste: Nach **Monduli** im Südosten sind es ca. 75 km, nach **Mto wa Mbu** Richtung Süden ca. 70 km. Erstere nähert sich dem Kitumbeine, letztere führt mal näher, mal ferner an der steilen Flanke des Grabenbruchs entlang, darüber türmt sich das Hochland der Vulkane. Ihr nordöstliches Ende markiert der Vulkan **Kerimasi**. Er ist jung, aber erloschen. Auf seinen zerfurchten Hängen machen sich Pflanzen erst zögernd breit.

Man durchquert das **Engaruka-Becken**, eine graslose, von spärlichen Dornbüschen bewachsene Savanne. Der **Engaruka-Fluss** fließt das ganze Jahr über vom Krater-Hochland herab. Er versickert schließlich in der weiten Senke. Der einzige größere Ort auf dieser Strecke liegt am Gebirgsfuß und wirkt von fern wie eine riesige, einladende Oase: **Engaruka** ⑰.

Zumindest seit dem 15. Jh., vermutlich aber schon früher, hat dieser Ort Menschen angelockt. Heute liegen Häuser, bewässerte Felder und Gärten in der Ebene, geschützt gegen Weidetiere mit abgestorbenen Dornsträuchern oder lebendigen Zäunen aus dem glatten Geäst einer Euphorbie (Wolfsmilchgewächs; *Euphorbia tirucalli*). Bis vor 300 Jahren lebte hier eine unbekannte Bevölkerung in sieben Dörfern etwas weiter oberhalb am Hang. Landwirtschaft betrieb sie unterhalb ihrer Häuser und am Rand der Ebene in sorgfältig rechtwinklig parzellierten Feldern, bewässert durch ein Kanalsystem. Häuser, Feldraine und Kanäle errichteten die Bewohner aus Steinen. Niemand weiß, woher diese Bevölkerung kam und warum sie diese einst offenbar blühende Siedlung aufgegeben hat. Die um 1700 in diese Gegend eingedrungenen *Maasai* tauschten normalerweise eher mit Bauern Produkte aus statt sie zu verjagen. Ungewiss ist, wohin sich diese Menschen begeben haben; eine Fortsetzung dieser Bewässerungskultur ist nirgends in Ostafrika zu finden.

Die Steinfundamente runder Häuser, die mit dunklen Lavastücken eingefassten, geebneten rechteckigen Feldstücke und Überreste des Kanalsystems sind zu erreichen, indem man durch das Dorf bis zur Schule fährt (150 m davor quert man den Engaruka-Fluss an einer sandigen Furt; dort gibt es eine Möglichkeit zum Zelten). Unmittelbar hinter den Schulhäusern beginnt das **Ruinengelände**; es erstreckt sich auf einer Fläche von etwa 20 km^2 in busch- und baumreicher Savanne. Man sieht dort auch viele Wildtiere, z. B. Giraffen (Führung durch Repräsentanten des Cultural Tourism Programme, CTP).

Foto: Ingo Gerlach

★★Serengeti National Park

„Weites Land" bedeutet das Maasai-Wort *siringet*, doch damit ist das Gebiet des Serengeti-Nationalparks nur unvollständig umschrieben – die Landschaft ist vielgestaltig. Ihre Flüsse entspringen im Ngorongoro-Vulkanhochland und fließen westwärts zum Victoria-See (1134 m ü. d. M.). Die Serengeti besitzt keine Vulkane, sondern ist das ebene Überbleibsel einer fast abgetragenen Felslandschaft. Vielerorts ragen bizarr gerundete Granit- und Gneisreste wie Inseln hervor, auch *Kopjes* („Köpfchen" Niederländisch/Afrikaans) genannt, während die seit Jahrmillionen ausgewaschenen Sedimente den Boden der Ebene ausfüllen.

Im Zentrum erstreckt sich offene Akaziensavanne, im Norden und Westen dichtere Baumsavanne. Entlang der Flussläufe wachsen Galeriewälder. Die bekanntesten Vegetationsgebiete sind indes die ausgedehnten **Grasflächen** im Süden und Südosten, die der Serengeti ihren Namen gegeben haben; kleinere Grasebenen gibt es außerdem im Westkorridor.

Dies ist das „weite Land", das Millionen von Wildtieren in einem gewissen Jahresrhythmus abweiden. Die auffälligsten „Wanderer" sind – allein schon durch ihre enorme Anzahl von etwa 1 Million – die **Weißbartgnus** (Gnu, *Connochaetes taurinus;* Englisch: *wildebeest*). Weitere in großen Zahlen an der Migration beteiligte Weidetiere sind: **Steppenzebras** (*Equus burchelli; Burchell's zebra*, ca. 300 000) und **Thomsongazellen** (*Gazella thomsoni; Thomson's gazelle*, ca. 230 000). Als wandernde Antilopen beteiligen sich u. a. **Topi** (*Damaliscus korrigum*) und **Elenantilope** (*Taurotragus oryx*; *eland*). Eine schwer bestimmbare Anzahl von Raubtieren zieht zeitweilig mit den Herden oder ist ortsfest: **Löwe** (*Panthera leo, lion*), **Gepard** (*Acinonyx jubatus, cheetah*), **Hyänenhund** (*Lycaon pictus, wild dog*), **Tüpfelhyäne** (*Crocuta crocuta, spotted hyaena*) sowie zahllose **Geier**.

Oben: Zum Abendessen gibt es Gnu. Rechts: Paviane stellen ihr „Familienleben" zur Schau – Vorsicht, sie sind angriffslustig!

» Karte S. 70-71, Info S. 102-103

Millionen Tiere im Kreisverkehr

Die jährlichen Regenzeiten steuern den Gang der Natur: Während der Trockenzeit (Juni bis Oktober) verdorrt das Gras – die Tiere sind aus den weiten Grassteppen fast verschwunden. Sofort nach dem Regen ca. ab November grünt es, die Herden treffen ein und bleiben, solange Futter wächst. Sie wandern dorthin, wo sie Nahrung finden; im Gebiet der Serengeti und angrenzenden Schutzgebieten spielt sich alljährlich etwa folgender **Migrationszyklus** ab:

Im ständig feuchten Gebiet der kenianischen Maasai Mara grasen die Tiere zwischen September und Anfang November. Mit Beginn der von Süden nach Norden fortschreitenden Regen im November wachsen nahrhaftere Gräser in den großen südöstlichen Steppengebieten der Serengeti und im Westteil des Ngorongoro-Schutzgebiets. Oft wandern die Zebras in großen Pulks los, die Gnus folgen in langen Zeilen. Meist überqueren sie zügig das Grenzland östliche Serengeti / westliche Loliondo-Region und erreichen im Dezember ihr Zielgebiet, die Kurzgrassteppen (Südost-Serengeti/West-Ngorongoro). Hier fohlen bis in den Januar hinein die Zebras. Etwa im Februar kalben die Gnus. Die meist kräftigen Märzregen lassen das Gras weiterhin grünen und bieten Zebras und Gnus an Flüssen und Tümpeln die nötigen Tränken. Ab April verlagert sich das Weidegebiet westwärts in die Langgrassteppen im Zentrum der Serengeti. Von Mai bis Juli erhält die West-Serengeti gelegentlich noch Gewitter, sie füllen die Flüsse und wässern die kleineren Grasebenen im Westkorridor. Im Juli und August geht die Wanderung Richtung Norden in die Grumeti- und Ikorongo-Schutzgebiete.

Gegen September ist wieder die grüne Maasai Mara erreicht: ein gewaltiger jährlicher Kreisverkehr der Steppentiere zwischen Tansania und Kenia, mit Aufenthalten, ohne exaktes Timing – nur gesteuert vom Zufall des Regens.

Foto: Javed Jafferji

Auf Safari in der Serengeti

Das UNESCO-Welterbe Serengeti bietet aber keineswegs nur den Anblick wandernder Großtierherden, sondern hat eine Vielfalt an Lebensräumen, ungestört von menschlichen Siedlungen: Das macht sie zur beständigen Heimat einer Fülle von weiteren Tieren.

Bei den *game drives*, wo man tagsüber vom sicheren Auto aus die Tiere betrachtet, kommt man dem Wild erstaunlich nahe, denn die meisten Tiere haben gelernt, dass Fototouristen keine Gefahr darstellen. Besonders intensiv erlebt man die Natur, wenn man die Nacht im Zelt verbringt – nur durch eine dünne Plane getrennt von der geheimnisvollen Wildnis und ihren Geräuschen – und der Gang zur Toilette zum Abenteuer wird. Die Parkverwaltung hat im Serengeti-Gebiet zahlreiche Campingplätze ausgewiesen. Zwei Arten gibt es: die *public campsites* (pro Person und Nacht US$ 30), die man sich mit anderen Besuchern teilen muss, und die *special campsites* (US$ 50), die man reservieren

muss und wo man die Garantie hat, allein dort zu sein. Sie sind in der Regel nicht mit Wasser, sanitären Anlagen u. a. versehen, sondern nur ein Platz in der Wildnis. Sie sind sinnvoll über das Parkgebiet verteilt, so dass man einerseits unterschiedliche Landschaften und ihre Flora und Fauna erlebt, andererseits die jahreszeitlichen Höhepunkte der Wanderungsbewegungen an verschiedenen Stellen verfolgen kann.

Spartanisches Zelten ist nicht jedermanns Sache; ebenfalls gut verteilt über die Serengeti gibt es hoch komfortable Unterkünfte, einige Hotels und viele Luxus-Zeltcamps, die den festen Häusern an Komfort kaum nachstehen, aber ein Mehr an naturnahem Erlebnis bieten.

Die Hotels: Im Zentrum die 1970 in Kopjes hineingebaute **Seronera Wildlife Lodge**, die **Serengeti Sopa Lodge** (südlich, am Felsen Oldoinyo Rongai), **Serena Lodge** (nordwestliches Zentrum), **Four Seasons Serengeti** (Bilila, nördlich des Zentrums, luxuriös), **Lobo Wildlife Lodge** (im Nordosten), **Ndutu Lodge** am gleichnamigen Salzsee im Südosten, zur NCA gehörig, ebenso das hotelähnliche **Nomad Masek Camp**. Sehr exklusiv sind die Bungalows der **Sasakwa Lodge** außerhalb des Parks in der Grumeti Game Reserve, innerhalb, im Westkorridor, die **Mbalageti Lodge**.

Luxus-Zeltcamps liegen meist herrlich, in Gebieten, die ganzjährig Tierbeobachtung gewährleisten und wo zeitweilig wandernde Tierherden zu sehen sind. An der Grenze zu Maswa Game Reserve liegen das feine **Kusini Camp**, im Westkorridor die Luxus-Zeltcamps **Kirawira** und **Grumeti**, außerhalb, nahe dem westlichen Parkeingang **Ndabaka Gate**, das einfache **Kijereshi Camp**, am **Victoria-See** u.a. die **Speke Bay Lodge**.

Außerhalb des Nordwesteingangs **Ikoma Gate** liegen mehrere preiswerte Camps, im Park verteilen sich von hier bis zur Nordgrenze u. a. die luxuriösen Camps **Mbuzi Mawe**, **Klein's Camp**

Oben: Der Gepard, die schnellste Raubkatze der Welt, jagt seine Beute am helllichten Tag. Rechts: Wenn die Sonne sinkt, beginnt die Zeit der Nachtjäger – fliehende Büffel.

» Karte S. 70-71, Info S. 102-103

Foto: Tierbildarchiv Angermayer

oder **Sayari**. Mobile Luxus-Camps wie **Olakira**, **Serengeti Safari** und **Simiyu** folgen den wandernden Herden.

Die einzelnen Landschaften der Serengeti: **Lake Ndutu** ⓲ (Lagarja) ist ein temporärer **Salzsee**, der von Wald und Savanne sowie von Grassteppen umgeben. Durch den flachen See führt eine Route der Gnus, wenn diese zwischen Serengeti und Maswa-Gebiet wechseln. Viele Gnu-Kälber werden in den ersten Monaten des Jahres hier geboren. Dezember bis Mai ist die beste Zeit für dies vielfältige Habitat. Hier gibt es mehrere Campingplätze der NCAA, Zeltcamps, zwei Hotels.

Naabi Hill ist ein auffälliges *Kopje* in der endlos erscheinenden Ebene, **Naabi Hill Gate** ⓳ der östliche Parkeingang. Hervorragend lässt sich hier die **Kurzgrassteppe** überblicken, wo Millionen wandernder Tiere zwischen Dezember und April weiden (einige Zeltplätze).

Zeltplätze und mobile Camps nutzen die landschaftliche Vielfalt um die **Moru Kopjes** in der **Langgrassteppe** nahe Naabi. Hier hat die Parkverwaltung 1997 einige Spitzlippennashörner (*Decirus bicornis; black rhino*) ausgesetzt. Für den Besuch der spektakulären **Barafu** und **Gol Kopjes** nordöstlich von Naabi ist ein Parkguide erforderlich. Durch die **Simba Kopjes** ⓴, an denen oft **Löwen** lagern, führt die Hauptpiste Naabi–Seronera.

Das **Zentrum des Parks** um **Seronera** ㉑ und der ganzjährige **Seronera River** (Campingplätze) bieten viele Habitate nahe beieinander und ein breites Spektrum an Tieren: Giraffe, Büffel, Topi, Grant- und Thomsongazelle, **Impala** (Schwarzfersenantilope, *Aepycerus melampus*), **Kongoni** (*Alcelaphus buselaphus cookii, Cook's hartebeest*), **(Ellipsen-)Wasserbock** (*Kobus ellipsiprymnus, common waterbuck*), **Flusspferd** (*Hippopotamus amphibius, hippopotamus*), **Warzenschwein** (*Phacochoerus aethiopicus, warthog*), **Dikdik** (*Rhynchotragus sp.*), **Pavian** (*Papio cynocephalus, olive baboon*), **Grüne Meerkatze** (*Cercopithecus aethiops, vervet monkey*), **Klippschliefer** (*Procavia capensis, rock hyrax*), unter niederen Bäumen dösen-

» Karte S. 70-71, Info S. 102-103

de **Löwen**, auf den Ästen von Akazienbäumen ruhende **Leoparden**; **Servale** (*Felis serval, serval cat*), **Krokodile** und eine unglaublich reiche Vogelwelt.

Die zentrale Serengeti ist immer einen Besuch wert, besonders aber zur Trockenzeit Juni-Oktober und Januar/Februar. Hier gibt es ein **Visitors Centre** mit informativen Ausstellungen. Das Pistennetz in der Umgebung von Seronera ist sehr dicht und darf von den Fahrern nicht verlassen werden; Erkundungen zu Fuß sind generell verboten.

Im **Norden** sieht man um **Lobo** ㉒ die Tierwelt der hügeligen Baumsavanne, z. B. **Büffel**, **Elefant**, **Klippspringer** (*Oreotragus oreotragus, klipspringer*), und in der Trockenzeit (August bis November, beste Zeit: Juni bis Dezember) die große **Tierwanderung**. Dramatischer Höhepunkt: wenn tausende **Gnus** den **Mara-Fluss** queren. Das ganze Jahr über ist die Gegend ein guter Tipp: Hier ist man allein; wegen der geschlossenen Grenze zu Kenia kommen selten Touristen hierher. **Klein's Gate** macht den Eingang zur Serengeti vom Loliondo-Schutzgebiet aus möglich.

Das **Park-Hauptquartier** liegt außerhalb des Parks, nordwestlich in **Fort Ikoma** ㉓, Standort einer alten Festung aus deutscher Zeit; es ist gut 20 km vom **Ikoma Gate**, dem Ausgang zur Region Mara und Richtung Musoma, entfernt.

Im **Westkorridor** (Western Corridor), am **Grumeti River** ㉔, eignen sich u.a. die Zeltplätze von **Kirawira** und **Hembe** für die Beobachtung der wandernden Herden im Juni/Juli, für *game drives* das ganze Jahr hindurch (beste Zeit: Juni-Oktober). In den Galeriewäldern am Fluss leben **Guerezas** (*Colobus abyssinicus, black and white colobus monkey*), viele **Vögel**, am Ufer besonders große **Krokodile**. Auf kleineren Ebenen mit tropischen Schwarzerdeböden (*black cotton soil;* Kiswahili: *mbuga*) grasen stationäre Gnus, Topi, **Giraffen** und **Büffel**.

Rechts: Schnee und Gletscher in den Tropen? Der majestätische „Kili" von Südosten.

AM KILIMANJARO

Moshi

Wer nicht vorhat, Afrikas höchsten Berg zu besteigen, genießt in **Moshi** ㉕ immer die Aussicht auf den „Kili", besonders schön von Hotel-Dachterrassen oder vom Swimmingpool des YMCA – Moshis Augenweide ist der Berg. Die Stadt selbst, nur 890 m hoch gelegen und spürbar wärmer als Arusha, ist wichtiges Marktzentrum, vor allem für den edlen *Arabica*-Kaffee der *Chagga*-Bauern aus dem extrem dicht besiedelten landwirtschaftlichen Umland.

Überschaubar klein ist das Zentrum: Der **Markt** quillt über von frischen Tropenfrüchten, nahebei liegen Busbahnhof und die Straße Arusha–Dar es Salaam. Hier gibt es für Touristen eine größere Anzahl preiswerter Unterkünfte sowie Reiseagenturen (teilweise mit Ausrüstungsverleih), deren Kunden in der Regel den Kilimanjaro besteigen wollen. Nahe dem **Clocktower** finden sich Banken und Forex-Büros. In Moshi starten Fernbusse nach Nairobi, Mombasa, Tanga, Dar es Salaam, in die Pare- und Usambara-Berge.

★★Kilimanjaro National Park

Als der Missionar Johannes Rebmann anno 1849 von einem schneebedeckten Berg in Ostafrika berichtete, den er aus der Ferne erblickt hatte, glaubte man ihm nicht: Schnee auf 3° südlicher Breite, so nahe dem Äquator – das hielt die damalige Fachwelt für unmöglich und machte sich über Rebmann lustig. Für die Einheimischen war der rätselhafte Gletschergipfel des ★★**Kilimanjaro** ㉖ jedoch schon immer unbestritten Realität, sieht man ihn doch bei idealen Bedingungen schon aus erstaunlichen Entfernungen: z. B. von Norden, vom 200 km entfernten Nairobi, oder auch von Südwesten, quer über die Maasai-Steppe, von den 250 km entfernten Bergen von Kondoa.

» Karte S. 70-71 u. S. 94-95, Info S. 102-103

Foto: Hartmut Fiebig

Aus der Nähe wirkt der höchste Berg Afrikas verführerisch, besonders von seiner Nord- oder Südseite: Das mächtige, fast 100 km lange Vulkanmassiv erhebt sich, weiß überzuckert, wie eine Fata Morgana aus der Steppe. Der westliche Gipfel ist der höhere, der weiße, sanft gerundete **Kibo** (5895 m). Der **Saddle** (Sattel) bildet eine lange, ebenmäßige Linie zwischen ihm und dem niedrigeren **Mawenzi** (5149 m) im Osten; anders als der Kibo ist der Mawenzi dunkel und zerklüftet.

Als erste Europäer bezwangen den Kilimanjaro 1889 der deutsche Geograf Hans Meyer und der österreichische Alpinist Ludwig Purtscheller; die Gletscher benannte Meyer nach verdienten deutschen Geografen wie Hermann Credner. 1912 gelang W. Furtwängler (Großvater der „Tatort-Kommissarin") die erste Skitour. 1984 folgte der erste Gipfelsturm per Fahrrad. Alljährlich lädt die Bergregion zum internationalen Sport-Event *KiliMAN* ein: Kilibesteigung (6 Tage, ohne Zeitnahme), Marathonlauf und 190-km-Mountainbike-Umrundung (in 2 Tagen) sind die Disziplinen (www.kilimanjaro-man.com).

Nicht weniger wechselvoll und rasch vollzog sich die Entwicklung rund um die unteren Hänge des Kilimanjaro. Das Volk der **Chagga** siedelt hier traditionell in den Lagen zwischen 700 m und 1400 m und baut unter Schattenbäumen Kaffee, Bananen, Hirse, Taro und Futtergräser an; Vieh wird in Ställen gehalten. Ihr ausgeklügeltes Bewässerungssystem, fruchtbarer Boden und reichliche Niederschläge machen eine hohe Bevölkerungsdichte möglich. Die Einwohnerzahl hat sich in der zweiten Hälfte des 20. Jh. allerdings mehr als verdreifacht, so dass sich der Anbau hangaufwärts in das Waldland bis ca. 2000 m, aber auch abwärts in die Bereiche des Hangfußes entwickelte. Der Waldbestand verkleinerte sich, damit verringerten sich auch die Wasserreserven – so wird es zunehmend schwieriger, in allen Bereichen der Hänge zufriedenstellend Landwirtschaft zu betreiben.

Das Waldschutzgebiet mit ursprünglichem Wald, aber auch Forsten, reicht

» Karte S. 94-95 u. Plan S. 98, Info S. 102-103

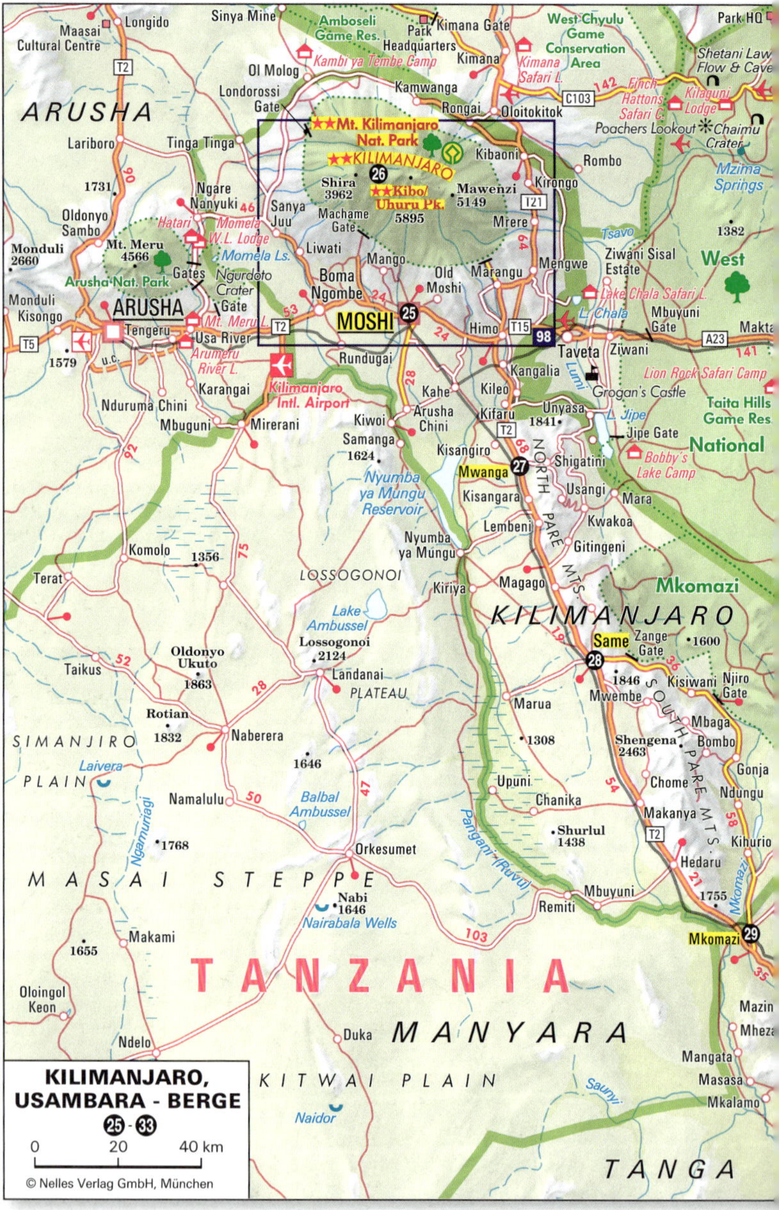

Longido
Maasai Cultural Centre
Sinya Mine
Amboseli Game Res.
Park Headquarters
Kimana Gate
West Chyulu Game Conservation Area
Park HQ
Shetani Lava Flow & Caves
Kambi ya Tembe Camp
Ol Molog
Kimana
Kimana Safari L.
Finch Hattons Safari C.
Kilaguni Lodge
Londorossi Gate
Kamwanga
C103
Rongai
Oloitokitok
Poachers Lookout
Chaimu Crater
ARUSHA
★★Mt. Kilimanjaro Nat. Park
★★KILIMANJARO
Lariboro
Tinga Tinga
Kibaoni
Rombo
Mzima Springs
1731
Ngare Nanyuki
Shira 3962
★★Kibo/ Uhuru Pk. 5895
Mawenzi 5149
Kirongo
T21
Oldonyo Sambo
Hatari
Momela W.L. Lodge
Sanya Juu
Machame Gate
Mrere
Tsavo
1382
Monduli 2660
Mt. Meru 4566
Momela Ls.
Liwati
Mango
Ziwani Sisal Estate
West
Arusha Nat. Park
Gates
Ngurdoto Crater
Boma Ngombe
Old Moshi
Marangu
Mengwe
Lake Chala Safari L.
Monduli
Kisongo
ARUSHA
Gate
Mt. Meru L.
L. Chala
Mbuyuni Gate
Tengeru
Usa River
T2
MOSHI
Himo
T15
98
Makta
T5
Taveta
Ziwani
A23
1579
u.c.
Arumeru River L.
Rundugai
Kangalia
Lion Rock Safari Camp
Karangai
Kilimanjaro Intl. Airport
Kahe
Kileo
Lumi
Grogan's Castle
Nduruma Chini
Arusha Chini
Kifaru
Unyasa 1841
Taita Hills Game Res.
Mbuguni
Mirerani
Kiwoi
L. Jipe
Jipe Gate
Samanga 1624
T2
Kisangiro
National
Shigatini
Bobby's Lake Camp
Mwanga
NORTH PARE MTS.
Nyumba ya Mungu Reservoir
Kisangara
Usangi
Mara
Lembeni
Kwakoa
Nyumba ya Mungu
Gitingeni
Komolo
1356
Terat
LOSSOGONOI
Kiriya
Magago
Mkomazi
Lake Ambussel
KILIMANJARO
Same
Zange Gate
•1600
Oldonyo Ukuto 1863
Lossogonoi 2124
Taikus
Landanai
PLATEAU
1846
Kisiwani
Njiro Gate
Mwembe
SOUTH PARE MTS.
Marua
Rotian 1832
Mbaga
Naberera
•1308
Shengena 2463
Bombo
SIMANJIRO PLAIN
Laivera
1646
Gonja
Chome
Ndungu
Upuni
Namalulu
Balbal Ambussel
Chanika
Makanya
Ngamuriagi
Pangani (Ruvu)
Shurlul 1438
T2
Kihurio
•1768
Orkesumet
Hedaru
MASAI STEPPE
Nabi 1646
Mbuyuni
1755
Remiti
Mkomazi
Nairabala Wells
Mkomazi
Makami
1655
TANZANIA
Oloingol Keon
Mazin
Mheza
Duka
MANYARA
Ndelo
Mangata
KITWAI PLAIN
Masasa
Saunyi
Mkalamo
Naidor
TANGA
KILIMANJARO, USAMBARA - BERGE
25 - 33
0 20 40 km

an den Hängen des Kilimanjaro von 1500 m (im Süden und Osten) bzw. 1800 m (im trockeneren Norden und Westen) bis 2700 m Höhe. Ab hier beginnt der Nationalpark Kilimanjaro, der interessante „Pflanzenexoten" aufweist, wie **Riesenkreuzkraut** (*Senecio spec.*) und **Riesenlobelie** (*Lobelia spec.*), die zwischen 2700 - 4000 m ü. M. gedeihen.

Drei größere Vulkane bilden das lang gestreckte Massiv des Kilimanjaro: Mawenzi, Kibo und der 3962 m hohe **Shira** im Westen, dessen Krater stärker abgetragen ist; Lavaergüsse des Kibo haben seinen Nordrand zerstört. Der **Mawenzi** hat eine ganz andere Form: Sein felsiges Gestein sind die stark verwitterten Überreste seines Schlotes. Wer sie bezwingen möchte, muss erfahrener Bergsteiger sein, Kletterausrüstung mitbringen und – wie die „normalen" Wanderer im Nationalpark – die Dienste einer lizenzierten Agentur in Anspruch nehmen. Alleingänge ohne Bergführer und Träger sind nicht gestattet!

★★**Kibo**, der jüngste und höchste Vulkan des Kilimanjaro-Massivs, schläft wohl nur. In seine von Schnee und schwindenden **Gletschern** bedeckte Kappe ist ein Krater eingesenkt, der **Reusch Crater**. Aus der Schlotöffnung eines kleinen Aschekegels darin treten Schwefeldämpfe und heißes Wasser aus. Am Kratersüdrand liegt der **Uhuru Peak** („Freiheitsspitze"): Von Meyers Erstbesteigung 1889 bis zum Ende der deutschen Kolonialzeit 1918 als *Kaiser-Wilhelm-Spitze* als „höchster Punkt deutscher Erde" gerühmt (die Bezeichnung hielt sich als „Kaiser Wilhelm Spitz" bis zur Umbenennung 1962), ist er mit 5895 m (GPS-Neuvermessung: 5892 m) der höchste Punkt Afrikas.

Von den etwa 60 000 Wanderern, die den „Kili" pro Jahr besuchen, erreicht nicht jeder den Gipfel: So mancher, der die Marangu-Hauptroute nimmt, kehrt wegen Höhenkrankheit oder Erschöpfung bereits am Gilman's Point (5681 m) um. Wer zuvor am Mount Meru übt, minimiert sein Risiko.

» Karte S. 94-95 u. Plan S. 98, Info S. 102-103

Die Marangu-Hüttenroute

Der einfachste Weg zum Gipfel – zugleich der einzige mit Hütten versehene – beginnt und endet in **Marangu** am Osthang des Kilimanjaro und dauert in der Regel fünf Tage (vier Übernachtungen). Die meisten Wanderer nehmen diese Route. Nicht alle haben den Kibo als Ziel, manchen genügt der Aufstieg zur ersten oder zweiten Hütte.

Das Dorf Marangu ist ca. 40 km vom Distriktort **Moshi** (s. S. 92) entfernt, wo zahlreiche Agenturen ansässig sind und wo es eine breite Auswahl an Hotels gibt. Hier oder in den Hotels von Marangu bucht man seine Tour, wenn man dies nicht schon in Dar, Arusha oder im Ausland getan hat. Etwa eine Stunde dauert die Fahrt mit einem der häufigen Busse zwischen Moshi und Marangu.

Das **Marangu Gate** (Parkeingang) liegt 5 km oberhalb des Dorfs; auf 1980 m Höhe beginnt der Wanderweg. An diesem ersten Tag geht es 7 km durch dichten, hohen Bergwald zur **Mandara Hut** auf 2700 m Höhe, im Jahr 1906 als *Bismarck-Hütte* gegründet.

Am zweiten Tag führt der Pfad aus dem Waldgebiet heraus in eine offene Baumheide-Landschaft (11 km). Ein Abstecher zum **Maundi Crater** lässt sich hier machen (ausgeschildert). Die verwitterten Spitzen des Mawenzi geben einen dramatischen Hintergrund zu dem kleinen, von Kräutern und Büschen bewachsenen Parasitärvulkan ab. Auch der Kibo zeigt sich schon. Die Vegetation Richtung **Horombo Hut** wird spärlicher. Diese Hütte liegt auf 3700 m Höhe und wurde 1912 als *Peters-Hütte* gegründet.

Am dritten Tag legt man den 10 km langen Weg auf dem kaum bewachsenen Sattel zur **Kibo Hut** auf ca. 4700 m Höhe zurück. Man passiert unterwegs die letzte Wasserstelle; Schild: **Last Water**. Hier heißt es auftanken. Der obere Teil des Bergs ist niederschlagsarm, und im porösen Gestein versickert alles Wasser. Bizarr geformte vulkanische Brocken zieren die vegetationslose „Stein-Landschaft". Als Ziel vor Augen hat man den verschneiten Kibo und im Rückblick den zerklüfteten, dunklen Mawenzi – sofern die Sicht klar ist; genauso gut kann man durch Wolken wandern, es kann regnen oder gar schneien.

Nachts in der Kibo-Hütte wird es spannend: Zwischen zwei und drei Uhr morgens brechen die Wanderer auf und mühen sich, dick angezogen, in der Dunkelheit auf steilem Serpentinenpfad die rund 1000 Höhenmeter zum **Gilman's Point** (5681 m). Hier, auf dem äußeren **Kraterrand**, erlebt man nach anstrengendem Aufstieg, wie die Sonne hinter dem Mawenzi aufgeht. Viele machen sich hier wieder auf den Rückweg: Eisig kalt – meist 30-40°C kälter als am Bergfuß – ist es hier oben, die Luft ist dünn, man fühlt sich schnell erschöpft. Dennoch sei allen, die vom Höhenkopfweh verschont geblieben sind, geraten, *polepole* (langsam) weiter durch die tropische Schnee-

Oben: Das Riesen-Kreuzkraut wächst auf 3000-4000 m Höhe. Rechts: Geschafft! Ankunft auf dem höchsten Gipfel Afrikas bei Sonnenaufgang.

» Plan S. 98, Info S. 102-103

Foto: Berthold Schwarz

und Eiswelt am aussichtsreichen, nur noch sanft ansteigenden Kraterrand entlang bis zum ★★**Uhuru Peak** (5895 m) zu gehen, denn „ganz oben" gewesen zu sein ist – auch wegen des Blicks auf die abschmelzenden letzten ★**Gletscher** Afrikas (benannt nach deutschen Geografen) – ein unvergessliches Erlebnis.

Beim Abstieg über die Marangu-Route übernachtet man in der Horombo-Hütte, ist sie voll, geht man weiter zur Mandara-Hütte; nur wer sehr gute Kondition (und Knie) hat, schafft es zum Marangu Gate, wo es Unterkünfte gibt.

Rongai-Route

Eine gute Straße führt von Marangu 70 km weit östlich um den Kili herum zum **Nalemoru Gate** bei **Rongai** (Busse ab Himo). Das eröffnet die Möglichkeit, den Kili von der wesentlich trockeneren Nordseite zu besteigen, mit Fernblick nach Kenia. Auf der wenig begangenen **Rongai-Route** nächtigt man in Zelten und/oder Hütten, und nicht mehr in den Höhlen entlang der Strecke. Die Rongai-Route mündet – nach dem lohnenden Bogen über das herrlich gelegene **Mawenzi Tarn Camp** (4330 m) – auf dem „Sattel" in die Marangu-Route nahe der Kibo-Hütte. In der Nacht vor dem Gipfelsturm zeltet man bei der School Hut auf 4715 m oder schläft in der Kibo-Hütte. Der einfachste Abstieg ist die Marangu-Hütten-Route.

Das ganze grandiose Spektrum an Landschaften und Vegetationszonen im Kilimanjarogebiet erlebt man bei einer **Umrundung** des Kibo. Besonders vielseitig ist ein Trek, der die Rongai-Route, Northern Circuit – mit Weitblick über Südkenia –, Lemosho- und Machame-Route sowie den Abstieg über die Mweka-Route kombiniert.

★Lemosho-Route und Shira-Plateau

Das **Londorossi Gate** (2250 m; 75 km ab Moshi) ist der Westeingang zum Nationalpark und Anfang der kaum begangenen, landschaftlich herrlichen ★**Lemosho-Route** (Zelt nötig). Durch Waldland wandert man auf den Shira-

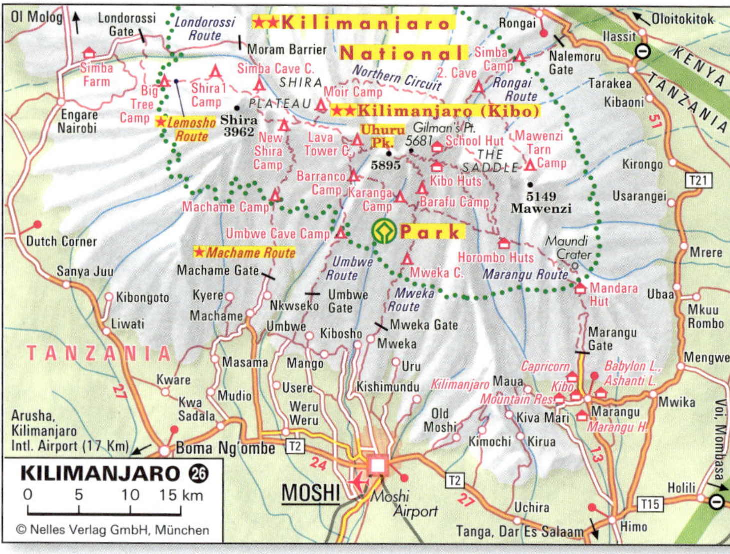

Rücken (Shira Ridge) zu. Der weite, nach Norden offene Shira-Krater und das Plateau bieten ein reizvolles Wandergebiet, gesäumt von Riesenlobelien, Riesenkreuzkraut und Heidebüschen, sowie schöne Blicke auf den Kibo, nach Norden zum Amboseli-Park (Kenia) und westwärts zum Mount Meru.

Beim **Lava Tower Camp** können konditionsstarke Bergerfahrene durch die steinschlaggefährdete **Western Breach** (Helm vorgeschrieben!), eine Bresche im Westen des Kibokraters, direkt zum Gipfel aufsteigen. In der Regel umrundet man den Krater südlich und erklimmt von **Barafu** den Gipfel (s. Machame-Route). Der Abstieg erfolgt oft auf der Mweka-Route (s. u.).

★Machame-Route

Drei „Camping-Routen" zum Kibo stehen am Südhang zur Verfügung: Der Aufstieg geht über die ★**Machame-Route** oder, weiter östlich, die **Umbwe-Route** (Gate 1400 m ü. M.). Für den Abstieg wird meist die am weitesten östlich gelegene, steilere **Mweka-Route** gewählt, die unten beim bekannten *College of African Wildlife Management* endet. Auf diesen Routen wird gezeltet. Die Camping-Routen des Südhangs sind anstrengender als die Marangu-Hüttenroute, aber landschaftlich abwechslungsreicher.

Die Machame-Route verlangt mehr Zeit (6 Tage), ermöglicht so aber bessere Höhenanpassung, was extrem wichtig ist. Etwa 35 % der Kili-Besteiger wählen sie mittlerweile: Man wandert am ersten Tag vom **Machame Gate** (1790 m) durch eindrucksvollen Wald in 5-6 Stunden zum **Machame Camp** (3010 m). Landschaftlich großartig ist der ca. 4-6-stündige Weg am folgenden Tag. Man verlässt den Bergwald und hat im offenen Heide- und Moorland den Kibo und die Shira Ridge im Blick; in der Ferne ist Mt. Meru zu sehen. Ziel ist das **New Shira Camp** auf 3840 m Höhe. Von dort geht es ostwärts um den Krater herum: Man steigt im Anblick des Kibo-Gletschers zum **Lava Tower Camp** auf 4640 m Höhe, schläft aber nach den an-

» Plan S. 98, Info S. 102-103

strengenden 6-7 Stunden Tagesleistung tiefer, nämlich auf 3960 m im **Barranco Camp**. Am vierten Tag klettert man über den Barranco-Rücken, pausiert am weiter östlich gelegenen **Karanga Camp** mit schönem Kibo-Panorama (s. Bild S. 16) und gelangt in dünner Luft zum **Barafu Camp** auf 4640 m Höhe. Hier bricht man gegen Mitternacht auf, um in 6-8 Stunden über den **Stella Point** (5745 m) den Kibo-Gipfel zu erreichen. Mittags hat man es zum Barranco Camp zurück geschafft. Beim Abstieg über die Mweka-Route schläft man im **Mweka Camp** auf 3080 m Höhe, am sechsten Tag erreicht man das **Mweka Gate** (1630 m) in ca. 2-3 Stunden.

Rundfahrt um den Kili

Schon die Fahrt zum Londorossi Gate, oberhalb einer Waldarbeiter-Siedlung, ist ein Ausflug ins Grüne: über **Engare Nairobi**, noch am Bergfuß in der trockenen Savanne, geht es östlich der **Simba Farm** zunächst durch Laubwald, dann durch dichte Kiefernforste; an Waldrändern und unter Schonungen wird Gemüse angebaut. Im Waldgebiet leben Büffel, Elefant, Elenantilope, Dikdik und Guereza-Affen.

Die Umrundung des Kilimanjaro mit einem Geländefahrzeug oder, immer beliebter, per Mountainbike ist reizvoll: Nach Norden und Osten gelangt man in den **Kitendeni-Korridor**, ein Schutzgebiet für Wildtiere, die zwischen Kilimanjaro- und Kenias Amboseli-Park wechseln; Siedlungen schränken allerdings den Raum für das Wild ein. Von August bis Oktober kann man dort am ehesten Tierwanderungen beobachten. Das Camp **Kambi ya Tembo** nahe der kenianischen Grenze bietet schlichte Zelte. Auch vom **Shu'mata Camp** mit seinem Nostalgie-Interieur à la Hemingway lässt sich gut Wild beobachten, es ist ebenso ein lohnender Abstecher bei Kilimanjaro-Umrundungen.

Auf der Ringstraße ostwärts erreicht man Rongai. Eine breitere Straße umrundet die Ostseite des Kilimanjaro bis Marangu. Für die Rundfahrt um das Kilimanjaro-Massiv muss man über 280 km rechnen (Mountainbiker mit guter Kondition: s. www.chagga-tours.com).

Lake Chala

Lake Chala an der Grenze zu Kenia ist eine Exklave des Kilimanjaro-Nationalparks. Hier kann man sich nach einer Kili-Tour am sauberen Kratersee erholen. Die **Lake Chala Safari Lodge** bietet Unterkunft – im selbst mitgebrachten oder im luxuriösen Safarizelt.

PARE- UND USAMBARA-BERGE

Pare-Berge

25 km östlich von Moshi, wo die Nationalstraße T 2 nach Dar es Salaam einen Knick nach Süden macht, führt die Abzweigung T 15 nach Osten über Himo zum kenianischen Grenzort **Taveta** und durch den **Tsavo-Nationalpark** in Kenia bis nach Mombasa.

Südwärts ziehen sich die **Pare-Berge** hin. Im Vergleich zum Kilimanjaro wirken ihre nichtvulkanischen Zweitausender eher unscheinbar. Als lange Linie erstreckt sich ihr steiler Westhang von Nord nach Süd. Am Fuß führte einst ein Sklavenkarawanenweg entlang. Er kam aus dem Ostafrikanischen Graben, vom Lake Natron und noch weiter nördlich gelegenen Gebieten, und endete an der Küste in Pangani oder Tanga. Heute begleiten Eisenbahn und Nationalstraße T 2 die Berge. Westlich davon dehnt sich die riesige, trockene Maasai-Steppe aus; entlang der Hauptstraße erscheint die Gegend oft verdorrt.

Ab **Mwanga** ㉗ windet sich eine Straße in die **Nord-Pare-Berge**, und erst oben erkennt man, wie üppig grün und intensiv bewirtschaftet dieses Bergland ist: Hauptsächlich kommt der Regen von Osten, die Steppe weiter westlich liegt im Regenschatten und ist auf Bewässerung angewiesen. Dort, am Lauf

» Plan S. 98 u. Karte S. 94-95, Info S. 102-103

des **Pangani**, wurde deswegen und zur Gewinnung von Elektrizität der See **Nyumba ya Mungu** („Haus Gottes") aufgestaut. *Cultural Tourism Programme*-Führungen gibt es u. a. ab **Usangi**, Busse dorthin starten in Mwanga (an Straße T 2/ Dar–Moshi).

Mkomazi-Nationalpark

Eine schmale Ebene trennt beim Distriktort **Same** ㉘ die Nord- von den höheren **Süd-Pare-Bergen**. Die 75 km von Same zum südlichen Ende des Gebirges, nach **Mkomazi** ㉙, schafft man rasch auf der asphaltierten Hauptstraße. Aber wer Zeit hat, umrundet das Gebirge östlich, auf 100 km ungeteerter Straße mit abwechslungsreicheren Ausblicken. Sechs km östlich von Same kommt man zum **Zange Gate**, dem Eingang des 3234 km^2 großen **Mkomazi-Nationalparks**, der auf kenianischer Seite in den Tsavo-Park übergeht. Wo noch vor kurzem Jäger das Wild dezimierten, sieht man jetzt ausgewilderte Rhinozerosse und Hyänenhunde neben einer großen Palette afrikanischer Wildtiere, außerdem wurden an die 450 Vogelarten hier gezählt. Auf einfachen Zeltplätzen oder dem schlichten **Babu's Camp** fühlen sich hier echte Naturfreunde wohl. (CTP-Ausflüge unter anderem ab **Mbaga**).

★Usambara-Berge

Bei **Mkomazi** bildet die Ebene des Mkomazi-Flusses die Grenze zwischen Pare-Bergen und ★**Usambara-Bergen**. Sie sind schon über 2000 Jahre bewohnt. Das Volk der *Shambaa* ist seit mehreren Jahrhunderten hier ansässig. Früher bebauten sie ihre Felder an den Hängen mit Bananen, Mais, Hirse, Yams und Cassava und siedelten auf den Hügelrücken. So waren ihre Dörfer bei den zahlreichen Stammesfehden gut zu verteidigen. Um 1740 vereinigte der starke Häuptling Mbegha die Shambaa. Die Ruhe dauerte nicht lange: Sklavenjäger machten ihnen zu schaffen, und gegen Ende des 19. Jh. dann europäische Kolonisatoren, besonders die Deutschen.

Unnahbar erscheinen die Berge mit ihren Felsen, vorspringenden Spornen und sehr steilen Hängen vom Hangfuß aus, wo die Hauptstraße T 2 verläuft.

Im Marktort **Mombo** ㉚ findet man den einfachsten Zugang ins Innere des Gebirges. Eine Asphaltstraße führt zur Distrikt-Hauptstadt **Lushoto** ㉛ (32 km): Über enge Serpentinen geht es ins Bergland mit Ausblicken auf die regelmäßigen Sisalfelder der Ebene; dann windet sich die Straße durch schmale Täler nach **Soni**, wo der gleichnamige Fluss zur Regenzeit einen ansehnlichen **Wasserfall** bildet. Die Hänge sind dicht bebaut und an den steilsten Flanken baumreich, die Luft ist in dieser Höhe sehr angenehm. Die Deutschen nannten Lushoto „Wilhelmstal". Einige koloniale Bauten sind erhalten.

Das Land ist ideal zum Wandern. Auf den Geschmack kommt man bei dem einstündigen Weg nach **Irente** (informativ mit örtlichem Guide), um von einem felsigen Aussichtspunkt (**Irente Viewpoint**) 1000 m tiefer auf Sisalplantagen, Eisenbahnlinie und Hauptstraße hinunterzusehen und weit in Richtung Maasai-Steppe (lohnende Einkehr unterwegs bei der Irente Bio-Farm). Weitere grandiose Ausblicke von den Kliffs der Usambara-Berge erlebt man auf mehrtägigen Wanderungen, z. B. bei den Bergdörfern **Ndekai** oder **Mtae**.

Die lokalen Führer des *Cultural Tourism Programme* (Tourist Information Centre 200 m vom Busstand Lushoto) bieten erlebnisreiche Tages- oder sogar Mehrtagestouren zu Land und Leuten der *Shambaa* an, auch der Besuch bei traditionellen Medizinmännern oder Töpfern steht auf dem Programm.

Entlegenere Teile der Usambara-Berge besitzen noch Reste ursprünglicher

Rechts: Im Amani-Naturschutzgebiet liegen auch Teeplantagen; auf der Tea Factory Tour kann man sie besuchen.

» Karte S. 94-95, Info S. 102-103

Foto: Javed Jafferji

Bewaldung; bei **Mazumbai** (25 km von Lushoto) besucht man in Begleitung eines Försters das Waldschutzgebiet. Im Regenwald der **Magamba Nature Forest Reserve** (ca. 15 km von Lushoto) kann man unterwegs Guerezas mit ihrem seidigen schwarz-weißen Fell sichten. Zwei gemütliche koloniale Villen bieten sich zur Übernachtung an. Von der **Mambo Viewpoint Eco Lodge** im Nordwesten schaut man weit über die Savanne bis zum Kilimanjaro.

Amani

Von der Nationalstraße T 2 bietet auch **Korogwe ㉜** einen Zugang in die Usambara-Berge; viele Verkäufer bieten am Straßenrand Pflaumen, Kirschen, Äpfel und anderes Obst aus dem Hinterland an. In Segera führt die gute Asphaltstraße T 13 Richtung Tanga, etwa auf halbem Wege zweigt in **Muheza** eine Nebenstraße ins Bergland ab.

Der südöstliche Abschnitt der Usambara-Berge ist zwar niedriger als der nördliche, doch ähnlich schwer zugänglich: auf steilen, steinigen Straßen und durch enge Täler. Bis 1880, bevor die ersten kolonialen Siedler kamen, wuchs hier dichter, hoher tropischer Urwald. Für die Anlage von Kaffeeplantagen rodete man den Wald an vielen Stellen, und zum Abtransport des Holzes ließen die Deutschen 1891 ein Bahngleis von Tanga nach **Kisiwani** am Fuß der Berge verlegen. Wenn auch die Schienen inzwischen abgebaut wurden – der **Alte Bahnhof**, das **Haus des Stationsvorstehers** (ein Fachwerkbau), steht noch und wurde 1997 ansprechend renoviert.

Hier, wo auf 400 m Höhe die Bahn endete, beginnt das steile Bergland mit dichtem, hohem Wald. Neben einheimischen Bäumen wachsen auch importierte: Jackfruchtbaum, Teak, Ölpalme und viele andere. Die ursprüngliche Pflanzenwelt der Usambaras ist sehr artenreich und hat viele Endemiten. Die weltweit bekannteste Pflanze dieser Gegend ist das **Usambara-Veilchen**, gezüchtet aus einer Verwandten der *Saintpaulia confusa*, die man versteckt in den Wäldern der Usambaras findet.

» Karte S. 94-95, Info S. 102-103

Die große Vielfalt „fremder" Bäume zwischen dem Bahnhof und dem 12 km entfernten Ort **Amani** ㉝ in 900 m Höhe und darüber hinaus stammt überwiegend aus deutscher Kolonialzeit: 1893 entstand im klimatisch angenehmen Amani ein Gesundheitszentrum, in der Umgebung ein kleiner Botanischer Garten. 1902 gründeten die Deutschen das Biologisch-Landwirtschaftliche Forschungsinstitut Amani. Deutsche Farmer legten in der Usambara-Region Gummi-, Sisal-, Tabak- und Zuckerrohrplantagen an. Die Briten setzten ab 1916 Forschungen und Versuchspflanzungen fort. Heute befindet sich in Amani das **National Institute of Medical Research** (NIMR), dazu gehört ein gemütliches, rustikales **Resthouse**.

Das ★**Amani Nature Reserve** ist das vielseitigste, besterschlossene Wandergebiet Tansanias. Es umfasst 84 km² mit über 40 % Wald, 30 % Ackerland der 11 umliegenden Dörfer und 20 % Teeplantagen. Gut ausgeschildert sind Wanderwege und Auto-Rundfahrtstrecken. Der Parkeingang **Zigi Gate** (Eintritt 15 US$) befindet sich nahe dem Zigi-Fluss beim historischen Bahnhof (heute Infozentrum) der Strecke Muheza–Amani. Das Hauptquartier liegt bei der Amani-Forschungsstation 9 km weiter hügelan. Hier und am Gate gibt es ansprechende, einfache Unterkünfte; interessante Führungen werden gegen Gebühr angeboten, aber die Besichtigungsrouten kann man auch allein absolvieren, z. B.: **Zigi Spice Garden**: 1- bis 3-stündige Wanderung durch Palmetum, Frucht- und Gewürzgärten nahe dem Parkeingang; **Tea Factory Tour** mit Besuch einer Teefabrik; **Kwamkoro Forest Trail**: knapp 10 km Rundweg vom Hauptquartier durch abwechslungsreiches Waldland, unterwegs sieht man Standorte der *Saintpaulia confusa*.

Der **Derema Trail** ist eine Tageswanderung ab Hauptquartier mit steilen Steigungen, aber fantastischen Ausblicken bis zum Indischen Ozean, es geht durch Wald, Teeplantagen, Dörfer und zu historischen Stätten.

Arusha (☎ 27)

Tansania Tourist Board (TTB), 47 E Boma Road, Tel. 2503840-3, www.tanzaniatouristboard.com. Mo-Fr 8-16, Sa 8.30-13 Uhr. **Tanzania Cultural Tourism Programme**, Museum Buildings, Boma Road, http://tanzaniaculturaltourism.go.tz.

PARKVERWALTUNGEN: **Ngorongoro Crater Area Authority** (NCAA), Infobüro und Ausstellung Arusha: Boma Rd., 20 m südl. v. TTB, Tel. 2544625, www.ngorongoro crater.org. **TANAPA (Tanzania National Parks)**, TANAPA Complex, Dodoma Rd. (ca. 3 km westl. des Zentrums), Tel. 2970404, www.tanzaniaparks.go.tz.

AFRIKANISCH: **ViaVia Cultural Café**, auf dem Bomagelände, Restaurant und Bar, Mo-Sa 9-22 Uhr.

Universal Classic Restaurant, leckeres *ugali* in gepflegtem Ambiente, zw. Azimio u. Swahili St.. Diverse kleine, preiswerte Lokale und Schnellimbisse am Markt in der Somali Rd., Market St. und Sokoine Rd.

EUROPÄISCH: **Blue Heron**, gepflegtes Gartenrestaurant mit Bar, Haile Selassie Rd., Tel. 0785 555 127.

ITALIENISCH: **Pepe's**, Pizza und Pasta im Garten, Kanisa Rd.(Schild an Nyerere Rd.).

INDISCH: **Arusha Naaz Hotel**, gutes, preisw. Lunchbufett, Sokoine Rd, Tel. 2502087.

ÄTHIOPISCH: **Spices & Herbs**, ausgezeichnete äthiop. Kost, Simeon Rd.,Tel. 0695 313162.

KONDITOREI: **Patisserie**, **Hot Bread Shop**, Apfelstrudel, Vollkornbrot, Cappuccino etc.; Sokoine Rd. (nahe Uhrturm).

Disko, meistens am Wochenende, im **Masai Camp**, Old Moshi Rd., ca. 2 km östl. vom Impala Hotel. Jam Session oft Donnerstagabend auf der Freilichtbühne beim **Via Via Cultural Café**, Boma.

FLUG: **Kilimanjaro Airport** (**KIA**, Kürzel: JRO) 50 km Richtung Moshi, ca. 45 Min. **Inlandflughafen**: Dodoma Rd., westl. Stadtrand; tgl. Dar es Salaam, Mwanza, Serengeti.

Rundflüge: Sightseeing-Charterflüge sind teuer, billiger: Linien-Inlandsflüge mit

» Karte S. 94-95, Info S. 102-103

kleinen Maschinen. Z. B.: Precision Air tgl. Arusha/Kilimanjaro – Mwanza über Hochland der Vulkane – Serengeti – Victoria-See.

BUS: **Nairobi**: **Riverside Shuttle Bus** 2x tgl. ab Mezaluna Hotel, Simeon Rd.; preiswerter ab Bus-Stand, z. B. mit Dar Express oder Arusha Express. **Dar es Salaam**, **Tanga**: tägl. mehrmals; Mbeya: tägl. über Chalinze; **Dodoma**, **Singida**, **Mwanza**: tägl. über Babati. Z. Z. kein durchgehender Busverkehr Arusha – Musoma über **Serengeti**, nur über Nairobi oder Mwanza. **Moshi**: ständige Abfahrten an der Nairobi-Moshi Road.

Natural History Museum, Boma Rd. 9.30-18 Uhr, Tel. 2507450; im Nebengebäude eine Dokumentation zur Kolonialgeschichte Arushas.
Arusha Declaration Museum, Makongoro Rd., neben Uhuru-Monument, 9.30-18 Uhr, tansanische Geschichte.
The Tanzanite Experience, India St., Blue Plaza Bldg./III., Tel, 0767 600990, www.tanzaniteexperience.co/museum, Infos rund um den Edelstein Tanzanite, Eintritt 10$; Minenbesuch n. V. in Merelani, 70 km östl. Arusha.
Meserani Snake Park, mit Maasai Cultural Museum, Camping, Ausflüge, Dodoma Rd., 25 km westl. Arusha, www.meseranisnakepark.com.

Cultural Heritage Centre, Dodoma Rd., ca. 2 km westl. des Zentrums, riesiges Souvenir-Kaufhaus in unübersehbarer Glas-Beton-Konstruktion, Tansanit-Edelstein.

Serengeti

BALLONFAHRTEN: Serengeti Balloon Safaris, www.balloonsafaris.com, ab Serengeti-Hotels und West. Corridor-Camps.
FLUG: Arusha-Srengeti.

Ngorongoro (☎ 27)

Ngorongoro Crater Area Authority NCAA, www.ngorongorocrater.org.

Mto Wa Mbu (☎ 27)

Cultural Tourism Programme, Red Banana Café, Tel. 2539303, www.tanzaniaculturaltourism.go.tz/index.php/northern/mto-wa-mbu-cultural.

Engaruka (☎ 27)

Cultural Tourism Programme, Tel. 0787-228653, auch über TTB Arusha und www.tanzaniaculturaltourism.go.tz.

Moshi (☎ 27)

Kilimanjaro Coffee Lounge, gemütliches Internet-Café mit Garten, internationalen Speisen und entsprechender Klientel, Station Rd.
Mimosa, modernes internationales Restaurant westlich des Uhuru-Parks, nette Terrasse, gutes Preis-Leistungs-Verhältnis, Arusha Road.
Restaurant im **Coffee Tree Hotel,** im Obergeschoss des etwas schäbigen Hotels, afrikanische Küche zu sehr akzeptablen Preisen, prächtiger Kilimanjaro-Blick; Uhrturm-Kreisel/Old Moshi Rd, www.kncutanzania.com.

BUS: Nairobi, Dar es Salaam, Tanga: tägl.; Himo, Marangu, Arusha: häufig.

Marangu (☎ 27)

Cultural Tourism Programme, Mamba-Marangu, Tel. 0754-818273, www.tanzaniaculturaltourism.go.tz/index.php/northern/mamba-marangu.

Pare-Berge (☎ 27)

Nord-Pare, Usangi: Tel. 2757924/7 und Mr. Nelson Kangero, Tel. 0784-713787; **Süd-Pare**: Tel. 0754-852010, www.tonalodge.org.

Lushoto / Usambara-Berge (☎ 27)

Touristinfo Lushoto: 200 m östl. v. Busstand, hinter Micro Finance Bank, Tel. 2640132. **Cultural Tourism Programme**, Programm u. Tel. s. www.tanzaniaculturaltourism.go.tz/index.php/coastal/usambara-cultural. **Amani Nature Reserve**: mehrere ausgeschilderte Wanderwege, Fahrradverleih, Tel. 0693 119690, www.amaniforestcamp.com.

Tumaini, internationale Kost, gute Portionen; Lushoto, Main Rd., Tel. 266094. **Maweni Farm**, Restaurant in kolonialem Hotel nahe Soni, mit Gerichten der Sambaa, auch indische und mediterrane Küche sowie vegetarische Kost, Zutaten aus ökologischem Anbau aus der Umgebung, Tel. 0784-279 371, www.maweni.com.

In den Hafen von Tanga segeln bis heute Dauen, die Nelken aus Pemba transportieren

Foto: Javed Jafferji

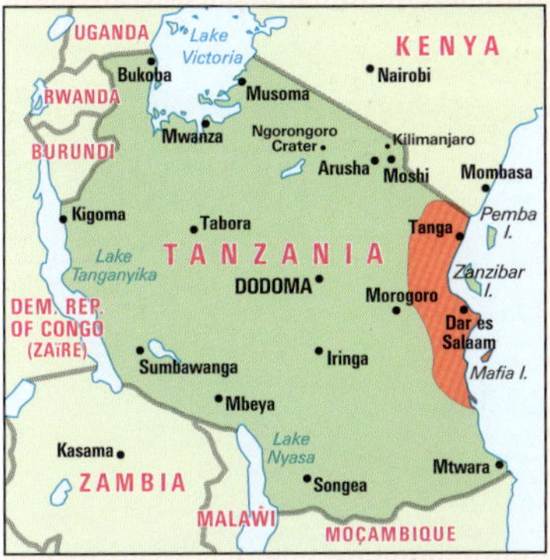

AM INDISCHEN OZEAN

AM INDISCHEN OZEAN

Mit den seefahrenden persischen und arabischen Einwanderern kamen der Islam und die Stadtbaukunst ins ostafrikanische Küstenland. Schon vor 1000 Jahren bauten sie zusammen mit den Küstenbewohnern Hafenstädte aus dauerhaftem Korallenkalk, die blühten, solange es die Verhältnisse zuließen. War der Boom vorüber, verfielen diese Bauten zwar allmählich, aber im Gegensatz zu den Lehmhäusern des Binnenlands blieben hier sichtbare Ruinen zurück.

Die ältesten Hafenorte entlang der tansanischen Küste gründeten die als *Shirazi* bezeichneten Handelsleute, die ihre größten Erfolge im 12.-15. Jh. hatten. Auf vielen Inseln vor der Küste, aber auch am Festlandssaum, sind steinerne Zeugen aus dieser frühen Stadt-Periode übrig geblieben. Die Ruinenstadt Kilwa auf einer Insel im Süden ist seit 2004 UNESCO-Welterbe.

Im 16. Jh. kamen die Portugiesen, um mehr zu zerstören als zu errichten. Im 18. und 19. Jh. erweckten Händler aus dem Oman manchen historischen Ort zu neuem Leben (u. a. Kilwa) oder gründeten neue (z. B. Dar es Salaam). Seit dem Ende des 19. Jh. waren es erst die Deutschen, dann die Briten, die die Häfen nach ihren kolonialen Bedürfnissen ausrichteten (z. B. Tanga, Dar es Salaam, Mtwara).

Der Reisende, der heute Ostafrikas historische Tore zur Außenwelt aufsucht, findet geheimnisvolle Ruinenstädte, einst geschäftige, nun aber verschlafene Hafenplätze, aber auch moderne Hafenstädte vor. Die weißen Sandstrände am Indischen Ozean, beschattet von Kokospalmen, sowie die stellenweise noch unbeschädigte, vielfältige Unterwasserwelt der Korallenriffe fördern einen bescheiden aufkeimenden, bisher fast nirgendwo massenhaften Tourismus an Tansanias Küste.

Tanga

Der einstige Karawanen-Endpunkt **Tanga** ❶ im Nordosten Tansanias ist heute eine zögerlich wachsende Regionalhauptstadt von ca. 275 000 Einwohnern. Die Hauptströme des Seeverkehrs gehen an der Hafenstadt vorbei, denn die beiden größten Häfen der ostafrikanischen Küste, Dar es Salaam und Mombasa, sind längst etablierte Standorte mit besseren Hinterlandsverbindungen. In Tangas Hafen wird noch so manche Dau be- und entladen. In weniger als 4 Stunden erreichen die täglichen Busse aus Tanga die kenianische Hafenstadt Mombasa, seitdem die gesamte

Links: Muslimische Marktbesucherin.

» Karte S. 108, Info S. 125

Lunguza
Mtae
2219
Shagein
Mkomazi Nat. Park
Umba
Lunga Lunga
A14
Ramisi
KENYA
Umba
Manolo
Mlalo
Mikamieni
Majoreni
Shimoni
FUNZI I.
2301
Malindi
UMBA
Horo Horo
Ras Wasini
Lukosi
USAMBARA
Mtandikini
WASINI I.
Vanga
Shimo Caves
Kisite-Mpunguti Marine Nat. Park
Malibui
Msalaka
STEPPE
T13
Lushoto
Kifungilo
Mgwashi
Bombo
Mkujani
Moa
KIRUI I.
Mbuzi
Waterfalls
Hemagoma
Mwele
Manza
Soni
Bumbuli
1507
Mkinga
Ras Kigumasha
Kwata
Mapatano
Panga ya Watoro
Mombo
Tea Cultivation
Doda
Kiuyu
Balangai
Mtumbwani
Konde
Gombero
NJAO I.
Micheweni
MOUNTAINS
Sigi
Mabokweni
Makuyuni
Mjesani
Wete
Amani Nat. Res.
Tanga
FUNDO I.
Mambulu
Kiwanda
Amboni
1 TANGA
Maurui
Sigi
Upale
UVINJE I.
Daya
Chwale
Amani
37
YAMBE I.
86
Resthouse
Muheza
Coelacanth
Kangagni
Korogwe
Old Sigi Railway Sta.
T13
Pongwe
Ruins
R. Mkumbuu
Vikutani
B1
Marine Park
Chake Chake
Marungu
Tongoni
Pemba Channel
Hale
Mruazi
Kilulu
Peponi Beach Resort, Capricorn Beach Cottages
R. Kingoji
17
34
Kigombe
Mkoani
Pujini
Mtindoro
Sindeni
Muhembo
MAKOONGWE I.
Ngwachani
Segera
Pangani Falls
48
Bushiri
Tinga Tinga Beach Resort
TANGA
Pangani
92
Kengeja
2 Pangani
(Ruvu)
Car Ferry
MATUMBINI I.
Bweni
KIWENI I.
Mzundu
22
Mwera
PANZA I.
R. Upempe
67
Tongwe
The Tides
PEMBA ISLAND
Kabuku
Sakura
Kwankonje
Mgambo
TANZANIA
T2
Chogo
Nungwi
ZANZIBAR
Panga
33
Luguzi
Msangasi
R. Kinunduni
TUMBATU I.
ISLAND
Mkwaja
Fukuchani
Mkata
Mamboya
Pande
Gomani
MNEMBA I.
Tent with a View
(UNGUJA)
Kwamsiziro
Mkokotoni
Matemwe
Saadani Nat. Park
Manga
Zanzibar Channel
Bumbwini
Pwani Mchangani
Saadani Safari Camp
Kinyasini
Kwasunga
Mahonda
Kiwengwa
Manda
3 Saadani
Bububu
Uroa
Chwaka B.
Mbwewe
Mkange
Ras Michamwi
ZANZIBAR
59
Mtoni
Dunga
Ras Utondwe
Pingwa
Mabuku
Mioni
Zaraninge Forest
Mandera
Mandera
Gongo
Chwaka
Jozani-Chwaka Bay Nat. Park
Gama
Wami
Chukwani
Pete
Paje
Pongwe
16
Kyakulu
Fumba
Menai B.
Kitogani
R. Mkita
Muyuni
4 Msata
Kiwangwa
KWALE I.
46
Masugulu
66
UZI I.
17
Bagamoyo
PUNGUME I.
Makunduchi
T2
Kikoko
5
R. Luale
Kizimkazi
Ngiapanda
Kaole Ruins
Mlingotini
Ras Kizimkazi
Lugoba
Tarawanda
Zinga
Msoga
20
Malivundo
Buyoni
Ruvu
Yombo
70
Mbweni
INDIAN
37
Bunju
Kunduchi
T1
Chalinze
39
Mbwawa
Mkusa
Ruins
MBUDYA I.
Mbala
T1
Mlandizi
Kumba
Kunduchi
BONGOYO I.
Kisemo
Msasani
DAR ES SALAAM
Kidugallo
Viseze
Ruvu
Kibaha
Ubungo
6
67
Kigamboni
Magindu
Msua
Soga
TAZARA Stn.
Ngeta
Kisarawe
Mjimwema
30
Bandarini
Mzenga
Kazimzumbwi
42
18
Kibada
Ras Kutani
Pugu and Kazimzumbwi Forest
25
36
Kola
Vikindu
Ras Kimbiji
Kimbiji
26
Fungoni
PWANI
Msinga
T7
Vibura
OCEAN
Masaki
(COAST)
Mkuranga
Mbezi
Msorwa
Buyuni
Ras Pembamnasi
NORDKÜSTE
1-6
0
20
40 km
© Nelles Verlag GmbH, München

Strecke (170 km) asphaltiert ist. Auf guten Asphaltstraßen gelangt man von Tanga nach Moshi (352 km) bzw. Dar es Salaam (355 km).

Der Personenverkehr per Bahn nach Tanga wurde eingestellt. Dabei waren es die Eisenbahnen (1891 eine nicht mehr existierende Stichbahn in die östlichen Usambara-Berge; 1911 die Linie nach Moshi) und der erweiterte Hafen, die Tanga vorübergehend zum Zentrum moderner Entwicklung während der deutschen Kolonialzeit machten. Die Deutschen legten ab 1893 im großen Stil Sisalagavenplantagen an; seit deren Niedergang in den 1970er-Jahren sieht man Sisalfelder nur noch selten.

Tangas Stadtplan ist von der Kolonialzeit geprägt, selbst der deutsche **Soldatenfriedhof** ist noch erhalten. An den drei Hauptstraßen des Zentrums – **Eckernförde Avenue** (die norddeutsche Stadt Eckernförde ist Tangas Partnerstadt), **Market Street** und **Independence Avenue** – stehen noch Gebäude aus der deutschen und britischen Epoche. Ein Kaleidoskop der Baugeschichte seit dem 19. Jahrhundert bietet ein kurzer Spaziergang entlang der Independence Avenue: Das **Rathaus** im Westen ist ein nüchterner Bau der frühen Jahre der Unabhängigkeit. Aus der jüngst mit deutscher Hilfe restaurierten **Boma**, dem kaiserlichen Bezirksamt von 1901, entstand das sehenswerte **Urithi Tanga Museum**, mit Fotos aus der Kolonialzeit und einem Raum, der die Sisalerzeugung erläutert. Die **Regionalbibliothek** nebenan wurde unter der britischen Kolonialregierung neugotisch-maurisch gestaltet und ist liebevoll instand gehalten worden. Anschließend bietet der **Jamhuri Park** schattige Bäume, Bänke und eine Übersicht über die **Hafenbucht**: Zur Linken, im Westen, dümpeln unzählige kleine Holzboote im **Fischereihafen**. Zur Rechten sieht man die übrigen Hafenanlagen mit Lagerhallen und Containern – und immer wieder geschickt in den Hafen einfahrende und hinaussegelnde **Dauen**. Östlich des kolonialzeitlichen **Clock Tower** gerät man im Gebiet von **Postamt** und Läden in den tagsüber sehr belebten Abschnitt der Independence Avenue, wo das eine oder andere moderne Bürohaus Tangas Anschluss an das 21. Jahrhundert demonstriert.

Nach Osten breitet sich auf der Halbinsel **Ras Kazone** ein grünes Villenviertel aus, eine angenehme Lage für ein paar Mittelklassehotels, darunter das am Wasser gelegene **Mkonge Hotel**, ursprünglich (1951) ein Haus für die Vereinigung der Sisalfarmer.

Jenseits der Eisenbahn schließt sich südlich der Innenstadt das eng bebaute Viertel **Ngamiani** an, im Schachbrettmuster während der Kolonialzeit für den afrikanischen Teil der Bevölkerung angelegt (ähnlich Kariakoo in Dar es Salaam). Hier liegen der belebte **Busbahnhof** und ein großer Markt. Jahr für Jahr verschwinden immer mehr der flachen, wellblechgedeckten Häuser, um durch mehrstöckige Neubauten, unter ihnen einige Hotels, ersetzt zu werden.

Ausflüge um Tanga

Tanga eignet sich als Start für die touristischen Attraktionen der Umgebung. Die östlichen ★**Usambara-Berge** und **Amani** (s. S. 100) erreicht man über Muheza (T 13 westwärts, 37 km).

Amboni (T 13 Richtung Mombasa, 8 km) ist Zentrum der Sisalproduktion. Die nahen **Schwefelquellen**, vor Jahrzehnten vom Griechen Galanos kurmäßig betrieben, harren ihrer Wiedererweckung; einige Anlagen werden von der dörflichen Bevölkerung genutzt.

Über die ca. 2 km entfernten umfangreichen **Amboni Caves**, Kalkhöhlen aus der Jurazeit, wissen die örtlichen Führer erstaunliche Geschichten zu erzählen. Das Labyrinth zwischen Stalagmiten und Stalaktiten ist Tagesstätte für tausende Fledermäuse und erfordert gute Schuhe (Eintritt 20 000 Tsh, ca. 9 US$).

Bademöglichkeiten und historische Relikte, auch **deutsche Gräber**, findet

man auf der kleinen Insel **Toten Island** vor Tanga. 20 km südlich von Tanga Richtung Pangani liegt 1 km östlich der Straße in **Tongoni** mit 40 Gräbern der größte mittelalterliche muslimische **Friedhof** der ostafrikanischen Küste, eine **Moschee** und weitere Bauten werden ins 14./15. Jh. datiert. Ein Führer vor Ort erklärt die Anlage. Für alle touristischen Ziele kann man auch in Tanga einen Guide anheuern. Nahe den Sisal- und Aloe-Vera-Plantagen in **Kigombe** (35 km südlich Tanga bzw. 15 km nördlich Pangani) haben sich kleine, feine Strandhotels etabliert.

★Pangani

Den **Pangani River** speisen die Wasser des Meru und Kilimanjaro sowie der Pare- und Usambara-Berge. Auf seinem Lauf durch die trockenen Ebenen südlich der Berge bewässert er Felder und liefert Elektrizität, zuletzt in den Kraftwerken von **Hale** und **Pangani Falls** (60 bzw. 50 km vom Meer entfernt). Er durchfließt Wald- und Buschland und Sisalplantagen, nahe seinen mangrovenbestandenen Ufern sonnen sich Krokodile. Kurz vor seiner Mündung in eine weite Bucht des Indischen Ozeans durcheilt er eine dramatische Kulisse: Das rechte Ufer wird zu einer begrünten, steilen Flanke mit einem schmalen Uferstreifen, auf dem sich die wenigen Häuser und alten Moscheen von **Bweni** drängen, während sich links auf ebener Fläche der arabisch geprägte Ort ★**Pangani** ❷ ausbreitet.

Es müssen einträgliche Zeiten gewesen sein, mit Elfenbein-, Rhinohorn- und Sklavenhandel, als sich Mohamed Salim Breki 1810 seinen Palast erbaute. Sähe er sein Haus heute, wäre er von der makabren Logik seines Aberglaubens erst recht überzeugt: An allen vier Ecken des Gebäudes hatte er einen Sklaven bei lebendigem Leib einmauern lassen, um dem Haus ein langes Leben zu bescheren. Die deutsche Verwaltung hatte

Oben: Netze am Strand von Tanga. Rechts: Der Saadani National Park reicht bis ans Meer; manchmal kommen Elefanten bis an den Strand.

 » Karte S. 108, Info S. 125

Foto: Alexandra Giese (stock.adobe.com)

später hier ihren Sitz, heute arbeiten die Distriktbeamten in dieser säulengeschmückten und balkongekrönten **Boma** mit ihren prachtvoll geschnitzten Swahili-Holztüren.

200 m weiter erreicht man die **Autofähre** (10 t, 6-18.30 Uhr) an der **Jamhuri Street**, die Promenade am Flussufer; dort fahren im Pendelverkehr auch Holzboote als **Personenfähren**.

Zwei auffällige Gebäude stehen in der schattigen Allee nebeneinander: Die ehemalige **Post** von 1916 mit ihrem neugotischen Eingangstor ist heute Zoll- und Wohnhaus, der dem Verfall preisgegebene Bau nebenan ist das Mitte des 19. Jh. erbaute **Sklavenverlies**. Auf einer Plattform im ersten Stock wurden Widerspenstige ausgepeitscht; durch einen Tunnel im Keller verfrachtete man die Sklaven mit verbundenen Augen zum Fluss auf die Dauen.

Die Sandbarrieren vor der Mündung verhindern modernen Schiffsverkehr, die nächste Asphaltstraße ist über 40 km entfernt, die Sisalproduktion hat sich verlagert – Pangani mit seinen **Ruinen von Muhembo** (3 km, an der Bucht, vielleicht das seit langem von Archäologen gesuchte *Rhapta*?), zahlreichen arabischen und kolonialen Häusern ist in einen Dornröschenschlaf verfallen. Gerade das macht die Stadt mit ihrer Lage am Fluss, den makellosen **Meeresbuchten**, **Ausflugsinseln** und guten Fischgründen attraktiv für alle, die Ruhe suchen. 2003 entdeckten Fischer hier ein „lebendes Fossil“: den Quastenflosser *Coelacanthus*; den **Meerespark** im Küstenstreifen bis Tanga kann man mit örtlichen Agenturen besichtigen. Ein *Cultural Tourism Programme* erschließt die übrigen Attraktionen. Sehr einfache Quartiere gibt es im Ort, mittlere bis anspruchsvolle Hotels an den **Stränden** der Umgebung, auch südlich des Flusses.

★Saadani National Park

85 km Sandpiste (ohne Busverkehr) führen südlich der Pangani-Fähre durch Sisal- und Cashewplantagen und einsames, aber bei Wochenendbesuchern

immer beliebteres Küstenland über Mkwaja nach **Saadani** ❸ (auch: Sadani), heute ein Fischerdorf, das im 19. Jh. aufregendere Zeiten als Endpunkt einer Karawanenroute erlebt hat. Der Ort, der auch von der Nationalstraße T 2 über **Miono** oder **Mkata** zu erreichen ist, lieh seinen Namen dem ★**Saadani National Park**. Er ist berühmt für **Elefanten** und anderes Großwild, das bis an den traumhaft schönen **Strand** kommt. Die Weiterfahrt nach Süden wird hier meist vom wasserreichen **Wami-Fluss** unterbrochen. Die ansprechenden Küstenhotels nördlich des Parks organsieren gern Safaris. Coastal Aviation fliegt Pangani und Saadani bei Bedarf an.

In der Trockenzeit kommt man von der Küste auch ohne Allradantrieb über **Mwera** durch wildreiches Baum- und Buschland nach **Kabuku** an der T 2. Diese stark befahrene Hauptstraße quert 100 km weiter südlich das tief eingeschnittene Wami-Tal; nach weiteren 10 km ist man in **Msata** ❹, biegt man hier ostwärts ab, erreicht man Bagamoyo.

★Bagamoyo

Besucher des geschichtsträchtigen Fischerorts ★**Bagamoyo** ❺ gelangen eher selten über die 65 km lange, asphaltierte Straße von Msata hierher – dies war einst das letzte Stück des 1200 km langen, leidvollen Sklaventrecks vom Tanganyika-See –, sondern benutzen meist die breitere, 70 km lange Straße von Dar es Salaam aus.

„Wirf dein Herz (*moyo*) nieder", so deutet man den Ortsnamen Bagamoyo. Wie viele Kummergestalten, aber auch wie viele gewinnsüchtige Händler, sensationshungrige Reisende und deren Helfershelfer hat die Stadt im 19. Jh. gesehen! Unzählig die Dauen, die damals auf den breiten Sandstrand der geschwungenen Bucht segelten.

Wo findet der Besucher heute noch Zeugen aus dieser ungestümen Vergangenheit? In die Karawanen- und Sklavenzeit entführt ihn, mit viel Fantasie, die jetzt als Touristeninformation dienende **Karawanserei** (*Caravan Serai*), etwas östlich vom Busstand, mehr aber noch die Fülle der Dokumente und Gegenstände im **Museum der Katholischen Mission**, die 1868 gegründet wurde. Ihr umfangreiches Grundstück um die **Kirche** von 1872 liegt 2 km nördlich des Stadtzentrums. Die Missionare kauften Kinder auf dem Sklavenmarkt (seltener Erwachsene, die waren teurer), bildeten sie aus und erzogen sie christlich. Östlich der Mission, am schönen weißen ★**Sandstrand**, reihen sich kilometerlang Hotels.

Die Deutschen bestimmten 1887 Bagamoyo zur „Hauptstadt von Deutsch-Ostafrika", zogen aber 1891 Dar es Salaam vor, dessen Hafen für Dampfschiffe geeignet war. Sie hatten vom Sultan von Sansibar das Privileg für Zolleinnahmen im Küstenstreifen erworben. Rücksichtslos führten sie sich als neue Herren auf. Aufständische, angeführt von dem Araber Bushiri, attackierten Bagamoyo zunächst erfolgreich. Darauf errichteten die Deutschen unter Hermann von Wissmann kleine steinerne Festungen. Eine davon, **Dunda Block House** an der Straße nach Msata, ist, sorgfältig restauriert, erhalten. Die Deutschen hängten Bushiri 1889 in Pangani.

Bagamoyo im 21. Jahrhundert

Viele historische Gebäude drohten zu verfallen, aber in Bagamoyo tut sich was: Informationstafeln, Renovierungen und neue Anstriche zeigen dies bei Karawanserei, „Blockhaus", **Fort** und **Galgenbaum**, die große **Boma** (Bezirksamt, 1897) und das **Zollhaus** (1895). Die in Kooperation mit der Marienschule Ahlen renovierte erste **Schule** der Stadt, die der indische Kaufmann Sewa Hadji 1896 erbaute, benutzen heute noch, ganz im Sinn des Stifters, Kinder aller Konfessionen, darunter auch Be-

Rechts: Bagamoyo, ein schläfriges Städtchen mit Erinnerungen an die Karawanen-und Kolonialzeit.

» Karte S. 108, Info S. 125

Foto: Javed Jafferji

hinderte und Aidswaisen. Aus der **Alten Deutschen Post** wurde das *Old Post Office Hotel.* Die Renovierung weiterer Kolonialbauten ist im Gange; einige Ruinen reihen sich an der **India Street**, der früheren *Kaiserstraße*.

Am breiten **Strand**, den teils Mangroven begrenzen, sieht man Fischer und Bootsbauer sowie Hafenarbeiter, die Lasten von den Dauen an Land schleppen. Südlich der Bucht passiert man das **Institut für Kunst und Kultur Bagamoyo** (TaSUBa), ein College für Musik, Tanz und Schauspiel, mit einer Agentur für Events wie das jährliche internationale **Kulturfestival** im September. Gute Unterkünfte findet man auch hier.

Nach weiteren 5 km, auf einer Landspitze unterhalb des Dorfs **Kaole**, wacht ein Wärter über die **Ruinen** der mittelalterlichen Vorläuferin von Bagamoyo: zwei Moscheen, ein Haus und Gräber aus der Zeit zwischen dem 13. und 15. Jahrhundert. Ferne Zukunftsmusik ist ein Tiefseehafen in Kaole, der u. a. Schiffsverbindungen nach Sansibar ermöglichen würde.

★Dar Es Salaam

★Dar es Salaam ❻ („Haus des Friedens") ist mit über 5 Millionen Einwohnern die größte Stadt an der Küste Ostafrikas und zugleich eine der jüngsten. Dort, wo das Flüsschen Kurasini Creek ins Meer mündet, gab es 1856, als Seyyid Majid im 75 km entfernten Sansibar Sultan wurde, nur ein Fischerdorf. Am Nordufer der Kurasini-Mündung plante der Sultan einen modernen Hafen, der sich für Dampfschiffe eignen sollte. 1867 entstand sein Palast, sein Gästehaus, eine Moschee, Lagerschuppen und ein paar Handelshäuser. Um die Ansiedlung herum pflanzte man Kokosplantagen.

1870 starb Majid plötzlich; sein Nachfolger Seyyid Barghash zeigte größere Vorliebe für den Bau von Palästen auf Sansibar als für die Stadtplanung seines Vorgängers. So dümpelte der junge Hafenort zwei Jahrzehnte dahin, bis 1891 die Deutschen, die gerade dem damaligen Sultan von Sansibar, Seyyid Ali, den Küstenstreifen von der kenianischen Grenze bis zum Ruvuma abgekauft hatten, sich entschlossen, ihre Hauptstadt von Bagamoyo hierher zu verlegen. Dadurch wurde der Hafen zum wichtigsten Tor der Im- und Exporte ihres Ostafrika-Handels.

Für den Kupfertransport aus Katanga (Kongo) bauten die Deutschen 1905-1914 die 1250 km lange Eisenbahnlinie von Dar nach Kigoma am Tanganyika-See; der historische **Bahnhof der Central Line** (1) in Hafennähe hat nach der Pleite der Eisenbahngesellschaft TRC 2007 und Streckenzerstörungen durch Unwetter Anfang 2010 fast ausgedient. Züge der neuen TRL nach Kigoma rollen nur zweimal wöchentlich.

China baute 1970-1975 die 1870 km lange Eisenbahnstrecke von Dar es Salaam nach Sambia. Vom monumentalen **TAZARA-Bahnhof** (Tanzania-Zambia Railway), zwischen Zentrum und **Flughafen** gelegen, fahren zwei Personenenzüge pro Woche von Dar nach New Kapiri Mposhi in Sambia.

Dar – Stadt am Meer

Zu Beginn des 21. Jh. wandelt sich Dar es Salaam rapide zu einer modernen Großstadt. Die arabischen Bauten aus der Zeit der Gründung der Stadt sind fast verschwunden; sie konzentrierten sich dort, wo heute die **Fähranleger** (2) und, weiter westlich, die Lagerhäuser der **Malindi Wharf** liegen. Die belebte Straße **Sokoine Drive** führt oberhalb der Hafenanlagen entlang, gibt immer wieder Blicke frei auf das erstaunlich klare, blaue Hafenwasser und die grünen Ufer der Halbinsel Kigamboni gegenüber. Die **Alte Boma** (3) Ecke Sokoine/Morogoro Road stammt von 1867, aus Sultan Majids Zeiten. Auffälliger sind zwei Kirchen mit spitzen Türmen, gebaut um 1900: gegenüber den Fähren die neugotische katholische **St. Joseph's Cathedral** (4) und zwei Straßenblocks weiter die **Lutherische Kirche** (5). Mit ihren braunen Fensterrahmen und dem ziegelroten Turmdach ist sie, nahe dem modernen Zweckbau des

New Africa Hotel, ein wahres Schmuckstück.

Hier beginnt die **Kivukoni Front** (*kivuko* = Fähre), die die Bucht bis zur Kigamboni-Fähre begleitet. Folgt man dieser Straße auf ihrer von Mango- und Strandmandelbäumen beschatteten Hafenseite, passiert man zahllose Händler, die ihre bunten Waren auf dem Boden ausgebreitet haben. Auf der anderen Straßenseite fallen Kolonialgebäude auf: Der historische Bau an der Ecke **Ohio Street** war früher deutsches, später britisches Klubhaus. Nach der Zufahrt zum Hyatt Regency Hotel **The Kilimanjaro** (6) (mit atemberaubendem Ausblick von der Level 8 Bar) reihen sich **Deutsche Kolonialge-**

» Stadtplan S. 114-115, Info S. 125

bäude, heute sind darin Verwaltungen, **Statistisches Amt**, **Vermessungsamt** und der **Oberste Gerichtshof** (7) untergebracht. Nahe dem **Fischmarkt** (8) legt die Kigamboni-Fähre ab.

Von der Landspitze an begleitet der von Kasuarinen beschattete **Barack Obama Drive** (vormals Ocean Road) die Küste. Auf der Landseite stehen in parkartiger Landschaft das prachtvolle, im maurischen Stil 1922 errichtete **State House** (9), das zur britischen Zeit Sitz des Gouverneurs war, etwas weiter das **Alte Deutsche Krankenhaus** (10) (ORCI), ein liebevoll restaurierter, repräsentativer Kolonialbau und südlich davon das restaurierte ehemalige deutsche **Kulturhaus** (11) (heute NIMR). Das **Parlament** (*Bunge*) hält seine Versammlungen in der nach dem Spender benannten **Karimjee Hall** (12) ab; das **National Museum and House of Culture** (13) besitzt einen Altbau von 1940 mit bunten Schmuckziegeln und einen Neubau von 1963. Über mehrere Straßenblocks breitet sich der 1893 angelegte **Botanische Garten** (14) aus, und weiter nördlich erstreckt sich das Grün eines **Golfplatzes**.

Im Zentrum von Dar

Nach all den Parks, alten Villen, Ministerien und wichtigen Institutionen zwischen Hafen und Ocean Road ändert sich das Bild, sobald die **Maktaba Street** und ihre Fortsetzung bis zur Lutherkir-

Foto: Lance Bellers (iStockphoto)

che, **Azikiwe Street**, erreicht sind: Hier beginnt das dicht bebaute Geschäfts-, und Wohnviertel der Innenstadt. Rasch wachsen immer mehr sachlich-strenge und postmoderne Bürohäuser und Hotels in die Höhe, und die zur Kolonialzeit angelegten Straßenzüge bewältigen kaum noch den heutigen Verkehr. Ein Stadtteil mit überraschenden Gegensätzen: Da bietet der Süden der belebten **Samora Avenue**, ab **Askari Monument** (15), viele auch für Touristen attraktive Geschäfte in Gebäuden unterschiedlicher Stile der letzten 100 Jahre. Die **Samora Machel Avenue** (16) entwickelt sich zur Einkaufsstraße. Ringsum ragen supermoderne Hotel- und Bürotürme auf, während sich westwärts in der **Mosque Street** Moscheen, Wohn- und Geschäftshäuser muslimischer Asiaten konzentrieren; viele wurden in der britischen Zeit gebaut.

Oben: Blick auf die Hafenbucht von Dar es Salam. Rechts: Das Alte Deutsche Krankenhaus in Dar wurde sorgfältig restauriert (im Vordergrund: die Leichenhalle).

Ein völlig anderes Flair vermittelt im nördlichen Teil der Innenstadt die **Kisutu Street** (17). Mehrere **Hindu-Tempel**, Schulen sowie neuzeitliche Wohnblocks prägen diese erstaunlich beschauliche Innenstadt-Straße, auf der am Abend fein gekleidete indische Familien flanieren, während aus den Tempeln klassische Hindumusik und Räucherstäbchenduft dringen. Hier ahnt man kaum, dass wenige 100 m weiter der Großstadtverkehr auf der Ringstraße um die Innenstadt braust (**Bibi Titi Mohamed Road**).

Diese Straße und der breite Grünstreifen **Mnazi Mmoja** („eine Kokospalme") trennen im Südwesten das Zentrum von **Kariakoo** (verballhornt aus *carrier corps* – das afrikanische Trägercorps), das während der Kolonialzeit für die afrikanische Bevölkerung angelegte Viertel: bunt, hektisch, laut und nicht immer wohlriechend – ungewohnt für manche Besucher. Mittendrin die riesige moderne **Markthalle** (18), um die unüberschaubare Menschenmassen strömen, rund herum in den rechtwinklig angeordneten Straßen: Basare,

» Stadtplan S. 114-115, Info S. 125

Foto: Javed Jafferji

Moscheen, Werkstätten, Wohnungen, zunehmend aber mehrstöckige Apartmenthäuser und viele recht preiswerte Hotels. Wenn auch der Platz dafür kaum ausreicht – die Straßen am Markt, besonders aber die nahe Msimbazi Street, sind Endstation zahlreicher *daladala,* der Kleinbusse des Stadtverkehrs. Sie sind deutlich nach ihren Zielorten gekennzeichnet, man muss nur die richtige Abfahrtstelle finden.

Kultur und Freizeit in und um Dar

Dar hat viele Facetten – die **Universität** im Grünen am westlichen Stadtrand; auf einer Halbinsel im Norden die Strände und Hotels der feinen Stadtviertel **Oyster Bay** und **Msasani** mit schicken Hotels und Einkaufszentren, von denen die modernisierte Art-Deco-Anlage **The Slipway** am gelungensten ist. Weitere Shopping Center schießen vor allem entlang der **Old Bagamoyo Road** wie Pilze aus dem Boden.

Auf dem ★**Mwenge-Markt** (10 km nördlich) machen einem über 100 Makonde-Schnitzwerkstätten, Antiquitäten- und Souvenirhändler die Auswahl schwer. Auf dem Weg dorthin passiert man weitere Souvenirhändler und das ★**Kijiji cha Makumbusho** (Museumsdorf), eine lehrreiche Anlage mit Nachbildungen von Hütten verschiedener Stämme Tansanias; an Wochenenden finden ethnische Tanzvorführungen statt.

Großstädter, die es sich leisten können, genießen die freien Tage im Umland, oft am Strand; **Kunduchi**, ca. 20 km nach Norden auf guter Straße, bietet außer zahlreichen Hotels an der Küste auch zum Picknick und Schwimmen einladende **Inseln** sowie **Ruinen** aus dem 15. bis 18. Jahrhundert.

Beliebt, besonders am Wochenende, sind die Strände an der Küste südöstlich von Dar, die man mit der Kigamboni-Fähre erreicht. 30 km von der Fähre verwöhnt das luxuriöse Hotel **Ras Kutani** seine Gäste in paradiesischer Umgebung. Auch Bagamoyo (s. S. 112) erfreut sich wachsender Beliebtheit bei Wochenendurlaubern.

» Stadtplan S. 114-115, Info S. 125

DAR ES SALAAM
Kibaha
Kisarawe
Pugu and Kazimzumbwi Forest
INDIAN
OCEAN
PWANI (COAST)
Mafia Channel
★MAFIA ISLAND
Kilindoni
Utende
CHOLE I.
Chole Bay
Chole Mjini
JUANI ISLAND
Ruins of Kua
JIBONDO ISLAND
★Mafia Island Marine Park
1 Kinasi Lodge
2 Pole Pole Resort
3 M. Island Lodge
Lua Cheia Beach Camp
Ras Mkumbi
Bweni
Kirongwe
Baleni
BWEJUU ISLAND
Ras Kisimani
Mwera
Nyamisati
Kikale
Mbumi
Mchungu
KWALE ISLAND
KOMA ISLAND
OKUZA ISLAND
SONGO SONGO ISLAND
Fanjove Lodge
FANJOVE ISLAND
JEWE ISLAND
Kilwa Kivinje
Singino
Mpara
Kilwa Seaview Resort
Kilwa Masoko
★KILWA KISIWANI I.
Sangarungu Haven
SANJE YA KATI I.
★SONGO MNARA I.
Sanje ya Majoma
Mtandura
Selous Game Reserve
Selous Game Res. Southern Headquarters
Matumbi Caves
Mohoro Bay
Rufiji
Utete
Ikwiriri
Ndundu Rufiji
Kibiti
Bungu
Kigamboni
Mjimwema
Bandarini
Ras Kutani
Ras Kimbiji
Kimbiji
Fungoni
Vikindu
Kibada
Vibura
Mkuranga
Msorwa
Buyuni
Ras Pembamnasi
Boza
Kitonga
Mbezi
Binga
Njianne
Karole
Kisiju
Mazomora
L. Mansi
Lukanga
Kilimahera
Nyuruandanga
Maneromango
Msanga
Marui
Chole
Kisangire
Mlandizi
Kumba
Viseze
Ruvu
Ngeta
Soga
Mzenga
Kifuru
Kazimzumbwi
Kola
Mafisi
Masaki
Kunduchi
Msasani
Ubungo
BONGOYO I.
TAZARA Stn.
Ngulakula
Mpanganya
Mkongo
Nyera
Ferry
Ruhoi
Luhule
Msinga
Mbezi
Msomemi
Kiechuru
Mbwera
Jaja
Nyamwage
Mtondo
Mohoro
Ndundu
Nyakitasi
Marendego
Mbongora
Somanga
Pungutini
Nangulangwa
Nandete
Kipatimu
Matapatapa
Miteja
Ngarambi
Mbarali
Kandawale
Ndende
Mitole
Matandu
Nangurukuru
Njinjo
Migeregere
Rugombera
Migurawe
Naiwangaa
Mbate
Kiwatama
Mavuji
Kiwawa
452
615
741
404
410
T1
T7
SÜDKÜSTE - MAFIA
7 - 14
0 20 40 km
© Nelles Verlag GmbH, München

★MAFIA

Regelmäßige Fähren verkehren nicht von Dar es Salaam zur Insel ★**Mafia**. Passagiere, die per Schiff dorthin reisen wollen, zwängen sich in einen Kleinbus *(daladala)* nach **Nyamisati** ❼ und nehmen von dort das tägliche, oft übervolle Schiff (Abfahrt vormittags, tideabhängig, Dauer 4-5 Std.) nach **Kilindoni** ❽. Die Hafenbucht der Hauptstadt von Mafia besitzt keinen Anleger, man steigt dort evtl. in kleinere Boote um. Der Tidenhub im Mafia-Archipel beträgt rund 3,3 m; bei Niedrigwasser muss man unter Umständen durchs Hafenwasser waten, weil dann selbst flachen Booten für die letzten 200 m zum Ufer das Wasser unterm Kiel fehlt.

Doch das Gedränge in überfüllten, unsicheren Verkehrsmitteln ist nicht empfehlenswert; die Bus-/Schiffanreise ist zudem zeitraubend. Als Tourist fliegt man deshalb besser nach Mafia. Die Landebahn der Insel liegt direkt neben dem Hauptort Kilindoni. Wunderschön ist der Flug von Dar es Salaam (oder Sansibar) nach Mafia. Nur ca. 30-40 Minuten brauchen die kleinen Maschinen. Der Luftweg hat seinen besonderen Reiz: Man überfliegt die südlichen Vororte von Dar, überschaut dann das spärlicher bewohnte grüne Küstenland, bald darauf palmenbestandene Koralleninseln im Indischen Ozean, in der Ferne die braungelben Wasserfächer des Rufiji-Flusses, die sich in Schlieren mit der Küstenströmung nordwärts bewegen, und schließlich die grüne, von einem deutlichen Riffsaum umgebene Inselgruppe von Mafia im blauen Meer – ein großartiger Überblick über die Seeleuten seit über 1200 Jahren wohlbekannte Landschaft.

Paradiesische „Unterwelt"

Das arabische Wort *morfieyeh* bedeutet „Gruppe" und gibt eine plausible Erklärung für den Namen des Mafia-Archipels. Außer der Hauptinsel Mafia liegen im Bereich des Saumriffs, das sich um die Inselgruppe legt und weit nach Süden ausgreift, die bewohnten Inseln **Chole**, **Juani**, **Jibondo** und im Westen, in Richtung auf das gewaltige Mündungsdelta des Rufiji, **Bwejuu**.

Vermutlich waren es die Shirazi-Herrscher von Kilwa, die sich Ende des 12. Jh. der Mafia-Inseln bemächtigten und am Südwestzipfel der Hauptinsel, am **Ras Kisimani**, die Siedlung **Kisimani Mafia** anlegten. Besucher können heute die wenigen Ruinen aus dem 13. Jh. nur bei Niedrigwasser erkennen, denn das Meer hat den alten Ort vereinnahmt.

Mafia stand noch unter der Vorherrschaft der mächtigen Stadt Kilwa (gut 100 km südlich), als die Portugiesen diese 1505 zerstörten; sie verlangten bis in das 17. Jh. hinein von den Bewohnern der Inseln Juani und Jibondo Abgaben. Auf der Nordwestseite der Insel Juani lag **Kua**, eine Stadt mit steinernen Wohnhäusern und Moscheen. Als die Portugiesen 1698 Mombasa und ihren Einfluss auf das Swahili-Gebiet verloren, ging es den Mafia-Inseln deshalb nicht besser: Piratenüberfälle machten nun den Bewohnern zu schaffen. Der grausigste fand während der Herrschaft des omanischen Sultans Seyyid Said (1804-1856) statt: Der Stamm der *Sakalava* aus Madagaskar soll mit 80 Booten auf Juani gelandet sein und die Bewohner von Kua getötet oder zu Sklaven gemacht haben. Die Stadt wurde aufgegeben; man kann heute ihre zwischen Feldern und Waldgebiet verstreuten Ruinen – die meisten aus dem 18. Jh. – durchwandern.

Auf der nur 1 km² kleinen Insel Chole, bei Niedrigwasser zu Fuß von Juani zu erreichen, entstand die neue Hauptstadt des Archipels: **Chole Mjini** ❾ (Chole in-der-Stadt). Bis 1890 florierte sie unter den Herrschern Sansibars durch den Handel mit Kokosnüssen, Kopal (Baumharz) und Sklaven. Dann geriet Mafia unter deutsche Verwaltung; die Kolonialherren errichteten ihre **Boma** an der kleinen Hafenbucht.

Als man Schiffe mit größerem Tief-

» Karte S. 118, Info S. 125

gang einsetzte, verlegten die Deutschen 1913 die Hauptstadt an ihre heutige Stelle nach Kilindoni. Die Steinhäuser auf Chole verfielen, ein Dorf breitete sich auf dem ehemaligen Stadtgelände aus.

Mit einem ungewöhnlichen Projekt gelang es den Dorfbewohnern seit 1993, einen Teil der alten Bausubstanz nicht weiter verfallen zu lassen: Es entstanden Baumhäuser, hineingebaut in Wurzelwerk, Mauerreste und Lianen – die Gäste fühlen sich hier wie ein Teil der Natur, lernen von den Guides des Ortes über die hiesige Geschichte und werden in die Verhaltensregeln gegenüber den Einheimischen eingeweiht; Attraktionen sind auch die traditionelle **Bootswerft** und eine besondere Art der tagsüber in den Bäumen ruhenden **Fliegenden Hunde** (*Pteropus seychellensis comorensis*, Kiswahili: *popo*).

Nur wenige Minuten dauert die Überfahrt Mafia–Chole von **Utende** ⑩, wo Gästen drei Hotels und eine kleine Lodge zur Verfügung stehen. Hier an der geschützten **Chole Bay** genießen Touristen nicht nur die tropische Landschaft mit Blick auf das Farbenspiel von Meerwasser und Inselwelt, sondern von hier aus können sie auch per Dau oder Motorboot die unglaublich farben-, formen- und artenreiche Fauna und Flora des ★**Mafia Island Marine Park** kennen lernen, Besichtigungen unternehmen oder fischen gehen. Große Teile des 800 km langen Küstenstreifens von Tansania leiden zunehmend unter ökologischer Zerstörung: illegaler Dynamitfischerei, Korallenabbau, Einleitung ungeklärter Abwässer usw. Doch dieser Meerespark erlaubt auf 400 km^2 nur kontrollierte, arterhaltende Nutzung an der Südküste der Hauptinsel und in der südlichen und westlichen Meereszone mit ihren Inseln und Riffen. Auch an Mafias Westküste liegen einige einsame, luxuriöse Strandquartiere.

Rund 50 000 Einwohner muss das 396 km^2 große Mafia-Archipel ernähren: Sie leben von Fischerei und Fischverarbeitung (Fabrik in Kilindoni), Ackerbau mit ein wenig Viehhaltung, vorwiegend in der nördlichen Hälfte der Insel. Den Süden dominieren Kokosplantagen; die Nüsse werden in **Ngombeni**, 4 km westlich von Kilindoni, verarbeitet. In der Trockenzeit ist die 15 km lange Straße zwischen Kilindoni und Utende problemlos befahrbar, öffentliche Verkehrsmittel gibt es auf der Insel nicht.

★KILWA

Der Eintrag von ★**Kilwa** mit Songo Mnara in die UNESCO-Welterbeliste hat die Weltöffentlichkeit auf Tansanias Südosten aufmerksam gemacht. Bis vor kurzem war der Küstenstreifen ein vernachlässigter Landesteil: Desolate Straßen und der unbändige Rufiji-Strom behinderten das Vorwärtskommen. Nun garantiert die fast durchgängig asphaltierte Nationalstraße T 7 Dar–Mtwara zügiges Reisen via **Kibiti** und die **Mkapa-Brücke** über den **Rufiji**. Täglich verkehren Busse zwischen Dar und Kilwa (und weiter nach Süden). Für die gut 300 km brauchen sie ca. 6-8 Stunden.

In **Nangurukuru** zweigt man von der T 7 nach **Kilwa Masoko** ⑪ ab. Kommt man von Süden, von der Regionalhauptstadt Lindi, sind es bis Nangurukuru 170 km; auch diese Straße hat durch Asphaltierung ihren Schrecken verloren, sodass Fahrten nach Tansanias Süden verlockend werden. Kilwa Masoko besitzt eine **Landepiste**, auf der kleinere Maschinen landen können. Auf der Strecke Dar–Mafia kann u. a. Coastal Air bei Bedarf auch Kilwa anfliegen.

Verwirrend ist, dass hier mehrere Orte „Kilwa" heißen: *Kilwa Masoko* ist der heutige Hauptort mit der Distriktverwaltung. 20 km nördlich davon breitet sich am Meer *Kilwa Kivinje* aus, der Hafenort war im 19. Jh. ein wichtiger Umschlagplatz für den Sklaven- und Elfenbeinhandel. Und zur Unterscheidung

Rechts: Bis zum Bau der neuen Brücke stellte das Rufiji-Delta ein großes Verkehrshindernis dar.

» Karte S. 118, Info S. 125

Foto: Javed Jafferji

von diesen beiden auf dem Festland gelegenen Orten erhielt das ursprüngliche, mittelalterliche Kilwa den Namen *Kilwa Kisiwani* („Kilwa auf-der-Insel"), der seine Lage treffend beschreibt.

Aufstieg und Fall von ★Kilwa Kisiwani

Ein unwiderstehlicher Zauber geht von den jahrhundertealten Ruinen auf den Inseln südlich von Kilwa Masoko aus. Zwar gelangt man heute relativ bequem dorthin, und es gibt akzeptable Unterkünfte, dennoch besuchen nur wenige Reisende dieses UNESCO-Welterbe. Es steht seit 2004 allerdings auf der Roten Liste, da dieses Kleinod der tansanischen Geschichte schutzlos den Umwelteinflüssen ausgesetzt ist – ein guter Grund, es bald zu besuchen.

Die kurze Überfahrt von Kilwa Masoko nach ★**Kilwa Kisiwani** ⓬ besorgen Motorboote. Man findet aber bestimmt auch eine Dau, um sich übersetzen zu lassen – eine viel vergnüglichere Art, die Fahrt in die Vergangenheit anzutreten. Je nach Windrichtung dauert die Passage dann zwischen 20 und 45 Minuten und ist ein unvergessliches Erlebnis: Mit ganz ähnlichen Booten sind die Menschen seit über 1000 Jahren an der ostafrikanischen Küste entlanggesegelt und haben auch am Strand der berühmten Stadt Kilwa angelegt, so auch im Jahr 1331 der aus Marokko stammende „Globetrotter" Ibn Battuta.

Ob der legendäre Sultan Ali Bin al-Hasan, der das Inselland etwa im 11. Jh. erworben haben soll, wirklich aus dem persischen Shiraz stammt, ist bis heute unbewiesen. Die ältesten Steinbauten von Kilwa reichen in das 11. Jh. zurück. 14 Segeltage südlich lag Sofala, wo das Gold aus Simbabwe an die Küste gebracht wurde. Abnehmer dafür warteten in Europa, Ostasien und der arabischen Welt. In Kilwa fand der Umschlag von afrikanischem Gold, Kupfer, Rhinohorn, Walrat (Ambra) und Elfenbein gegen Seidenstoffe, Gewürze, Porzellan und andere Waren aus Arabien, Indien oder China statt. Im 14. und 15. Jh. stand Kilwa in höchster Blüte, prägte sogar eigene

» Karte S. 118, Info S. 125

Münzen und war damals vermutlich die bedeutendste Stadt entlang der ostafrikanischen Küste.

Die Portugiesen erfuhren vom Reichtum Ostafrikas, wurden gierig auf das Gold aus Simbabwe und sahen in der Vernichtung von Kilwa ihre Chance, den Goldhandel an sich zu reißen. 1505 zerstörten sie die Stadt, die nie wieder ihre alte Bedeutung erlangte.

Als Ende des 17. Jh. die Omaner durch den Fall von Mombasa die Macht der Portugiesen gebrochen hatten, erhielt die ostafrikanische Küstenregion neue Impulse. Vorübergehend profitierte auch Kilwa Kisiwani davon, besonders seit 1776 durch den Sklavenhandel für die französischen Plantagen auf Mauritius. Doch als Endstation der binnenländischen Karawanen-Routen für Elfenbein und Sklaven erwies sich zu Beginn des 19. Jahrhunderts ein Hafenstandort auf dem Festland als sinnvoller. Damit hatte Kilwa „auf-der-Insel" ausgedient, und der Stern von Kilwa Kivinje, rund 25 km weiter nördlich, stieg auf.

Rundgang durch Kilwa Kisiwani

Die Stadt Kilwa Kisiwani lag an der Nordwestecke der Insel. Immer noch landet man in derselben Hafenbucht, die damals die nördliche Stadtmitte einnahm. In der östlichen Hälfte des historischen Ortes liegt jetzt ein Dorf mit sauber gefegten Wegen und, wegen der frei herumlaufenden Ziegen, sorgfältig eingezäunten Gärten. Fischer- und Bauernfamilien wohnen hier. Es gibt einen kleinen Laden und eine winzige Teestube. Die Bewohner schöpfen ihr Wasser noch heute aus viele Meter tief in das harte Kalkgestein eingelassenen Brunnen.

Westlich der Siedlung finden sich in einer offenen, parkartigen Landschaft die bedeutendsten Bauwerke. An die archäologischen Untersuchungen 1958-1962 unter Neville Chittick erinnern rostige Schienen und eine alte Lore. Ein Führer begleitet die Besucher auf der Insel; die Überfahrt organisiert man in Kilwa Masoko, wo man auch die Besuchsgebühr bezahlt. Wer in Dar es Salaam das Nationalmuseum besucht hat, hat dort schon eine kleine Einführung in die Ausgrabungen erhalten.

Am westlichen Ende der Hafenbucht ragt das **Gereza** (Kisuaheli für Gefängnis, abgeleitet vom portugiesischen Wort für Kirche, *igreja*) genannte Gebäude auf. Seine zinnenbewehrten Mauern sind weithin sichtbar. Der Indische Ozean nagt an seiner Nordseite. Es diente den Omanern ab 1800 als Wachtposten und Gefängnis, dort wo die Portugiesen kurz nach 1505, nach der Zerstörung Kilwas, ein Fort gebaut hatten. Bis 1513 hielten sie hier am Hafen Wacht, danach war eine Wiederbelebung von Kilwa nicht mehr zu erwarten und sie konnten abziehen. Der Afrikaforscher Speke, der 1857 durch das auf Swahili-Art geschnitzte Holztor an der Ostseite ging, entzifferte damals noch das Baujahr: 1807.

Die längste Baugeschichte zeigt 200 m weiter die **Große Moschee**. Der Grundriss offenbart zwei hintereinanderliegende Moscheen: im Norden eine kleine aus dem 11./ 12. Jh., heute oben offen. Ihr Flachdach wurde vermutlich von Holzsäulen getragen. Westlich daneben ist ihr ritueller Waschplatz zu erkennen. Südlich setzt sich der mächtige Hauptbau mit einem Dach aus Tunnel- und Kuppelgewölben fort, die von Säulen aus Korallenblöcken getragen werden. Westlich außerhalb des Gebäudes liegen zierliche achteckige Säulen auf dem Boden: Grundriss und Dach des großen Baus standen in etwa dieser Form bereits im 14. Jh., allerdings trugen damals die schlanken Säulen das Dach. Auf die Dauer waren sie nicht haltbar genug, daher wurden sie beim Wiederaufbau im 15. Jh. durch die kräftigeren Säulen aus Korallenblöcken ersetzt. Ein ritueller Waschplatz schließt sich im Sü-

Rechts: Noch halten die bröckelnden Mauern der Gereza Wacht am Hafen von Kilwa Kisiwani.

» Karte S. 118, Info S. 125

Foto: Javed Jafferji

den an, dahinter ein kompliziertes Steinhaus aus der Blütezeit von Kilwa im 15. Jh., das **Große Haus**.

Weiter westlich stößt man auf die von einer Steinsäule überragten **Kleine Moschee**. Ihre Kuppel- und Tonnengewölbe und ihr *mihrab*, die Gebetsnische, sind mit grün glasierter Keramik verziert (15. Jh.). Weitere kleineMoscheeruinen sind über das Stadtgebiet verteilt.

Im Westen besaß Kilwa einen mit einer Mauer abgesonderten Bezirk, *makutani* („innerhalb-der-großen-Mauer"), in dem sich die Gebäude des Sultans und der Verwaltung befanden. Am auffälligsten ragt der im 18. Jh. errichtete Sultanspalast heraus, dessen wuchtige Erscheinung noch durch die nahen riesigen Affenbrotbäume verstärkt wird. Die mittelalterlichen Bauten verschwanden oft dadurch, dass man sie als Steinbruch benutzte.

Husuni Kubwa

Diesem Schicksal konnte das prächtigste Bauwerk der Insel entgehen, weil es 2 km vom Stadtgebiet entfernt liegt: **Husuni Kubwa**, der Große Palast. Er ist um 1300 entstanden und breitet sich in beherrschender Lage aus, auf einem Bergsporn oberhalb der Fahrrinne zwischen Insel und Festland. Der Palast hat schon Ibn Battuta 1331 beeindruckt: mit luxuriösen Zimmern, Bädern und Terrassen, mit Lagerräumen, Quartieren für Diener etc. Treppen führten zum Strand, wo Schiffe anlegen konnten.

Nebenan, jenseits des Taleinschnitts, liegt ein mit Türmen versehenes Mauer-Rechteck, **Husuni Ndogo**, Kleiner Palast, über dessen Nutzung sich die Archäologen im Unklaren sind. Beide Bauwerke liefern Anzeichen dafür, dass sie, noch unvollendet, bereits im 14. Jh. aufgegeben wurden und dass die Sultane fortan in der Stadt residierten.

★Songo Mnara

Kilwas Sultane waren im 15. Jh. so mächtig, dass sie andere Städte in ihrer Nähe dulden konnten. Die einst größte historische „Stonetown" der Gegend,

Foto: Elke Frey

★**Songo Mnara** ⓭, reich geworden durch Goldhandel, heute UNESCO-Welterbe mit Kilwa, erreicht man ab Kilwa Masoko in 1,5 Stunden per Motorboot durch die Inselwelt südlich von Kilwa. Nach der Landung durchquert man einen Kokoshain und ein Mangrovendickicht, dann tauchen die Relikte der ehemaligen Handelsstadt zwischen Affenbrotbäumen, Kandelaber-Euphorbien und Sträuchern auf. Die meisten Häuser waren Wohnbauten entlang schmaler Gassen; die fünf alten Moscheen, darunter die sogenannte **Freitagsmoschee**, erkennt man an der Gebetsnische, teils mit erhaltenen Verzierungen. Neben dem Sakralbau befinden sich oft ein Brunnen und **Gräber**. Das mit seinen Torbögen selbst im Verfall imposante Gebäude im Süden wird als **Sultanspalast** gedeutet.

Die Insel Songo Mnara verzaubert ihre Besucher mit den verwunschenen Ruinen, Mangrovenwäldern, Sandbuchten, Riffen zum Schnorcheln, winzigen Dörfern und Fischersiedlungen – alle in weltabgeschiedener Einsamkeit. Die Schönheit dieser Inselnatur sowie die geheimnisvollen Bauten des 15. Jh. mögen Manche noch weiter nach Süden locken, zu den Ruinen von **Sanje ya Majoma**, oder nach Westen, zur Insel **Sanje ya Kati**.

Kilwa Kivinje

4 km von **Singino**, abseits der Asphaltstraße Nangurukuru – Kilwa Masoko, liegt **Kilwa Kivinje** ⓮, im 19. Jh. Endpunkt zweier Karawanenwege für Sklaven- und Elfenbein: Einer führte von Iringa durch Selous zur Küste, der andere vom Nyasa-See. Die Kleinstadt (13 000 Einw.) wirkt wie die arme kleine Schwester von Bagamoyo: Reste arabischer Häuserzeilen, die Ruine einer Moschee, verfallende deutsche Kolonialgebäude wie die einst stattliche **Boma**, die **Markthalle** und das **Zollhaus** machen die historische Ortsmitte aus. Daran schließt sich der bei Ebbe trocken fallende Hafen an, gerahmt von Mangroven. Schläfrig wirkt Kilwa heute. Die Größe der baufälligen Häuser erinnert an die bewegten, lukrativen Zeiten des schwunghaften Sklavenhandels und zwei **Denkmäler** an die blutigen Aufstände gegen die deutschen Kolonialherren (ein deutsches für Gefallene von 1888 sowie ein tansanisches für die Opfer des Maji-Maji-Aufstands 1905/7).

Die Erdgasausbeute vor der Küste bei der Insel **Songo-Songo** führt hier kaum zum Aufschwung, denn die wertvolle Fracht geht per Pipeline nach Dar. Von Songo-Songo aus sind es 30 Min. Bootsfahrt zur kleinen Luxuslodge auf der einsamen Insel **Fanjove Island**, Traumziel für Kitesurfer und Taucher.

Oben: Bei ungünstigem Wind kommt eine Dau mit Außenbordmotor schneller nach Songo Mnara.

» Karte S. 118, Info S. 125

Tanga (☎ 27)

Restaurant im **Mkonge Hotel**, afrikan. u. internat. Küche, mit Garten am Meer; Ocean Rd., ca. 1 km östlich vom Zentrum, Tel. 264 3440, www.mkongehotel.com.
Patwas, einfach und gut, indische und Swahili-Küche südlich vom Central Market in der Mkwakwani Road.

BUS: Mehrmals tägl. mit komfortablen Bussen: Mombasa, Moshi/Arusha, Dar es Salaam; lokale Busse mehrmals: Pangani, Muheza (von dort Bus nach Amani), Amboni.
FLUG: Flugverbindung mit Pemba, Sansibar und Dar es Salaam durch Coastal Aviation, www.coastal.co.tz, und Auric Air, www.auricair.com.

Pangani (☎ 27)

Pangani Coast Cultural Tourism, Jamhuri Street, nahe der Fähre, www. tanzaniaculturaltourism.go.tz: hier Programmübersicht und weitere Infos; Tel. 0784-539141, 0732-976460,

BUS: Muheza: täglich, Tanga: mehrmals täglich.
FÄHREN: Personenfähre ständig, nach Bedarf. Autofähre (bis 10 t) pendelt 6-18 Uhr.
FLUG: Coastal Aviation.

Saadani National Park

Allg. Informationen zu Geschichte und Natur: www.saadanipark.org; Parkverwaltung in Mkwaja, tgl. 8-16 Uhr. Safaris organisieren u. a. das Cultural Tourism Progr. Pangani und die Küstenhotels nördlich des Parks wie www.thebeachcrab.com oder www.thetideslodge.com.

Bagamoyo (☎ 23)

Bagamoyo Tourist Information Centre, in der Karawanserei. Gute Website des Vereins Freundeskreis Bagamoyo: www.bagamoyo.com; weitere Infos, Karte: www.bagamoyo.org.

Nashe's Cafe, MWambao School St., einfache, aber gute afrikanische Gerichte.
Travellers Lodge, freundliches Hotel-Restaurant zwischen Palmen, gemütliche Bar, familiäre Atmosphäre, internat. Karte; nördl. des Zentrums am Meer, Tel. 2440077.

Dar Es Salaam (☎ 22)

Tanzania Tourist Board (TTB), Samora Ave., TIC-Matasalamat Mansion, T. 2131555, www.tanzaniatourism.com.

City Garden Restaurant, gute afrikanische Küche, aufmerksame Bedienung, Gartenatmosphäre mitten in der Stadt; Garden Ave. Ecke Pamba Rd., Tel. 2136347.

National Museum and House of Culture: Shaban Robert St. (zw. Sokoine/Samora), täglich 9.30-18 Uhr.
Kijiji cha Makumbusho (Village Museum): New Bagamoyo Rd., 8 km nördl. v. Zentrum; http://makumbushovillage.blogspot.de, 9.30-18 Uhr, tansan. Dorfhäuser, kulturelle Veranstaltungen, Tänze Sa, So, Fei 16-20 Uhr.

Makonde-Markt Mwenge: über 100 Läden und Werkstätten für Schnitzereien, Kunstgewerbe; ca. 9 km nördlich der City, ständig Kleinbusse nach Mwenge vom Zentrum.
Kariakoo: größter Markt.
The Slipway, Msasani Bay, schickes Einkaufszentrum mit Supermarkt, Buchladen, Restaurants. Mehrere moderne **Shopping-Center** entlang der **Old Bagamoyo Road**.

FLUG: Julius Nyerere Int. Airport/DAR alle Airlines s. Tanzania Tourist Board.
BAHN: **TAZARA**: Mbeya, Sambia u. a. ab Dar: Di 13.50 (Ordinary), Fr 15.50 Uhr (Express); **TRL**: Dar-Kigoma/Mwanza Di, Fr 21 Uhr.
SCHIFF: Nach **Sansibar/Pemba** etwa alle 1-2 Stunden, Abfahrt Sokoine Drive gegenüber St. Joseph's Church.
BUS: Terminal für die meisten Fernbusse Richtung Norden, Westen und Südwesten in **Ubungo**, ca. 8 km westlich der Innenstadt an der T 1, . Busse Richtung Süden ab Terminal **Temeke**, 6 km südl. des Zentrums an der T 7.

Kilwa Masoko (☎ 23)

Kilwa Island Tourist Information Office, Market Place, Kilwa Masoko, Tel. 0715 463029, www.kilwatourism.com.

TRAVELGRAM2019 (Shutterstock.com)

Stone Town mit seinem Dau-Hafen, bis 1875 ein muslimisches Sklavenhandelszentrum, zählt heute zum UNESCO-Welterbe

Foto: Javed Jafferji

SANSIBAR – DIE GEWÜRZINSELN

SANSIBAR
STONE TOWN
UNGUJA
PEMBA

★★SANSIBAR

Jenseits des *Zanzibar Channel*, 40 km vor Afrika, liegt die Stadt Sansibar, auf einer Landzunge von Ostafrikas größter Insel. Diese Insel hieß in britischer Zeit Sansibar, heute aber offiziell wieder wie zuvor *Unguja*, „Land der Fülle". **Sansibar** wiederum ist heute der Name für das ganze Inselland, das aus den großen Inseln **Unguja** (1554 km^2) und **Pemba** (906 km^2) sowie einigen kleineren Eilanden besteht. Umgangssprachlich jedoch bezeichnet „Sansibar" oft nur die Hauptinsel oder deren Hauptort Stone Town.

Das arabische Wort *zanj* (abwertend für „Schwarzer") könnte die Herkunft des Namens erklären, aber „Sansibar" ruft weitaus exotischere Vorstellungen wach: prunkvolle Sultanspaläste; Elfenbein, Gold und Sklaven; Düfte tropischer Gewürze, Dauen mit verwegenen Seeleuten aus Indien und Arabien; europäische Abenteurer, die ins unerforschte Innere Afrikas vordrangen...

Dieser legendäre Ruf Sansibars entwickelte sich, als der omanische Araber Sultan Seyyid Said regierte (1804-1856), der 1828 seinen Herrschersitz von Oman in die Stadt Sansibar verlegte. Hier war nun die Schaltstelle für den hochprofitablen Handel mit Sklaven vom afrikanischen Festland – während sich in Europa und Amerika längst Kritiker gegen die Sklaverei zu Wort gemeldet hatten. Sklaven wurden u. a. auf den Plantagen der französischen Besitzungen im Indischen Ozean benötigt und auf Pemba und Unguja, nachdem omanische Landbesitzer dort Gewürznelken-Plantagen angelegt hatten, die Sansibar zum größten Nelkenproduzenten der Welt machten. Ostafrikas Nelkenöl, Elfenbein und Kopalharz erreichten weltweiten Absatz. Indische Bankiers, amerikanische und europäische Konsuln und Kaufleute unterstützten die Sultane im eigenen Interesse. Ab 1890 unterstand das Sultanat dann den Briten, der Sklavenhandel endete.

Die koloniale Herrschaft förderte die arabisch-indische Oberschicht. Nachdem Sansibar am 10.12.1963 in die Unabhängigkeit entlassen worden war, entluden sich 1964 die sozialen Konflikte in blutigen Auseinandersetzungen zwischen den seit Generationen Unterprivilegierten (Sklavennachfahren und Kleinbauern) und den arabischen Grundbesitzern bzw. der reichen indischen Elite. Der Sultan ging ins britische Exil. Revolutionspräsident Abeid Karume schloss mit Julius Nyerere im April 1964 den Unionsvertrag, der zur Bildung von Tansania führte. Das kleine Land hat sich schon öfter Alleingänge gegenüber seinem Festlandspartner erlaubt und hat

Links: Am Strand von Ras Nungwi.

» Karte S. 130-131, Info S. 143

INDIAN
OCEAN
N
Ras Nungwi
Nungwi
Kendwa
Mnarani Beach Cottages
Essque Zalu Zanzibar
Ras Nungwi Beach Hotel
Double Tree Hilton
Langi Langi Beach Bungalows, Z Hotel
Royal Zanzibar B. R.
Diamonds La Gemma dell'Est
Sunset Kendwa, K. Rocks
Gold Zanzibar B.H.
Eden Village Kendwa B.R.
Ras Kinunduni
Ras Msikitini
TUMBATU ISLAND
Gomani
Reef
Ras Bole
POPO I.
DALONI I.
Ras Manooni
Ras Makutani
Shirazi Ruins
Jongowe
Ras Bwechano
Mbuyuni
Mvuma Janga
Fukuchani
Fukuchani Ruins
Mvuleni Ruins
Sunshine Marine L.
Muyuni Beach
Mnemba Atoll
MNEMBA I.
Mnemba Island L.
Matemwe Lodge
Green & Blue Ocean Lodge
Matemwe Beach Village
Matemwe
Sunshine Hotel Zanzibar
Kigomani
Mbuyu Mabundi
Kikombe
Shingwi
Mkokotoni
Ras Uso Wa Membe
Pale
Muembe Maji
Mwangaseni
Chutama
Chaani Ndogo
Pwani Mchangani
Chanjani Kijimoto
Mbiji Kisiwanai
Mgambo Kinyasini
Kinyasini
Upenja
Coral Reef R.
Next Paradise Boutique Resort
Neptune Pwani Beach Resort
Ocean Paradise Resort
Diamonds Mapenzi Beach Club
Meliá Zanzibar
Sultan Sands Isld. Resort
Bluebay Beach Resort & Spa
Veraclub Zanzibar Village
AW Bravo Kiwengwa
Mvuvi Resort
Kiwengwa
Mchangani
Kichwele National Forest
Mitakawani
Uzini
Bambi
Mgeni Haji
Pongwe Beach Hotel
Pongwe
Ras Uroa
Palumboreef Beach Resort
Uroa
Mahonda
Mkaratini
Zingwe Zingwe
Mbaleni Kubwa
Bumbwi Sudi
Spice Gardens
Machui
Persian Bath
Dole
Kianga
Selem Mbuyuni
Kidichi
Mtoni
Golden Tulip
Mfuruni
Mohangani
Mangrove
Donge
Muiji
Makoba
Mangapwani
Maji Mekundu
Kiomba Mvua
Kitaluni
Bumbwini
Slave Caves Mangapwani
Coral Caves Mangapwani
Chuini Zanzibar Beach Lodge
Chuini Palace Ruins
Bububu
Kibweni
Chapwani
Changuu Private Isld. Paradise
CHANGUU I.
CHAPWANI I.
BAWE I.
Ferry
Pemba
39°15'
39°30'
05°45'
06°00'

ZANZIBAR ISLAND (UNGUJA)
1 - 17
0
5
10 km
© Nelles Verlag GmbH, München
ZANZIBAR
Stone Town
ZANZIBAR CHANNEL
Southern Pass
Internal Pass
Dar Es Salaam
Chumbe I. Coral Park, Nat. Res.
Chumbe I. Coral Park
CHUMBE I.
UKOMBE I.
TELE I.
NYANGE I.
Ferry
Reef
Zanzibar Beach R.
Ras Mbweni
Protea Mbweni Ruins
Ras Chukwani
Palace Ruins
Chukwani
Mbweni
Kunduchini
Kombeni
Ziwani
Ndambani
Dimani
Fumba
Fumba Beach Lodge
Ras Mkita
Bweleo
UKANGA I.
SUMEI.
Kiwani Bay
Ras Shungi
Bikhole Ruins
MIWI I.
PAMUNDA I.
KWALE I.
NIAMEMBE I.
Menai Bay
Ras Kinoe
Unguja Ukuu Ruins
UZI ISLAND
Ng'ambwa
Kuwani
Uzi
VUNDWE I.
Ras Masoni
PUNGUME ISLAND
Ras Mchangamle
Kizimkazi Dimbani
Karamba Resort
L'Oasis B. H. Kizimkazi
Unguja Lodge
Kizimkazi Beach
The Residence Zanzibar
Swahili Beach Resort
Kizimkazi Mkunguni
Mosque
Ras Kizimkazi
Mzam-barauni
Sokoni
Reef
La Madrugada Beach Res.
Ras Shungi
Makunduchi
Kufile
Reef & Beach Resort
Coral Rock Hotel
Casa del Mar
Jambiani Beach Hotel
Blue Oyster Hotel
Sau Inn
Jambiani
Spice Isld. Hotel & Resort
Hakuna Majiwe
Paje by Night
Dhow Inn
Paje
Indigo Beach
Palm Beach Inn
Bwejuu
African Sun Sand Sea Resort
Echo Beach H.
Breezes Beach Club
Dongwe Club
Sultan Palace
Karafuu Beach Res. & Spa
Pingwe
Ras Michamwi
Ras Michamwi B. R.
Chwaka Bay
Mangrove
Ukongoroni
Charawe
Ras Charawe
Chwaka
Mermaids Cove Beach Res.
Zanzibar Safari Club
Paradise Beach Resort
Ngalawa Beach Village
Maars Res.
Marumbi
Jozani-Chwaka Bay National Park
Kiuungoni
Uzingwi
Jozani
Kitogani
Zala Park
Pete
Pete Inlet
Muungoni
Unguja Ukuu
Kwebona
Tindini
Kikungwi
Muyuni
Kiembeni
Kikutani
Kipanga
Msikitini
Dingi
Dunga Kiembeni
Dunga Ruins
Kiongoni
Mwera Birikani
Mkorogo
Chunga
Zuiani
Zanzibar University
Regezo Mwendo
Maungani
Langoni
06°15'
39°15'
39°30'

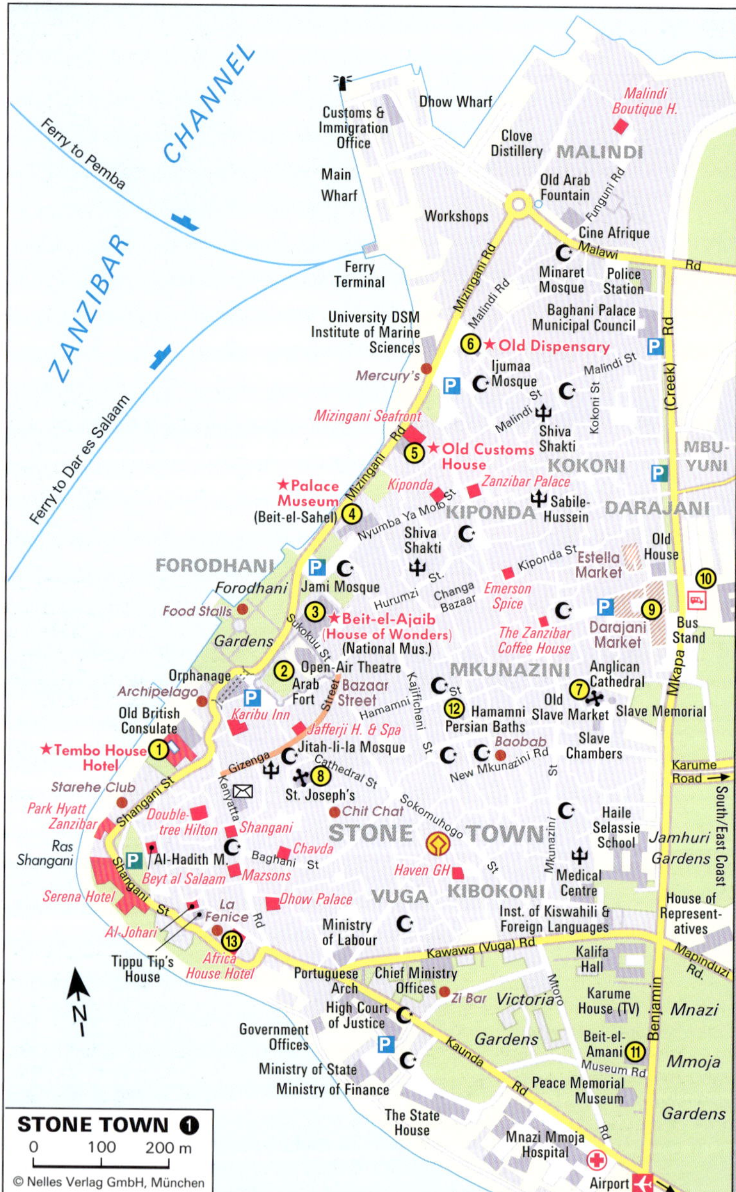
ZANZIBAR CHANNEL
Ferry to Pemba
Ferry to Dar es Salaam
Customs & Immigration Office
Dhow Wharf
Main Wharf
Clove Distillery
MALINDI
Malindi Boutique H.
Old Arab Fountain
Funguni Rd
Workshops
Cine Afrique
Malawi Rd
Ferry Terminal
Minaret Mosque
Police Station
Mizingani Rd
Malindi Rd
Baghani Palace
Municipal Council
University DSM Institute of Marine Sciences
★ Old Dispensary
Ijumaa Mosque
Malindi St
Mercury's
Kokoni St
(Creek) Rd
Mizingani Seafront
Shiva Shakti
★ Old Customs House
KOKONI
MBU-YUNI
★ Palace Museum (Beit-el-Sahel)
Kiponda
Zanzibar Palace
Nyumba Ya Moto St
KIPONDA
Sabile-Hussein
DARAJANI
Shiva Shakti
FORODHANI
Forodhani Gardens
Food Stalls
Jami Mosque
Kiponda St
Estella Market
Old House
Hurumzi St.
Changa Bazaar
Emerson Spice
★ Beit-el-Ajaib (House of Wonders) (National Mus.)
Sokokuu St
Darajani Market
Bus Stand
The Zanzibar Coffee House
MKUNAZINI
Open-Air Theatre
Arab Fort
Bazaar Street
Orphanage
Archipelago
Kajificheni St
Anglican Cathedral
Mkapa
Old British Consulate
Karibu Inn
Hamamni
Hamamni Persian Baths
Old Slave Market
Slave Memorial
★ Tembo House Hotel
Jafferji H. & Spa
Jitah-Ii-la Mosque
Baobab
Slave Chambers
Gizenga
Cathedral St
New Mkunazini Rd
Karume Road
Starehe Club
Kenyatta
St. Joseph's
South/East Coast
Park Hyatt Zanzibar
Shangani St
Double-tree Hilton
Chit Chat
Sokomuhogo St
Haile Selassie School
Shangani
STONE TOWN
Jamhuri Gardens
Ras Shangani
Al-Hadith M.
Baghani St
Chavda
Mkunazini St
Beyt al Salaam
Mazsons
Haven GH
Medical Centre
Serena Hotel
Dhow Palace
VUGA
KIBOKONI
La Fenice Rd
Inst. of Kiswahili & Foreign Languages
Al-Johari
Ministry of Labour
House of Representatives
Kawawa (Vuga) Rd
Mapinduzi Rd.
Tippu Tip's House
Africa House Hotel
Portuguese Arch
Chief Ministry Offices
Kalifa Hall
Zi Bar
Victoria Gardens
Mtoro
Karume House (TV)
High Court of Justice
Mnazi Mmoja Gardens
Government Offices
Kaunda Rd
Beit-el-Amani
Museum Rd
Benjamin
Ministry of State
Ministry of Finance
Peace Memorial Museum
The State House
Mnazi Mmoja Hospital
Airport
N
STONE TOWN 1
0 100 200 m
© Nelles Verlag GmbH, München

noch einen weiten Weg zu echter Demokratie vor sich.

Trotz Union: Wer vom tansanischen Festland kommt, muss sich der sansibarischen Passkontrolle unterziehen. Stolz prangt auf vielen Schildern das Kürzel SMZ (*Serikali ya Mapinduzi Zanzibar*, Revolutionsregierung von Sansibar).

97 % der sansibarischen Bevölkerung (überwiegend *shirazi*, Nachfahren von Schwarzafrikanern und angeblich „Persern") sind Muslime. Es ist ratsam, deren Sitten zu achten: Abseits der Strände sollte man sich dezent kleiden (keine Miniröcke oder Hotpants) und sich zurückhaltend benehmen, besonders freitagmittags in Moscheenähe. Im Fastenmonat Ramadan empfinden es strenggläubige Muslime als Provokation, wenn sie aufreizend gekleideten, rauchenden, kauenden oder trinkenden Touristen zusehen müssen.

Übergriffe durch gewaltbereite Islamisten haben zugenommen.

★★Stone Town

Der märchenhafte Handelsboom, die abenteuerlichen Berichte von Entdeckern und erschütternde Beschreibungen des Sklavenelends prägten im 19. Jh. den Ruf Sansibars. Vielen steinernen Zeugen aus dieser Zeit begegnet man heute noch auf einer kleinen Halbinsel an der Westküste in ★★**Stone Town** ❶, der Altstadt von Sansibar, UNESCO-Welterbe seit 2000. Am eindrucksvollsten zeigt sich die Stadt von Südwesten her, von wo die Schiffe aus Dar es Salaam einfahren: Da präsentieren sich im tropischen Grün am Rand des Stadtzentrums helle koloniale Großbauten wie das **Krankenhaus**, das frühere **State House**, Villen und Stadthäuser bis zum Kap **Ras Shangani**. Wenn dort das neu erbaute Hotel **Serena Inn** und das ★**Tembo House Hotel** ① sich unter die historische Stadtfront mischen, so wirkt dies nicht störend. Die wuchtige Erscheinung des gelblich-grauen **Arab Fort** ② aus dem frühen 18. Jh. (heute Restaurant und Eventbühne, z. B. für das Busara-Musikfestival im Februar) wird abgemildert durch die davor liegende Grünfläche der **Forodhani Gardens**.

Unübersehbar durch seinen Turm ist der helle, mit Säulenumgängen auf allen Stockwerken elegant gegliederte Palast des Sultans Seyyid Barghash (1870-1888), ★**Beit-el-Ajaib** („**Haus der Wunder**"). Das gewaltige Stadtpalais, zeitweise Hauptsitz der Revolutionspartei, dient nun als **Nationalmuseum** ③ (vorübergehend wegen Restaurierung geschlossen).

Kurz darauf folgt der langgestreckte Palast **Beit-el-Sahel**: Von 1890 bis zur erzwungenen Abdankung im Jahr 1964 wohnten hier die mächtigen Sultansfamilien. Seit der Revolution ist der Sultanspalast jedermann zugänglich; zunächst umgetauft in *People's Palace*, heute als ★**Palace Museum** ④. Die Ausstellungen und Räumlichkeiten geben Auskunft über den Lebensstil der Herrscherfamilie. Im alten Stil wie-

Foto: Javed Jafferji

Oben: Geschnitzte Haustür in Stone Town.

Sansibar 5

Foto: Albo (Fotolia)

derhergestellt wurde das Zollgebäude: ★**The Old Customs House** (5) beherbergt heute u. a. eine Musikschule. Den krönenden Abschluss der Stadtfront bildet die schön restaurierte ★**Old Dispensary** (6) (Alte Apotheke, *Nasur Nurmohamed Dispensary*; heute ein Kulturzentrum) mit ihrem reichen Holzzierrat.

Im Stone-Town-Gassenlabyrinth

Das verzwickte Straßennetz der malerischen orientalischen Stadt führt zwischen hohen Häusermauern zu winzigen begrünten Plätzen, an kostbar geschnitzten Türen und dekorativen Holzbalkonen vorbei, freundlichen Läden, Restaurants, Hotels und Gästehäusern in liebevoll restaurierten historischen Bauten. Einen Stadtplan erhält man in Souvenirläden; etliche säumen die **Gizenga Street** hinter dem Fort. In der eng bebauten Stone Town sind die Häuser oft vier bis fünf Stockwerke hoch, nicht selten schließen sie mit einer überdachten Aussichtsplattform ab. Dieses Gewirr von Dächern überragen die schlanken Minarette einiger Moscheen und der spitze Turm der **Anglikanischen Kathedrale** (7) (Church of Christ), dort, wo bis 1873 der **Sklavenmarkt** stattfand, sowie die Doppeltürme der katholischen **St. Josephs-Kathedrale** (8) unweit vom Fort.

Am nordöstlichen Rand von Stone Town darf man auf keinen Fall den **Markt** (9) versäumen, vormittags geht es auf ihm sehr geschäftig zu. Für Touristen sind besonders die Gewürze verlockend. Der historische Stadtteil, das Viertel der Reichen, findet sein abruptes Ende hier an der **Creek Road** – eine breite, schnurgerade Straße. Gegenüber liegt **Ng'ambo** („die andere Seite"), wo die weniger Betuchten wohnen. Vom **Busstand** (10) an der Creek Road fahren die meisten Inselbusse ab.

Am Südende liegt in einem Park der Kuppelbau **Beit-el-Amani** (11), das **Friedensmonument** zur Mahnung an den

Oben: Die Old Dispensary bezaubert mit filigranem holzgeschnitzten Zierrat. Rechts: In den Gassen von Stone Town.

» Stadtplan S. 132, Info S. 143

Foto: Magdalena Paluchowska (Shutterstock.com)

Ersten Weltkrieg entwarf der englische Architekt John H. Sinclair 1925.

Stone Town eignet sich für stundenlange Entdeckungsspaziergänge im Labyrinth seiner Basar- und Wohngassen, am besten mit einem örtlichen Führer. So stößt man in der **Hamamni Street** (*hamamu*: öffentliches Bad) auf die **Persischen Bäder** (12), die Sultan Barghash (1870-1888) erbauen ließ und die bis 1920 in Gebrauch waren. Hoffnungslos verirren wird man sich aber auch ohne Führer kaum, denn vom Altstadtkern gelangt man irgendwann entweder zur Creek Road oder einer der Straßen, die parallel der Küste verlaufen – vielleicht, um noch rechtzeitig zum *sundowner* die beliebte ★**Terrasse** des **Africa House Hotel** (13) zu erreichen? Es erlebte als britischer Klub seine Glanzzeit, vegetierte nach der Unabhängigkeit jahrzehntelang dahin und ist heute eins der vielen kleinen Hotels von Stonetown – unverändert einzigartig geblieben ist die Globetrotter-Atmosphäre spätnachmittags auf der Terrasse und der Ausblick auf die im Meer versinkende Sonne.

INSELRUNDFAHRT AUF UNGUJA (SANSIBAR)

Die **Insel Sansibar** hat zwei unterschiedliche Gesichter: Der Westen ist in üppig grüne Wald- und Plantagenvegetation gehüllt, hier gibt es einige Hügelzüge, Flussläufe, Zuckerrohr- und Reisanbau. Nur auf dieser fruchtbaren Seite der Insel findet man Nelkenpflanzungen. Auf einer ★**Spice Tour**, einer Rundfahrt zu den Gewürzplantagen, lernt man außer Gewürzen und weiteren tropischen Pflanzen in der Regel auch einige historische Sehenswürdigkeiten kennen.

Sultane und reiche Grundbesitzer legten ihre Paläste in dieser paradiesischen Landschaft an, zumeist mit Blick aufs Meer: Nur wenige Kilometer südlich der Stadt, in **Mbweni** ❷, hatte Sultan Barghash nicht nur seinen heute in Ruinen liegenden **Chukwani-Palast**, sondern auch eine Villa errichtet, die später der berühmte britische Generalkonsul bewohnen sollte: **Kirk House**. Nach Norden, 3 km außerhalb des Zentrums, liegen die **Maruhubi-Ruinen**, die

Foto: Sun_Shine (Shutterstock.com)

spärlichen Reste von Sultan Barghashs Harem (angeblich hatte er 99 Frauen); die Ruinen des Palasts von **Mtoni** ❸ nahebei reichen in die 20er Jahre des 19. Jh. zurück, als der Araber Saleh Bin Haramili die ersten Nelkenbäume einführte. Der Sommerpalast des letzten Sultans ist in **Kibweni** ❹ erhalten. Im Binnenland, mitten im Grünen, ließ Sultan Seyyid Said 1850 in **Kidichi** ❺ die eleganten **Persischen Bäder** für seine persische Frau bauen.

Ein ganz anderes Kapitel der Geschichte Sansibars schlagen die **Sklavenhöhlen von Mangapwani** ❻ auf (20 km nördlich von Sansibar-Stadt): Noch lange nach der offiziellen Schließung des Sklavenmarkts 1873, sogar bis in das 20. Jh. hinein, ging der Sklavenhandel heimlich weiter. In schwer zugänglichen Kalkhöhlen an der Küste versteckte man tagsüber Sklaven, die unbemerkt nachts verschifft wurden.

Oben: Fischrestaurant in exklusiver Lage in Pingwe.
Rechts: Red Colobus Monkey im Jozani Forest.

Auf dem Weg zur Nordspitze (Ras Nungwi) der Insel sind in den Feldern von **Mvuleni** Reste von Korallenmauerwerk und ca. 1 km weiter die arabischen festungsartigen **Ruinen von Fukuchani** erhalten. Die ausgedehntesten Ruinenfelder der *Shirazi*-Zeit liegen auf der im Westen vorgelagerten Insel **Tumbatu** ❼. Hier war seit dem 13. Jh. das eine Zentrum der beiden Reiche von Unguja, bevor sich im 18. Jh. die Omaner zu Oberherren aufschwangen. Das andere befand sich in **Dunga** ❽, mitten auf der Insel, ca. 20 km östlich von Stone Town. Imposante Ruinen eines Palasts (18. Jh.) des *Mwinyi Mkuu*, des Herrschers über das Volk der *Hadimu*, stehen dort; es litt schwer unter den Omanern, die sich deren fruchtbares Land aneigneten, sie zur Zwangsarbeit auf den Plantagen verpflichteten oder in den trockenen Osten abdrängten.

Malerisch oberhalb der Küste liegen 20 km von Stone Town wenige 100 m abseits der Hauptstraße Richtung Süden die **Bikhole Ruins** (19. Jh.), Palastruinen einer ebenso geschäftstüchtigen wie mannstollen Sultanstochter.

 » Karte S. 130-131, Info S. 143

Foto: Javed Jafferji

Jozani-Chwaka Bay National Park

Der fruchtbare Boden der Westseite der Insel besaß vor der Umwandlung in Plantagenland stellenweise dichten Urwald. Der **Jozani Forest**, Teil des 50 km^2 umfassenden **Jozani-Chwaka Bay National Park** ❾ vermittelt heute einen Eindruck von der ursprünglichen Bewaldung. Man kann in diesem so genannten Grundwasserdschungel die seltenen Kirk-Stummelaffen, Vertreter des **Red Colobus Monkey**, durchs Geäst turnen sehen. Die übrigen Teile des Parks setzen sich aus weiteren typischen Naturlandschaften der Insel zusammen, wie Salzmarsch und Mangrovenwald (in der Feuchtregion der Chwaka Bay) oder Grasland und laubabwerfender Busch bzw. Wald auf eher trockenem Korallengestein.

Dieser letztere Landschaftstyp prägt das andere Gesicht von Unguja: Osten und Norden der Insel sind mit trockenem Buschland auf wasserdurchlässigem Korallenkalk bedeckt, auffälliger Schmuck sind hier die skurrilen Affenbrotbäume.

Ostküste

Die gesamte Ostküste der Insel schützt ein langer Korallensaum vor den anbrandenden Wellen des Indischen Ozeans. Hier erstrecken sich kilometerlange, starken Gezeitenschwankungen unterworfene helle Sandstrände; landeinwärts beschattet ein breiter Kokospalmen-Saum die verstreuten *makuti*-(palmwedel-) gedeckten Hütten der Fischerdörfer.

Da hinein fügen sich kleine bis mittelgroße Hotels von „Einfach“ bis „Luxus“. Auch zum Radeln geeignete Straßen führen zu den Bungalowhotels im Südosten in den Dörfern **Jambiani** ❿, **Bwejuu** ⓫ und zumeist größeren Anlagen in **Pingwe** ⓬, oder zu den Stränden an der bezaubernden **Chwaka Bay** ⓭ sowie weiter nördlich zwischen **Uroa** und **Pongwe** sowie **Kiwengwa** und **Matemwe**.

Nicht von dieser Welt scheint das Riff-Inselchen **Mnemba Island** ⓮ zu sein – mit einem einzigen feinen Hotel darauf. Das sogenannte **Mnemba-Atoll** ist beliebtes **Tauchrevier**.

» Karte S. 130-131, Info S. 143

Foto: Laurent Villeret

★★Ras Nungwi

Am ★★**Ras Nungwi** ⓯, der Nordspitze von Unguja, wird der Bade- und Schnorchelspaß vor den idyllischen Sandbuchten weniger durch Ebbe und Flut beeinträchtigt als anderswo auf der Insel; das Wasser des Indischen Ozeans leuchtet hier grün, türkisfarben und blau in allen Schattierungen. Sowohl preiswerte Traveller-Lodges als auch teure Resorts stehen zur Auswahl und bringen dem nahen Fischer- und Bootsbauerdorf Nungwi weitere Arbeitsplätze. Im Osten des Dorfs garantieren eher stille Einzelanlagen den Touristen Abgeschiedenheit, aber westlich des Orts, wo der **Strand** einladender ist, entstand eine gemütliche bis quirlige Feriensiedlung mit einer bunten Mischung aus kleinen und mittelgroßen Bungalowhotels.

Südwärts, entlang den Sandstränden der Nordwestküste, geschützt vor Winden durch die Steilküste, etablierte sich in **Kendwa** ein großes Hotelareal, beliebt bei sportlichem Publikum und bekannt für legendäre Vollmondpartys.

Südwestküste

Idyllisch muten dank ihrer tropisch grünen Umrahmung die wenigen kleinen Sandstrände an der Westküste nahe Stone Town an. Westlich vorgelagert bezaubert die Welt der kleinen Inseln, die von Sansibar-Stadt aus angesteuert werden können: **Changuu** ⓰ (Prison Island), **Chapwani** oder **Chumbe** (mit Öko-Hotel).

Ein Meeresschutzgebiet liegt im Bereich der Halbinseln und Buchten von Ungujas Südwesten – die versteckten Hotels hier verheißen himmlische Ruhe. Vor **Kizimkazi Beach** ⓱ ganz im Süden beobachtet man spielende **Delfine**. Gut ausgerüstete Spezialveranstalter operieren in den Korallengärten und führen Taucher oder Schnorchler professionell in diese Wunderwelt ein.

Oben: Nicht nur Touristen schätzen Sansibars weiten, bei Ebbe noch breiten weißen Ostküstenstrand. Rechts: Auf Pemba werden die geernteten Nelken auf Strohmatten getrocknet.

 » Karte S. 130-131, Info S. 143

Foto: Javed Jafferji

★PEMBA

Zwei ungleiche Schwestern sind Unguja und ★**Pemba**. Fällt der Name „Sansibar“, der genau genommen beide Inseln umfasst, so denkt man in erster Linie an den Ruhm der größeren Insel, vor allem ihrer orientalischen Hauptstadt mit dem tiefen Hafen. Pemba dagegen ist eher ländlich – und dabei sehr eigenständig.

Die Omaner hatten Pemba nicht erobert, sondern sich vertraglich mit dem *Pemba*-Volk geeinigt (1822). Die Bauern hatten selbst Anteil am Nelkenboom im 19. Jh., Plantagenwirtschaft omanischer Grundbesitzer gab es nur vereinzelt. Die meisten Nelkenbäume Sansibars wachsen hier. Die Leute von Pemba zeigen starkes Selbstbewusstsein und Abneigung gegen Einmischungen von der großen Nachbarinsel. Die Wahlergebnisse hier waren meist bezeichnend für den Gegensatz: Auf Pemba hat die Oppositionspartei CUF (Civil United Front) mehr Wähler, auf Unguja überwiegt die „etablierte“ CCM (Revolutionspartei).

Pemba besitzt noch größeren landschaftlichen Zauber als Unguja: Es ist viel grüner, ein stärker bewegtes Hügelland mit vielen steilen, bewaldeten Abhängen. Überraschend sind die zahlreichen Niederungen mit bewässertem Reisland und Gemüsebeeten. Die Plantagen hier sind umfangreicher als auf der Nachbarinsel: Gummibäume, Kokosnüsse und vor allem – über 3 Millionen **Nelkenbäume**; über der ganzen Insel schwebt Nelkenduft.

Nelken- und andere ätherische Öle werden in der **Oil Distillery** in **Wawi** östlich von Chake Chake produziert (Besichtigung möglich).

Pembas drei Städte

Drei kleine Hafenstädte hat die Insel, aber nur **Mkoani** ⓲ im Südwesten besitzt einen für die seit 1996 eingesetzten, fast täglich verkehrenden Personen-Schnellfähren genügend langen Anleger mit ausreichend tiefem Wasser (Sansibar – Mkoani ca. 2,5 Stunden).

Die 5 km lange Einfahrt in die Bucht

» Karte S. 141, Info S. 143

Foto: Duncan Willetts (Camerapix)

von **Chake Chake** ⓳, Hauptstadt von Pemba, fällt bei Niedrigwasser größtenteils trocken. Für die Seefahrt günstiger gelegen ist der 6 km entfernte Hafenort **Wesha**, von dem aus Dauen und Sportboote abfahren. Immerhin kann man täglich den **Karume Airport**, 6 km östlich von Chake Chake, anfliegen.

Schon im 18. Jh. war Chake Chake beschützt durch ein **Arabisches Fort** und zwei Kanonen der Batterie zwischen Stadt und Hafen. In der restaurierten Festung gibt es ein interessantes kleines **Archäologisches Museum**.

Seeleute, die ihre Schiffe in den malerischen **Hafen** von **Wete** ⓴ steuern, müssen mit den vorgelagerten Riffplatten und Sandbänken vertraut sein.

Pembas Strände

Nirgendwo besitzt Pemba tiefe, breite Einfahrten zwischen den Riffsäumen, und Mangroven bedecken weite Strandpartien. Steile Abhänge machen viele Ufer unnahbar.

Mit Sandstränden ist Pemba kaum gesegnet, der längste ist der **Panga ya Watoro** ㉑ (auch **Verani Beach** genannt) im Nordwesten. Das lässt Pemba-Fans ins Schwärmen kommen: Die Insel ist so einzigartig, weil die Strände klein, rar und teils nur per Boot zu erreichen sind. Pemba ist kein Ziel für touristische Massen: Einige wenige exquisite Strandhotels hat die Insel; fantastische kleine Resorts für Naturliebhaber und Taucher; die drei Städte bieten einfache Hotels und bescheidene Gästehäuser. Alle Strandhotels liegen wunderbar isoliert: drei am Panga ya Watoro, darunter die *Gecko Nature Lodge*, Basis der renommierten *Swahili Divers*, oder das luxuriöse *Manta Resort*. Leider sind die Riesenmantas verschwunden, sie leben nur im Hotelnamen fort. Ein schwimmender Unterwasserraum zeigt auch Nichttauchern die Meeres-Wunderwelt.

Bei Wesha vor der Hafeneinfahrt von Chake Chake hat das *Pemba Misali Sunset Beach* seine Tauchbasis, 15

Oben: Ein Tauchgang im Sansibar-Archipel führt in die Wunderwelt der Korallenriffe.

» Karte S. 141, Info S. 143

INDIAN OCEAN
PEMBA ISLAND
18 - 25
0 5 10 km
Ras Kigomasha
Manta Resort
Panga ya Watoro
The Aiyana
Vumawimbi
Kwakumba
Verani
Msuka
Gecko Nature Lodge
Makangale
Ngezi Forest
Konde
Tumbe
Matanga Twani
Chwaka
Agricultural Research Station
Ruins
NJAO I.
Gando
Shumba
Kinazini
Kinyasini
Myumoni
Ras Kiuyu
Ras Kiuyu Forest
Mbuyu-Mwanza
Kiuyu
Shumba
Micheweni
Kwale
Maziwa Ngombe
Wingwi
Msitu Kuu Forest
Finya
Kivugo
Raha
Chanjani
Pandani
Wete
Limbani
FUNDO I.
Channel
Adamson Bay
Mchamgamkuu
KOJANI I.
Kojani
Likoni
Nyala
Uwondwe
Mzambaraoni
Chwale
Daya
UVINJE I.
Tanga (no regular service, cargo)
Piki
Mtekofi
Kichanganazi
Mjini Kiuyu
KOKOTA I.
Makongeni
FUNZI I.
Shangafu
Kangagani
Kiwaleni
Ziwani
Mandani Ruins
Ras Fuini
RAS MKUMBUU
Ndagoni Ruins
Pembeni
Ole
Gombani
Stadium
Vitongoji
Misali Sunset Beach
Chake Chake Bay
Mkanjuni
Pemba
MISALI I.
Misali I. Conservation Area
Wesha
Chake Chake
Wawi
Vitongoji
Karume Airport
Ras Tundauwa
Tundauwa
Dongoni Church
Shungi
Ras Kingoji
Fundu Lagoon
Chanoni
Wambaa
Limani
Pujini
Ruins
Wambaa Beach
Chonga
Ras Mkoacha
Ngwachani
Tumbini
Jambangome Ruins
Ukutini
Mkoani
Mgagadu
Mtangani
Zanzibar
Changaweni
MAKOONGWE I.
Mtambile
MATUMBI MAKUBWA I.
Ras Kidutani
Kendwa
Kiwani
Mkanyageni
MTANGANI I.
Kizungu
Mjimbini
Kangani
Kengeja
MATUMBINI I.
Emerald Bay Resort
Likokuu
Kimbini
Pemba Lodge
Ras Domoni
JOMBE I.
SHAMIANI I. (KIWENI I.)
Ras Upembe
Shipwreck
PANZA I.
39°30'
5°
5°30'
62
86
92
10
12
13
4
3
7
6
20
9
© Nelles Verlag GmbH, München

5 Sansibar

Foto: Javed Jafferji

km östlich des Naturreservats **Misali Island**. Dessen ungestörtes Robinson-Strandleben schätzen Fans und Taucher. Von den Unterkünften an oder nahe der **Wambaa Beach** ㉒ im Südwesten bezaubert der Luxus des abgelegenen Hotels *Fundu Lagoon*. Das kleine Ökohotel *Pemba Lodge* setzt in Pembas Südosten neue Standards.

Die Tauchsaison wird von März bis Juni durch die Regenzeit unterbrochen. Beste Zeit fürs Hochseeangeln: Dezember bis März.

Relikte der Inselgeschichte

Aus der *Shirazi*-Zeit stammen einige bedeutende Siedlungen: Die **Ndagoni-Ruinen** östlich der Spitze der Halbinsel **Ras Mkumbuu** ㉓ sind am besten per Boot von Wete oder Chake Chake zu erreichen: Relikte einer der größten Freitagsmoscheen Ostafrikas sowie Häuser und Gräber vom 11. bis 16. Jh. Gegenüber Wete gab es vom 11. bis 14. Jh. auf dem Eiland **Mtambwe Mkuu** eine Stadt, die 1984 wegen eines Silbermünzen-Hortfunds berühmt wurde.

Im 15. Jh. besaß östlich des Dorfs **Pujini** ㉔ (6 km südlich des Flughafens) ein grausamer Herrscher mit dem Spitznamen *Mkame Ndume* („Hodenmelker") eine **Festung** mit Wall und Graben – einzigartig an der ostafrikanischen Küste. Innerhalb stehen noch Fundamente mehrerer Häuser; es gibt außerdem einen Brunnen und eine unterirdische Zisterne. Mkame Ndumes Sohn Harouni zeigte wenig Neigung, auf dem Platz des schrecklichen Vaters zu wohnen. Er baute seine eigene Siedlung östlich des Dorfs **Chwaka** ㉕ (10 Min. Fußweg ab Asphaltstraße), sie bestand vermutlich, bis die Portugiesen sie zerstörten.

Zwar gibt es keine portugiesischen Siedlungsspuren auf Pemba, aber die alljährlich vor der kleinen Regenzeit (November) veranstalteten lustigen, unblutigen **Stierkämpfe** in einigen Dörfern sollen noch von den Portugiesen herrühren.

Oben: Die lustigen unblutigen Stierkämpfe auf Pemba – Erbe der Portugiesen.

» Karte S. 141, Info S. 143

Unguja (Sansibar; ☎ 24)

„Touristeninformationen" auf Sansibar sind kommerzielle Reisebüros. Die staatl. **Commission for Tourism**, P.O. Box 1410, Amaan Rd., Zanzibar, Tel. 2233485, koordiniert den Tourismussektor, www.zanzibartourism.go.tz.

STONE TOWN: **Tea House, Emerson Spice Hotel**, Swahili-Küche in histor. Stonetown-Ambiente, großartiger Rundblick über die Stadt, Tharia St, Tel. 2232776, www.emersonspice.com. **Mercury's**, bester Hafenblick, Fisch, Pizza, Pasta, Livemusik Mi, Fr, Sa, So; Mizingani Rd., Tel. 077-7413081.
Archipelago, Terrasse im 1. Stock, Meerblick, internat. u. Swahili-Küche; westlich d. Forodhani Gardens, Tel. 077-7462311. *PINGWE (Ostküste):* **The Rock**, originelles, exquisites kleines Fischlokal auf einem Felsen im Meer, www.therockrestaurantzanzi bar.com.

SCHNELLFÄHREN*:* Dar es Salaam – Zanzibar town ca. alle 1-2 Std. tägl. Abfahrten, im Preis ist die Hafengebühr (5 $) enthalten. **Azam Marine** und **Fast Ferries**: einfache Fahrt Economy 35 US$, Hin- und Rückfahrt 50 US$.
FLUG*:* Internationale Linienflüge von/nach Sansibar führen u. a. durch: **Kenya Airways, KLM, Emirates, Condor**. Inland-Linienflüge u. a. nach Dar, Arusha, Tanga, Pemba: **Coastal Aviation, Precision Air, Zan Air, Safari AIR link** u. a. Gesellschaften. Flughafengebühr bei jedem Abflug.
BUS*:* *Stadtbusse* – Abfahrten Creek Road/ nahe Gulioni Bridge. *Inselbusse* – Abfahrten Creek Road, nahe Markt.
TAXI**:** Vereinbaren Sie mit einem Taxifahrer Ihre Wunschroute zum Festpreis – eine angenehme Art, die Inseln kennenzulernen!

TAUCH- UND ANGELSPORT*:* U. a. **Buccaneer Diving**, Basis u.a. in Paje, www.buccaneerdiving.com.
Zanzibar Watersports, Basen in und um Nungwi: Ras Nungwi Hotel, Paradise Beach H., Kendwa Rocks, Tel. 0773-235030, www.zanzibarwatersports.com.
DiveTime Zanzibar, ab Hafen Kizimkazi zu Tauchspots in 15-25 Min. Entfernung, auch Delfinbeobachtung u. a. Exkursionen; Beach Rd., Makunduchi, Tel. 0773 622 089, www.divetime-zanzibar.com.

National Museum (House of Wonders, Beit-el-Ajaib), gegenüber Forodhani Gardens, Kultur und Natur Sansibars und der Swahiliküste, geschl. wegen Restaurierung.
Palace Museum (ehem. Sultanspalast, Beit-el-Sahel), Erinnerungsstücke der Sultansfamilie, tägl. 9-18 Uhr. **Hamamni**, unter Sultan Barghash erbautes Bad, tägl. geöffnet. Historische Ruinen: meist freier Zugang. **Jozani-Chwaka Bay National Park**, tägl. 7.30-18 Uhr, Eintritt.

Festival of the Dhow Countries: Intern. Film-, Kunst- und Musikfestival mit Workshops, im Juli, www.ziff.or.tz. **Sauti za Busara Music Festival** im Februar.

Darajani-Markt, Creek Road, tägl. 6-15.30 im Marktgebäude, draußen bis Sonnenuntergang. **The Gallery Zanzibar**, Kenyatta Street/ Ecke Gizenga Street. (Stone Town): reiche Auswahl, Bücher, Souvenirs. **Gewürze** kauft man auf einer *Spice Tour* (etwas teuer) oder auf dem Markt.

Pemba (☎ 24)

FLUG*:* Tägliche Verbindungen nach Dar es Salaam, Unguja und Tanga, u. a. mit Coastal Air, www.coastal.co.tz; Auric Air, auricair.com.
BUS*:* Alle Busse sind mit ihrem Ziel gekennzeichnet und fahren erst, wenn sie voll sind.

TAUCHEN*:* **Swahili Divers**, bewährte Basis in der Gecko Nature Lodge in Pembas Nordwesten, im Süden des 5 km langen Sandstrands, Tel. 0773-176737, www.swahiligecko.com. **The Manta Resort**, Panga ya Watoro, Nordwest-Pemba, Tel. 0776-718852, www.themantaresort.com; Tauchen rund um Pemba möglich. **Dive 710**, Fundu Lagoon Resort, Tel. 0774-438668, www.fundulagoon.com, exklusive Hotelanlage. **East Africa Diving**, Nungwi (Unguja), Tel. 077 416425, wwwdiving-zanzibar.com, unternimmt Tauchfahrten in die südliche Inselwelt Pembas, u. a. Misali Island.

Foto: Javed Jafferji

ZENTRAL-TANSANIA

SELOUS GAME RESERVE
UDZUNGWA / MIKUMI / RUAHA
MOROGORO / IRINGA
DODOMA / KONDOA
SINGIDA / TABORA

ZENTRAL-TANSANIA

★★Selous Game Reserve

Das **★★Selous-Wildschutzgebiet** (*Selous Game Reserve*), gehört zu Tansanias Superlativen: Es ist Afrikas größtes Naturreservat und hat mit seinen über 50 000 km^2 menschenleerer Landschaft eine größere Fläche als Dänemark oder die Schweiz. Mit angrenzenden Reservaten und dem Nationalpark Mikumi ist dies eine unvorstellbar große Wildnis. Im Norden finden Fotosafaris, in weiten Teilen des Südens Jagdausflüge statt. Das Selousgebiet ist UNESCO-Welterbe seit 1982; die skandalösen Uranabbaupläne sind vorerst gestoppt.

In diesem Tierparadies leben 150 000 **Büffel**, wegen der Wilderei nur noch ca. 15 000 **Elefanten**, 70 000 **Krokodile**, 45 000 **Gnus**, 40 000 **Flusspferde**, 30 000 **Impalas**, 22 000 **Zebras**, 4000 **Löwen**, einige **Geparde** sowie bemerkenswert viele (ca. 1500) **Afrikanische Wildhunde** (Hyänenhunde), dazu ca. 440 Spezies Vögel.

Was macht Selous – schon 1896 von den Deutschen unter Schutz gestellt – zu solch einem Riesengebiet unberührter Natur? Unfruchtbare Böden, Jahresniederschläge zwischen nur 750 und 1300 mm und dieTsetsefliege verhindern, dass hier Ackerbau und Viehzucht betrieben wird. Drei Viertel der Wildnis sind unspektakulärer Miombowald, der Rest meist lichtes Busch- und Grasland. Galeriewälder begleiten die großen Flüsse, besonders im Norden, wo sie sich zum **Rufiji** vereinigt haben. Er mäandriert mit vielen Armen durch Sümpfe und Seen und bietet eine paradiesische Fülle von Habitaten für Flora und Fauna. Man erlebt sie auf Safaris mit Geländewagen; in Begleitung von bewaffneten Wildhütern auf Wanderungen zu Fuß oder auf Bootstouren.

Links: Löwin an ihrem Riss im Selous-Wildreservat.

Während der Regenzeit sind die Wegeverhältnisse schwierig, daher sind zum Besuch die trockenen Monate Juni bis Oktober zu empfehlen; regenbedingt sind von Februar/März bis Ende Mai einige Camps geschlossen. Auch wenn sich auf der Landkarte die Unterkünfte im Rufiji-Tal zu konzentrieren scheinen – viele Kilometer unberührtes Land trennen sie voneinander.

Übernachten in der Wildnis

Nahe dem **Mtemere Gate ❶** liegen, noch außerhalb des Reservats, mehrere Unterkünfte, z. B. nahe Mloka direkt am Rufiji das **Selous Mbega Camp** oder das luxuriösere **Selous Wilderness Camp** am Südufer. Innerhalb des Parks nimmt Jahr für Jahr die Anzahl der durchweg

» Karte S. 146-147, Info S. 167

Gulwe
L. Nsue
Mata Mondo
Mkumburu
Mamimwa 2225
Wami
Kidete
Dakawa
Mkundi
Kiseyu
Godegode
Mbugani
Wami
Mkobwe
T3
Lukole
Mkondoa
Mvumi
Mguzi
DODOMA
Kidete
45
Pwaga
Rudewa
Sangasanga
Kibakwe
Chamtumile
Lumumba
Msimba
Madoto
Mkata
Magurumane
Mikese
Kidenge
Munisagari
Ilonga
17
Masimbu
30
2356 Lugunga
Mpwanila
Kimamba
Mabwerebwere
MKATA PLAINS
Mkata
MOROGORO 7
Kingulwira
Kiziwa
Kilosa
Mindu Res.
Mzinga
RUBEHO
Kyangayanga
26
Mdukwi
Morningside
MTS.
Kinole
Chilendu
Chogola
2240
Isanga
Kiegea
30
Zombo
30
Kivungu
T1
Kipera
2438
Tegetero
Mkuyuni
Winza
Melela Mzuri Campsite
Mlandizi
Mlali
Mbamba II
Bunduki
24
Kikuyu
Mgeta
Ruvu
Choga Wale
Mkata
Msongozi
Mtambo
Kinusi
Ulaya
Nyandira
2287 Mang'alisa
2182
Miyombo
70
Doma
Mbamba I
Stanley's Kopje
Kibuko
Mtombozi
Chakwale
ULUGURU
Madizini
Maraka
8
Mvuha
MOUNTAINS
Chamgore
Shikurufumi
31
Kimhandu 2646
Mkemgumba
77
85
Kikoboga Camp
Mikumi Wildlife Lodge
Bwakira Juu
Idodoma
Ulanga
14
19
Malolo
Kisanga
MORO-
Nyanzwa
Kikoboga
Dutumi
Mikumi 6
1257
Ruaha Mbuyuni
2062
Vuma Hill Tented Camp
Kisaki
Kisaki Annex
Mgeta
Mgowelo
T1
Metambwe Halt
Kisaki Station
Fuga Station
T1
Kidayi
★Mikumi
3
Msosa
77
Iwemba
Luhembe
Sable Mountain Lodge
Mtandika
Matambwe Gate
Great Ruaha
Lukosi
Kidodi
National Park
Beho Beho
60
IRINGA
Kilombero
Beho Beho Camp
UDZUNGWA
Kidatu
669
Kitete
★Udzungwa
Msolwa A
Kiba Point
Udewa
Sanje Waterfalls
Luhombero 2579
Sanje
Msolwa B
Stiegler's Gorge 2
2339
Mts. N. P.
Mang'ola 5
Katulukila
Mkalinzu
Mivumo River Lodge
The Retreat
MOUNTAINS
Mwaya
Great Ruaha
Kisawasawa
Hondo Hondo Udzungwa Forest Camp
Amara Simbazi Camp
Kiberege
★★Selous
Msolwa
Niangandu
962
47
Lukosi
Ikwambe
489
Lukamanga
Kibaoni
T16
Ifakara 4
GORO
Rupia
Kivukoni
KILOMBERO VALLEY
Kilombero
39
Mofu
Game
Itondo
Lupiro
Rufiji
Kichangani
Nyamhanga
Idunda
43
Ulanga
Luhombero
T16
Mbangala
655
Mahenge
Madaba
Itete
1516
Kaporoma
Luwegu
Mtimbira
MBARIKA MOUNTAINS
Reserve
Mohamed Goha
Makanda

6
Zentral-Tansania

Foto: Manfred Braunger

luxuriösen Wildniscamps zu. Viele liegen am großen Fluss, wie das **Rufiji River Camp**, ideal für Bootsfahrten, zum Angeln oder zur Wildbeobachtung. Nahe **Lake Siwandu** lädt das **Impala Camp** ein zu Tierbeobachtung am Wasser, gut lassen sich Bootstouren arrangieren. Neben einem auffälligen Affenbrotbaum breitet sich das **Siwandu Camp** aus. Das **Beho Beho Camp** bietet herrliche Ausblicke auf den **Kipalala-Berg**, an dem **heiße Quellen** austreten, deren Wasser in den vogelreichen **Lake Tagalala** fließt. Das Gelände liegt nahe dem **Beho Beho River**, einem Nebenfluss des Rufiji. Nicht weit entfernt ist das Grab des legendären britischen Jägers *Captain Frederick C. Selous*, der durch den Namen des Wildschutzgebietes geehrt wird. Er fand hier am 4. Januar 1917 bei der Verfolgung der deutschen Truppe unter *General Paul von Lettow-Vorbeck* den Tod. See- und Buschlandschaft erlebt man im rustikalen **Lake Manze Camp**. Die kleine Luxus-Lodge **Sand Rivers** überblickt den Rufiji. Nahe einem geplanten, aber (nach Protesten) nicht verwirklichten Wasserkraftwerk schneidet sich der Rufiji 100 m tief in die imposante Schlucht **Stiegler's Gorge** ❷ ein, nachdem ihm der **Great Ruaha** reichlich Wasser zugeführt hat. Ihr Name rührt vom Schweizer Jäger *Stiegler*, den hier 1907 ein Elefant tötete.

Noch tiefer in der Wildnis sind neuere Camps. Am Great Ruaha kombiniert z.B. **The Retreat** wilde Natur mit hohem Komfort bis hin zur Wellnessbehandlung. Das Expeditionscamp Lukula Selous Camp tief im Südwesten des Reservats wurde bereits 2012 wieder geschlossen; die Wildtiere waren wohl zu wild, d. h gefährlich, und zu fotoscheu.

40 km sind es von der Schlucht zum Nordzugang des Reservats, dem **Matambwe Gate** ❸. Hier gibt es vor der Parkgrenze preiswertere Camps wie das **Sable Mountain** oder **Mbega Kisaki**.

Von Norden führen verschiedene Anreisewege zum Reservat. Schon wäh-

Oben: Wilderer haben auch im Selous-Reservat die Spitzmaulnashorn-Population dramatisch dezimiert. Rechts: Ganzjährige Zuflüsse ermöglichen Reis- und Zuckerrohranbau im Kilombero-Tal.

» Karte S. 146-147, Info S. 167

Foto: Barbara Credner

rend der normalen TAZARA-Bahnfahrt ist man auf einer Safari; Die Eisenbahn durchquert ca. 100 km des Reservats, zahllose Tiere sind bei Tage zu beobachten (auf den Fahrplan achten!). Am elegantesten würde man im Salonzug reisen – leider wartet der *Safari Express* zur Station Kidatu weiterhin auf behördliche Genehmigung. Auf rauen Autopisten kommt man von Morogoro, Mikumi oder Kidatu über **Kisaki** nach Matambwe. Von hier führt ein 83 km langer Weg durch das nördliche Selous-Gebiet zum Posten **Mtemere** im Osten.

Die Anfahrt zu Lande ist zu beiden Parkeingängen eher mühselig, und so ist es kein Wunder, dass es die Mehrzahl der Touristen vorzieht, in nur einer Stunde einzufliegen – **Landepisten** gibt es in der Nähe aller Unterkünfte.

Das Geschäft mit dem Wild

Der Nordsektor des Selous ist für die Naturbeobachtung vorgesehen, im restlichen Gebiet agieren zugelassene Jäger, Naturschutz-Personal – und Wilderer. Osten, Westen und Süden des Schutzgebiets sind in Jagdblöcke aufgeteilt. Die legale Jagd ist sehr teuer (Trophäengebühr bis zu 60000 US$), die Parkverwaltung schöpft daraus über 80% ihres Einkommens. Damit kann die verheerende Wilderei an Elefanten (im letzten Viertel des 20. Jh. schrumpfte ihre Zahl um über 80 000), Nashörnern (heute unter 50; 1976: 2500) und anderen Tieren effektiver bekämpft werden. Es gibt nur etwa 500 Mitarbeiter für das gesamte Selous-Gebiet; zu wenige für das riesige Gelände. Seit 1989 werden daher Bewohner von Anrainer-Gemeinden einbezogen; statt wie früher selbst zu wildern, beteiligen sie sich nun am Wildschutz. Dennoch flammte die Wilderei in den letzten Jahren wieder auf.

Kilombero-Tal

Westlich des Selous-Gebiets, zwischen den markanten, bis über 1500 m hohen **Mbarika Mountains** und dem Steilabfall des östlichen Strangs des **Ostafrikanischen Grabenbruchs** (an dessen Rand verläuft die Trasse der TAZARA) breitet sich das **Kilombero-Tal** aus: eine über 200 km lange, ca. 50 km breite, auch in der Trockenzeit grüne Ebene mit zahllosen Flussarmen. Der zentrale Kilombero schwillt in der Regenzeit gefährlich an. Dank der neuen **Brücke** über den hier **Mnyera** genannten Fluss 6 km südlich der Distrikt-Hauptstadt **Ifakara** ❹ sind der Gebirgsort **Mahenge** (mit einem **Fort** aus deutscher Kolonialzeit) sowie die umliegenden Dörfer in den **Mbarika Mountains** nun auch in der Regenzeit erreichbar.

Der Kilombero entwässert unter dem Namen **Ulanga** nach Osten in den Rufiji. Wo man die Flussläufe der Ebene gebändigt hat, besonders um Ifakara und im nördlichen Abschnitt des Tals, werden Reis und Zuckerrohr angebaut. Die landwirtschaftlich ungenutzten flussnahen Areale sind Weidegründe für die Herden der zunehmend einwandernden Maasai. Im Stromgebiet leben Krokodile, Flusspferde und eine artenreiche Vogelwelt. Örtliche Schiffer bieten den wenigen Reisenden, die Ifakara ansteuern, **Bootstouren** auf dem Fluss an.

★Udzungwa Mountains National Park

Nach rund 60 km auf der T 16, zwischen den Orten Mikumi und Ifakara (komplett asphaltiert, auch über den Kraftwerksort **Kidatu** am Great Ruaha hinaus), liegt bei **Mang'ola** ❺ der Eingang zum 1992 eröffneten Nationalpark **★Udzungwa Mountains**. Er umfasst nahezu 2000 km^2 in Höhenlagen zwischen 250 und mehr als 2500 m und besteht zum großen Teil aus Wald. Im Norden begrenzt ihn der Great Ruaha, seine Ostgrenze ist die Steilkante des Grabenbruchs zum Kilombero-Tal. In diesem Nationalpark gibt es keine Fahrwege. Darin liegt sein Reiz: Die schroffen bewaldeten Berge sind nur zu Fuß in Begleitung eines Wildhüters zu erkunden. Die Einzigartigkeit des Parks liegt darin, dass die natürliche Waldvegetation, die sich mit der Höhe ändert, auf einer Höhendifferenz von über 2000 m nahezu ungestört erhalten geblieben ist, und somit auch der ursprüngliche Lebensraum der Waldtiere. Eine große Anzahl von Endemiten bei Flora und Fauna ist die Folge: Hier gibt es z. B. den **Roten Iringa-Stummelaffen** (*Iringa-Uhehe Red Colobus Monkey*), die **Sanje-Haubenmangabe** (*Sanje Crested Mangabey*) und eine endemische Art der **Wald-Ginsterkatze** (*Servaline Genet*); mehrere Vogelarten sind erst in letzter Zeit entdeckt worden. Das Gebiet zählt zu den drei bedeutendsten Vogelreservaten Ostafrikas.

Doch nicht nur Botaniker und Zoologen kommen hier auf ihre Kosten: Schon die drei kleinen Campingplätze an klaren Bächen im Urwald stimmen Naturliebhaber auf die Wildnis ein. Der Aufstieg ins Gebirge kann atemberaubend sein – und daran ist nicht allein die Anstrengung der Wanderung schuld: vielmehr sind es die unermesslich weiten Ausblicke auf die Kilombero-Ebene bis in das Selous-Gebiet und die Mbarika-Berge hinein. Wasserfälle rauschen auch während der Trockenzeit – unter ihnen der prachtvolle **Sanje-Wasserfall** mit 170 m Fallhöhe. Die Parkverwaltung bietet verschiedene Wanderungen an, von 15-minütigen Spaziergängen bis zu Mehrtagestouren. Man kann im Park zelten oder im einfachen **Hondo Hondo Udzungwa Forest Camp** übernachten.

★Mikumi National Park

Einen der vielen Höhepunkte entlang der Nationalstraße T 1 zwischen Iringa und Morogoro erlebt man auf der Strecke östlich von **Mikumi** ❻. Die Fernstraße quert hier auf einer Länge von etwa 50 km den **★Mikumi-Nationalpark**. Mit maximal 50 km/h darf man ihn durchfahren, aber so ein außergewöhnlich

Rechts: Rasante Autofahrer werden auf der Asphaltstraße durch den Mikumi-Nationalpark ausgebremst...

» Karte S. 146-147, Info S. 167

Foto: Volkmar E. Janicke

schöner, glatter Straßenbelag verleitet im Land der Schlaglöcher manchen Autofahrer dazu, herzhaft aufs Gaspedal zu treten. Und dann tauchen plötzlich Giraffen, Elefantenfamilien, Antilopenherden oder andere Wildtiere unmittelbar vor einem auf! Hier lohnt es, nach Wild in der Landschaft Ausschau zu halten: Man bekommt das Geschenk einer kostenlosen Safari durch einen tansanischen Nationalpark. Viele glauben daher, es sei überflüssig, den übrigen Teilen des 3230 km² großen Parks auch noch Aufmerksamkeit zu zollen. Belohnt wird, wer es dennoch tut! Die Tierarten entsprechen denen der Serengeti.

Den Namen erhielten Ort und Park nach den Wasser liebenden *mikumi*, Borassuspalmen (*Borassus aethiopum*), im Tal des **Mkata** (schön gelegenes Camp: **Stanley's Kopje**). Dieser feuchte nördliche Teil des Parks ist in der trockensten Zeit des Jahres, vom August bis in den Dezember hinein, besonders einladend für viele Wildarten – und für Safari-Autos: Sie haben dann kaum mit dem zähen Tonschlamm der *mbuga* genannten tropischen Schwarzerdeböden (*black cotton soil*) zu kämpfen. Beliebte Ziele sind trocken fallende Sumpfgebiete und Flussläufe östlich des Mkata sowie die Wasserlöcher von **Chamgore** und **Choga Wale** zwischen Mkata und der durch den Park führenden Güterbahntrasse.

Sind die Wege dort zu feucht, hat man mehr Glück bei den **Hippo-Pools** (nahe dem **Park-Hauptquartier**, den 12 Steinhütten des **Mikumi Wildlife Camp** und dem **Campingplatz**). Südlich der Hauptstraße bietet sich der **Hill Drive** an, eine Rundtour durch Hügel mit Miombowald, die an den **Vuma Hills** (mit Camp) vorbeiführt.

Mikumi ist beliebt bei Dar-es-Salaamern für Wochenendausflüge. Die 300 km lange Anfahrt dauert ca. 4 Stunden. Eine Landepiste nahe dem Hauptquartier sorgt für noch schnellere Verbindungen durch Kleinflugzeuge.

Morogoro

Der amerikanische Journalist Henry Morton Stanley fand 1871 auf seinem

» Karte S. 146-147, Info S. 167

Weg von Bagamoyo zum Tanganyika-See die steinerne Stadtfestung *Simbamwene* etwa an der Stelle vor, wo sich heute die moderne Regionalhauptstadt **Morogoro** ❼ ausbreitet. Jetzt erinnern nur noch die **Kingo Graves** in einer winzigen Parkanlage zwischen der **Station Road** und der **Old Dar Road** an den Stadtgründer. Er war ein befreiter Sklave, als Häuptling profitierte er zwischen 1840 und 1865 vom Tribut der Karawanen am wichtigen Sklaven- und Elfenbein-Handelsweg. Das lautmalende „Morogoro" soll vom Geräusch des Flusses herrühren, der mit seinem Taleinschnitt das Stadtzentrum durchzieht.

Blütenbäume und Gärten lockern die Stadt vor der dunkelgrünen Kulisse der Steilhänge der **Uluguru-Berge** auf; sie hat über 315 000 Einwohner und bis heute eine ideale Verkehrslage: Asphaltstraßen gehen nach Dar es Salaam, Iringa-Mbeya-Sambia und Dodoma-Mwanza. Personenzüge der *Central Line* von Dar nach Kigoma halten dreimal pro Woche am alten **Deutschen Bahnhof**. Über 2600 m ragt das Gebirge aus der 300 m hohen Ebene auf und versorgt die Stadt nicht nur mit Wasser, sondern mit einem reichlichen Angebot an Obst, Gemüse und Holz. Davon kann man sich ein Bild auf dem **Markt** westlich des Zentrums machen.

Vom zentralen *daladala*-Halteplatz führt die **Boma Road** zumeist als schattige Allee an Gärten und Feldern vorbei, bis sie nach etwa 3 km am Gebirgsfuß die ehemalige **Deutsche Boma** erreicht. Der schlossartige Gebäudekomplex wurde sorgfältig restauriert und beherbergt Büros der Regionalverwaltung. Unterhalb, am Hang eines tief eingeschnittenen, üppig grünen Flusstals, liegt der gepflegte, kleine Privatpark **Rock Garden** mit einer Bar. Stadteinwärts gibt es sogar einen **Golfplatz**. Die Stadt besitzt mehrere moderne kleine Mittelklasse-Hotels und etliche Missionen.

Oben: Morogoro vor der prachtvollen Kulisse der Uluguru-Berge. Rechts: Einbäume am Mindu-Stausee.

» Karte S. 146-147, Info S. 167

Foto: Henrik Kisbye

Wandern in den Uluguru-Bergen

In gut zwei Stunden spaziert man von der Boma in Morogoro zu der 1912 errichteten, einstmals eleganten Villa **Morningside** an der unteren Waldgrenze der **Uluguru-Berge**. Während des allmählichen Aufstiegs auf einem selten von Autos benutzten Fahrweg genießt man großartige Ausblicke auf die regelmäßig angelegte Stadt, die Ebene im Nordwesten mit einigen herausragenden Einzelbergen, den **Mindu-Stausee** (das Wasserreservoir der Stadt) und die unglaublich steilen Berghänge, an denen dennoch intensiv Ackerbau betrieben wird. Bewässerung macht hier zwei Ernten im Jahr möglich, aber nur unter Einsatz größten Fleißes. Der ist nicht nur für die Feldbestellung nötig, sondern auch für den Transport aller Güter zwischen Berg und Tal – zu Fuß.

Vom Dörfchen **Luvuma** an, während der letzten halben Stunde des Wegs zur Morningside, benutzt man einen Pfad, wo es zwischen steilen Feldern nur so plätschert in winzigen Kanälen, aus Schläuchen und von wilden Bächen herab, selbst in der Trockenzeit. Mit Hilfe des örtlichen *Cultural Tourism Programme* (Büro im YWCA Campus) gelangt man mit profunden Informationen über Land und Leute hierher sowie zu anderen Zielen der Umgebung.

Der Stamm der *Luguru* kam erst vor 200 Jahren aus der 400 km entfernten Ubena-Ebene im Süden und besiedelte den bewaldeten, regenreichen Bergstock der Ulugurus von der Südwestseite her, indem der ursprüngliche Wald in immer höheren Regionen gerodet und in Äcker umgewandelt wurde. Dieser Prozess wird heute durch die Ausweisung von zwei Waldschutzgebieten in den höchsten noch bestehenden Waldzonen des Gebirges gebremst. Neben dem Landschaftsschutz (z. B. Wasserhaushalt, Erosionsschutz) dient dies der Erhaltung zahlreicher seltener Vögel, darunter mehrerer bedrohter, auch endemischer Arten. Doch die starke Bevölkerungszunahme übt großen Druck auf Land-, Wasser- und Holzbedarf aus. Juni bis Oktober ist die beste Wanderzeit. Dann kann man

» Karte S. 146-147, Info S. 167

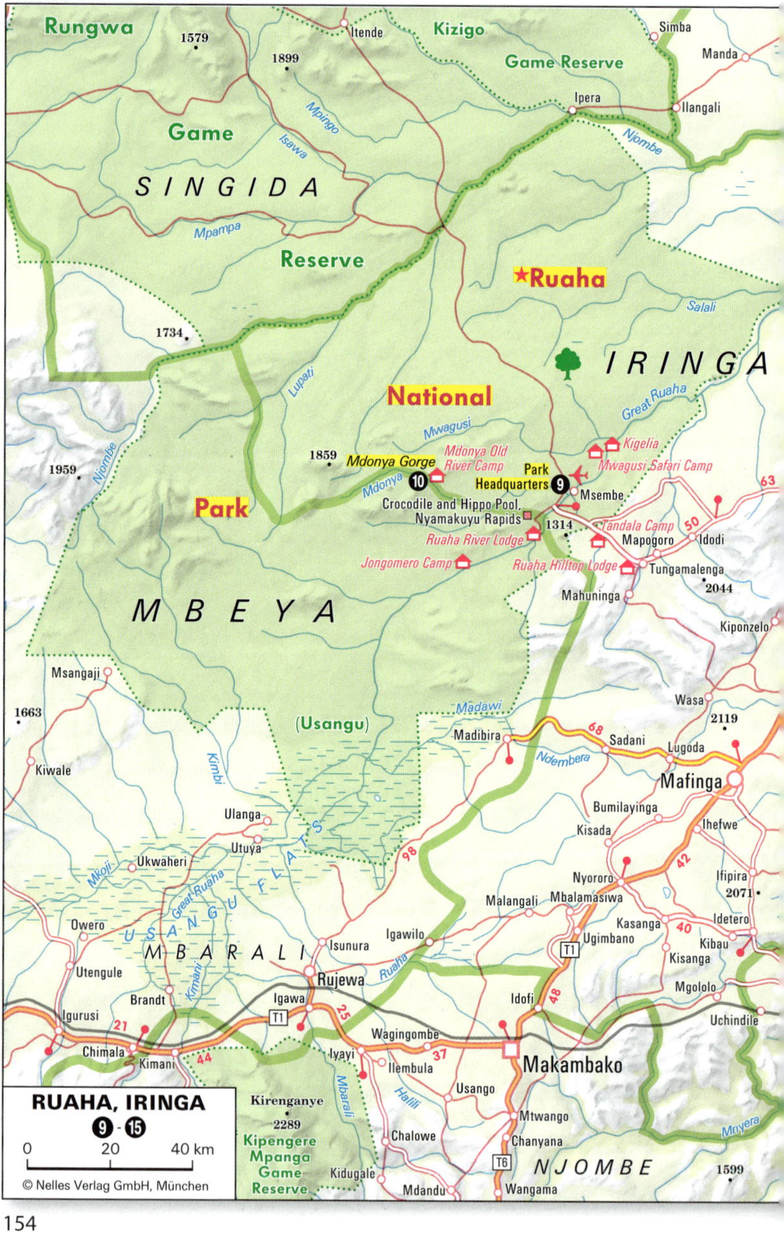

Rungwa
Kizigo
Game Reserve
Game
SINGIDA
Reserve
Ruaha
National
Park
IRINGA
MBEYA
(Usangu)
USANGU FLATS
MBARALI
NJOMBE
Itende
Simba
Manda
Ipera
Ilangali
1579
1899
1734
1859
1959
1663
1314
2044
2119
2071
2289
1599
Mpingo
Isawa
Njombe
Mpampa
Salali
Lupati
Great Ruaha
Mwagusi
Mdonya
Madawi
Ndembera
Kimbi
Mkoji
Kimani
Ruaha
Mbarali
Halili
Mnyera
Mdonya Gorge
Mdonya Old River Camp
Park Headquarters
Kigelia
Mwagusi Safari Camp
Msembe
Crocodile and Hippo Pool, Nyamakuyu Rapids
Tandala Camp
Ruaha River Lodge
Jongomero Camp
Ruaha Hilltop Lodge
Mapogoro
Idodi
Tungamalenga
Mahuninga
Kiponzelo
Msangaji
Wasa
Madibira
Sadani
Lugoda
Mafinga
Kiwale
Bumilayinga
Kisada
Ihefwe
Ulanga
Utuya
Ukwaheri
Nyororo
Mbalamasiwa
Malangali
Ifipira
Idetero
Kasanga
Ugimbano
Kibau
Kisanga
Owero
Igawilo
Isunura
Utengule
Rujewa
Brandt
Igawa
Idofi
Mgololo
Igurusi
Uchindile
Chimala
Kimani
Wagingombe
Iyayi
Ilembula
Makambako
Usango
Kirenganye
Mtwango
Chalowe
Chanyana
Kipengere Mpanga Game Reserve
Kidugale
Mdandu
Wangama
T1
T6
63
50
68
98
42
40
48
25
21
37
44
RUAHA, IRINGA
9 - 15
0 20 40 km
© Nelles Verlag GmbH, München

6 Zentral-Tansania

Foto: Fritz Pölking (Tierbildarchiv Angermayer)

z. B. an einem klaren Tag den mit 2646 m höchsten Gipfel **Kimhandu** ❽ besteigen. Man startet beim Dorf **Nyandira**, südlich von **Mgeta** an der Westflanke des Gebirges, am besten mit einem örtlichen Führer. Spezielle Informationen erhält man auch beim regionalen Naturschutzamt *(ofisi ya maliasili)* in Morogoro.

★Ruaha National Park

Als Gegengewicht zum *Northern Circuit* mit seinen stark besuchten Nationalparks prägte die tansanische Tourismuswirtschaft den Begriff des *Southern Circuit*. Dazu gehört neben dem Kleeblatt von Selous, Mikumi und Udzungwa als weiteres Naturreservat der ★**Ruaha National Park**. Obwohl er ziemlich genau in der Mitte der häufig befahrenen Strecke der T 1 zwischen Dar und der Grenze nach Sambia liegt, erhält er nur wenige Gäste, denn zwischen **Iringa** und dem Parkeingang muss man noch 113 km auf unbequemer Straße zurücklegen. So ist der Park ein selten besuchtes Juwel geblieben. Auf direktem Luftweg erreicht man ihn von Dar in zwei Stunden. Durch die Erweiterung des Parks 2008 um die südlich angrenzende *Usangu Game Reserve* wurde Ruaha zu dem mit über 20 000 km² größten Nationalpark Tansanias. Zusammen mit den nordwestlich angrenzenden Wildreservaten **Muhezi**, **Kizigo** und **Rungwa** erstreckt sich hier nun eine geschützte Naturlandschaft mit über 45 000 km² Fläche – größer als die Schweiz.

Touristen zugänglich ist nur ein Bruchteil davon: der östliche Parkabschnitt zwischen dem **Great Ruaha River**, der den Park durchfließt und teils seine Ostgrenze darstellt, und einer markanten Bruchstufe des ostafrikanischen Grabensystems, das sich südlich in der **Usangu-Ebene** (Usangu Flats) fortsetzt. Auf 400 km Parkwegen erlebt man in der Trockenzeit zwischen Juli und Dezember unverfälschte afrikanische Landschaft. Dann sammelt sich

Oben: Nicht immer liegen Krokodile untätig am Wasser des Great Ruaha – eine Grantgazelle hat hier Pech gehabt.

» Karte S. 154-155, Info S. 167

das Wild meist an den Flüssen. Während Richtung Westen, insbesondere auf den höher gelegenen Teilen des Parks Miombowald vorherrscht, zeigen die östlichen Ebenen eher lichten Akazienbestand und Grasland.

Wendet man sich jenseits der Ruaha-Brücke am **Park-Eingang** ❾ flussaufwärts, führt der **Ruaha River Drive** über eine seenartige Flusserweiterung mit vielen Krokodilen und Flusspferden und die wunderbaren **Nyamakuyu-Stromschnellen** zur **Ruaha River Lodge**, deren Häuser oberhalb des Flusslaufs auf *kopjes* in die Natur gebettet sind. Ruaha-abwärts von der Brücke trifft man nach der Überquerung des nur zur Regenzeit Wasser führenden **Mdonya Sand River** auf das **Park-Hauptquartier** in **Msembe** (Selbstversorger-Hütten, Zeltplatz). Weiter flussabwärts trifft der Ruaha River Drive auf das außerhalb der Regenzeiten oberflächlich trockene Flussbett des **Mwagusi Sand River** (Hütten: **Mwagusi Safari**, Zeltcamps: **Kwihala, Kigelia**).

Die große Vielfalt ostafrikanischer Tierwelt lässt sich gut vom **Mdonya River Camp** beobachten: außer großen Büffelherden und Elefanten sind es besonders Pferde- und Rappenantilopen, Großer und Kleiner Kudu, Löwen, Leoparden und Geparde. 480 verschiedene Vogelarten wurden bisher registriert. Nahe dem Steilabfall des Ostafrikanischen Grabens führen holprige Wege zur großartigen Schlucht des Mdonya-Flusses, **Mdonya Gorge** ❿. Einsam liegt im Südwesten das paradiesische Luxuscamp **Jongomero**. Kostengünstiger und oft einfach sind Hotels an der Zufahrt zum Parkeingang, z.B. **Tandala Camp** oder **Ruaha Hilltop Lodge**.

Rund um Iringa

Im Hochland um **Iringa** ⓫ (1600 m) lebt des Volk der *Hehe*; „He-he" war der Schlachtruf seiner Krieger. Dies zentrale Land wurde im 19. Jh. von verschiedenen Seiten bedroht: Von Süden her drängte das Volk der *Ngoni* nach Norden vor, das seinerseits die *Sangu* in Bewegung setzte. Die Hehe wehrten sie und die von Norden einwandernden *Maasai* erfolgreich ab und dehnten ihre Herrschaft unter ihrem Führer *Mkwawa* (1855-1898) so weit in das Gebiet der *Nyamwezi* und *Gogo* aus, dass sie Einfluss auf den Karawanenweg von der Küste zum Tanganyika-See erhielten. Ebenso wenig ließen sie sich von den deutschen Kolonialherren einschüchtern: Sie brachten deren Truppen bei **Lugalo** ⓬, 25 km östlich von Iringa, 1891 eine empfindliche Niederlage bei, ein **Deutscher Obelisk** erinnert bis heute daran. 1892 stürmten sie erfolgreich das deutsche Fort in **Kilosa** am Ostrand der **Rubeho-Berge**.

Die Deutschen setzten eine hohe Belohnung auf den Kopf von Mkwawa aus; er besaß 12 km westlich von Iringa eine Festung in **Kalenga** ⓭. Nachdem die Kolonialherren sie 1894 erobert hatten, führte Mkwawa noch vier Jahre Guerillakrieg gegen die Deutschen. Kurz bevor man ihn ergreifen konnte, verübte er Selbstmord in aussichtsloser Lage, sein abgetrennter Kopf wurde nach Deutschland gebracht. Obwohl den Deutschen 1919 bei den Versailler Verträgen die Auflage gemacht wurde, ihn zu übergeben, kam er erst 1954 nach Kalenga zurück: In ehrenvoller Zeremonie wurde er in das **Mausoleum** auf dem Festungsgelände überführt. Der britische Gouverneur E. Twining hatte den Schädel Mkwawas ein Jahr zuvor im Übersee-Museum in Bremen ausfindig gemacht. Die ehemals 4 m hohen und 13 km langen Wälle des Forts sind nahezu eingeebnet, das Mausoleum mit dem Schädel des berühmtesten Hehe-Häuptlings, das zugleich ein kleines **Museum** ist, liegt am östlichen Ortseingang von Kalenga, 1 km nördlich der Straße Iringa–Ruaha (ausgeschildert).

So umkämpft das Land um Kalenga vor einem Jahrhundert war, so friedlich und verlockend für Spaziergänge und Fahrradtouren erscheint die Umgebung heute. Ein 4 km langer, abwechslungs-

Foto: Barbara Credner

reicher Pfad führt von Kalenga nach **Tosamaganga**, wo sich mehrstöckige ziegelgedeckte Häuser auffällig auf einem Gipfel drängen. Sie wirken von ferne wie ein italienisches Bergdorf. Kein Wunder: Als italienische Missionare diesen Landstrich erreichten, müssen sie sich zwischen den bewaldeten Bergen und dicht bewachsenen Flusstälern wie zu Hause gefühlt haben. Hier entstanden Mission, Hospital und Schulen.

6 km südlich trifft man beim Dorf **Tanangozi** auf die Nationalstraße T 1 Iringa–Mbeya; 3 km in Richtung Mbeya (20 km von Iringa) findet man die ★**Isimila Stone Age Site** ⓮ ausgeschildert. 1 km östlich der Straße liegt das tief eingeschnittene Tal des Flusses **Isimila**. Ausgrabungen von 1958 bewiesen anhand von Tausenden von Steinwerkzeugen, von groben, rundlichen Schlagsteinen über scharfe Äxte bis zu feinsten Speerspitzen, dass hier in der Zeit vor 100 000 bis 60 000 Jahren steinzeitliche Gemeinschaften lebten. Ein **Museum** gibt einen Überblick über die Bandbreite der Funde. In 10 Minuten geht man von dort zu eindrucksvollen **Erdpyramiden**, die die Erosion im Flusstal hinterlassen hat.

Oben: Blühende Jacarandas säumen Iringas Straßen.

Die regionale Hauptstadt **Iringa** (150 000 Einwohner) liegt hoch über der grünen, intensiv landwirtschaftlich genutzten Aue des **Little Ruaha River**. In seinem Tal, entlang der Nationalstraße T 1, die die Stadt südlich umgeht, reihen sich moderne Industriebetriebe. Die Deutschen legten 1896 an beherrschender Stelle ein **Fort** an, einige **Kolonialgebäude** sind bis heute erhalten. Besonders ansprechend ist der betriebsame **Markt** neben dem Stadtpark.

Dodoma

Von Iringa nach Dodoma sind es 266 km; vor der kompletten Asphaltierung dieses Abschnitts der Nationalstraße T 5 wurde oft der 601 km lange Umweg auf asphaltierter Straße über Morogoro gewählt (T 1, T 3). Beide Wege sind sehr reizvoll: Die längere Variante führt vom

» Karte S. 154-155, Info S. 167

Iringa-Hochland herab in die Ebene über atemberaubende Serpentinen durch die Flusstäler von Lukosi und Great Ruaha; sie durchquert den Mikumi-Nationalpark (T 1) und folgt ab Morogoro der Haupt-Karawanenroute des 19. Jh. (T 3). Die kürzere Route entlang der T 5 – zur britischen Zeit als Teil der Kap-Kairo-Straße geplant – gewährt an der steilen Westkante des Hochlands weite Ausblicke auf die breite Talung des Great Ruaha und das von ihm gespeiste **Mtera Reservoir** ⓯. Nachdem man nördlich davon das niedrige **Fufu Escarpment** überwunden hat, erreicht man die meist trockene Landschaft der alten Karawanenwege in der Region um Dodoma.

Als die Handelskarawanen im 19. Jh. durch das Land der Gogo führten und die lokalen *ntemi*, die Häuptlinge einzelner Clans, Tribut von den Durchreisenden kassierten, dafür aber Wasserstellen, Lebensmittel und Übernachtungsplätze bereithielten, existierte Dodoma noch nicht. Eine kleine Siedlung dieses Namens fanden die deutschen Kolonisatoren 1910 vor, als sie, mehr oder weniger entlang der historischen Handelsroute, ihr Eisenbahnprojekt vom Indischen Ozean zum Tanganyika-See bauten und in Dodoma eine bedeutende Niederlassung planten. Als im Jahr 1914 die ersten Züge von Dar es Salaam nach Kigoma fuhren, war der Beginn für die Markt- und Verwaltungsstadt Dodoma gelegt: Die gewaltige Boma und der repräsentative Bahnhof sind heute Zeugen jener Zeit. Die betagte Bahn zwischen Dar es Salaam und dem Tanganyika-See fährt derzeit nur zweimal wöchentlich.

Die Ost-West-Linie der Bahn (*Central Line*) ergänzten die Briten Mitte der 20er Jahre des 20. Jh. durch eine Nord-Süd-Verbindung als Teil der geplanten Kap-Kairo-Straße: Die T 5 verknüpft Dodoma mit Arusha im Norden (419 km, derzeit z. T. asphaltiert) und mit Iringa im Süden. Nur ein Jahrzehnt später wurde Dodoma ein wichtiger Stopp im transkontinentalen afrikanischen Flugverkehr: Hier mussten die Maschinen auftanken, denn ihre Reichweiten waren viel geringer als heute.

Junge Landeshauptstadt

Ugogo, das felsige, dünn besiedelte, viele Monate des Jahres trockene Land, wo so wenig Gras gedeiht, dass die flachen, *tembe* genannten Hütten stattdessen mit Lehm bedeckt werden, ist häufig von Hungersnöten heimgesucht worden. Der Verkehrsknoten **Dodoma** ⓰ in seiner Mitte schien wie geschaffen, dem ökonomisch schwachen Umland zu einer Aufwertung zu verhelfen. Dies geschah u. a. durch die Beschlüsse der jungen tansanischen Regierung unter Julius Nyerere, ihre *ujamaa*-Pläne in dieser Gegend in großem Stil durchzuführen und die verkehrsmäßig und geografisch zentrale Stadt im Jahr 1973 zur Hauptstadt von Tansania zu erklären.

Das moderne Gebäude des **Parlaments** (*Bunge*) an der Zufahrtsstraße von Osten, mehrere Fachschulen, einige Ministerien, zahlreiche **Kirchen** und damit verbundene Einrichtungen, der Parteihauptsitz der CCM und die für die zweimal jährlich hier tagenden Parlamentsmitglieder nötigen Hotels geben der Stadt von über 410 000 Einwohnern nur teilweise ein großzügiges Image.

Das **Marktzentrum** sowie die umliegenden Ladenstraßen mit reichlichem Angebot, moderne Wohngebiete zwischen der Felsgruppe Mlimwa und dem Flugplatz, die historischen Gebäude südlich der Bahnlinie, zu denen außer **Boma** und **Bahnhof** das Empfangsgebäude des einstigen **Railway Hotel** (heute das ansprechende **New Dodoma Hotel**) aus deutscher und das **Geologische Museum** aus britischer Zeit gehören, sind einen Besuch wert.

Der Anbau von **Weintrauben**, seit 1958 von italienischen Missionaren in der 18 km südwestlich gelegenen **Bihawana Mission** ⓱ eingeführt, breitet sich in weitem Umkreis aus. Manchem mögen die an Straßen- und Marktständen erhältlichen süßen, dunklen Tafel-

» Karte S. 154-155 u. S. 160-161, Info S. 167

Mwamashimba
Isakamaliwa
L. Kitangiri
Tulia
Kisiriri
Kiomboi 1779
Mkalama
Isansu
Itunduru
Bukawa
1288
Igunga
Mbutu
T3
Mwamapuli Res.
Wembere
Selaski
Kiomboi
Gumanga
Iduguti
Nkalakala
Haidom
36
Basodesh
Msingi
Ndurumo
Iambi
Iambi Mission
Basotu
Shelui
19
Misgiri
61
Senga
Ngongoro
Kinampanda
Kinyangiri
68
43
1898
Guelilvanank
44
1530
Ndago
Mtinko
Iguguno
L. Mikuyu
Endesh
Ussure
T3
1737
Ilongero
T14
Urugu
Ushora
Ilisya
30
1814
Wembere
L. Singida (Salt L.)
Ndangongo
L. Balangida Lelu
92
Ngimu
Sepuka
Mapela
Singida
Salimu
Susi Janda
Swamp
L. Kindai (Salt L.)
Mgori
18
1726
Mungaa
Mwaru
Puma
Misughaa
SINGIDA
Ihanja
Muthowa
Kuru
Mhawala
Ntuntu
Ikungi
Matari
Moshi
50
Taru
Mangony
Tabora
Mihama
Wamba
Mkurusi
Maduma
Ipuruso
Issuna
Malongwe
21
Makuru
Tura
T3
Mponde
Malongwe
Kazi-Kazi
Jabolo
Mponde
Lake Chaya
London
Chona
25
Zuboro
Mkwese
32
Itigi
Kitaraka
Kamenyanga
Saranda
TABORA
T18
42
Aghondi
Manyoni
Nungi
Makutupora
Muhalala
Kitalolo
Muhanga
Kilimatinde
Chikuyu
T3
71
T22
Ukimbu
Mgandu
Sasajila
Ngaiti
Mitundu
Makasuko
1539
Majiri
Kisigo
Itetema
New Kiombo
Muhesi
L. Sulunga
Muhesi
Mahaka
Nyalumono
Game Reserve
Ilewiro
Isanga
Nkindo
1440
Ikasi
Ibenamtundi
Kizigo
Mtumbi
Nkonko
Isanza
Mauangura
Muhesi
Miaroye
Iseke
Game Reserve
Madyo
DODOMA, SINGIDA
16 - 27
0
20
40 km
© Nelles Verlag GmbH, München

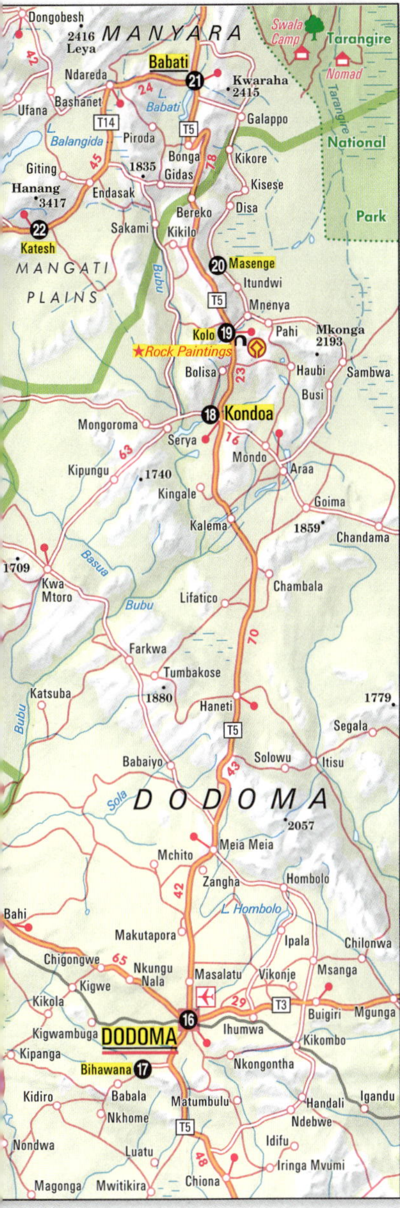

trauben besser munden als der daraus gekelterte Wein.

Kondoa

Gewaltige Affenbrotbäume im Zentrum von **Kondoa** ⓲ erinnern an die dürftigen Regenfälle in diesem Distrikt, und doch plätschert der **Kondoa River** auch während der Trockenzeit in seinem tiefen Tal durch die Stadt. Mehr noch: eine von einem modernen Rundbau gefasste **Artesische Quelle** (*chemchem ya maji*) sprudelt ständig im naturgeschützen Stadtwald und entlässt ihr Wasser auf intensiv bebaute Gemüsebeete. Sie wird fürsorglich bewacht, und zu ihrer Besichtigung bedarf es einer Erlaubnis der Wasserbaubehörde (*idara ya maji*). Die Distriktverwaltung hat ein modernes, geschmackvolles Gebäude bezogen, doch nahebei erinnern noch einige Bauten an die deutsche Kolonialzeit.

Kondoa liegt 2 km abseits der T 5 Dodoma-Arusha und kann als Ausgangspunkt für ungewöhnliche Touren in abgelegene Gebiete Nordtansanias dienen, z. B. verkehrt zur Trockenzeit ca. zweimal wöchentlich ein Bus durch die **Kitwei-Ebene**, dem Südteil der **Maasai-Steppe**, bis an die Küste nach Tanga, eine Route von 480 km, für die man zwei Tage veranschlagen muss.

Kolo und die Irangi-Felszeichnungen

Unter der Bezeichnung **Kondoa rock paintings** fasst man die 2006 zum UNESCO-Welterbe erklärten und weit verstreut liegenden Felsmalereien im Land der Rangi zusammen; Kondoa ist der nächstgelegene Ort mit Hotels. 27 km nördlich der Stadt (182 km von Dodoma / 275 km von Arusha) liegt das Dorf **Kolo** ⓳ auf der Nordseite des gleichnamigen Flusses; in der Trockenzeit sieht man nur sein breites Sandbett. Dann schöpfen die Frauen des Dorfs den täglichen Wasservorrat aus in den Sand gegrabenen Löchern.

» Karte S. 160-161, Info S. 167

Direkt an der Hauptstraße steht im Dorf das kleine **Büro des Archäologischen Amts** (*Antiquities Department*), wo sich Besucher der *michoro ya mapangoni*, der ★**Höhlen mit Felszeichnungen**, melden müssen.

Seit den Untersuchungen von Louis und Mary Leakey in den 1950er Jahren sind in *Irangi*, dem Land der *Rangi*, aber auch in anderen Bereichen des Kondoa-Distrikts 186 Stellen mit Höhlenzeichnungen entdeckt worden. 14 Höhlen in *Irangi* hat das Archäologische Amt für die Besichtigung von Kolo aus freigegeben. Drei von ihnen liegen so, dass man sie in einem halben Tag zu Fuß besichtigen kann, die anderen sind bis zu 30 km entfernt und können am besten mit einem Geländefahrzeug erreicht werden; um alle 14 zu sehen, sind drei Tage einzuplanen. Besonders schön sind die Felsbilder von **Pahi** (8 km von Kolo) und von **Cheke** (13 km), aber auch die Bilder in den Felsen nahe Kolo (sog. B1, B2, B3) geben einen ausgezeichneten Einblick in das Können der frühen Künstler. Ein Führer des Archäologischen Amts ist bei allen Besichtigungen obligatorisch.

Oben: Mühsam ist das Wasser schöpfen mit Kalebasse aus dem Sandbett des Kolo-Flusses. Rechts: Felszeichnungen buschmannoider Völker sind in den Regionen Dodoma und Singida weit verbreitet.

Die Zeichnungen zeigen afrikanische Wildtiere, die oft überraschend zweifelsfrei zu identifizieren sind, Menschengestalten, häufig in Strichmännchen-Form, Jagdgerät, einige Pflanzen und weitere Naturerscheinungen. Die Entstehungszeit schätzten die Leakeys auf die Spanne von 3500 bis vor 800 Jahren. In Analogie zu Höhlenmalereien im südlichen Afrika schreibt man die Zeichnungen nicht den Ackerbau treibenden *Rangi* zu, sondern buschmannoiden Völkern, die als Sammler und Jäger lebten. Sie mögen früher in Ostafrika verbreitet gewesen sein, bevor verschiedene Völker aus dem Norden und Bantu aus dem Westen hierher eindrangen. In den Sprachen der z. T. immer noch als Sammler und Jäger am Eyasi-See lebenden Hadzabe und der südlich von Kondoa ansässigen Sandawe kommen Klicklaute vor. Dies ist auch bei Buschmann-Sprachen der Fall. Die Forscher glauben an eine früher in dieser Gegend vorherrschende Buschmann-Kultur.

Die meisten Malereien finden sich an Gneisflächen entlang dem Ostabfall der Berge. Dort kann man das seltene Glück haben, an sehr klaren Tagen über den Tarangire-Nationalpark und die Maasai-Steppe hinweg den 250 km entfernten Kilimanjaro zu erblicken.

Babati

Von Kolo aus steigt die T 5 noch höher in das Bergland, das zunehmend grüner und baumreicher wird. Bieten sich Ausblicke nach Westen, fällt der 3417 m hohe Vulkanriese **Hanang** in der Ferne auf, nach Osten wird gelegentlich die Sicht auf das Tiefland der Maasai-Steppe frei. Wer auf die atemberaubenden Kurven der Gebirgsstraße verzichten will, kann von Kolo aus auf einer am östlichen Hang der Berge verlaufenden,

» Karte S. 160-161, Info S. 167

Foto: Archiv für Kunst und Geschichte, Berlin

eher schlechten Piste über **Masenge** ⓴ ebenfalls nach der Hauptstadt der neuen Region Manyara, **Babati** ㉑, gelangen. Im Schutz des 2415 m hohen Hausbergs, des Vulkans **Kwaraha**, gedeihen selbst in den winzigsten Vorgärten der Wohnhäuser Gemüse, Obst und bunte Blumen. Feucht und fruchtbar ist das Land hier am südlichen Ende des Hochlands der Vulkane, das sich nach Norden bis nach Kenia fortsetzt.

Babati ist mit seinem Anschluss nach Westen Richtung Singida (T 14) ein wichtiger Verkehrsknoten an der T 5. Eindrucksvoll sind Wander- und Trekkingtouren des *Cultural Tourism Programme*, z. B. ab **Katesh** ㉒ in die Bergwelt des Dreitausenders **Hanang** oder zu den hiesigen Barabaig (s. S. 83), bei denen man u. a. Bier brauen oder Ziegenleder gerben lernt.

Singida

In den Ebenen südlich des vulkanischen Hochlands verliert sich das üppige Grün. Stattdessen tauchen entlang der T 14 abenteuerliche Buckelformen von Granithügeln aus der Savanne auf. Solche Felsen ragen wie Wahrzeichen auch zwischen den Häusern der Regionalhauptstadt **Singida** ㉓ auf. Die mit vielen Bäumen und Blütenbüschen durchgrünte Stadt ist mit zwei abflusslosen **Seen** geschmückt, dem kleineren **Kindai** und dem größeren **Singidani**. Es sind Natronseen; die Felsgruppen darin zeigen weiße Salzablagerungen. Hier rasten in manchen Jahren zwischen September und November Tausende durchziehender Flamingos.

Dank der Asphaltierung der Fernstraße zwischen Mwanza und Dodoma ist die Stadt von ca. 150 000 Einwohnern nun leichter erreichbar. In einem Wäldchen nahe dem Ufer des Singidani-Sees wartet Singida mit einem gelungenen **Regional-Museum** auf. Es bietet einen Überblick über die Völker der Region Singida und beschreibt deren besondere Eigenarten. Eine volkskundliche Ausstellung enthält Gegenstände aus Alltagsleben und verschiedenen Handwerken sowie Musikinstrumente.

» Karte S. 160-161, Info S. 167

Die Region Singida

Die Region Singida ist größer als Dänemark und hat ca. 1,4 Mio. Einwohner. Ihr Süden besteht weitgehend aus Wildreservaten (Rungwa, Kizigo, Muhesi). Die Landschaft überblickt man vom Zugfenster der **Central Line** auf der Fahrt nach Tabora, wenn man es nicht vorzieht, den Verlauf des historischen Karawanenwegs entlang der asphaltierten T 3 über **Kilimatinde** ㉔, **Manyoni** ㉕ und der T 18 über **Itigi** ㉖ kennen zu lernen oder gar, wie im 19. Jh., auf Fußwegen, die die hiesigen Bewohner noch heute benutzen. Der Weg nach Westen war einst von einer sumpfigen Senke des Ostafrikanischen Grabens behindert, besonders am riesigen **Wembere-Sumpf**. Ihn quert 100 km nordwestlich von Singida, jenseits der markanten Randstufe der **Iramba-Berge**, die Nationalstraße T 3. Die Provinzgrenze zu Tabora bildet der Lauf des **Wembere** ㉗.

REGION TABORA

Ein Gebiet so groß wie Bayern, mit nur 2,3 Millionen Einwohnern – das macht die **Region Tabora** zu einer der am dünnsten besiedelten Provinzen von Tansania. Die die Schlafkrankheit übertragende Tsetsefliege hat wohl dazu beigetragen. *Nyamwezi* nannte man schon im 18. Jh. die Bewohner, die sich einen Namen als wandernde Händler in Ostafrika erworben hatten; ihre Waren: Salz aus Uvinza, Eisenhacken aus dem Land der *Fipa*, Kupfer aus Katanga und Elfenbein. Die arabischen Händler an der Küste machten sich Kenntnisse und Fähigkeiten des Nyamwezi-Volks zunutze, als sie im 19. Jh. selbst Karawanen ausrüsteten, bei denen die Männer der Nyamwezi als Träger fungierten. Der Handelsweg führte mitten durch das Land dieses Volks und verzweigte sich dort nach Norden zum Victoria-See und nach Westen zum Tanganyika-See. Gegen den zunehmenden Einfluss der Araber in *Unyamwezi* schritt der *ntemi Mirambo* mit seinem Heer ein, unterwarf große Teile des in Clans aufgesplitterten Gebietes und blockierte zeitweilig den Karawanenweg. So sah sich Stanley 1871 gezwungen, auf seinem Weg vor Mirambo und seinen gefürchteten *ruga-ruga* (Banditen) weit nach Süden auszuweichen, um in Ujiji Livingstone zu treffen.

Die meisten Menschen hier leben von der Landwirtschaft, was wegen der ungewissen Regenfälle oft schwierig ist. Man lebt von Mais, Maniok, Süßkartoffeln und Reis und baut für den Verkauf Tabak an. Abholzung wird zunehmend zum Problem. Noch sind 2/3 der Region mit Wald bestanden. Sein Blütenreichtum macht Tabora zum Lieferanten von Honig und Bienenwachs. Meist hängen die Imker ihre länglichen Bienenkörbe aus ausgehöhlten Baumstämmen in die Zweige der auffälligen *mgua*, einer Sterkulienart (*Sterculia quinqueloba, large-leaved star chestnut*), an deren glatter Rinde die Honigdachse (*Mellivora capensis*) nicht emporklettern können. Der Schwarzkehl-Honiganzeiger (*Indicator indicator*) lockt Menschen oder Honigdachse zu Wildbienennestern. Diese werden beim Einsammeln des Honigs zerstört: Der kleine Vogel frisst dann Bienenlarven und Wachs.

Nach Norden führt eine Bahnlinie bis Mwanza am Victoria-See, aber dank der zuverlässigeren Nationalstraße T 8 über den Verkehrsknoten **Nzega** ㉘ hat die Bahn das Nachsehen. Nördlich liegen die Baumwollanbaugebiete von **Shinyanga**. Das Land um **Urambo** an der *Central Line* ist Tabakanbaugebiet.

Für die Weiterreise in Richtung Westen, nach Uvinza, Kigoma und Mpanda, ist man dank dem Bau der T 18 nach Kigoma nicht mehr nur auf die unzuverlässige Eisenbahn angewiesen.

Tabora

Die Regionshauptstadt **Tabora** ㉙ (226 000 Einwohner) ist die Nachfolgerin der um die Mitte des 19. Jh. bedeutenden, arabisch geprägten

 » Karte S. 160-161 u. S. 165, Info S. 167

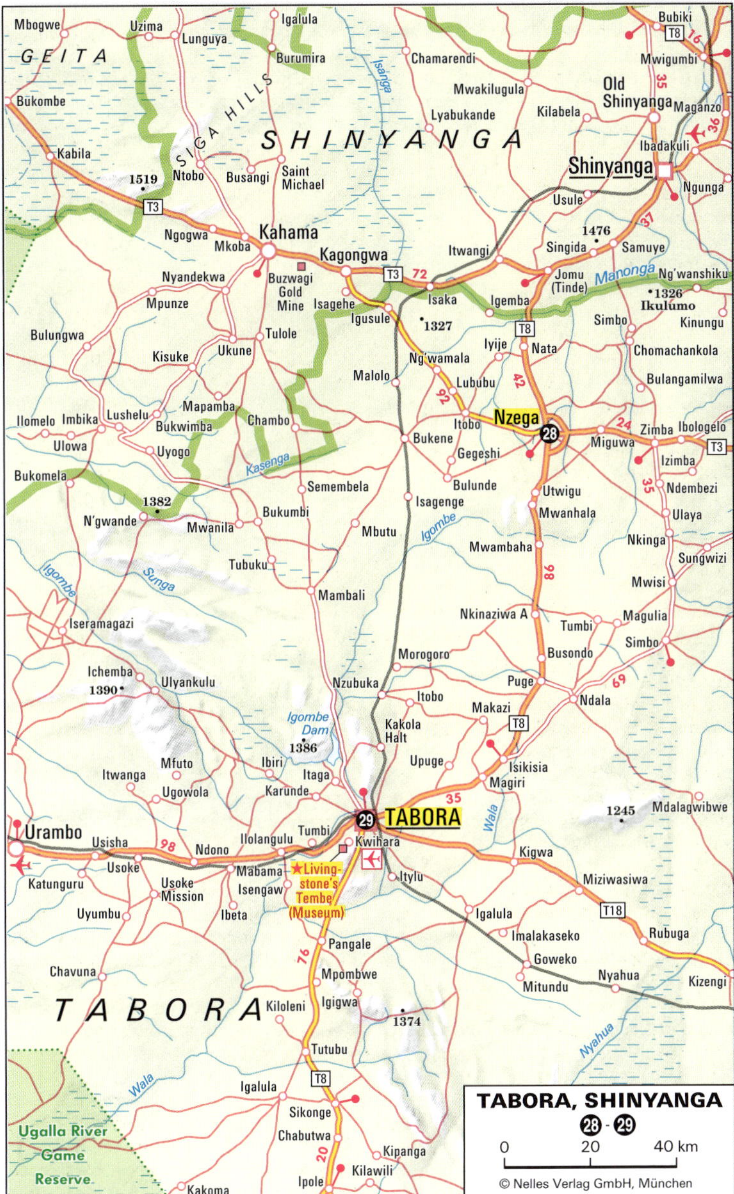

6
Zentral-Tansania

Foto: Anneliese Birkmann (Archiv Gunda Amberg)

Handelsstation *Unyanyembe*. Im Zentrum, in Marktnähe, sieht man noch ein paar arabische Häuser, und einige Moscheen zeigen bis heute die kulturelle Prägung aus jener Zeit. Ab 1880 setzte die christliche Missionierung ein, sichtbar an zahlreichen Kirchen- wie auch Schulbauten. Profane Gebäude aus der deutschen Epoche, die noch benutzt werden, sind der **Bahnhof**, das gut restaurierte **Orion Hotel**, bestes Haus am Platz, und die gewaltige, burgartige **Boma** auf exponierter Hanglage, wo das Militär untergebracht ist.

Tabora ist ein Verkehrsknoten mit Straßen- und Bahnverbindungen sowie Flügen (u. a. nach Kigoma und Dar es Salaam.

Livingstones Tembe in Kwihara

Unweit vom Markt in Tabora führt die Sikonge Road nach Süden. Nach ca. 6 km weist ein Schild nach Westen auf ★**Livingstone's Tembe** hin. Die Rekonstruktion jenes Karawanen-Rasthauses, in dem Stanley 1871 drei Monate und im darauf folgenden Jahr zusammen mit Livingstone einen weiteren Monat verbrachte, steht 2 km weiter westlich in **Kwihara**. Das Gebäude selbst, das den *tembe*, den niedrigen, flachen Lehmhütten der Bewohner der zentralen Provinzen, überhaupt nicht ähnelt, schon gar nicht in der Größe, ist eine umfangreiche rechteckige Karawanserei mit einem offenen, baumbestandenen Innenhof. Um ihn gruppieren sich Küche, Vorratskammern und Stallungen im schlichten hinteren Bereich, Wachräume der Askaris und die Wohnräume der Karawanenführer in den repräsentativen vorderen Gebäudeteilen. Hier ist jetzt ein kleines, aufschlussreiches **Museum** eingerichtet, das mit Gegenständen, Karten und Dokumenten die Forschertätigkeit von David Livingstone würdigt und mit Kopien des *New York Herald* die Spannung wachruft, die Stanleys Artikel dem Leserpublikum von 1872 boten (s. S. 214).

Oben: Afrikanische Bienenstöcke hängen an Bäumen.

» Karte S. 165, Info S. 167

Selous Game Reserve

Übersichtliche Darstellung des Gebiets und der Unterkünfte bei Reiseveranstaltern wie www.expertafrica.com und www.africatravelresource.com.

FLUG: **Coastal Aviation**, Tel. 0752 627825, www.coastal.co.tz und **Safari AIRLink**, Tel 0777 723274, www.flysal.com, bedienen Selous-Landeplätze im Linien- und Charterflug.
BAHN: Alle Züge der TAZARA queren das Selous Gebiet und halten dort an mehreren Stationen. Der Luxuszug *Safari Express Train* harrt weiterhin seiner Wiedereinsetzung, s. www.safariexpress.info. In jedem Fall muss man die Abholung von der gewünschten Station organisieren.
AUTO, BUS: Zum Eingang Mtemere von Dar über Kibiti; tägl. Bus nach Mloka ab Dar-Temeke. Zum Eingang Matambwe ab Morogoro oder durch den Mikumi-Park über Kisaki.

Udzungwa Mountains National Park

BUS: Mehrmals tägl. zwischen Mikumi und Ifakara, auf Wunsch Halt nahe dem Parkeingang.
BAHN: **TAZARA**-Station Mang'ula ist 3 km vom Parkeingang entfernt.

Morogoro (☎ 023)

Chilunga Cultural Tourism Programme, Rwegasae St, auf YWCA-Campus, gegenüber Morogoro Hospital, Tel. 0754-477582, www.chilunga.or.tz. Detaillierte **Infos zur Natu**r: www.easternarc.or.tz.

Restaurant i. **New Acropol Hotel**, das beste Restaurant der Stadt, gute afrikanische und internationale Küche, gepflegtes Ambiente; Old Dar Rd., Tel. 0754-309410.
Mama Pierina, mediterrane Küche, große Portionen, beliebter Treffpunkt; Station Rd., Tel. 0786-786913.

BUS: Tägl. Arusha, Dodoma, Iringa/ Mbeya, Tanga, häufige Abfahrten nach Dar; mind. einmal tägl. Ifakara (für Udzungwa N.P.). Fernbusbahnhof 1 km nördl. des Zentrums, lokale Kleinbusse ab Markt.

Iringa (☎ 026)

Iringa Living, informative Website zu Iringa und Umgebung mit allgemeinen und touristischen Infos (Hotels, Restaurants, Guides, diverse Tipps), http://iringaliving.co.tz.

BUS: Die Fernbusse Dar-Mbeya-Sambia halten an der T 1, 2,5 km vom Stadtzentrum! Ab Busstand im Zentrum tägl. Dar und nähere Umgeb., tägl. Dodoma ü. Mtera.

Dodoma (☎ 026)

BAHN: Wöchentlich zweimal Richtg. Tabora, Mwanza u. Kigoma oder Dar. ***BUS:*** Fernbusse östl. v. Zentrum nahe Dar es Salaam Ave.

Geologisches Museum *(Nyumba ya Naonyesho ya Madini)*, hinter Dodoma Hotel, Mo-Fr 7.30-15.30 Uhr.

Babati (☎ 027)

Cultural Tourism Programme, Joas Kahembe, im *Guesthouse* 50 m westl. der Ango-Tankstelle, nördl. des Bus Stand: Tel. 0784-397477, www.kahembeculturalsafaris.com, Wanderungen, Bergsteigen Mt. Kwaraha, Trekking Mt. Hanang, Kolo Paintings, Besuche in Dörfern etc.

Kondoa, Kolo (☎ 026)

Kondoa: **Chemchem ya Maji**, artesische Quelle, Erlaubnis beim *Idara ya maji*, Amt für Wasserversorgung. **Kolo**: *Rock paintings* nur mit Guide d. Archäolog. Amts.

Singida (☎ 026)

Regionalmuseum: Am Singidani-See, 150 m ab Hauptstr., Mo-Sa 9-18 Uhr.

Tabora (☎ 026)

FLUG: Dar-Tabora-Kigoma, Air Tanzania, www.airtanzania.co.tz.
BAHN: Kigoma, Mpanda, Dar.
BUS: Tägl. Singida ü. Nzega, Mwanza; zur Trockenzt. 3-4-m. wöchentl. Kitunda-Mbeya.

Livingstone's Tembe, Kwihara, 7 km ab Markt Richtung Sikonge, ab Schild an der Hauptstraße 2 km nach Westen.

Javed Jafferji

Weltberühmt sind die Ebenholz-Skulpturen der Makonde-Schnitzer

Foto: Elke Frey

KONTRASTREICHER SÜDEN

IM SÜDOSTEN
LINDI / MTWARA
SONGEA / AM NYASA-SEE
MBEYA
KITULO PLATEAU N. P.
TUKUYU / MATEMA

IM SÜDOSTEN

Der Rufiji-Strom, verlängert und verstärkt durch seine bedeutendsten Zuflüsse Luwegu und Great Ruaha, fließt selbst zur Trockenzeit kräftig dahin, und seine gelbbraune Sedimentfracht fächert sich aus seinem Delta weit in den Indischen Ozean. Der Fluss bildete noch bis ins 21. Jh. ein Hemmnis für den Verkehr zwischen Dar es Salaam und dem Südosten des Landes Richtung Mosambik; seit 2003 ersetzt die nach Tansanias drittem Präsidenten benannte **Mkapa-Brücke** die einstige, zuweilen nicht einsatzfähige Fähre.

Eine Reihe von Mittelgebirgen erstreckt sich im Hinterland in einiger Entfernung zur der Küste. Mal mehr, mal weniger nahe der östlichen Hänge verläuft die T 7, die Hauptverkehrsader südwärts von Dar es Salaam. Diese viele hundert Kilometer lange Nationalstraße wurde erst vor wenigen Jahren asphaltiert. Davor trug der extrem schlechte Straßenzustand die Hauptschuld an der Abkapselung der beiden Südostregionen Lindi und Mtwara vom übrigen Tansania. Nur in der Trockenzeit und mit kaum mehr als 20-30 km/h kam man damals voran; nach Regengüssen entwickelte sich die Piste zu einem unüberwindlichen Schlammbad.

Einige nur zur Regenzeit reichlich Wasser führende Flüsse wie **Matandu** oder **Mbwemkuru** entspringen im östlichen Selous-Gebiet und münden in den Indischen Ozean. Die Brücken entlang der T 7 erhielten ebenso eine Sanierung wie die Straße.

Die Verkehrsanbindung des Südostens an die weiter westlich gelegenen Landesteile beginnt sich ebenfalls zu bessern. Von Nordwesten her ist die T 6 eine gute Asphaltstraße bis zur Hauptstadt der Ruvuma-Region, Songea. Die Fortsetzung gut 450 km ostwärts bis nach Masasi (in der Mtwara-Region) wird nach und nach asphaltiert – Tansanias Süden entrinnt allmählich der Isolation.

Schiffe von Dar es Salaam nach Mtwara transportieren nur Fracht, Passagiere nehmen Bus oder Flugzeug (mehrmals täglich nach Mtwara). Die Landverbindung ins Nachbarland erleichtern Fähren und Brücken.

Durch die verbesserten Verkehrsverhältnisse erschließt sich Tansanias interessanter Süden auch für Touristen. Sofern man keine gängigen Fremdenverkehrs-Einrichtungen erwartet, bieten Natur und Kultur des facettenreichen Südtansania unzählige eindrucksvolle Erlebnisse.

Links: Ein verschmitztes Lächeln in Lindi.

» Karte S. 172-173, Info S. 194-195

LINDI, MTWARA
1 - 14
0
20
40 km
© Nelles Verlag GmbH, München
TANZANIA
LINDI
RUVUMA
MTWARA
Selous Game Reserve
12
Msangesi Game Res.
13
Lukwila-Lumesule Game Res.
14
Liwale
11
Nachingwea
10
Masasi
9
Tunduru
Njenje
Murembwi
Liwale
Kiperere
Angai
Mbwemkuru
Lumesule
Makungwe
Muhuwezi
Ruvuma
Rovuma
Lukwika
Mbangala
Lugenda
Mitumbati
Mbunga
Narun'gombe
Kimambi
Ruhangino
Nambinda
Mitumbati
Kinjacha
Mlowoka
Maboyo
Hemedi
Ndembo
Mkata
622
Mkunya
Mirui
Liwale Juu
Ngangora
Litoo
Matambare
Mwanganzi
Namitere
Makunguviro
1045
Mbekenyera
Nangano
Ruangwa
Nambungu
132
Ngwale
Nachihang
Mnero
Nguruminiga
Luponda
Nakaronji
Nkonjela
Mbondo
Mtua
Noli
55
46
Kilima Romdo
Lumesule Juu
1030
Lukuledi
56
Nanyindwa
Masasi Hills
951
Matekwe
Mkuchika
Namajani
Namakungwa
Lukumbi
Mikangaula
54
Mlasi
76
Maji Maji
Kwitanda
66
T6
Mindu Jct.
Naka-panya
Mkowela
Lumesule
Likokona
Nangomba
T6
Nandete
Chingunguru
70
Michiga
Mangaka
Nashero
Miesi
929
Nakopi
Chitowe
Manema
Ligoma
Chitanda
Namasakata
Nanyumbu
Minje
Nauru
Kibwana
Msechela
68
Chungu
Lugo
Mtina
Mtwaro
Gomba
Masunguru
Nassombe
675
Mtambaswala
Unity 1 Bridge
Negomano
Lukumbule
Muitela
Chitamire
Maconge
Cujuvale

INDIAN OCEAN
Dar es Salaam
Roango
Mitole
Lihimalyao
Kissongo
Mbaro
Kiswere
Rushungi
Kihundo
Kikundi
Mtandi
Kiranjerange
Makangaga
Kitumbini
Mkoe
Lake Mkoe
Mkuru
Nakiu
Mtapaya
Nkwajuni
Ruvu
Mbwemkuru
Tendaguru
Nanjirinji
Matapwa
Kitomanga
Ruawa
Mchinga
Excavation Site of Giant Dinosaurs
Nambiranji
Nantamba
Chindundu
Likonga
Nangaru
Moka
Nakawene
Mbanja
Ras Mbanura
Mandawa
Jangwani
Mitema Beach
Lindi Bay
Namichiga
Mitengi
L. Rutamba
Lindi
Kiuleula
Rutamba
Kitunda
RONDO PLATEAU
Mingoyo
Bubiagire
Sudi Bay
Rondo
Mtene
Mahambika
Madangwa
Mgao
Narunyu
Mikindani Bay
R. Masangkamkuu
Mnazi Bay-Ruvuma Estuary Marine Park
Nyengedi
Ruo
Ndumbwe
Masangamkuu
Namunda
Imkungo
Lukuledi
Mtama
Mpembi
Mikindani
Rovula
Mihima
Libobe
MTWARA
Malolo
Mahiwa
Mikumbi
Mambi
Ndondo
Ziwani
Msimbati
Nyangao
Nanganga
Dihimba
Madimba
Ruvuma Bay
Mkoma
Mnima
Mwambo
Nanguruwe
Ndanda
Ferry
Chionga
Meda
Liteho
Maharunga
Mutumnadi
Njengwa
L. Chidya
Nambahu
Newata
Namuiranga
Quionga
Cabo Delgado
Namatopa
Mnyambe
Kitangiri
MAKONDE PLATEAU
Kitaya
Mtopwa
Lienje
Nanyamba
Kironga
Atibo
Issa
Kihanga
Mchedebwa
Baía de Tungue
Madaba
Mnongodi
Palma
Mkoma
ISLA TECOMAJI
Lulindi
Nambunga
Nanyanga
Mihambwe
Mahuta
Nassoro
ISLA RONGUI
Pundanhar
Ruvuma
Baía Maiipa
Luatala
Newala
Tartibo
Olumbe
ISLA VAMIZI
Mkunya
L. Nangade
Calomba
R. Nondo
Nakalata
L. Lidede
Nangade
Maparame
Cuiganga
TANZANIA
MOÇAMBIQUE
ISLA METUNDO
Necuemba
Netego
Patumane
Ras Mesangi
Nampiali
Mendire
Injama
ISLA QUIFUGUI
Mocimboa do Rovuma
Mocimboa da Praia
Baía Mocimboa
Nanhagaia
Gananga
Chinave
Cabo Ula
ISLA TAMBUZI
Muluta
Pemba
Acalama
Licoco
Mandjeda
Mutamba
Mauanda
Chomba
Dicia
Namaua
Diaca
Nambude
Monte Muavi
Gungure
Cabo Iancumbi
Mueda
Marere
Naputa

Foto: Elke Frey

Lindi

Lindi ❶ ist die Hauptstadt der gleichnamigen Region, eines Gebietes von rund 66 000 km² (etwas kleiner als die Republik Irland), das von nur 865 000 Menschen bewohnt ist. Ein Drittel der Fläche nimmt im Westen das unbesiedelte Selous-Wildschutzgebiet ein. Bevölkerungsschwerpunkte sind das niedrige Küsten- und das südliche Bergland.

Die Stadt hat weniger als 80 000 Einwohner und dehnt sich am westlichen Ufer des **Lukuledi** aus, kurz bevor er an einer nur an wenigen Stellen offenen Riff-Schwelle in den Indischen Ozean mündet. Die geschützte Lage am breiten Ästuar gab den Ausschlag für die Anlage von Hafen und Stadt, als im 18./19. Jh. Schiffe mit geringem Tiefgang verkehrten und der Handel mit Sklaven und Elfenbein aus dem Hinterland blühte. Eine Karawanenroute vom Nyasa-See endete hier. Den Küstenstreifen beherrschte damals der Sultan von Sansibar.

Verglichen mit Kilwa Kivinje (s. S. 124), ebenso einstige Endstation eines Karawanenwegs, besitzt Lindi fast keine Baudenkmäler aus arabischer Zeit. Noch sichtbar, aber längst romantisch von Feigenbäumen durchwuchert ist der **Arabische Turm** nahe dem Stadtzentrum, nordöstlich vom Fußballstadion, fast integriert in eine kleine Autowerkstatt.

Das Stadtzentrum wird geprägt von einem rechtwinkligen Straßennetz, dessen höchstens zweistöckige Gebäudeblocks sich nur in Hafennähe dichter stehen. Hier gruppieren sich Verwaltungen, Polizei und Post, nicht weit von der von Bäumen durchwucherten, verfallenden deutschen **Boma**, dem befestigten Bezirksamt. Ebenfalls an die Kolonialzeit erinnert die **Ruine eines deutschen Lagerhauses**, südlich der für die Öffentlichkeit gesperrten Hafenanlagen. Das Gebäude wirkt fast wie ein Pfahlbau; Ölschalen an den Stelzen sollten das Eindringen von krabbelndem Ungeziefer verhindern.

Oben: Am Hafen von Lindi gehen Passagiere an Bord der Lukuledi-Fähre. Rechts: Bei Niedrigwasser führt ein schattiger Pfad durchs Mangrovendickicht.

» Karte S. 172-173, Info S. 194-195

Am Lukuledi

Sonderlich einladend sind die Straßen von Lindi nicht, daher zieht es den Besucher eher an den Strand des Lukuledi. Sein klares, durch die Meeresnähe salziges Wasser umfließt die Siedlung s-förmig und bildet eine breite, sandige Bucht neben den nördlichen Wohngebieten. Zum 1 km langen, perfekten weißen Sandstrand **Mitema Beach** sind es ca. 5 km vom Markt auf der T 7 nach Norden. Die schmaleren Strände südlich des Hafens sind voller Leben: Hier ist die Abfahrtstelle der Fähren zur Kitunda-Halbinsel jenseits des Flusses. Ein paar Schritte weiter am Ufer erreicht man den **Fischmarkt**.

Mit einem Boot lassen sich andere Schönheiten des Lukuledi-Mündungsarms erkunden: Ca. 12 km flussaufwärts kann man viele **Krokodile** beobachten, flussabwärts zu den Korallenriffen im Ozean gelangen oder einen Ausflug zur *kisiwa cha popo*, der **Insel der Fledermäuse**, unternehmen, um die tagsüber in den Bäumen ausruhenden Fliegenden Hunde zu besuchen. So eine Flussfahrt ist ein Genuss: Saftig grüne Mangroven säumen die Ufer des kräftig blauen Wassers, bizarre, dunkle Felsvorsprünge des aus dem Meer gehobenen Korallenkalks wechseln mit weißen Sandstränden.

Südlich des Stadtgebietes von Lindi wird auf dem Westufer des Flusses in großen Becken Salz gewonnen.

Kitunda-Halbinsel

Verlockend liegt die Kitunda-Halbinsel auf der Ostseite des Lukuledi, der Stadt Lindi gegenüber. An der Fährstelle sieht man morgens viele Bewohner von drüben landen, geflochtene Körbe mit frischem Gemüse und leckeren Früchten auf dem Kopf, die auf dem Markt und in den Straßen von Lindi verkauft werden sollen. Besonders während der Trockenzeit ist man über das viele saftige Blattgrün erstaunt.

Foto: Elke Frey

Die Überfahrt auf einem der geräumigen, aber mit Säcken, Gemüsekörben, Hühnern, Fahrrädern und vielen Leuten voll gepackten Holzbooten bietet auf der kurzen Strecke abwechslungsreiche Aussichten, das Ein- und Ausladen ist ein unterhaltsames Erlebnis. Die Fähren mit Außenbordmotor nehmen nicht den verfallenen Landungssteg in Anspruch: Man watet eine kurze Strecke barfuß durchs warme Wasser und klettert über Bord.

Wendet man sich am Fährplatz von **Kitunda** auf dem küstennahen Pfad nach Norden, also flussabwärts, lüftet man bald das Geheimnis um das gut gewachsene Gemüse: Bananenhaine spenden angenehme Kühle, hohe Bäume beschatten intensiv bewässerte Beete, und während zum Lukuledi hin das Salzwasser zwischen den Mangroven gluckst, plätschert auf der Landseite in kleinen Kanälen klares, frisches Süßwasser. Die Kitunda-Halbinsel ist so sehr damit gesegnet, dass sie mittels einer Rohrleitung quer durch den breiten Fluss Trinkwasser an Lindi abgeben kann.

Der vielseitige Weg Richtung Flussmündung führt mal auf den Plattformen hoher, steiler Riffkalke oder an zauberhaften **Sandstränden** entlang, mal durch winzige Fischerhäfen oder Mangrovendickichte. Wer stattdessen lieber einen weiten Überblick über den Lukuledi genießen möchte, nimmt von der Fährstelle aus den steilen Weg aufwärts ins Dorf. Beim Wandern auf dem von Feldern und lichtem Wald und Busch gesäumten Hauptweg trifft man auf verwilderte Sisalplantagen und aufgelassene Verarbeitungs- und Transportanlagen. Sie sind überwuchert und von zahlreichen Vögeln belebt.

Rondo-Plateau

Im Küsten-Hinterland erheben sich Hochflächen nördlich und südlich des breiten, vielfach verzweigten Lukuledilaufs. Das ausgedehnteste ist das Makonde-Plateau in der Region Mtwara, das höchste das **Rondo-Plateau ❷**. Es liegt nördlich der asphaltierten Straße T 6 (Richtung Masasi), die in **Nyengedi**, ca. 60 km ab Lindi, von der T 7 abzweigt. Auf dieser Hochebene finden sich zwischen 700 und 900 m Höhe einige Dörfer, aber viele Bergflanken sind so steil, dass sie nie landwirtschaftlich genutzt werden konnten und daher ihre ursprüngliche Vegetationsdecke tragen. Da das Rondo-Plateau die umliegenden Landschaften überragt, fangen seine Hänge mehr Niederschläge auf als die Umgebung. Das macht es zu einem grünen Fleck im vergleichsweise trockeneren Umland. Aufforstungen mit Kiefern sind hier erfolgreich. Wald und mit zahlreichen endemischen Pflanzen begrünte Hänge laden unternehmungslustige Wanderer ein. Ein örtlicher Führer sei dringend empfohlen, ein eigenes Geländefahrzeug ist fast unerlässlich, denn nur nach den Orten entlang der T 6 fahren öffentliche Verkehrsmittel.

Rechts: Versteinerter Saurierknochen, gefunden am Tendaguru-Hügel.

Riesensaurier am Tendaguru-Berg

Seit der Jurazeit (der Zeit vor etwa 200 bis 145 Millionen Jahren) ist der ostafrikanische Küstenstreifen und sein Hinterland, das Gebiet mit den annähernd küstenparallelen Mittelgebirgen, viele Male vom Meer überflutet, aber nachfolgend immer wieder gehoben und in Festland umgewandelt worden. Saurier waren die beherrschenden Lebewesen der Jura- und Kreidezeit.

In der Umgebung des 311 m hohen Bergs **Tendaguru ❸** (Tendunguru), etwa 100 km nordwestlich von Lindi, wiesen deutsche Paläontologen während einer Expedition zwischen 1909 und 1913 drei Perioden von Flutkatastrophen am Ende der Jurazeit nach, denen viele Saurier zum Opfer gefallen waren. Sie wurden dabei in lockere Sedimente eingebettet, ihre Knochen versteinerten. Die Wissenschaftler waren fasziniert von deren gigantischen Ausmaßen. Die Forscher und ihre zeitweilig bis zu 500 einheimischen Helfer bargen und verfrachteten über einen Zeitraum von fast fünf Jahren 250 Tonnen sorgfältig verpacktes Material, das das Museum für Naturkunde in Berlin erhielt. Dort wurden nach jahrzehntelanger Präparationszeit die prächtigsten Saurierskelette ausgestellt.

Das größte unter ihnen gehört *Brachiosaurus brancai* – 23 m lang und 12 m hoch. Der Riese war vermutlich friedlicher Natur: Sein Gebiss zeigt, dass er Vegetarier war; schätzungsweise 1 t Grünzeug verspeiste er pro Tag.

Die von Miombowald bewachsene Gegend wurde ihrer großartigsten Saurierfossilien zur deutschen Kolonialzeit beraubt. Danach fanden weitere wissenschaftliche Untersuchungen statt, Grabungsfurchen verschiedener Expeditionen sind jetzt noch sichtbar. **Versteinerungen** liegen weiterhin im Gelände, dürfen aber nur mit besonderer Erlaubnis entnommen werden. Heute wie damals ist allein schon der Anmarschweg zu den Fundstellen ein Erlebnis, aber sehr beschwerlich. Nur

» Karte S. 172-173, Info S. 194-195

Foto: Elke Frey

mit einem Geländewagen während der Trockenzeit ist es möglich, bis zu einem der Dörfer in der Nähe des Berges vorzudringen. Besonders gut geeignet ist der Oktober, wenn das hohe Gras abgebrannt und Wegverlauf und Landschaft übersichtlich geworden sind. Dem Tendaguru am nächsten liegt das Dorf **Namapuia**, von dort kann man in Begleitung von Einheimischen das Gelände durchstreifen. Es ist nicht nur vorgeschrieben, sondern wegen der schwierigen Wegverhältnisse auch empfohlen, sich bei der Regionalverwaltung in Lindi (Kulturamt und Naturschutzamt) Erlaubnis und Rat einzuholen.

Mtwara

Wer zum ersten Mal **Mtwara** ❹ besucht und zum Markt oder zum Busbahnhof fährt, wundert sich vielleicht über den langen Umweg, den die Hauptstraße durch die Stadt nimmt. Er führt durch sehr verschiedenartige, weit voneinander getrennte Stadtteile: an den modernen Gebäuden von Regionalverwaltung und Post vorbei, dann an einem Geschäfts- und Bankenviertel, vorwiegend aus der Zeit der 1950er und 1960er Jahre. Darauf folgen eine größere Grünanlage mit Bäumen, einfache Serien-Wohnhütten, schließlich Markt und Busstand. Bei dieser Rundfahrt hat man die durch Felder und Freiflächen weiträumig vom übrigen Stadtgebiet getrennten Hafen- und Industriebereiche und die feineren Wohngegenden noch nicht einmal gestreift.

Die Stadt Mtwara ist nicht einmal ein Jahrhundert alt und hat sich nicht so entwickelt, wie es sich die Stadtplaner Mitte des 20. Jh. erträumten: Sie sollte zu einer Großstadt von 200 000 Einwohnern heranwachsen und zum wichtigsten Verkehrs- und Handelszentrum des Südostens werden. 1946 war Tansania von der britischen Verwaltung dazu ausersehen worden, ein wichtiger Lieferant von pflanzlichen Fetten zu werden. Das ehrgeizige britische Projekt sah vor, im Distrikt Nachingwea, rund 150 km westlich von Lindi, weite Flächen Miombowald zu roden und in Erdnussfelder

Foto: Gunther Wurschi

umzuwandeln. Zur Verschiffung der Erdnüsse gab es als nächstgelegenen Hafenort allein Lindi, doch der war nur für Schiffe mit wenig Tiefgang geeignet, und die Straße dorthin war nur zur Trockenzeit befahrbar. So baute man einen **Tiefwasserhafen** beim früheren Fischerdorf Mtwara (später Regionalhauptstadt des Südostens) und die Bahnlinie Mtwara-Masasi. Schon 1950 war das Erdnuss-Mammutprojekt gescheitert. Der Hafen ist indes bis heute ein großer Vorteil für den Südosten Tansanias und soll künftig vergrößert werden. Die Bahn wurde 1962 stillgelegt, als Ersatz dient die Straße T 6.

Der Südosten besteht verwaltungsmäßig aus zwei Regionen: der großen, dünn besiedelten Region Lindi mit ihrer anmutig gelegenen, aber wirtschaftlich marginalen Hauptstadt und der vergleichsweise dicht besiedelten Region Mtwara (1,3 Mio. Einwohner) mit ihrer städtebaulich fragwürdigen, aber infrastrukturell besser ausgestatteten Hauptstadt Mtwara (110 000 Einwohner), die derzeit nach Erdgasfunden in der Region (auch offshore) einen Aufschwung erlebt und Bus-, Flug- und Schiffsverbindungen mit Dar es Salam hat. Symbol einer besseren Zukunft für den armen Südosten ist Mtwaras modernes Gasturbinenkraftwerk.

Oben: In einer Küche an der Küste.

★Mikindani

Die bedeutendste Sehenswürdigkeit von Mtwara liegt 11 km westlich der Regionalhauptstadt: Mangroven säumen die gleichmäßig gerundete, von Korallenriffen abgeschirmte Bucht des historischen Hafenstädtchens ★**Mikindani** ❺. Der Ortsame ist vielleicht von *msikiti ndani* (in-der-Moschee) abgeleitet oder von *mikinda*, den hier überall wachsenden jungen Palmen. Mikindani war, wie das knapp 100 km entfernte Lindi, Endstation einer Karawanenroute aus dem südlichen Bereich des Nyasa-Sees, auf der Sklaven und Elfenbein durch das Ruvuma-Tal hierher geführt wurden. Wie Lindi stand die Stadt im 19. Jh. unter

» Karte S. 172-173, Info S. 194-195

dem Einfluss des Sultans von Sansibar. Die Häuser der arabischen Händler müssen mit ihren geschnitzten Türen und hölzernen Balkonen einstmals prächtig ausgesehen haben, heute verfallen sie. Unübersehbar ist die breite Front der kolonialdeutschen **Boma**; ursprünglich Polizeiwache, ist sie mittlerweile in ein schmuckes, stilvolles **Hotel** mit Pool verwandelt worden. Livingstone ging in diesem Hafen von Bord einer Dau, als er 1866 zu seiner letzten Afrikareise aufbrach. Die bildschöne ★**Bucht** mit ihren **Dauen**, das geschlossene Stadtbild und ein lebendiger **Markt** machen Mikindani zu einer besuchenswerten Stadt, zumal es wenig westlich der Busstation auch ein Strandhotel für Wassersportler gibt.

Strände und Ufer um Mtwara

Man erwarte in Mtwara jedoch keine Urlaubsoasen. Einige akzeptable Unterkünfte liegen im feinen Wohnviertel **Shangani**, einer Halbinsel zwischen der Mikindani- und Mtwara-Bucht. Einladender als hier sind die **Strände** auf der Halbinsel **Masangamkuu**, die die Bucht von Mtwara umschließt; eine **Fähre** verkehrt etwas südlich von Shangani. Östlich der Halbinsel und an der Ruvumamündung im Süden entwickelt sich mit den **Mnazi Bay-Ruvuma Estuary Marine Parks** eine neue touristische Attraktion mit mehreren Hotels. Hier lag schon seit langem ein beliebtes Ausflugsziel der Bewohner von Mtwara: schier endloser ★**Strand** und die **Korallenriffe** von **Msimbati** ❻, 40 km nach Südosten, ca. eine Stunde Fahrt auf passabler Straße. Dauen bestreiten z. T. den Verkehr nach **Mosambik**, aber es quert, wenn intakt, auch eine **Autofähre** über den Grenzfluss **Ruvuma**.

Ein anderer Trip führt in die Nähe des zur Trockenzeit (Juni-Oktober) ruhigen, zur Regenzeit (November-Mai) aber reißenden Ruvuma bei **Kitaya** ❼, 1,5 Autostunden von Mtwara. Hier lassen sich Krokodile, Flusspferde, Wasserböcke, Riedböcke u. a. beobachten.

MAKONDE-PLATEAU

Unter den Einwohnern Mtwaras nehmen die **Makonde** einen großen Teil ein, und einige von ihnen beschäftigen sich mit dem, was naive Touristen vielleicht ausschließlich von ihnen erwarten: Sie schnitzen **Ebenholz-Skulpturen**. Ganz besonders dadurch ist dieser Stamm in der zweiten Hälfte des 20. Jh. bekannt geworden. Doch in erster Linie sind die Makonde Bauern. Sie besiedelten ursprünglich nicht das Gebiet unmittelbar an der Küste, sondern sind in den Bergländern südlich des Ruvuma, im heutigen Mosambik, beheimatet gewesen. Ein Teil von ihnen ist bis heute dort geblieben.

Soweit es sich zurückverfolgen lässt, besiedelten die Makonde nach einer frühen Auswanderungswelle Mitte des 18. Jh. das fruchtbare, aber wegen seiner Überschwemmungen auch gefährliche Tal des Ruvuma und breiteten sich auch entlang der Küste aus.

Eine weitere Siedlerwelle bewegte sich im ersten Viertel des 19. Jahrhunderts aus der überflutungsgefährdeten Talebene auf das nördlich des Flusses wie eine Insel steil aufragende Hochland. Der Boden dort ist trocken, sandig und wasserdurchlässig, doch die Makonde zogen diese 500-700 m hohe Ebene dem Tal vor: Sie entgingen so Überschwemmungen und Hungersnöten, außerdem belästigten dort oben Malaria-Mücken, Wildtiere, und damit auch Tsetsefliegen, die Siedler weniger. Der Karawanenweg der Sklavenhändler durch das Tal mag einen zusätzlichen Grund zum Ausweichen gegeben haben.

Im späten 19. Jh. wuchs die Bevölkerung auf dem **Makonde-Plateau** noch an: Hungersnöte in Mosambik und die aus Südafrika nach Norden strebenden kämpferischen *Ngoni* trieben weitere Makonde hier herauf. Bis heute ist es das Hauptsiedlungsgebiet der in Tansania zu den bevölkerungsreichsten Stämmen zählenden Volksgruppe geblieben. Im nördlichen Mosambik siedeln Makonde

» Karte S. 172-173, Info S. 194-195

Foto: Javed Jafferji

weiterhin im Hochland zwischen den Flüssen Ruvuma und Messalo.

Vornehmlich zwei Ursachen führten dazu, dass heutzutage Makonde auch in anderen Teilen von Tansania oder sogar in Kenia ansässig geworden sind: Der starke Bevölkerungsdruck auf dem Plateau und die Verdrängung während des Bürgerkriegs in Mosambik ließen viele Makonde Lohnarbeit annehmen – eine Tätigkeit, der sich andere Stämme so leicht nicht unterwerfen wollten. Viele Makonde zogen in den Nordosten von Tansania und nahmen die mühselige Arbeit auf den Sisal-Plantagen auf. Nicht selten lebten sie in geschlossenen Gruppen und bilden dort z. T. auch heute noch kleine Siedlereinheiten.

Ein anderer Grund, die Heimat zu verlassen, war und ist die Verdienstmöglichkeit durch das Schnitzen von Ebenholz-Skulpturen, die sich in erster Linie dort verkaufen lassen, wo auch Nachfrage dafür besteht: in Dar es Salaam, Nairobi oder anderen Orten in Ostafrika, die von Touristen frequentiert werden.

Die außergewöhnlichen Kunstwerke, die seit den 50er Jahren des 20. Jh. als Handelsobjekte große Verbreitung fanden, zunächst durch den indischen Kaufmann Mohamed Peera, haben den Makonde eine Öffentlichkeit beschert, die sie vorher nicht besaßen. Vielmehr bewohnten sie sowohl in Mosambik als auch in Tansania abgelegene, selbst von den Kolonialmächten schwer erreichbare Gebiete. Dadurch bewahrten sich bei ihnen manche Traditionen besser als anderswo. Am bekanntesten sind ihre Musik und akrobatischen Stelzentänze, während die Sitte der Frauen, zu ihrer Verschönerung einen Ebenholzpflock durch die Oberlippe zu tragen, inzwischen fast verschwunden ist. In Tansania sieht man dies gelegentlich in Dörfern mit eingewanderten Mosambik-Makonde. Spitz gefeilte Schneidezähne dagegen scheinen als Schönheitsideal endgültig ausgedient zu haben.

Oben: Auf dem Sklavenmarkt in Mikindani endete der schreckliche Karawanenweg und begann neues Leid. Rechts: Ebenholzfigur eines Makonde-Schnitzers.

» Karte S. 172-173, Info S. 194-195

Newala

Eine recht gut befahrbare Sandstraße führt am Flughafen von Mtwara vorbei Richtung Makonde-Plateau. Gepflegte Cashewplantagen überwiegen auf der Hochfläche. Großdörfer sind hier zur Zeit des tansanischen Sozialismus entstanden. Wo sich größere Flussläufe in die Hochfläche einschneiden, besonders westlich von **Nanyamba**, unterbrechen auffällige Steilhänge die nur sanft gewellte Landschaft.

In etwa vier Stunden erreicht man die 140 km entfernte Distrikt-Hauptstadt **Newala** ❽. Ein ausgedehnter **Markt** bildet die Mitte des Ortes. Die meisten Verwaltungsgebäude der Stadt liegen im Westen, unmittelbar am Steilrand des Plateaus. Dorthin sollte man unbedingt gehen: Gewaltige Mangobäume säumen die sandigen Straßen bis zur **Boma**. Die Festung, die die Deutschen einst bauten, ähnelt heute jedoch eher einem verwunschenen Märchenschloss – die Zellen des örtlichen Gefängnisses befinden sich darin. Der ★**Ausblick** von hier oben macht ihre damalige beherrschende Stellung deutlich: Weit nach Süden und Westen verfolgt man das breite, bewaldete **Tal des Ruvuma**. 100 km flussaufwärts überquert die **Unity 1 Bridge** den Ruvuma bei **Negomano** (Mosambik). Jenseits des Tals ragen die Berge von Mosambik auf, wo ebenfalls Makonde leben. Von der Boma führt ein steiler Weg in Serpentinen den Hang hinunter.

Foto: Heinz Joerissen

Masasi

Fast ein wenig wie eine Frontstadt des Wilden Westens mutet der Distriktort **Masasi** ❾ an: Die von Osten kommende Nationalstraße T 6 ist westwärts immerhin rund 50 km über den Ort hinaus asphaltiert. Auch die aus Newala einmündende Landstraße trägt teilweise bereits eine feste Decke.

Man erreicht Masasi nach aussichtsreicher Fahrt vom Plateau in die von wunderlichen Gneisbuckeln durchsetzte Ebene. Nach Norden führt ein schlechter Weg über **Nachingwea** ❿ in die Einsamkeit der extrem dünn besiedelten Region Lindi nach **Liwale** ⓫. Auch von dort lässt sich – nur mit Geländefahrzeug und Wildhüter – das **Selous-Wildreservat** ⓬ erreichen. Westwärts sind die über 400 Kilometer der T 6 bis Songea streckenweise eine Staubpiste und mit dem Bus – besser nur während der Trockenzeit – in ein bis zwei Tagen zu bewältigen. Bevor man diese lange, holprige „Sitztour" unternimmt, kann man die naturgeschützen Felsen der **Masasi-Hügel** (951 m) besteigen: ein schöner Ausblick. Vor Schlangen sollte man sich allerdings in Acht nehmen. An einfachen Hotels mangelt es nicht.

Masasi dient auch als Ausgangspunkt für Besuche der Wildreservate **Msangesi** ⓭ (westlich von Masasi, an der Grenze zur Lindi-Region) und dem wildreicheren **Lukwika-Lumesule** ⓮ am **Ruvuma-Fluss** (an der Grenze zur Ruvuma-Region und Mosambik).

» Karte S. 172-173, Info S. 194-195

Njombe
Ndulamo
Bulongwa
Nganda
Ruhudji
Nyama
Ruhudji
Tandala
14
1953
Igominyi
Itoni
T6
Kilolelo
Ikombe
Ukwama
Nkiwe
Uwemba
113
Matumbi
75
Mahenye
Lupila
Lumbila
LIVINGSTONE MOUNTAINS
N J O M B E
Kifanya
Itungi
Lusitu
Wissman Bay
2525
Kiu
Lukumburu
1554
Kirondo
Mlangali
Lugarawa
Ruhuhu
Malisa
Madunda
Lirondo
25
Lupahira
Pitu
Milo
Mavanga
TANZANIA
MALAWI
Makonde
165
Mundindi
Madaba
1328
68
Mahanje
2488
Lifuma
T6
Bogoro
Lupingu
24
Cape Kaiser
Nindi
Ludewa
Lipanga
1913
Ngara
Itimba
Gumbiro
Nyungwe
Mhambarasi
Rutukira
Mtyangimbole
M1
Kingole
117
Nchewere
Lake Nyasa
Chilumba
Luilo
LULOMA PEN.
Manda
Uhimba
Lutimba
Ruanda
Young's Bay
Amelia Bay
Lumecha
Sangilo
Ferry
Ruhuhu
Mpandangindo
Lion Pt.
23
1999
Mgazini
Lituhi
T6
Chitimba
Peramiho
Livingstonia
Paradiso
Benedictine Mission
18
Chiweta
1441
17
Chimpamba
Lundu
Kitai
Likuyufusi
T12
SONGEA
Mlowe
Matiri
53
Mata Mondo
Mapera
Pankongo
Likonde
Zunga
(Lake Malawi, Lago Niassa)
Mbuli
1950
42
Kigonsera
Ipaya
1520
Uzumara
Nindai
1700
Chipole
1430
Mpitimbi
MBICU Hotel
Namatuhi
Salawe
Mango
Litembo
19
Mbinga
Jitha Jembe
Njuga
Mkondowe
Tumbi Pt.
Maguu
2020
T12
Mhukuru
Lihigo
Ruvuma
22
Liuli
67
Mpepaya
Ruarwe
Nyoni
Usisya Bay
Mphandi Pt.
Nyasa View Lodge
Chinula
21
Usisya
Mbura
Mbamba Bay
20
Bweteka
Ndengo
Mirambo
Tingi
1620
Chikwina
Nakawale
Chiwanda
Lukoma Bay
Liparamba
MALAWI
(472)
1919
Lwazi
Mtungi
Ruvuma
Timbiri
Mitomani
M5
Unity 2 Bridge
Nkhata Bay
Chipala
MOÇAMBIQUE
1848
Chizi Point
Monte Txitonga (Matualmba)
Moola
Mankhambira
Lupilichi (Olivença)
Ngomba
CHISUMULU I. (MALAWI)

Selous
Game
Reserve
MOROGORO
LINDI
Luwegu
Luhayando
Njenje
Mbarangandu
Hemedi
1242
1310
1045
900
Laguruka
Mbunga
Naikesi
Mpurukasese
Mbarangandu
1003
Langero
Ilonga
Mgombasi
1010
1553
Mtonya
Likuyu
TANZANIA
973
Mtulanjiwa
Luwegu
Namtumbo
1038
Namabengo
Suluti
Nahoro
T6
Mchomolo
Litola
72
70
Selous-
Niassa
Wildlife
Corridor
RUVUMA
Muhuwezi
Mkongo
Kilimasera
67
16
Matemanga
Tabora
Msamara
Makungwe
1127
Kwitanda
Chingunguru
59
Mtwara
Nampungu
Likonde
Ligera
T6
Tunduru
15
Ligoma
Chitanda
Lukimwa
Mtukula
1050
Namasakata
Lusewa
105
Kibwana
Marumba
Kwampini
Mtina
Mbesa
Sasawara
TANZANIA
MOÇAMBIQUE
790
Nchoteka
Ligunga
Nalasi
Lukumbule
Msangesi
Magazini
Ruvuma
Chamba
Mamudo
1103
Bilandeje
Reserva do Niassa
Milepa
RUVUMA
15 - 25
0
20
40 km
© Nelles Verlag GmbH
7
Süd-Tansania

REGION RUVUMA

Tunduru

Wenn auch der Straßenzustand der T 6 westlich von Masasi durch die **Region Ruvuma** stellenweise noch wenig einladend ist, wird der Reisende von der Landschaft bezaubert: von den endlosen Ebenen mit schütteren Bäumen und Sträuchern und den bizarr herausragenden, gerundeten, riesigen Gneisfelsen. Steile Termitenhügel stehen zwischen flachen, ausladenden Schirmakazien. Die Dörfer liegen nahe den Flussauen und oft im Schutz eines grandiosen, frei stehenden Felsriesen.

Alle Flüsse entwässern zum **Ruvuma**, dessen sandiges Tal sich 50 km südlich der Straße hinzieht. Auf der 900 km langen Grenzstrecke zwischen Tansania und Mosambik queren ihn zwei Brücken: **Unity 2 Bridge**, ca. 140 km südlich von Songea bei **Mitomani,** und die Unity 1 Bridge südwestlich von Masasi bei Negomano (s. S. 181). Der Ruvuma entspringt westlich von Songea und durchläuft Gebiete mit sehr alten Gesteinen, einige enthalten Edelsteine, z. B. Granat, andere Rohstoffe wie Uran. So ist **Tunduru** ⓯ neben Masasi wichtiger Ausgangspunkt für Prospektoren. Darüber hinaus prädestinieren diese Flüsse die Umgebung von Tunduru für die Landwirtschaft. Allerdings machte die schlechte Verkehrsanbindung in alle Himmelsrichtungen die Vermarktung bisher schwierig, aber die Lage bessert sich.

Tunduru ist der Mittelpunkt des Landes der **Yao**. Sie waren bekannt für Schmiedekunst, Handel und den Besitz europäischer Waffen; ihre Händler reisten zwischen Nyasa-See und Kilwa über Land, nach Süden bis zum Sambesi. Durch ihren Kontakt mit den Küstenbewohnern waren sie Muslime geworden. Sie handelten mit Elfenbein und waren berüchtigte Sklavenjäger, erwarben früh Feuerwaffen und vertrieben die deutschen Kolonialherren zeitweilig aus dem südöstlichen Küstengebiet. Erst am Ende des 19. Jh. besiegten die Deutschen ihren Häuptling Machemba, der nach Mosambik floh, wo ebenfalls Yao beheimatet sind.

Die Niederung nordwestlich Tunduru ist selbst zur Trockenzeit stellenweise vernässt und oft schwierig zu befahren. Den großen **Makungwe-Fluss** quert eine Brücke; 20 km flussaufwärts in **Nampungu** lag der Sitz des legendären Häuptlings Mataka I., Mitte des 19. Jh. Anführer der Yao, als ihr Gebiet die größte Ausdehnung besaß. Man durchfährt hier den riesigen **Selous Niassa Wildlife Corridor** zwischen den Reservaten Selous im Norden und Niassa in Mosambik. **Matamanga** ⓰ ist der letzte größere Ort, bevor man auf der Wasserscheide zwischen den Systemen des Ruvuma und des Rufiji fast 100 km durch schier endlosen, aber nie eintönigen Miombowald fährt.

Songea

An der Nordseite eines über 1500 m hohen Gebirges breitet sich **Songea** ⓱ aus, eine Regionalhauptstadt mit über 200 000 Einwohnern. In den Bergen entspringen zwei bedeutende Flüsse: der **Luwegu**, der im Selous-Gebiet zum Rufiji wird, und der 1100 km lange **Ruvuma**. Auf einem der Vorberge hatten 1897 die Deutschen ein hölzernes Fort errichtet. Kurz vorher hatten sie bei einem Treffen mit *Ngoni*-Häuptlingen, zu denen auch der *nduna* (Gebietshäuptling) Songea Mbano (nach dem die Stadt später benannt wurde) gehörte, freundschaftliche Absichten vorgetäuscht. Beim nächsten Treffen im Fort verhafteten die Deutschen die Würdenträger und erschossen fünf von ihnen.

Die darauf folgenden Jahre waren kaum glücklicher. Der *Maji-Maji*-Krieg, der 1905 in den Matumbi Hills, 200 km südlich von Dar es Salaam, seinen Ausgang genommen hatte, breitete

Rechts: Junge Mädchen aus dem Tunduru-Distrikt.

» Karte S. 182-183, Info S. 194-195

Foto: Gunther Wurschi

sich über einen Großteil der damaligen deutschen Kolonie aus und tobte am längsten gerade im Gebiet der **Ngoni**. Sie waren selbst erst nach 1840 aus Südafrika in dieses Land eingewandert und hatten sich als hartnäckige Herrscher durchgesetzt. Diese Machtstellung brachen die Deutschen bis 1908 – nach grausamen Hinrichtungen 1906 und mühsamer Abwehr der Ngoni-Guerillakämpfer.

Welch ein unseliger Beginn für eine Stadt! Umso erfreulicher bietet sich Songea heute dar: In einer Höhe von 1160 m gelegen, besitzt sie angenehme Temperaturen. Die Gegend erhält verhältnismäßig hohe Niederschläge: Das macht die Stadt grün, mit vielen schattigen Bäumen, Blütenschmuck in Vorgärten, einem kleinen, liebevoll gepflegten öffentlichen **Park** im Zentrum. Die wichtigsten innerstädtischen Straßen sind asphaltiert.

Der Hügel, zu dem die Hauptstraße **Sokoine Road** hinaufführt und auf dem früher die Boma stand, beherbergt heute außer staatlichen Verwaltungsbauten auch moderne Bürohäuser, umrahmt von hohen Bäumen, zwischen denen man zwanglos spazieren gehen kann. Wenige Schritte östlich des Gipfels (an der Njombe-Straße: *mtaa wa Njombe*) erinnert am Rand eines Wäldchens ein Schild an den **Platz der Hinrichtung** von 40 Ngoni am 27.2.1906.

Biegt man auf der folgenden Asphaltstraße (Mahenge-Straße: *mtaa wa Mahenge*) nach Süden ab, erreicht man nach fünf Minuten Fußweg die **Maji-Maji-Mahnstätte**. Sie erinnert mit überlebensgroßen Skulpturen an 12 große Häuptlinge dieses Gebietes; die 81 Hingerichteten des Maji-Maji-Kriegs ruhen unter schattigen Bäumen in einem gemeinschaftlichen Grab, in einem besonderen hat man den *nduna* Songea Mbano gebettet. Ein zweistöckiges **Museum** gibt einen Rückblick auf geschichtliche Ereignisse der letzten rund 150 Jahre; volkskundliche Gegenstände geben Auskunft über verschiedene lokale Handwerke einschließlich der Schmiedekunst, über traditionelle Zeremonien und Feste, Jagd und Kriegskunst.

» Karte S. 182-183, Info S. 194-195

Foto: Elke Frey

Westwärts zum Nyasa-See

Die Nationalstraße T 6 erreicht Songea von Norden und Osten als Asphaltstraße. Auch die T 12 nach Westen ist geteert. Nach 20 km zweigt von ihr eine Straße nach **Peramiho** ⓲ ab. 1898 gründeten deutsche Benediktinermönche die dortige Abtei als **Missionsstation**, die im Lauf der Zeit große Bedeutung erlangte. Es gibt u. a. ein Priesterseminar, Handwerkerschulen, eine Mädchenschule der Benediktinerinnen, einen Verlag und ein großes **Hospital**. Auch gute Gästeunterkünfte bietet diese eher europäisch geprägte Gemeinde.

Bergland mit Miombowald begleitet die T 12 westwärts, in feuchten Niederungen gedeiht oft Cassava, in Flussnähe auch Zuckerrohr. Große Maisfelder bestimmen das Gebiet einer früheren britischen Farm um **Kitai**.

Weiter westlich auf der Straße nach **Mbinga** ⓳ ändert sich das Bild: Bis auf die Kuppen der gerundeten Hügel ziehen sich kleine Felder hinauf. Im 19. Jh. drangen die Ngoni in das Gebiet östlich des Nyasa-Sees ein. Aus der Not, mit weniger Land auskommen zu müssen, machte das bedrängte Volk der *Matengo* eine Tugend und erfand einen intensiven Feldbau: Sie bepflanzen sich rechtwinklig kreuzende Dämme, die Mulden dazwischen sammeln das Wasser und nehmen Kompost von Pflanzenresten auf. Dämme und Vertiefungen werden in ausgeklügeltem Wechsel umgeschichtet, zudem halten die Bauern eine Zweijahresfruchtfolge ein, wie z. B. Mais – Bohnen – Erbsen.

Das waldreiche **Bergland** um Mbinga ist ideal für Tee- und **Kaffee-Anbau**. Im Oktober kommen die Kaffee-Aufkäufer aus der Hauptstadt in dieses abgelegene Hochland. Den alljährlich im Oktober eintreffenden Großhändlern bietet der kleine Ort im Zentrum die Mbinga Lodge, die außerhalb dieser Zeit eine angenehme Unterkunft für Touristen ist. Dank der asphaltierten Straße gelangt man rasch von Songea hierher.

Oben: Eine Frauengruppe zieht zu einer Hochzeit in Songea.

» Karte S. 182-183, Info S. 194-195

AM NYASASEE (MALAWISEE)

Mbamba Bay

Visionäre in Tansania fordern eine Bahnlinie von Mtwara zum **Nyasasee (Malawisee)** – doch deren Realisierung ist nicht in Sicht; die abgelegene Gegend ist noch ein Idyll. Auf den 67 km zwischen Mbinga und **Mbamba Bay** ⑳ am Ostufer zwängt sich die Straße malerisch durch das Gebirge mit seinen über 2000 m hohen Gipfeln. Die abwechslungsreiche Route mündet am weiten blauen Rund der Bucht. Man hat den Eindruck, an ein großes, friedliches Meer gelangt zu sein. Doch *Mbamba Bay* bedeutet „Donner-Bucht": Der Gegensatz zwischen den Zweitausendern und dem 472 m betragenden Niveau der weiten Wasserflächce des Sees – er ist hier 60 km breit und von Nord nach Süd 560 km lang – lässt gelegentlich gewaltige Gewitter entstehen.

Der lange **Landungssteg** erwartet Boote aus Nkhata Bay (Malawi). Eine tansanische Fähre bedient zwischen Liuli (32 km nördlich Mbamba Bay) und Itungi Port am Nordufer die kleinen Orte am See. Darauf sind sie angewiesen, denn Verkehrsverbindungen ins östliche Hinterland sind kaum vorhanden und sehr schwierig. Die wichtigsten Produkte der Orte sind Fische; eine Spezialität von Mbamba Bay sind die geräucherten, flachen kleinen *tilapia*, die hier dank der Straße, ins Binnenland verfrachtet werden können.

Das üppig grüne Land vor der Kulisse hoher Berge lädt zum Wandern auf der kaum befahrenen Küstenstraße ein, so zum Beispiel von Mbamba Bay zum 7 Kilometer nördlich gelegenen Dorf **Chinula** ㉑.

Mit geländegängigem Fahrzeug ist die Küstenstrecke bis **Liuli** ㉒ befahrbar, wo man mit Hilfe des örtlichen *Pomonda Raha Eco Camp* die großartige Gegend kennen lernt. Unter günstigen Bedingungen kommt man bis **Lituhi** ㉓ am **Ruhuhu-Fluss**. Den quert nur während der Trockenzeit eine Fähre; dann geht es auch weiter nordwärts nach **Ludewa** (Region Njombe) ㉔ und nach Njombe an der T 6. Der Nyasa-See bietet klares Wasser und ist zum Bootfahren, Angeln, Schwimmen und Tauchen geeignet.

REGION NJOMBE

Fast 300 km lang ist die Strecke der T 6 zwischen Songea und dem Verkehrsknoten **Makambako**. Doch nicht nur die gute Straße erfreut den Reisenden, auch die weiten Landschaften, die bei rascher Fahrt als großartiges Panorama an einem vorüberfliegen. Die 60 km von Songea zur Brücke des **Rutukila** (auch: Rutukira) führen durch recht ebenes Farmland, nördlich des Flusses durchschneidet die Straße zunächst schnurgerade die wellige Miombo-Landschaft, klettert dann aber bald in Kurven in das Bergland hinauf, wobei sich weite Ausblicke auf die nördlichen Ebenen von Ruvuma auftun.

Bei **Magingo** ist eine Hochfläche erreicht, sie ist z. T. mit Hirse bebaut. Noch höher hinauf geht es in das Land der *Bena*, die die windumtosten und von Starkregen heimgesuchten Berge mit Hilfe ihrer Hügelbeete optimal bebauen. **Lirondo** ㉕ wird gern als Rastort benutzt, ringsum wird viel **Kaffee** angebaut, als Schattenbäume werden oft Grevilleas gepflanzt.

Die Straße windet sich noch höher auf baumlose Hochflächen, die mit Gräsern und Farnen bestanden sind. In der Gegend von **Njombe** ㉖ (2000 m) gibt es Teeplantagen, Pflanzungen mit Gerberakazien und Kiefernforste. Die hoch gelegene Stadt ist ein wichtiger Ausgangspunkt von Straßen in die **Kipengere-Bergkette** und zu den **Livingstone-Bergen** (u. a. nach Bulongwa, siehe Seite 177, und Ludewa).

In **Makambako** ㉗, einem wichtigen Verkehrsknoten mit TAZARA-Bahnanschluss, mündet die T 6 in die Hauptstraße T 1 ein.

» Karte S. 182-183 u. S. 188-189, Info S. 194-195

REGION MBEYA

Mbeya

Kaum ein anderer Ort Tansanias ist verkehrsmäßig so gut mit wichtigen Städten des In- und Auslands verknüpft wie die aufstrebende Regionshauptstadt **Mbeya** ㉘ (390 000 Einw.): Asphaltiert sind die T 10 nach Malawi, die T 1 südwestwärts nach Sambia und nordostwärts Richtung Iringa, Morogoro und Dar es Salaam. Die TAZARA fährt nach Dar es Salaam und Sambia. 2012 hat 25 km südwestlich der neue **Flughafen Songwe** eröffnet (u. a. *Fastjet* fliegt von/nach Dar es Salam).

Ihren Ursprung hat die junge Stadt Ende der 1920er Jahre, als jenseits der Bergkette **Mbeya Range** rauschartig die Ausbeutung der Goldvorkommen im **Lupa Goldfield** im Distrikt **Chunya** begann, die heute eine bescheidenere Fortsetzung findet. Dorthin führt in vielen Serpentinen über die östliche Kette die unbefestigte Nationalstraße T 8, die sich rühmen kann, mit 2640 m die höchste des Landes zu sein. Während der Trockenzeit fahren Fernbusse über Chunya durch dünn besiedeltes Gebiet über Itigi nach Singida (s. S. 163).

Nicht nur Verkehrswege treffen sich in Mbeya, auch unterschiedliche Landschaften stoßen hier aufeinander. Die kahlen, spitzen Gipfel der über 2800 m hohen Mbeya Range nördlich der Stadt

» Karte S. 188-189, Info S. 194-195

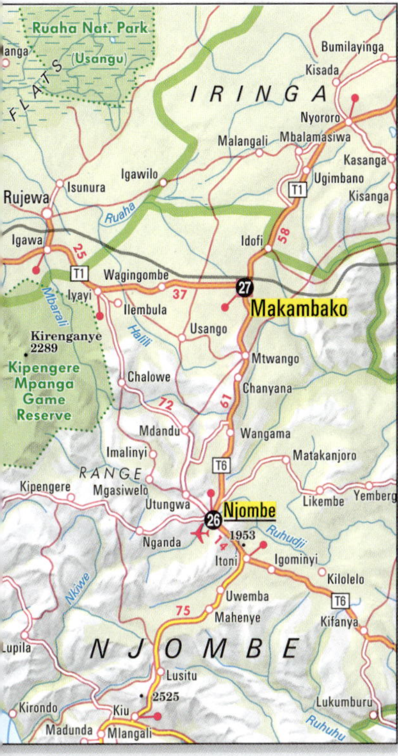

bilden mit ihren steilen Hängen nach Süden und Osten einen Zwickel zwischen den Systemen des Zentralafrikanischen und des Ostafrikanischen Grabens. Von Nordwesten her zeigt die abflusslose, lang gestreckte Senke vom **Rukwa-See** mit ihrer Südspitze in Richtung Mbeya, von Nordosten her breitet sich die Ebene **Usangu Flats** aus, die der **Great Ruaha** durchfließt. Beide Tiefländer liegen weit über 1000 m niedriger als das Gebirge. ★**World's End Viewpoint** ㉙ heißt der Aussichtspunkt bei **Ipinda 2** (gut 2 km abseits der Straße T 8 nach Chunya) mit atemberaubenden Ausblicken auf die endlose Weite des Ruaha-Tals.

Der Great Ruaha und einige seiner südlichen Zuflüsse entspringen in den **Kipengere-** und **Poroto-Bergen**, an deren Nordausläufern die T 1 und TAZARA-Eisenbahn entlangführen. Kleine Vulkankegel prägen die Berghänge beiderseits der Straße. Von hier bis zum Nordufer des Nyasa-Sees ist vulkanisches Bergland, das bis ins 18. Jh. aktiv war und im Vulkan **Rungwe** mit 2961 m seinen höchsten Gipfel erreicht. Es bündelt die beiden Grabensysteme, die sich nach Süden, nunmehr als einziger Strang, im Nyasa-See fortsetzen.

Die Stadt Mbeya

Großzügig und in gutem Zustand präsentieren sich nicht nur die breiten Fernstraßen, sondern auch die beiden Zufahrten zur Innenstadt von Mbeya. Flott rollen die *daladalas* größtenteils über die östliche **Karume Avenue** während die Fernverkehrsbusse auf der westlichen **Mbalizi Road** dem sehr lebendigen zentralen Busstand zustreben. Das Stadtzentrum mit **Touristeninformation** (*Cultural Tourism P. Sisi-Kwa-Sisi*), Geschäften, Markt, Banken, Restaurants und Verwaltungen schließt sich hangaufwärts nach Norden an.

Der Ort schmiegt sich in 1700 m Höhe an den mehrfach zertalten Südhang der Mbeya-Kette. Alleen, Wäldchen, Gärten und Felder lockern das Stadtgebiet angenehm auf. Die Berggipfel erscheinen an klaren Tagen zum Greifen nahe, und dann empfiehlt sich eine Halbtageswanderung auf den Hausberg **Loleza Peak**. Den Aufstieg bis zur Spitze auf 2656 m verhindert ein Zaun, doch auch unterhalb davon ist der Ausblick auf die Stadt und die Poroto-Berge großartig.

Ausflüge von Mbeya

So verlockend nahe der spitze, kahle Gipfel des 2818 m hohen **Mbeya Peak** von der Stadt aus erscheint, so schwierig ist er in nur einem Tag von dort aus zu Fuß zu bewältigen. Besser fährt man mit einem Wagen auf der T 8 und durch den **Kawetire Forest** bis zum Einstieg.

» Karte S. 188-189, Info S. 194-195

Foto: Elke Frey

Für den Fußweg zum Gipfel sind dann 1,5 Stunden zu veranschlagen. Den Ausflug sollte man nur bei Trockenheit und klarer Sicht durchführen, am besten mit einem Führer. Warme Kleidung und Trinkwasser nicht vergessen!

★Kitulo Plateau National Park

Sisi-Kwa-Sisi vermittelt auch Touren in den ★**Kitulo Plateau National Park**, überwiegend in der Region Njombe gelegen. Dafür ist ein Geländewagen nötig. Das vorläufige Hauptquartier des Parks in **Matamba** ㉚ erreicht man ab **Chimala** (80 km östlich von Mbeya) über die atemberaubende **Serpentinenstraße Hamsinsi Na Saba** mit 57 (Kiswahili: *hamsini na saba*) Spitzkehren, von denen man herrliche Ausblicke auf die Usangu Flats genießt.

Die 413 km^2 des im Jahr 2004 eingerichteten Parks umfassen drei verschiedene Landschaften: einen kleinen Teil des östlichen Rungwe-Vulkans, den nördlichen Steilabfall der Livingstone-Kette, vor allem aber die baumlose, rundkuppige Hochebene **Kitulo Plateau**. Das Einzigartige dieses Nationalparks ist nicht seine Tier-, sondern seine **Pflanzenwelt**: In der Regenzeit von November bis April verwandelt sich die sonst karge Hochfläche in ein Blumenmeer. Allein 40 verschiedene Orchideen hat man dort gezählt!

Pflanzen-, aber auch Vogelfreunde, die sich auf reichlich Feuchtigkeit, aufs Wandern und sehr einfache Unterkünfte einstellen mögen, werden hier ihr Paradies finden. Durch das Nationalparkgebiet führt eine raue Straße aus Richtung Mbeya in abgelegene Ortschaften des Gebirges wie **Bulongwa** oder **Makete**. An der Piste liegen – ungewöhnlich für einen tansanischen Nationalpark – einige Dörfer; von mehreren Punkten öffnen sich atemberaubende Ausblicke auf die Dörfer nördlich des Lake Nyasa. Dem Park benachbart ist die Milchfarm **Kitulo Farm** ㉛ mit einfachen Unterkünften.

Oben: Ein himmlisches Gefühl, auf dem Mbozi-Meteoriten zu reiten.

» Karte S. 188-189, Info S. 194-195

★Mbozi-Meteorit und Heiße Quellen

Eine der bekanntesten Sehenswürdigkeiten der Mbeya-Region ist der ★**Mbozi-Meteorit** ㉜. Etwa 54 km westlich von Mbeya (3 km vor dem im Tal sichtbaren Ort **Mlowo**) biegt man von der T 1 auf die Mbozi-Ringstraße ab – sie erreicht die T 1 wieder im Ort **Vwawa** – und folgt ihr bis zum **Marengi Hill**, einer Anhöhe südlich des Dorfs **Isela**; 200 m östlich der Straße liegt der etwa 12 t schwere Eisen-Nickel-Meteorit von ca. 3 m Länge. Ein Wärter hält ein Gästebuch und für Wissensdurstige eine ausführliche Beschreibung bereit.

Ebenfalls von der T 1 zu erreichen sind **Heiße Quellen** ㉝ (*maji moto*) nahe dem malerischen Flusstal des **Songwe**, der in den **Rukwa-See** mündet. 26 km westlich von Mbeya durchfährt man zunächst den Ort **Songwe**; eine Landmarke sind die hohen Schornsteine seines Zementwerks. 2 km weiter überquert die T 1 das tief eingeschnittene Tal des Songwe. Am Talhang auf der Südseite zweigt ein Sandweg westwärts ab, dem man zum Camp eines Kalksteinbruchs folgt. Ab dort spaziert man entlang dem südlichen Hochufer des Songwe, mit prachtvollen Ausblicken auf Flussschleifen und entlegene Bauernhöfe, dann erreicht man die farbenfrohen Heißen Quellen, in denen man Eier garen könnte. Nahe dem Steinbruch laden auch die *pango la popo* oder **Fledermaushöhlen** zu einem Besuch ein.

★Ngozi Crater Lake

Grüne, üppige Landschaft erwartet den Reisenden im Bergland südlich von Mbeya. Es ist nicht nur durch seine vulkanische Erde besonders fruchtbar, sondern erhält wegen seiner Höhe auch erheblich mehr Niederschläge als die kargen Hochflächen östlich und westlich von Mbeya. Nachhaltige Eindrücke von der landschaftlichen Schönheit erhält man schon bei einem eintägigen Ausflug zum ★**Ngozi Crater Lake** ㉞, dem Kratersee des Vulkans **Ngozi**. Wer gut zu Fuß ist, kann auf ein gemietetes Fahrzeug verzichten und einen der zahlreichen Busse von Mbeya Richtung Tukuyu, Kyela oder Malawi nehmen und sich an der T 10 ca. 2 km südlich des Dorfs **Isongole** (etwa 35 km ab Mbeya) an der Abzweigung absetzen lassen, die zum Lake Ngozi führt: 4 km wandert man in westlicher Richtung durch ebene Felder auf den bewaldeten Vulkan zu und läuft nochmals 1 Stunde zum Gipfel durch die **Itunza Forest Reserve**, die sich in der **Poroto Ridge Forest Reserve** fortsetzt. Die letzten 40 Minuten bis zum Kraterrand geht man auf schmalem, z. T. steilem und schon bei geringer Feuchtigkeit glitschigem, aber schattigem Fußpfad.

Die Vielfalt der üppigen Pflanzenwelt entschädigt für die Mühen des Wegs: Man passiert riesenhafte Waldbananen, zarte Bambushaine, zahllose Blütenbäume, gewaltige Schlingpflanzen. Gelegentlich bieten sich Durchblicke auf den ebenmäßigen Vulkanriesen Rungwe südöstlich des Ngozi.

Der Aussichtspunkt auf dem Steilrand ist auf etwa 2200 m Höhe erreicht, und die stille Fläche des länglichen Kratersees 200 m tiefer mag manchen verlocken, den Abstieg dort hinunter zu wagen, doch der Aufstieg zurück zum Kraterrand ist wegen des Lockermaterials der abschüssigen Flanke mühsam.

Tukuyu

70 km von Mbeya erreicht die Straße T 10 Richtung Nyasa-See **Tukuyu** ㉟. Hier errichteten die Deutschen 1901 auf einem 1600 m hohen Vulkankegel eine **Boma**. Unterhalb davon machten die Deutschen ihren Ort *Neu-Langenburg* zur Hauptstadt des Distrikts Rungwe. Von der Festung hat man einen beherrschenden Blick in Richtung Nyasa-See und entgegengesetzt, nach Norden, auf den 2961 m hohen Vulkan **Rungwe**, seine kahl erscheinende Gipfelregion ragt

aus einem dichten Waldgürtel heraus. Von den Dörfern der unteren Waldgrenze (von der T 10 aus erreicht man ihn von **Kiwira** oder **Kyimo**) kann man eine Besteigung in einem Tag wagen: Sehr gute Kondition, ein örtlicher Führer, warme Kleidung und Marschverpflegung sind notwendig. Vogelfreunde sollten ihr Fernglas nicht vergessen.

Tukuyu ist für seine von den *Nyakyusa* intensiv landwirtschaftlich genutzte Umgebung ein wichtiger Mittelpunktsort. Der Rungwe-Distrikt gehört zu den niederschlagsreichsten Tansanias. Zur Trockenzeit sind Ausflüge per Geländewagen zu verschiedenen Naturschönheiten der vulkanischen Landschaft zu empfehlen.

Am Kiwira

Der **Fluss Kiwira** entspringt an der Nordflanke des Rungwe-Vulkans, wendet sich in südliche Richtung und quert nahe dem Dorf Kiwira die T 10. Er und seine Nebenflüsse schneiden sich tief in das weiche, vulkanische Gestein ein und bilden an einigen harten Gesteinsschichten Stromschnellen, Wasserfälle und natürliche Felsbrücken. 5 km südlich des Dorfs **Kiwira** stürzt sich der Fluss als **Marasusa-Wasserfall** ㊱ in die Tiefe. 10 km weiter erreicht man hinter einer Bananenpflanzung eine enge Schleife des Flusses, wo er sich durch harte Felsen zwängen muss. Das Wasser brodelt dabei so sehr in den Basalthöhlungen, dass diese Stelle **Kijungu**, Kochtopf, genannt wird.

Südlich davon führt die Straße durch das Gelände einer Ausbildungsstätte für Vollzugspersonal. Hier bittet man um Erlaubnis zur Durchquerung des Gebiets und des Besuchs der Basaltbrücke **Daraja la Mungu** ㊲ (Gottesbrücke), die den Kiwira 3 km südlich des Kijungu überwölbt. Von dort sind es auf recht guter Sandstraße 8 km nach Kyimo an der T 10.

Rechts: Die Basaltbrücke „Daraja la Mungu".

Zwei reizvolle Wasserfälle an Nebenflüssen des Kiwira erreicht man südlich von Tukuyu: nach 4 km auf der T 10 ist nach Westen eine Sandstraße zum *Lutengano Moravian Centre* (Camping- und Übernachtungsmöglichkeit) ausgeschildert, das man nach 7 km erreicht. Zu Fuß zum **Kaporogwe Wasserfall** ㊳ (auch: Kapologwe) sind es weitere ca. 7 km, mit dem Auto muss man jedoch einen etwas längeren Umweg machen.

Das klare Wasser des kleinen Flusses stürzt sich über eine mächtige überhängende Gesteinsplatte. Die weichen Sedimentschichten unterhalb sind so weit abgetragen, dass man bequem hinter dem Wasserschleier entlanggehen und von hier einen Ausblick auf die Hänge jenseits des tief eingeschnittenen Kiwira genießen kann.

Ein weiterer Nebenfluss mündet etwa 6 km weiter nördlich in die Kiwira-Schlucht und bildet knapp 2 km östlich davon den mehrfach geteilten **Mosiya-Wasserfall** (4 km westlich von Lutengano).

Am Nordufer des Nyasa-Sees / Matema

Zwei Wege führen von Tukuyu aus an den Nyasa-See: Der eine ist die nur zur Trockenzeit empfehlenswerte Landstraße durch dicht bebautes Farmland, vorbei am Vulkan **Masoko** (mit **Kratersee**), nach **Ipinda**, und weiter nach **Matema** zum Seeufer.

Die bequemere Strecke ist die asphaltierte T 10, von der die Straße nach **Kyela** 7 km vor der Grenze nach Malawi abzweigt. Von dieser Distrikt-Hauptstadt sind es 12 km bis **Itungi Port** ㊴, dem Ponton-Anleger für die beiden oft nicht einsatzbereiten Schiffe, die die kleinen tansanischen Häfen an der Ostseite des Nyasa-Sees bis kurz vor Mbamba Bay bedienen.

Von Kyela aus führt auch eine Straße nach Ipinda, 23 km weiter erreicht man ★**Matema** ㊵ am Nyasa-See. Sein Spiegel liegt 470 m ü. d. M. Eine Au-

» Karte S. 188-189, Info S. 194-195

Foto: Elke Frey

genweide sind die bis in große Höhen bewaldeten **Livingstone Mountains**, die östlich von diesem kleinen Dorf steil aufragende lange Bergkette mit bizarren, über 2000 m hohen Spitzen. Die Ebene am Nordrand des Sees ist feucht und fruchtbar, ideal für Reisanbau. In den Flussläufen leben Krokodile.

Die zahlreichen Dörfer der Nyakyusa erscheinen überaus üppig: Ölpalmen, Bambus, Teakbäume, Bananenpflanzungen und Kakaohaine beschatten die intensiv bebauten Gemüsebeete. Hütten aus Bambusstangen und Lehm bilden malerische Ensembles mit runden Vorratsbehältern aus Bambusgeflecht und spitzem Grasdach.

Seit 1911 besteht in Matema eine Station der evangelisch-lutherischen **Berliner Mission** (Vorläufer gab es seit 1891). Außer Krankenhaus und Kirche besitzt das **Matema Beach View Lutheran Centre** zahlreiche Unterkünften und Gemeinschaftseinrichtungen direkt am **Strand** des klaren Sees. Im Dorf stehen noch weitere Unterkünfte zur Verfügung.

Von diesem paradiesischen Ausgangspunkt lassen sich viele herrliche Wanderungen und Bootsausflüge unternehmen. Die markante Livingstone-Kette lockt mit Wasserfällen und steilen Pfaden durch die grünen Berge. Ein beliebter, aber nicht ganz einfacher Weg ist der Pfad von **Bulongwa** ❹❶ hinunter bis nach Matema; zur Erleichterung kann man Träger anheuern – der Kitulo Plateau National Park eröffnet ganz neue Wanderperspektiven zum und vom See.

Im **Nyasa-See** kann man schwimmen, tauchen oder auch Wassersport treiben. Ein Spaziergang am teils sandigen, teils felsigen Ostufer oder eine Bootsfahrt führt auf die Halbinsel des Töpferdorfs **Ikombe**, dessen Produkte jeden Sonnabend auf dem **Marktplatz am See**, eine halbe Stunde Fußweg östlich von Matema, gehandelt werden. Allmorgendlich verkaufen die Fischer von Matema ihre Ausbeute direkt am Ufer. Man kann auch den Bootsbauern beim Aushöhlen der Einbäume zuschauen.

Foto: Elke Frey

Tunduma

Nicht nur mit Malawi, sondern auch mit **Sambia** hat die Mbeya-Region eine gemeinsame Grenze. In **Tunduma** ㊷ ist der Übergang für die internationale Straße T 1 und die Eisenbahnlinie TAZARA. Selbst für Reisende, die nur ein Visum für die einmalige Einreise nach Tansania haben, gibt es hier eine Chance, kurz mal sambisches Gebiet zu betreten und sogleich zurückzukehren: Tunduma ist eine geteilte Stadt. Begibt man sich auf ihren **Markt**, passiert man ohne amtliche Kontrolle einige hüfthohe Betonpfeiler: die **Grenze**. Die Händler verkaufen Waren aus beiden Ländern, gezahlt wird mit sambischen Kwacha oder tansanischen Schillingen.

Als Grenz- und Marktort ist Tunduma vor dem Hintergrund seiner weiten, einsamen ländlichen Umgebung ein geradezu „hektisches" Städtchen mit mehreren Gästehäusern und Restaurants.

Oben: So fertigt man einen Einbaum am Nyasa-See an.

Lindi (☎ 23)

Adela Guesthouse, Ghana St südl. d. Zentrums; die **Imbissstände am Busstand** Uhuru Street sind gut und sehr preiswert. Ansonsten vor Ort nach den derzeit besten Empfehlungen fragen.

BUS: Tägl. Dar es Salaam (Temeke), ca. 7-8 Std., Abfahrt meist frühmorgens.
Häufige Busse nach Mingoyo zur Kreuzung *Mnazi Mmoja* 22 km südl. von Lindi, ab hier Mtwara (80 km) bzw. Masasi (125 km).
FÄHRE: Nach Kitunda: am Ufer des Lukuledi südlich Hafens, fährt häufig, nach Bedarf.

Mtwara, Mikindani (☎ 23)

Landeskundiges Personal für den gesamten Süosten Tansanias im Hotel **The Old Boma**, Mikindani, Tel. 0757 622000, www.mikindani.com.

FLUG: Tägl. Dar es Salaam, Precision Air, www.precisionairtz.com.
BUS: Lindi, Newala, Masasi mehrmals täglich; Dar es Salaam täglich.

MAKONDE-SCHNITZEREIEN: Mehrere Stände entlang den Hauptstraßen Mtwaras. Kontakte zu weiteren Schnitzern über die Paulus-Gemeinde, 300 m vom Busstand Mtwara.

AUSFLÜGE: Ab Mikindani/The Old Boma fachkundige Führungen: **Rundgang Mikindani**; **Naturkundliche Exkursionen**; **Hochseeangeln**; **Dau-Segeln**, Schnorcheln in den Korallenriffen; Strandausflug nach **Msimbati/ Mnazi Bay Marine Reserve**, **Ruvuma-Tal**, **Makonde-Plateau**; **Rondo-Plateau** u.a.

Newala (☎ 23)

BUS: Täglich nach Mtwara, Masasi. Lindi.

Masasi (☎ 23)

Viele Restaurants entlang der Hauptstraße.

BUS: Tägl. Dar, Tunduru (ab dort: Songea), Newala, Nachingwea.

» Karte S. 188-189, Info S. 194-195

Tunduru (☎ 23)

BUS: In der Trockenzeit tägl. Masasi (ca. 5 Std.), sofern der Straßenzustand es zulässt, Songea (ca. 6 Std.).

Songea (☎ 23)

Songea De Luxe Hotel & Guesthouse, Imbisskost, flott, Sokoine Rd. gegenüber d. Markt. **Agape Café**, Snacks, Kaffee u. Kuchen, Main Rd.; bei der kath. Kirche,

BUS: Mbeya, Dar mehrm. tägl., Peramiho häufig. Mbamba Bay ca. einmal tägl.

Maji Maji Memorial, Mahenge St. Zur Gedenkstätte gehört ein **Museum**, geöffnet 7.30-18.30 Uhr.

Mbinga (☎ 23)

Ansprechendes Restaurant in der **Mbinga Lodge** im Zentrum. **Stand Hotel**, am Busstand, einfach.

BUS: Songea: tägl. mehrmals (Fahrtzeit 2 Std.). Mbamba Bay: 1-2mal täglich (2-3 Std.), Strecke ist zur Regenzeit (Dezember-März) schwer befahrbar.

Mbamba Bay (☎ 23)

SCHIFF: Fähre nach Itungi Port ab Liuli, 32 km von Mbamba Bay, unzuverlässig.
BUS: nach Songea tägl., wenn Straßenverhältnisse es zulassen. Richtung Liuli kein Busverkehr.
MOTORRADVERLEIH. in Mbamba Bay.

Njombe, Makambako (☎ 23)

BUS: *NJOMBE*: Songea, Mbeya: alle 1-2 Stunden; mehrmals täglich Dar es Salaam; täglich Ikonda, Makete, Bulongwa u. a. Orte im Bergland. *MAKAMBAKO:* wichtiger Verkehrsknoten mit vielen Fernverbindungen, ab hier auch ***BAHN***: **TAZARA**.

Mbeya (☎ 25)

Cultural Tourism Programme, Mbalizi Road / Ecke Shule St. (beim Rhino-Denkmal 200 m nördlich vom Busstand), Tel. 0754-463471, 0784-333269, www.sisi-kwa-sisi.com, viele Touren in Mbeya-Region, s. a. Tukuyu, Büro tägl. 8.30-18 Uhr.

Sombrero, modern, kleine Karte internationaler Gerichte, sehr sauber; Market Square/ North St..
Continental, gute afrikan. Küche; North St..
Maua Café, gute, reichl. Mahlzeiten im schattigen Garten, Mwabenja Rd.
Babu Kubwa, südl. v. Markt, Brot und Kuchen, Snacks auf der Terrasse oberhalb der Straße; Jacaranda Rd.

BAHN: **TAZARA** 2-mal wöchentl.: Di, Sa Dar es Salaam; Endstation in Sambia ist Kapiri Mposhi. Bahnhof 7 km v. Zentrum, lokale Busse als Zubringer.
BUS: Häufig Dar es Salaam (ca. 12 Std.), Songea, Malawi (auch: Tukuyu, Kyela), Sambia; tägl. Arusha über Chalinze; Sumbawanga; ca. 2-mal wöchentl. Singida, Tabora. Busstand Fernbusse Mbalizi Rd. Stadtbusse/Kleinbusse Karume Rd.

AUSFLÜGE: Ziele u. a.: **Loleza Peak** (3 Std.), **Mbeya Peak** (1 Tag), **World's End Viewpoint**., **Ngozi Crater Lake**, **Mbozi-Meteorit**; **Utengule Kaffeeplantage**.

Kitulo Plateau N. P.

Das Park-Hauptquartier ist in Matamba. Info vom Cultural Tourism Programme Sisi-Kwa-Sisi, Mbeya. Schönste Blütezeit in der Regenzeit Nov.-Mai.

Für die Anreise ist ein Vierrad-Fahrzeug nötig: Auffahrt entweder mit Privatauto ab Chimala (T 1) oder per Daladala morgens zwischen 6 und 7 Uhr ab Uyole Junction (Richtung Bulongwa), 13 km westl. v. Mbeya.

Tukuyu / Kyela / Itungi / Matema (☎ 25)

BUS: Mbeya häufig, Kyela mehrmals täglich, Ipinda/Matema ca. einmal pro Tag. ***SCHIFF***: Gemäß Fahrplan, aber sehr unzuverlässig, ab Itungi Port: **M.V. Iringa** bis Liuli.

AUSFLÜGE: Wanderungen a. **Kiwira**-Fluss; Trekking **Mt. Rungwe** (2-3 Tage, Zelt-Übernachtung; Gipfel-Besteigung nur im Okt. empfehlenswert); **Teeplantagen**, Wanderungen von **Bulongwa/ Kitulo Plateau** nach **Matema Beach**, Wassersport u. a. m.

Elke Frey

Ein spannendes Schauspiel – das Be- und Entladen der „Mwongozo“ auf dem Tanganyika-See

Foto: Dominique Wirz

AM TANGANYIKA-SEE

KATAVI N. P.
MPANDA
MAHALE N.P
GOMBE STREAM N. P.
KIGOMA
UJIJI

★TANGANYIKA-SEE

Vier Länder teilen sich den längsten und tiefsten See Afrikas, den ★**Lake Tanganyika**. Tansania besitzt einen Anteil von 41 % der 32 880 km^2 Wasserfläche, Sambia 6 %, die Demokratische Republik Kongo 45 % und Burundi 8 %. Der 676 km lange und maximal 70 km, durchschnittlich aber nur 30-40 km breite See erscheint beim Blick auf die Landkarte wie ein trennender Schnitt zwischen dem östlichen und zentralen Afrika, doch für die Menschen an den Ufern und in deren Hinterländern hat er sich eher als Bindeglied erwiesen: durch den Bootsverkehr und den Handel mit seinen Schätzen, dem Fischreichtum, der den See-Anrainern einen Absatzmarkt noch Hunderte von Kilometern landeinwärts beschert.

Oft ist die Luft nicht so klar, dass man vom tansanischen Ufer aus die gebirgige Westseite des Tanganyika-Sees erkennen könnte: Der Horizont scheint unbegrenzt, wie ein Meer wirkt die riesige Wasserfläche. Sie hat ein Niveau von 773 m über dem Meeresspiegel und lässt nicht ahnen, bis in welche Tiefen die steilen Flanken dieses ältesten Sees des ostafrikanischen Grabensystems reichen: Sie enden am tiefsten Punkt 1470 m unter dem Seespiegel, das sind 697 m unter dem Meeresspiegel. Diese Schlucht hat sich im Lauf der letzten 20 Millionen Jahre gebildet.

Bevor sie sich auftat, hingen die Landschaften Ost- und Zentralafrikas zusammen. Der Fluss Malagarasi auf der tansanischen Seite, der heute der wichtigste Seezufluss ist, setzte sich vermutlich ohne Unterbrechung in dem Bett fort, das heute dem Lukuga in der Dem. Rep. Kongo gehört, der sich bei Kalemie westwärts durch die Berge zwängt. Dieser wiederum entwässert über den Lualaba in den gewaltigen Kongo. Auf diese Weise entlassen alle Flüsse, die in den Tanganyika-See fließen, ihr Wasser in den Atlantik.

Zierfische und Trockenfisch

Der See hat keinen Austausch mit anderen Gewässern und ist viele Millionen Jahre alt: Über lange Zeit konnte sich hier eine eigenständige Fauna entwickeln. Die meisten seiner über 300 Fischarten gibt es nur hier und sonst nirgends auf der Welt. Hauptsächlich sind dies **Buntbarsche** (*Cichliden*), ca. 200 verschiedene Arten. Besonders farbenfreudige Cichliden werden hier gefangen und exportiert und finden weltweit neue Domizile in Aquarien.

Der Fisch, der für die Menschen am See viel wichtiger ist, auch wenn er un-

Links: Schimpansenkind vom Gombe Stream N. P.

» Karte S. 200, Info S. 216-217

Mpanda
T23
Sibwesa
Nkungwi
Kansakasia
Park Headquarters
T9
Kantembe 1061
Manyo
Sitalike
KATAVI
Kansanga
Sikitico
11
L. Katavi 10
Kapapa
89
Luafi
Mivunda
Ikola
★Katavi
Sumbwa
Game
87
Karema
National
Ikamba
Sangu
Itimba
Foxes Katavi Wildlife Camp
1652
Reserve
Park
Ifume
Malambo
Ikuu
Chada Katavi
MLALA HILLS
Katuma Bush Lodge
L. Chada
Palahala Camp
Rukwa Game Reserve
Mkombe
9 Kabwe
Milumba
Kibaoni
1537
T9
28
Usevia
Cape Mpimbwe
Utinta
Lalangulu
Kisi
Mfulsi
Mbede
Lukima
Maji Moto
Liazumbi
Paranawe
Itindi
2045
Chinganda
7 Kirando
Legeza
Mwai
Mamba
Rungwa
Mkde
Mtenga
Kafufu
Rungwa
MANDA I.
Kakoma
Mashete
Lyele
Kilida
Kipili
Katongoro
38
53
Kisensegere
Miyombo
Kasehela
8
Tambaruka
Lupita Island Resort
58
Mfinga
Lake Rukwa (Salt L.) (793)
Lake
Usensula
Kasimbo
Namanyere 6
Kacheche
Swaila
27
Chala
Nkwilo
1831
Msilihofu
MBIZI MOUNTAINS
Ninde
Isala
T9
Kasu
Muse
Milundikwa
Uzia
Tanganyika
TANZANIA
Kizungu
Kantawa
Mkamba
Mtowise
Nchenje
2694
Kipande
Msamba
Myula
62
Zimba
Nkansi
Kate
Nkundi
2453
Kizumbi
Ntalamila
Kalundi
Ntendo
Sumbawanga
Sandulula
Wampembe
Katiaswa
Nkana
Kasense
Msia
Kipu
1
Kiswite
2
2025
Sintali
Nkove
Mtimbwa
Mawenzusi
RUKWA
Matanga
Milanda
CONGO
CONGO
Izinga
Kalambo
46
Kasunga
TANZANIA
Kala
Mutungu
2269
Mao
Tamasenga
Chapota
Mpasa
Msanzi
64
Mpwapwa
Moliro
Mkowe
Kitete
Kaengesa
Kakoma
Mbuza
ZAMBIA
T9
Pachapi
T20
Matai
Lula
1641
63
Hela
Myunga
Mpui
Cameron Bay
Muzei
Kasote
Isopa
Mwazye
Kasanga 4
Kawala
Kalambo
50
Sumbu
Kasaba Lodge
Kamba Bay
2221
Ilambila
Katali
Kalambo Falls
Nsumbu
5
Mwera
Kasesya
Kanyezi
Kalambo
Natl.
Mwimbi
Kinglisi
Chipasanse
35
Park
Lufubu
1711
MUTUNDWE I.
Mosi
Ulumi
24
Hore Bay
KUMBALA I.
Mnamba
Kale
3 Mpulungu
Mtula
Kawimbe
Msipazi
40
Kanta Lemwa
Madibila
Mbala (Abercorn)
ZAMBIA
Nyembe
TANGANYIKA-SEE (SÜD)
1 - 11
0 20 40 km
© Nelles Verlag GmbH, München

scheinbarer aussieht, ist der Tanganyikasee-Hering (*dagaa, Stolothrissa tanganicae*). Höchstens 10 cm lang ist er, schlank, silbrig glänzend, ernährt sich von Plankton und kann oberflächennah in sehr großen Schwärmen auftreten. Er wird in der Regel bei Dunkelheit mit Hilfe von Kerosinleuchten, die die Fischer am Bug ihrer Holzboote befestigen, angelockt und mit traditionellen Netzen, in den letzten Jahren allerdings auch mit größeren Schleppnetzen gefangen. Die Fischer breiten ihre Ausbeute am folgenden Morgen auf vorbereiteten Flächen von Kies einer bestimmten groben Körnung aus: So wird der Fisch an der Sonne getrocknet und kann gewendet werden, ohne dass feine Sandkörner haften bleiben. Die *dagaa*-Fischerei ist der bedeutendste Erwerbszweig der See-Anrainer. Solche Trockenfische werden auf vielen Märkten Tansanias auch weit im Hinterland gehandelt – sie stellen eine wichtige Eiweißquelle für die ländliche Bevölkerung dar.

Launen der Vegetation

Die höchsten Berge am See, besonders auf der Westseite, sind Zweitausender, im Norden, der nicht mehr zu Tansania gehört, sogar Dreitausender. Sie helfen, genügend Regen einzufangen, sodass selbst während der kühlen, trockenen Zeit Juni bis Oktober die Landschaft nicht ausdörrt.

In diesen regenreichen Bergen wachsen sog. *montane Regenwälder*; noch weiter westlich, im riesigen Kongobecken, breitet sich bis zum Atlantischen Ozean *immergrüner tropischer Regenwald* aus, dort ist es ständig feucht. Auf der östlichen, der tansanischen Seite, herrscht *Miombowald* vor, wo viele Bäume während der trockenen Monate ihr Laub abwerfen.

Der lang gestreckte See scheint auf den ersten Blick wie ein Riss die westlichen feuchten Vegetationszonen von den östlichen trockeneren zu trennen. Das Seeufer bildet zwar eine scharfe Grenze, die Vegetation (und mit ihr die Fauna) dagegen nicht: Am Ostufer des Tanganyika-Sees haben sich zwei Rückzugsgebiete des Pflanzenkleids der westlichen Seeseite erhalten und verzahnen sich mit der für Ostafrika typischen Vegetation. Die Regierung von Tansania hat diese kostbaren Reste unter Schutz gestellt, und die Bewohner, die diese Gebiete bereits besiedelt hatten, mussten sie verlassen, damit die Natur sich ungestört entwickeln kann: im Gombe Stream und im Mahale Mountains National Park.

Wie geht es weiter mit der ★MV Liemba?

Die Leute am See erkennen es schon von ferne an seinem Tuckern: das Motorschiff ★**MV Liemba**. Ohne diese „alte Dame“, eine schwimmenede Legende, könnten unzählige Säcke Trockenfisch und hunderte nötiger Alltagsdinge aus den vielen straßenlosen Dörfern am See nicht transportiert werden. Das tüchtige Schiff hat Kabinen der 1. und 2. Klasse, Sitzbänke für die 3. Klasse und viel Stauraum für die zahlreichen Lasten, die z. Z. etwa alle zwei Wochen auf der Strecke zwischen Kigoma und dem sambischen Mpulungu gelöscht und geladen werden.

Die *MV Liemba* (1300 t) hat eine einzigartige Geschichte: Sie wurde 1913 von der deutschen Meyer-Werft in Papenburg gebaut und, in Einzelteile zerlegt, nach Dar es Salaam verschifft. Dort blieben sie liegen, bis die Bahnlinie Dar-Kigoma 1914 fertig gestellt war. Dann wurden sie auf den Zug verladen und schließlich in Kigoma 1915 zusammengesetzt. Als zivile *Graf Goetzen* (benannt nach dem früheren Gouverneur Deutsch-Ostafrikas) verkehrte das Dampfschiff nur kurz; General von Lettow-Vorbeck übernahm es als Militärtransporter. Als die Briten im Ersten Weltkrieg die Tanganjikabahn eroberten, wollten die Deutschen ihnen nicht auch noch ihr Schiff überlassen – und versenk-

» Karte S. 200, Info S. 216-217

Foto: Dominique Wirz

ten es deshalb1916 (in Alex Capus' Roman „Eine Frage der Zeit" von 2007 wird diese Geschichte wieder lebendig). 1916 beherrschten Belgier von der benachbarten belgischen Kolonie Kongo den Tanganyika-See und bargen das Schiff, doch schon 1920 sank es wieder. Erst die Briten hoben es mit langfristigem Erfolg, restaurierten den Dampfer und setzten die Goetzen als *Liemba* (historischer Name des Tanganyika-Sees) 1927 wieder ein. Und seitdem fährt sie, seit den 1970ern mit Dieselmotor, und mittlerweile stark überholungsbedürftig. Furore machte sie 1951 im Hollywood-Film „African Queen" – als Kanonenboot *Louisa*. Deutsche Enthusiasten bemühten sich vor einigen Jahren erfolglos darum, die *Goetzen* als Museumsschiff zurück nach Papenburg zu holen.

Landungsbrücken haben am tansanischen Ufer nur die Häfen Kigoma und Kasanga sowie die sambische Endstation Mpulungu. Ansonsten müssen Waren und Personen ein- und ausgebootet werden: Zuschauen, wie zentnerschwere *dagaa*-Säcke, Baumstämme, ganze Wohnungseinrichtungen oder eingenähtes Sackgut zwischen den schwankenden Holzbooten und dem Motorschiff verladen werden; das abenteuerliche Ein- und Aussteigen der bunt gekleideten Passagiere; Kopfsprünge vom Mittel- oder gar vom Oberdeck ins glasklare Wasser – das alles macht die Schiffstour auf dem Tanganyika-See zu einem großartigen Erlebnis.

Wieder auf Fahrt, genießt man die mal nahen, mal ferneren Uferlandschaften, Gespräche mit unterschiedlichsten Passagieren, die Lichter der Fischerboote auf dem nächtlichen See. Die Fahrt zwischen Kigoma und Mpulungu dauert fahrplanmäßig 40 Stunden. Die Liemba diente zudem schon Flüchtlingstransporten, wie auch die von Finnen 1979 gebaute *MV Mwongozo*, die die Strecke Kigoma – Bujumbura bedient. Verspätungen sind üblich.

Oben: Die kleinen Dagaa-Fische vom Tanganyika-See sind eine wichtige Eiweißquelle für die Menschen im Hinterland. Rechts: Viele Stunden dauert das Be- und Entladen der Schiffe in Kigoma.

» Karte S. 200, Info S. 216-217

Foto: Laurent Villeret

REGION RUKWA

Der südliche Tanganyika-See gehört zur **Region Rukwa**, einem riesigen Gebiet (etwa so groß wie der Victoria-See) mit gut 1 Million Einwohnern – einer der am dünnsten besiedelten Teile des Landes. Die wichtigste Fernstraße kommt von Süden her, vom sambisch-tansanischen Grenzort Tunduma: die asphaltierte Nationalstraße T 9. Sie ermöglicht ganzjährig täglichen Busverkehr zwischen Mbeya und der Hauptstadt **Sumbawanga** ❶. Die Strecke führt durchs Land der *Fipa*. Der Stamm war früher bekannt für seine traditionelle Eisenherstellung: Hacken und Speere der Fipa waren begehrte Handelsprodukte in Ostafrika, bevor ab dem 19. Jh. Billigimporte den Markt überschwemmten.

Wenn auch Pflüge, Traktoren und Kunstdünger neuerdings gute Erträge in der Maisproduktion erbringen, so schränken sie die herkömmliche Methode der Feldbestellung und Düngung ein, sie wird aber noch praktiziert: Man errichtet auf dem Acker eine Art Komposthaufen aus Pflanzenabfällen und Erde und verteilt ihn später zur Verbesserung des Bodens. Solche von Menschenhand errichteten Erdhügel sind auf der Fahrt durch das wellige Hochland hin und wieder zu sehen.

Die Region erhielt ihren Namen von dem abflusslosen **Rukwa-See**, der sich bis 135 km lang von Nordwest nach Südost erstreckt, nahezu in gleicher Richtung wie der südliche Tanganyika-See, aber etwa 100 km weiter östlich. Parallel dazu verlaufen die schmalen, bis über 2000 m hohen Gebirgszüge, die das Land zwischen den beiden Seen in breite Senken zerteilen. In solch einer Senke liegt auch der krokodilreiche Rukwa-See; sein Wasserstand ist stark vom Niederschlag abhängig, seine Länge schwankt zwischen 50 und 135 km.

Wer einen Blick von der Gebirgskette der **Mbizi Mountains** auf den See werfen möchte, kann mit einem Bus von Sumbawanga in das 20 km entfernte Dorf **Mawenzusi** ❷ fahren.

Das Seeufer selbst ist nicht leicht erreichbar; der Straßenzustand der Gebiete in Seenähe erfordert ein Geländefahrzeug.

Von Sumbawanga zum Tanganyika-See

Dank der asphaltierten Nationalstraße T 9 gewann die Regionshauptstadt **Sumbawanga** (gut 200 000 Einwohner) als Verkehrsknoten für ihre dünn besiedelte Umgebung an Bedeutung. Die meisten Straßen sind Sandpisten bzw. steinig, wenn es über die Bergketten geht. Busse fahren vom zentralen Busstand östlich der Hauptstraße. Personentransporte übernehmen z. T. auch Pick-ups und Lkws, meist ab der T 9.

Um den **Tanganyika-See** per Schiff zu bereisen, bieten sich verschiedene Ausgangspunkte an: Wer die Schifffahrt vom Südende des Sees in **Sambia** machen möchte, nimmt die Straße, die über die sambische Grenze via Mbala nach **Mpulungu** ❸ führt. Der nächste Hafen, den die Fähre dann anläuft, der tansanische Ort **Kasanga** ❹ (er hieß während der deutschen Zeit „Bismarckburg"), besitzt seit 1996 eine Landungsbrücke und deshalb verstärkten Güterverkehr über die Nationalstraße T 20 dorthin.

Etwa zwischen beiden Häfen verläuft der Grenzfluss **Kalambo**, der in der Nähe von Sumbawanga entspringt. Er stürzt sich kurz vor seiner Mündung über 210 m hohe Wasserfälle, die **Kalambo Falls** ❺, die per Boot (am besten von der sambischen Seite) und nach einer Wanderung über grüne, feuchte Pfade zu erreichen sind.

Täglich fahren Busse von Sumbawanga zum Distriktort **Namanyere** ❻ und weiter durch die Miombowälder der Randgebirge des Sees über **Katongoro** nach **Kirando** ❼, einem Hafenort mit Gästehäusern. Eine Sandstraße führt zur freundlichen, kleinen Bucht des Fischerdorfs **Kipili** ❽ (6 km von Katongoro). Falls betuchte Gäste das kleine Luxushotel **Lupita Island Resort** besuchen, landen sie auf dem hiesigen Airstrip und begeben sich per Boot auf ihre exklusive Insel.

Von Sumbawanga nach Norden auf der T 9 (Richtung Mpanda) erreicht man 6 km hinter Paramawe, bei **Liazumbi**, eine Abzweigung, wo eine 5-t-Straße zum Hafen **Kabwe** ❾ führt.

Rechts: Der Schuhschnabel ist ein Einzelgänger unter den Vögeln Afrikas und lebt bevorzugt im Sumpfland und an schilfreichen Seeufern.

REGION KATAVI

★Katavi National Park

Ein Bus fährt zwischen Sumbawanga und Mpanda mehrmals wöchentlich. Die Straße ist ab Paramawe selten befahren, Siedlungen gibt es hier kaum, die letzte Tankstelle bis Mpanda liegt abseits der Hauptstraße in Namanyere. Rau und felsig ist die Piste durchs Gebirge mit ausgedehntem Miombowald und führt in die Ebene, die in den ★**Katavi National Park** überleitet. Der Weg durch den Park ist oft sehr sandig. Die Landschaft ist eine Senke, ein Ausläufer der Niederungen im Anschluss an den 100 km entfernten Rukwa-See. Wie im Mikumi-Park bekommt der Besucher auch in diesem Nationalpark beim Durchfahren auf der Hauptstraße eine 50 km lange kostenlose Safari „geschenkt". Im Vorbeifahren können einem Rappen- und Pferdeantilopen oder andere Tiere über den Weg springen. Man hat den überwiegenden Eindruck eines Waldlands, aber nicht den Überblick über die Landschaften, die im Zusammenhang mit den wichtigsten Gewässern, den Lebensadern des Parks, stehen: **Lake Katavi** ❿, umgeben von Sumpfland und Kurzgrassteppe im Norden, sowie den palmengesäumten **Lake Chada** im Südostzipfel des Parks. Flusspferde, Krokodile, Elefanten, Büffel, Leoparden, Löwen und eine große Bandbreite von Antilopenarten sowie eine reiche Avifauna sind die Attraktionen. Von einem Wildhüter begleitete Fuß-Safaris sind hier möglich, das Gebiet ist außerdem durch mehrere Fahrwege erschlossen.

» Karte S. 200, Info S. 216-217

Foto: Sam D'Cruz (Dreamstime)

Der Park hat mit 4471 km^2 eine beträchtliche Größe, mit den umliegenden Reservaten sind hier 25 000 km^2 Wildnis ausgewiesen. Er erhält wegen seiner Abseitslage selten Besucher. Schlichte Unterkünfte und Zeltplätze vermietet die Parkverwaltung. Die Gäste der Luxuscamps lassen sich in der Regel in den Park einfliegen.

Regenzeit ist März bis Mai, beste Besuchszeit Juli bis Oktober. Das **Park-Hauptquartier** ⓫ liegt nahe der Nordgrenze des Parks. Wenige 100 m weiter quert die Straße T 9 ein tiefes Tal, im Dorf **Sitalike** auf der anderen Seite gibt es einfache Läden.

Mpanda

Die 35 km vom Katavi-Park nach **Mpanda** ⓬ lassen sich auf der Asphaltstraße in einer halben Stunde bewältigen. Die Hauptstadt der Region Katavi bietet sich auch für eine Übernachtung an, wenn man den Park besuchen will. Jagdgesellschaften, die Wildgebiete zwischen Ugalla Game Reserve und dem Rukwa-See ansteuern, benutzen Mpanda als Ausgangsort. Er besitzt einen gut frequentierten Flugplatz für Kleinflugzeuge und ist Endstation der Stichbahn, die wöchentlich die Verbindung zur *Central Line* (über Kaliua) nach Tabora herstellt.

Mpanda ist ein wichtiger Verkehrsknoten für Straßen in dieser abgelegenen Gegend, aber die staubige Nationalstraße T 9 nach Uvinza (an der *Central Line*), die 140 km lange Verbindung von Kabungo (10 km westlich von Mpanda) nach Karema oder Ikola am Tanganyika-See sowie die T 23, eine Piste Richtung Osten nach Inyonga, sind, ähnlich der Straße nach Sumbawanga, nichts für Zartbesaitete.

Es kann geschehen, dass man wegen ungünstiger Verkehrslage ein paar Tage in Mpanda hängen bleibt, doch ein Aufenthalt in dieser fernen Provinzstadt kann zu interessanten Begegnungen führen. Das Kulturamt (*ofisi ya utamaduni*) vermittelt z. B. einen Besuch bei der landesweit bekannten Kulturgruppe *Maji Moto Sanaa*.

» Karte S. 200 u. S. 206, Info S. 216-217

BURUNDI
Nyanza-Lac
Mugina
Karundo
Shunga
Mulenbera
Makere
Moyowosi
Nyarabanda
Buhigwe
Munyegera
Mugombe
Kalinzi
Manyovu
Nyakitonto
Mwamgongo
Buhore
Forest L.
Gombe Stream N.P.
Heru Juu
Kasulu
Gitala
Game
Kasekela
Janda
Kanyani
Kiberie
Njamaruta
Park HQ
Nyamondole
Ibolero
Kazinga
Bitale
KIGOMA
Kabuga
Kalalan-gabo
KIGOMA
Kwaga
Musosi
Mutinde
Reserve
Simbo
Ruchugi
Kavanga
Katoto
Ngegera
Kigoma B.
Kidahwe
Malagarasi
Kitwe Pt.
Ujiji
Livingstone Memorial
Kazuramimba
Masanza
Malahi
Ilalanguru
Masake Pt.
Bolombola
Lake Nyagamoma
Katale
Chakulu
Mayobozi
Lugufu
Ilunde
Nganza
Nguruka
Kabeba
Uvinza
Mala-garasi
Ilagala
Msobwe
Munbara
Lake Sagara
Kiti Pt.
Ugalla
Mwiga
Sunuka
Kasaba
Sabagusi
MASITO ESCARPMENT
Kirando
Kaloma
Kabogo Head
Masangwe
Busongola
Sigunga
Lugufu
Kungwe
Mishamo
Pandula
Lake
Bay
Logosa
Kasamia
Nkondwe
CONGO
TANZANIA
Halembe
Rukoma
Luegele
Katumbi
Mugambo Buhingu
TANZANIA
C. Bulu
Kungwe Beach Lodge
Mugewo
Nkungwe
KATAVI
Kasiha
Park Headquarters
Mahale Mountains Nat. Park
Sitwa
MAHALE MTS.
Mpanda Ndogo
Karungu
Mpembe
Manga
Luagala Point
Kasokola
Kabungo
Kalambo
Landamilumba
Uruwila
Mpanda
Kashagulu
Tanganyika
Lufubu
Magamba
Kibwesa
Kalya
Sibwesa
Iloba
Sibwesa Point
Mantema
Nkungwi
Kansakasia
Kantembe
Manyo
Park Headquarters
Sitalike
Kansanga
Luafi
L. Katavi
Ikola
Katavi
Mivunda
Sumbwa
Game
National
Karema
Ikamba
Sangu
Itimba
Reserve
Ifume
Park
TANGANYIKA-SEE (NORD)
12 - 20
0
20
40 km

Mpandas breite, staubige Straßen haben wenig Anziehendes, aber der **Markt**, dessen Bedeutung weit in die Umgebung ausstrahlt, zeigt manche herkömmlichen Gegenstände des täglichen Gebrauchs, die in anderen Teilen Tansanias von der Angebotspalette verschwunden sind, z. B. Wasserkrüge aus Ton, die anderswo längst durch Plastikeimer ersetzt worden sind.

Karema

Wer eine Fahrgelegenheit nach **Karema** ⓭ gefunden hat, erlebt am Tanganyika-See nicht nur eine weite Bucht am blauen See (Weiterfahrt per Fähre je Richtung ca. alle 2 Wochen), sondern auch die Erinnerung an ein interessantes Stück Kolonialgeschichte: 1878 ließ hier der belgische König Leopold II ein **Fort** errichten, konzentrierte seine Eroberungszüge später aber auf das Gebiet westlich des Sees. Katholische Missionare benutzen seither das historische Gebäude.

REGION KIGOMA

★Mahale Mountains National Park

Die großartigste Landschaft auf der Schifffahrt zwischen Mpulungu und Kigoma weist die Halbinsel auf, die der Gebirgszug **Mahale Mountains** bildet: zwischen den Häfen **Kibwesa** ⓮ im Süden und **Mugambo** ⓯ (Mgambo oder Logosa) im Nordosten der bizarr gezackten Kette. Die bis in große Höhe grünen, extrem steilen Berge gipfeln im **Nkungwe** mit 2462 m; manche Spitzen sind grasbewachsen.

Das Linienschiff hält normalerweise nicht vor **Kasoge**, wo sich ganz in der Nähe, unterhalb der höchsten Spitzen, das **Hauptquartier** des seit 1985 bestehenden ★**Mahale Mountains National Park** befindet – keiner der tansanischen Nationalparks ist so abgelegen wie dieser, obwohl er wie zum Greifen nahe an der Schiffsroute liegt. Über Land ist er nicht erreichbar. Der Weg zur **Rangerstation Kasiha** ⓰ (mit einfacher Übernachtungshütte und Natur-Campingplätzen) führt über Mugambo; dort chartert man ein örtliches Boot, das 2-3 Stunden zum Hauptquartier braucht. Oder man chartert ein **Boot** in Kigoma, das je nach Leistung 10-16 Stunden fährt.

Die meisten Gäste erreichen den Park bequem per Flugzeug; er hat eine **Landebahn** für kleine Maschinen, mehrere **Luxus-Zeltcamps** erfüllen die Wünsche anspruchsvoller Besucher. Wichtig zu wissen: Nicht nur das Erreichen des Parks auf dem Schiffsweg ist etwas lang; manchem Besucher mag auch die Aufenthaltsgebühr von 80 US$ pro 24 Stunden etwas hoch erscheinen. Die Luxus-Zeltcamps sind während der Trockenzeit von ca. März bis Oktober geöffnet.

Eine Safari ist nur zu Fuß in Begleitung eines Wildhüters gestattet. Was man unternimmt, hängt von der persönlichen Kondition ab: Der Nkungwe lässt sich in einer 2- oder 3-tägigen Tour besteigen, doch genauso gut kann man sich einfach an den Strand legen oder schnorchelnd und schwimmend im See vergnügen.

Die Spitzen der Zweitausender und das Seeufer markieren nur die Extreme an Landschaften, die man in dem 1613 km^2 großen Park erleben kann. Drei Viertel seiner Fläche bedeckt der in Tansania so verbreitete Miombowald; doch das Ungewöhnliche des Parks liegt im restlichen Viertel, insbesondere auf der Seeseite der Berge: Bis 1300 m Höhe bedeckt üppig grüner Tiefland-Wald die Hänge, tropischer Bergwald und Bambusgebüsch wachsen in höheren Lagen, ab 2300 m überzieht Grasland die Gipfelregion.

Die artenreichen feuchten Wälder ähneln hier mehr der Vegetation des Landes westlich des Tanganyika-Sees als der Ostafrikas. Entsprechend den Pflanzengesellschaften fühlen sich hier auch Tiere wohl, die eher im zentralen Afrika anzutreffen sind. Allen voran sind dies **Schimpansen**, im Park insge-

» Karte S. 206, Info S. 216-217

Foto: Steven Allan (iStockphoto)

samt etwa 700. Seit 1961, lange bevor der Nationalpark eingerichtet wurde, begannen japanische Forscher, das Verhalten der Primaten zu beobachten. In ihrer Station **Kansyana**, östlich des Hauptquartiers Kasiha, setzen sie ihre Untersuchungen fort.

Niemand kann garantieren, dass man während eines Besuchs Schimpansen (*Pan troglodytes schweinfurthii*) sieht. An die Wildnis gewöhnt, meiden sie den Kontakt mit Menschen. Nur zwei der 15 im Park lebenden Populationen sind mit den Forschern vertraut. Es ist auch das Naturerlebnis dieser nahezu unberührten vielfältigen, großartigen Landschaft, das den Park auszeichnet.

Schimpansen gibt es auch außerhalb der Wälder des Seeufers: Mehr als 100 km landeinwärts, in Sumpf-Wäldern und sogar Waldsavannen sind schon Schimpansen beobachtet worden, insbesondere im **Waldreservat** (Tongwe East Forest Reserve) westlich des Flusses **Ugalla**. In diesem nur zur Regenzeit feuchten, während der übrigen sechs Monate aber vergleichsweise trockenen Habitat können die Primaten nur sehr weit verstreut leben und sind daher äußerst selten zu sichten.

Oben: Kleine Safari-Lodge am Tanganyika-See im Mahale Mountains National Park. Rechts: Jane Goodall hat viele Jahre ihres Lebens mit der Erforschung und dem Schutz der Schimpansen verbracht.

★Gombe Stream National Park

Schon vor der Unabhängigkeit Tansanias war der nur 16 km lange, weniger als 4 km schmale Streifen Waldland des heutigen **★Gombe Stream National Park** ⑰ ein Naturschutzgebiet. Er liegt ca. 20 km nördlich von Kigoma zwischen dem Strand des Tanganyika-Sees (773 m) und dem östlich bis über 1500 m aufragenden Bergkamm. Man wusste damals, dass dort Schimpansen lebten, auch dass diese Menschenaffen sich sonst nur weiter westlich in Afrika aufhielten. Darüber hinaus war wenig über sie bekannt, denn sie sind ziemlich scheue Waldbewohner.

Interesse für ihre Erforschung kam

» Karte S. 206, Info S. 216-217

damals nicht, wie vielleicht zu erwarten gewesen wäre, von Biologen, sondern von dem Anthropologen und Paläontologen Louis Leakey. Er und seine Frau Mary hatten gerade sensationelle Funde in der Oldupai-Schlucht am Rand der Serengeti gemacht (s. S. 81), die sie mit der Welt der frühen Menschen konfrontierten – was lag da näher, als sich mit den heute lebenden nahen Verwandten auseinanderzusetzen?

Leakey schickte 1960 seine Sekretärin und Assistentin auf diese Mission: Jane Goodall. Was damals als Expedition für einige Monate geplant war, hat sich seit mehr als fünf Jahrzehnten durch Goodalls unermüdliche Initiative zu einem weltweit bekannten Forschungsvorhaben ausgeweitet.

Foto: Attila Jandi (Dreamstime)

Jane Goodall und die Schimpansen

Nach vielen Monaten Frustration zu Beginn ihrer Untersuchung, als die junge Forscherin die geschickten und vorsichtigen Menschenaffen kaum zu sehen bekam, wurde sie allmählich so vertraut mit ihnen (und die Affen mit ihr), dass sie ihre Verhaltensweisen sorgfältig beobachten konnte. Und sie entdeckte Erstaunliches: Schimpansen sind nicht ausschließlich Vegetarier; sie benutzen Werkzeuge (z. B. einen Grashalm, mit dem sie Termiten aus dem Bau angeln); sie zeigen eine große Bandbreite an Emotionen und ausgeprägt individuelles Verhalten.

Jane Goodall ist durch Publikationen (z. B. *Wilde Schimpansen / In the Shadow of Man*, 1971; *Ein Herz für Schimpansen / Through a Window*, 1990), Vorträge und Stiftungen zur Anwältin für würdige Behandlung und artgerechte Haltung von Tieren geworden.

Der Gombe Stream National Park – kein Sonderangebot

Das Gombe-Stream-Naturschutzgebiet wurde 1968 zum Nationalpark erklärt. Gerade mal ein paar Hundert Personen besuchen ihn jährlich. Ein Park, der weltweit so viel öffentliches Interesse weckte, so nahe einer größeren Stadt, mit so liebenswerten Kreaturen in so zauberhafter Natur – müsste der nicht überlaufen sein? Die Nationalparkverwaltung tat wohl daran, dies zu verhindern:

Die saftige Tages-Eintrittsgebühr (für 24 Stunden Aufenthalt) von 100 US$ soll die wirklich Motivierten hereinlassen und oberflächliche Besucher abschrecken. sowie den Park erhalten und seine Einrichtungen für Besucher und Forscher verbessern helfen. Doch der mit 52 km^2 flächenmäßig winzige Park ist gefährdet: Der Bevölkerungsdruck an den Parkgrenzen, verstärkt durch Flüchtlingsströme aus Anrainerländern, führte zu starker Bedrohung der Affenpopulation.

Nirgendwo kann man den Park mit dem Auto oder Flugzeug erreichen: Boote sind die einzig möglichen Verkehrsmittel. Man kann ein Motorboot (*Speed Boat*) chartern (ab **Kigoma** ca. 120 US$) oder, zusammen mit vielen Bewohnern des Seeufers und ihrem Gepäck, mit ei-

Foto: Guenter Guni (iStockphoto)

nem preiswerten Wassertaxi von **Kibirizi** abfahren, einem Dorf im Nordteil der Bucht von Kigoma (3 km zu Fuß oder in ein paar Minuten per Taxi oder Kleinbus ab Bahnhof Kigoma). Da das Taxiboot für die Passagiere an zahlreichen Ufersiedlungen hält, gibt es viel zu beobachten. In offenen Booten ohne Sonnenschutz kann es sehr heiß werden; sind die Boote voll beladen, ist man schon dankbar, wenn man sich überhaupt irgendwo hinsetzen oder anlehnen kann. Solch eine Fahrt zum **Gombe-Parkhauptquartier Kasakela** dauert 2-3 Stunden.

Außer der **Gombe Forest Lodge** am nördlichen Strand mit eigenem Anleger gibt es nur sehr einfache Unterkünfte im parkeigenen **Resthouse** von Kasakela, Hier ist Verpflegung mitzubringen und in der vergitterten Hütte sorgfältig vor dem Zugriff der Paviane zu schützen. Zelten ist möglich, aber die nächtliche Bewachung durch bewaffnete Wildhüter kostet 120 US$, Gefahr droht vor allem durch angriffslustige Paviane.

Alle Wanderungen im Park sind nur in Begleitung eines Führers erlaubt, die Gruppengröße darf sechs Personen (zusammen mit dem Guide) nicht überschreiten.

Besuch bei „Verwandten"

Stundenlang geht die Bootsfahrt an steilen Ufern und anheimelnden Sandbuchten der Fischerdörfer mit ihren schattigen, dunklen Mangobäumen und Ölpalmen entlang; die Äcker reichen bis zu den gerundeten Gipfeln. Das blaue Seewasser ist so klar, dass die Einheimischen es während der Fahrt bedenkenlos trinken. **Kazinga** ist das letzte Dorf vor der Parkgrenze. Unmittelbar darauf beginnt dichter Wald, von dunklen grünen Flusstälern gefurcht, steil bis zum grasbewachsenen Bergkamm, am Ufer gelegentlich einige der nur zur Fangzeit benutzten Unterstände von *dagaa*-Fischern. Hier ist das kleine Reich von etwa 150 **Schimpansen**: we-

Oben: Junger Schimpanse im Gombe Stream National Park. Rechts: Am Kakombe-Wasserfall erfrischen sich gelegentlich auch Schimpansen.

» Karte S. 206, Info S. 216-217

Foto: Fritz Pölking (Tierbildarchiv Angermayer)

gen zunehmender Landnutzung bis zu den Parkgrenzen eine „erbärmlich kleine Fluchtburg", wie Jane Goodall schon vor Jahren befürchtete. Ist der Kiesstrand von Kasakela erreicht, klettert man über die Bordwand und watet ans Trockene: Doch, hier ist das Paradies.

Auf dem naturkundlichen Ausflug ist man bei den Park-Guides in guten Händen; sie weihen die Gäste in Benimm-Regeln der Wildnis ein: Kein Blitzlicht, kein Essen mitnehmen, Abstand zu den Tieren halten, Augenkontakt zu Pavianen gilt als Drohgebärde etc.

Aufs Geratewohl geht man los; erst auf schmalen Waldwegen, oft auf kaum erkennbaren Pfaden, an den Hängen auf engen Schimpansen„straßen", meistens im Schatten der Bäume. In höheren Lagen ist es offener: Da ergeben sich Aussichten auf den See und die Nachbartäler. Spannend ist das; gibt es doch keine Garantie dafür, dass man die scheuen Schimpansen überhaupt zu sehen bekommt. Und irgendwann hält man den Atem an: Da erlebt man die schwarzhaarigen „Verwandten", wie sie überraschend zwanglos auf demselben Pfad entlangspazieren wie die Besucher; sich gegenseitig lausen; Früchte pflücken, zerkleinern, genüsslich verspeisen; Schlafnester bauen; sich in einer ganzen Gruppe laut schreiend durch die Baumkronen hangeln...

Man passiert das kleine **Forschungszentrum**, wo Beobachter ihre Notizen machen. Der **Kakombe-Wasserfall** und die kleinen Flussläufe sind nicht nur idyllische, kühle Rastplätze für die Menschen, sondern locken gelegentlich auch die Schimpansen zum Trinken. Der Guide kennt viele bei Namen, nicht alle: Nur die Schimpansengesellschaft in der Mitte des Parks ist intensiv untersucht und an Menschen gewöhnt. Die beiden anderen Populationen von jeweils ca. 50 Mitgliedern im nördlichen und südlichen Parkgebiet verbergen sich meist.

Wer im Park übernachtet, kann die Stimmungen eines ganzen Tagesverlaufs und der Nacht miterleben, hat genügend Zeit, im klaren See zu schwimmen, zu tauchen oder zu schnorcheln (Ausrüstung mitbringen), Vögel, In-

Foto: Laurent Villeret

sekten und andere Tiere des Parks zu beobachten. Pavianen wird man sicher begegnen und muss sich vor ihrer Zudringlichkeit hüten. Im Park leben auch andere Primaten: Rote Stummelaffen, Diadem- und Grüne Meerkatzen sowie, sehr rar, Schmidt-Weißnasen.

Kigoma

Der größte tansanische Ort am Tanganyika-See ist eine relativ junge Stadt: **Kigoma** ⓲ verdankt seine Entstehung dem Eisenbahnbau während der deutschen Kolonialzeit. 1914 erreichte der erste Zug auf der 1248 km langen Strecke der *Central Line* die neue Hafenstadt an der Doppelbucht. Vom majestätischen **Bahnhofsgebäude** aus der Kaiserzeit läuft man nur wenige Hundert Meter zum Heimathafen der MS Liemba. Die politischen Wirren nördlich und westlich des Sees stoppten zeitweilig den Linienverkehr nach Burundi (Hafen Bujumbura) und in die Demokratische Republik Kongo (Hafen Kalemie), auf jeden Fall bedient die Liemba die tansanischen Häfen entlang der Ostküste des Sees bis zum sambischen Mpulungu. Für den Ostteil des Kongo ist die Verbindung nach Tansania sehr wichtig, so dass auch kongolesische Schiffe auf der Strecke Kalemie-Kigoma fahren.

Nähert man sich der **Kigoma Bay** mit dem Schiff von Süden, präsentiert sich die Stadt mit zwischen schattigen Mangobäumen versteckten Häusern. Ein imposanter Bau auf halber Hanghöhe fällt auf – die **Residenz des Regional Commissioners** (*„The Kaiser House"*), ein deutsches Kolonialgebäude, einst für Kaiser Wilhelm als Jagdschloss geplant. Noch markanter sind die ziegelgedeckten Häuschen des modernen **Kigoma Hilltop Hotels** auf der Plattform des steilen Hangs, der den Südteil der Bucht abschließt. Dieses Mittelklasse-Haus konkurriert mit dem ruhig gelegenen **Lake Tanganyika Hotel**, einer geräumigen

Oben: Abschied am Bahnhof von Kigoma. Rechts: Wer schnorchelt, kann die farbenprächtigen Buntbarsche im Tanganyika-See aus nächster Nähe bewundern.

» Karte S. 206, Info S. 216-217

Foto: Marcus Degen

Anlage direkt am Strand in Hafennähe.

Der direkte Zugang zum Seeufer ist zwar für Bootstouren eindeutig praktischer, zum Schwimmen ist das Wasser hier in unmittelbarer Stadtnähe allerdings nicht geeignet. Man sollte daher auf einer **Bootstour** zu geeigneteren Stellen weiter hinaus auf den See fahren, um dort im glasklaren Wasser zu **tauchen**. Das außergewöhnlich klare Seewasser hat normalerweise an die 22 m Sichttiefe und bietet Tauchern ideale Bedingungen, bei Wassertemperaturen von 25-28 °C. Auch schon mit Tauchermaske und Schnorchel lässt sich der größte Teil der farbenfreudigen ★**Cichliden** beobachten.

Wer sich für Fischerei und die Erforschung des Sees interessiert, findet Experten bei **TAFIRI** (*Tanzania Fisheries Research Institute*). In Kigoma beschäftigen sich Zierfisch-Experten intensiv mit den Buntbarschen. Informationen zu den schönen Aquarienfischen des Lake Tanganyika kann man auch im Internet bei den vielen Cichliden-Freunden finden, z. B. unter www.cichliden.net.

Ujiji

Von Kigoma setzt sich die zwischen Bahnhof und Markt (mit Busstand) durch ausladende Mangobäume beschattete Hauptstraße hügelaufwärts zur 8 km entfernten Schwesterstadt Ujiji fort. Kleinbusse fahren häufig zwischen beiden Orten und passieren den in der Mitte liegenden Vorort **Mwangu**, der stark expandiert und viele lokale Gästehäuser hat. An der Abzweigung zur wichtigen Landstraße nach **Kasulu** liegt ein großer **Markt**, wenig weiter auch der **Flugplatz** von Kigoma mit Linienverkehr nach Dar und Tabora.

Auf dem weiteren Abschnitt der Straße nach **Ujiji** ⓳ wird es ein wenig ruhiger: Weitaus belebtere Zeiten sah diese Stadt, bevor die Eisenbahn nach Kigoma kam: In Ujiji endete oder begann der Karawanenweg durch das Zentrum Ostafrikas, der sein Gegenstück in Bagamoyo am Indischen Ozean besaß. Die Handelstätigkeit der Araber machte aber am Seeufer nicht Halt, sondern erstreckte sich weit in das Gebiet des Kongo hinein.

» Karte S. 206, Info S. 216-217

„Dr. Livingstone, I presume?"

Noch vor dem Zentrum markiert ein Schild die breite Seitenstraße nach Süden zu Ujijis bekanntester Sehenswürdigkeit: ★**Livingstone Memorial**. Nach zehn Minuten Fußweg trifft man auf ein eingezäuntes Gartengelände mit schönen Blütenbüschen. Hohe Mangobäume spenden einladenden Schatten neben dem steinernen **Denkmal**, das an den Missionar und Afrikaforscher David Livingstone und seine Begegnung mit dem amerikanischen Journalisten Henry Morton Stanley erinnert: Hier, unter einem Vorläufer dieser Bäume, begrüßte am 10. November 1871 der Korrespondent des *New York Herald* den Mann, der hier krank, mittellos und am Ende seiner Kräfte war und den viele schon verschollen glaubten.

Kein anderer Weißer hielt sich damals in dieser Gegend auf, niemand anderer als Dr. Livingstone konnte er sein. Der 30-jährige Reporter war am Ziel seines Auftrags angelangt, den ihm zwei Jahre zuvor der Zeitungsverleger James Gordon Bennett erteilt hatte: *„Finden Sie Livingstone!"* Stanley, selbst erschöpft von seinem abenteuerlichen 236-tägigen Fußmarsch von Bagamoyo bis hierher, fiel in diesem Augenblick nichts anderes ein als die Worte: *„Dr. Livingstone, nehme ich an?"*

Ein Händedruck hinterlässt kaum sichtbare Spuren, daher ist man dem Wärter der Anlage dankbar, dass er so viel über die Lebensgeschichten der beiden berühmten Männer zu erzählen weiß. Ein kleines **Museum** enthält Gemälde von Andrew Alhamisi, in denen er bedeutende Ereignisse im Leben Livingstones und Stanleys darstellt. Die berühmte Händedruck-Szene ist lebensgroß aus bemalter Pappmaschee nachgebildet.

Das Projekt, nebenan ein umfangreicheres und moderneres Ausstellungsgebäude zu errichten, konnte bisher nicht verwirklicht werden.

Rechts: Presse-Sensation von 1871 – der Journalist Henry Morton Stanley findet den verschollen geglaubten Afrikaforscher David Livingstone.

Irrtümer und Wahrheiten über den See

Doch der Wärter kann noch mehr mitteilen: Hinter den Mangobäumen fällt das Gelände leicht ab, und dort zieht er ein wenig Gemüse; zu Livingstones Zeiten reichte der Tanganyika-See bis zu der Senke hinter diesen Bäumen. Livingstones Haus, das nicht mehr existiert, stand also ganz nahe am Ufer. Schaut man dort heute in die Runde, ist überhaupt kein Wasser zu entdecken. Die beiden Afrika-Forscher Richard Burton und John Hanning Speke, die als erste Europäer 1858 den Tanganyika-See erblickten, berichteten, dass die Stadt Ujiji auf einer Insel gelegen sei. Das war vermutlich richtig beobachtet: der Seespiegel hat sich seither auf Grund veränderter Abflussverhältnisse um einige Meter erniedrigt.

Sowohl Burton als auch Livingstone waren davon überzeugt, dass der Tanganyika-See die Quelle des Nils sei. Livingstone kannte den Lualaba auf der Westseite des Sees und glaubte, dass dieser sich nach Norden wende, um dann dem Nil zuzufließen. Es sollte aber erst Henry Morton Stanley während seiner zweiten Afrika-Expedition 1874-1877 gelingen, den Gegenbeweis anzutreten: Unter abenteuerlichen Bedingungen schaffte er die Durchquerung Afrikas von Ost nach West: von Bagamoyo über den Victoria-See und den Kongo-Fluss bis zum Atlantik. Er erkannte, dass der Lualaba dem Kongo zufließt.

Am Hafen von Ujiji

Etwa 600 m läuft man von der Gedenkstätte zum breiten Sandstrand. Hier warten Leute, oft mit viel Gepäck, auf Wassertaxis zu anderen Orten am Seeufer. Auf dem offenen Strand gibt

» Karte S. 206, Info S. 216-217

Foto: Archiv für Kunst und Geschichte, Berlin

es einige ★**Werftbetriebe** für die Holzboote, die nicht selten über 10 m lang sind und als Wassertaxis auf dem See fungieren. Da liegen die Gerippe von riesenhaften Spanten noch unfertiger Boote; Männer nageln Planken millimetergenau aneinander; nirgendwo sieht man Zeichnungen oder feine Messinstrumente, aber am Ende passt doch alles. An den beplankten Booten kalfatern Männer alle kleinen Öffnungen und Risse sorgfältig mit palmölgetränkten Baumwollfasern.

Während es draußen am „Schiffsbahnhof" sehr lebendig zugeht, ist die Stadt auf dem niedrigen Hügel eher schläfrig. Die vielen Moscheen und einige Swahili-Häuser erinnern an den Einfluss der arabischen Karawanenhändler. Das **Postamt** im Zentrum stammt noch aus der deutschen Kolonialzeit.

Von Kigoma ins Binnenland

Die Straßenverbindungen von Kigoma ins Hinterland werden immer besser. Richtung Victoria-See führt eine unbefestigte Straße. Die T 9 nach Mpanda verläuft asphaltiert mehr oder weniger parallel zur Eisenbahnlinie, um dann in der Salzstadt **Uvinza** ⓴ in die Rukwa-Region nach Südosten als Staubstraße abzuzweigen.

Der Karawanenweg des 19. Jh. traf bei Uvinza, in der Gegend des Zusammenflusses von **Ruchugi** und **Malagarasi** auf das Volk der *Vinza*, das für seine saisonale Produktion von hochwertigem **Salz** weithin bekannt war. Heutzutage pumpt man die Sole aus dem Untergrund und lässt ihren Wasseranteil über Holzfeuern oder in großen Becken von der Sonne verdunsten, bis nur das trockene Salz übrigbleibt.

Westwärts ist die Straße nach Tabora nur noch z. T. eine Staubpiste, und damit Konkurrenz zur desolaten Eisenbahn. Zweimal pro Woche fährt ein Personenzug von Kigoma über Dodoma nach Dar es Salaam, meist nur mit Wagen der ersten und dritten Klasse. Flüge ab Kigoma sind rasch ausgebucht, kurzfristige Reservierungen sind daher Glückssache.

» Karte S. 206, Info S. 216-217

Tunduma (☎ 25)

Bush Baby Restaurant, sauber, schmackhafte Gerichte; an der Straße nach Sumbawanga, nahe dem Markt.

BAHN: TAZARA-Station ca. 15 Minuten zu Fuß vom Zentrum.
BUS: Mbeya und darüber hinaus: häufig. Täglich mehrmals Sumbawanga. Busse nach Lusaka/ Sambia: nach Grenzüberquerung.

Achtung: Das übliche Tansania-Visum erlaubt nur die einmalige Einreise. Wer nach Verlassen tansanischen Staatsgebiets wieder nach Tansania zurückkehren möchte, benötigt ein neues Visum (s. S. 240).

Sumbawanga (☎ 25)

Upendo View Inn, größtes Hotel am Ort mit Restaurant und Bar, Kiwelu Street, Tel. 2802242.
Rukwa by Night Hotel, beim Busstand, viel besuchtes Restaurant, Bar; Mission Road, Tel. 2802243.
Forest Way Country Club, mit Gartenbar und Restaurant, Meku Bar St, Tel. 0785 902940.

BUS: Dank der Asphaltierung der T 9 und T 20 bald weitere Linien möglich! Tägl. Tunduma, Mbeya, Namanyere (Nkansi) und weitere Orte der näheren Umgebung. Tägl. Mpanda (zweimal tägl. zur Trockenzeit) durch den Katavi-Nationalpark. Zum Tanganyika-See: Täglicher Bus nach Kirando (über Namanyere). ***LKW, DALA DALA:*** Zum Tanganyika-See: Täglich per LKW oder *dala dala* nach Kasanga ab „Mbwilo"-Tankstelle an der Hauptstraße schräg gegenüber vom Markt, in der Regel etwa zwischen 9.00 und 11.00 Uhr. Mitfahrgelegenheit nach Mpanda: „Tawakali"/ Esso-Tankstelle, westlich vom Markt.

Sambia: Mpulungu

HINWEIS FÜR AUTOFAHRER: Sumbawanga-sambische Grenze ca. 100 km, von dort über Mbala sind es 60 km bis **Mpulungu** am Tanganyika-See. In Mpulungu südliche Endstation des Linienschiffs *Liemba*, Abfahrt nach Kigoma fahrplanmäßig Fr 18 Uhr, Ankunft in Kigoma am übernächsten Tag 10.00 Uhr; z. Z. alle 2 Wochen; Fahrplanabweichungen sind häufig. Der Hafen von Mpulungu besitzt einen Anleger (auch Kasanga, s. u.), so dass dort Autos aufs Schiff verladen werden können (per Ladebaum).

BESICHTIGUNGEN: Von Mpulungu erreicht man per Boot (ca. 2 Std.) den Wanderweg zu den Kalambo-Fällen.

Visabestimmungen beachten! S. Hinweis unter TUNDUMA.

Kasanga (☎ 25)

Ab Hafen Kasanga (ca. 130 km von Sumbawanga) Autoverladung auf *MV Liemba* möglich.

Häfen zwischen Kasanga und Kigoma

Hinweise für den Besuch kleiner Hafenorte am Tanganyika-See: Ein weiter Sandstrand mit vielen Häusern, eine verschilfte Bucht, eine paar Hütten vor einer Felswand: Solche „Häfen" am Ufer des Tanganyika-Sees haben nichts mit Hafenstädten gemein. Größere Schiffe halten sich in sicherem Abstand (unter ungünstigen Umständen mehrere Kilometer), fern von Untiefen oder anderen Hindernissen, in Landnähe. Mit nur wenigen Ausnahmen müssen Ladung und Personen ausgebootet werden, was an manchen Landeplätzen Stunden dauern kann. Ungünstiger Wind und Wellengang können das Be- und Entladen zwischen den kleinen Holzbooten und dem großen Motorschiff sehr erschweren: kein exakter Fahrplan. Das Umsteigen zwischen Boot und Schiff ist nicht ganz ungefährlich und erfordert von den Passagieren eine gewisse körperliche Gewandtheit. Leitern oder Fallreeps gibt es nicht – man muss „klettern" und sein Gepäck dabei mitnehmen.
Der Bootsmann erhält das ortsübliche **Fährgeld** fürs Ausbooten.
An Land informiert meist die Polizei, wann die Fähre fällig ist und gibt Signale, die jeder im Ort kennt – besonders wichtig bei nächtlichen Abfahrten!

Mpanda (☎ 25)

Super City Hotel, ortsübliche Gerichte, Straße nach Sumbawanga, Tel. 2820459, **New Babylon Restaurant**, lokale Kost im Zentrum, nahe CCM-Gebäude.

FLUG: Keine Linienflüge, aber häufige Charterflüge mit Kleinflugzeugen.
BAHN: Wöchentlich zweimal nach Tabora. Bahnhof knapp 2 km südlich des Zentrums.
BUS: Bahnhof–Ortszentrum von Mpanda an den Tagen mit Bahnverkehr; Sumbawanga tägl.; Uvinza/Kigoma und Tabora (über Inyonga): nur während der Trockenzeit. Kleinbusse nach Sitalike/Eingang Katavi National Park mehrmals tägl.

Katavi National Park

Chief Park Warden Katavi N.P., P.O. Box 89 Mpanda, Hauptquartier in Sitalike; eigene Website mit ausführlichen Infos: www.katavipark.org.

Geländewagen von TANAPA oder den Zeltcamps: **Katavi Wildlife**, www.tan zaniasafaris.info. **Chada**, www.nomad-tanzania.com. **Katuma**, www.mbalimbali.com. **Flycatcher**, www.flycat.com, **Palahala**, http://tanzaniafirelightsafaris.com.
BUS: Tägl. mehrere Kleinbusse ab Mpanda und mind. ein Mpanda-Sumbawanga-Bus.
FLUG: Die Zeltcamp-Betreiber sorgen für den Flugtransfer.

Mahale Mountains National Park

www.mahalepark.org; Hütten: Chief Park Warden, sokwe@Mahale.org.

FLUG: Transfers durch Zeltcamp-Betreiber; **Mbalimbali**, www.mbalimbali. com. **Nomad**, www.nomad-tanzania.com, **Flycatcher**, www.flycat.com.
SCHIFF, BOOT: Mit *M.V. Liemba* bis **Mugambo**, dann Boot (ca. 2 Std.) nach **Kasoge**.

Gombe Stream National Park (☎ 28)

TANAPA, www.tanzaniaparks.go.tz, mit Unterkünften und Hauptquartier in Kasekela; Gombe Forest Lodge s.u.

BOOT: **Bootcharter** f. Gäste der Gombe Forest Lodge ab Kigoma durch Betreiber Mbalimbali, www.mbalimbali.com. **Taxiboote** ab Kibirizi, Abfahrten 3 km nördlich von Kigoma (TSh ca. 3000 pro Person; zum Hafen kommt man per Taxi oder Minibus vom Bahnhof Kigoma). Die riesigen Holzboote sind offen, Sonnenschutz dringend empfohlen; wenige Sitzplätze, viel Gepäck im Boot. Fahrtdauer entsprechend den Stops unterwegs, ca. 2-3 Stunden.

Fußwanderungen mit obligatorischem Guide; Angeln (Erlaubnis US$ 50), Schwimmen. Bei individueller Organisation: Verpflegung aus Kigoma mitbringen!

Kigoma (☎ 28)

FLUG: **Precision Air** und **Air Tanzania** bedienen Dar, Tabora und Mwanza. Der Flugplatz liegt an der Straße nach Kasulu, ca 10 km vom Zentrum.
SCHIFF: **M.V. Liemba**, alle 2 Wo. ab Kigoma Mi 16.00 Uhr, an Mpulungu ca. Fr 8.00 Uhr/Abfahrt 16 Uhr; unzuverlässig.
BAHN: Zweimal wöchentlich nach Dar es Salaam: Di, So 17 Uhr, unzuverlässig.
BUS: Tägl. Mwanza, mehrmals pro Woche Bukoba. Uvinza evtl. auch per LKW. Uvinza-Mpanda z. Z. kein tägl. Linienverkehr. Ujiji: ständige Abfahrten ab Markt.

Ujiji (☎ 28)

BUS: von/nach Kigoma: häufig. Haltestelle für den Weg zum Livingstone Memorial: **Bakwata Bus Stop** (500 m vor dem Zentrum).

BESICHTIGUNGEN: **Livingstone Memorial**: Ab Bakwata Bus Stop 1 km, ausgeschildert. **Hafen**: 600 m von Livingstone Memorial.

Kochbananen, Hauptnahrungsmittel der Region, auf dem Markt von Bukoba

Elke Frey

Enjoy
Coca-Cola
Coke
SHAYO
SHOP
Enjoy
Coca-Cola

Foto: Laurent Villeret

AM VICTORIA-SEE

BUKOBA
RUBONDO ISLAND
MWANZA
UKEREWE
MUSOMA

AM VICTORIA-SEE

Der 1134 m hoch gelegene **Victoria-See** bewirkt mit seiner riesigen Wasserfläche (ca. 68 000 km^2), dass die Landschaften in unmittelbarer Seenähe und in den angrenzenden Bergketten mit Niederschlägen gut versorgt sind.

Während der See im Norden nur einen einzigen Abfluss hat, den Victoria-Nil, fließen ihm aus allen Himmelsrichtungen Gewässer zu. Der Fluss, der ihm das meiste Wasser zuführt, kommt aus dem Südwesten, von den Bergen entlang der Seenkette des Zentralafrikanischen Grabens: der **Kagera**.

Er mündet in Uganda, nur wenige Kilometer nördlich der tansanischen Grenze. Davor schlängeln sich über 150 Kilometer seines Laufs durch den nördlichsten Teil Tansanias. Weiter stromaufwärts, bis fast zu seiner Quelle, ist er Grenzfluss: für eine kleinere Strecke zwischen Uganda und Tansania, auf der ganzen Länge zwischen Ruanda und Tansania, dann zwischen Ruanda und Burundi. Einer der Kagera-Zuflüsse aus Burundi gilt als „Quelle des Nils“ – die südlichste Quelle im Einzugsgebiet des Nils.

Links: Weiter nach Steuerbord! Ein Bootsmann dirigiert seinen Kollegen.

Buhaya

Das Land in den Bergen westlich des Victoria-Sees ist seit langem begehrtes Siedlungsgebiet gewesen. Bantustämme waren dort eingewandert und betrieben Ackerbau, vor allem kultivierten sie Bananen. Einige verstanden sich auf Eisengewinnung.

Legenden berichten von den göttergleichen *Chwezi*, die vor rund 500 Jahren hier ankamen und sich als Oberschicht an die Spitze der Ackerbauern setzten. Ob diese Geschichten den Privilegierten nur als Alibi für ihre Führungsfunktion dienten oder ob tatsächlich Viehzüchter-Stämme aus dem Norden sich über die bereits Ansässigen erhoben haben, ist schwer zu klären. *Hima* heißen sie im ugandischen Ankole, *Tutsi* in Ruanda und Burundi, *Hinda* (oder auch *Hima*) im tansanischen Teil dieses Gebiets.

Das Volk im nordwestlichen Zipfel von Tansania nennt sich *Haya* und ist bis in die koloniale Zeit hinein in verschiedene Königreiche aufgeteilt gewesen. Landbesitz, Rinderzucht und der Anbau von Kaffee waren königliche Privilegien. Es könnte sein, dass die Hinda-Oberschicht nicht nur die großen Langhorn-Rinder, sondern auch den seit undenklichen Zeiten in diesem Gebiet angebauten *Robusta*-Kaffee mitgebracht hat.

Die Rinder scheinen weniger zur Fleisch- und Milchgewinnung gedient zu

» Karte S. 222-223, Info S. 239

UGANDA
TANZANIA
RWANDA
BURUNDI
KAGERA
KIGOMA
GEITA
Rushambya
2013
Isingiro
Lake Nakivali
Nabubare
Lake Kijanebalola
B8
MASAMBWA IS.
Sango Bay
Kyabasimba Pt.
Mubanzi
Mizinda
Kanyiragwa
Rubafu
Mabona
Rugaga
Kakuto
Magabbi
Katera
Kyebe
Chitwe
Nsongezi
Mutukula
Kikagati Game Res.
Kikagati
Kagera
Nkurungu
Kimsambi
Kagitumba
Murongo
Businde
Minziro Forest Reserve
Ibanda Game Res.
Kibingo
Chikonji
Nyakanyasi
Nsunga
Buyango
Kalema
Bwanjai
Kahororo
Ndoma
Lwabanuka
Mtagata
Kakono
Bunazi
Kaisho
Rumanyika Orugundu Game Res.
Kalambi
Kyaka
T4
Rwambaizi
Kilungole
BUKOBA
Chemuli
MUSILA I.
Ryabega
Kigarama
Katoro
Parc
L. Rushwa
Lyamahoro
Kemondo
L. Rwyonikizinga
Nkwenda
Kishoja
L. Ikimba
Ibwera
Kanazi
Gabiro
L. Muhindi
Itera
Kayanga
Rubware
Ruhanga
Muhutwe
National
L. Mujunju
Bugene
(Omurushaka)
Bumbire Channel
Bumbire
L. Hago
Katoke
BUMBIRE ISLAND
1737
Kamachumu
Kiziguro
L. Kirumba
Bweranyange
Kishanda
L'Akagera
Nyaishozi
KAMACHUMU PLATEAU
Kahengere
IROBA I.
L. Muhazi
Gahiri
L. Ihema
Nshamba
Muleba
Kayonza
1641
Rwamagana
Mubunda
Ilemera
Ruiga B
NAZINGA I.
KIVUMBA I.
Kimisi
L. Lwelo
Kabani
1716
Lake Burigi
Kigarama
L. Nasho
L. Bisongu
Karambi
IKUZA I.
L. Mugesera
Nguzi
Rubondo Nat. Park
Kibungo
Kiziramuyaga
MAISOME ISLAND
Birenga
RWANDA
TANZANIA
Game
Kamnyarwa
Mbuye
Burigi
RUBONDO
Rubondo Island Camp
Kirehe
1586
Kageye
1834
Rusumu Falls
Game
Muganza
ISLAND
Lake Rweru
Res.
Biharamulo
1384
Rusumu
Reserve
Rubirizi
Lukuguru
Ruiza
Game
Ngara
Kasulo
Nyamirembe
Kisaho
Nkome
Giteranyi
Reserve
Emin Pasha Gulf
T11
Kafuha
1602
Ruhuma
Mbuye
Nungwe B.
Kabanga
Murugarama
Biharamulo
Chato
Yodzu
Kobero
Mhuba
Nyabugombe
Kato
Bukondo
Mutala
T3
Itar
Rulenge
Missenyi
Kera
Muzani
Runazi
Buzirayombo
Rugari
1675
Nungwe
Ruvubu
T9
Kabango
Lusahunga
Makurugusi
Nyakagomba
Nyanzoyu
Isambara
P. N. de la Ruvubu
1826
Rusagamba
Buziku
Buseresere
(Katoro)
Nyakanazi
Bwanga
Ntumago
Kigoma (ca. 300 km)
Uyovu (20 km)
VICTORIA-SEE (WEST)
1 - 22
0 20 40 km
© Nelles Verlag GmbH, München

haben als eher zur Demonstration von Macht und Luxus. Als 1890/91 die Rinderpest in Ostafrika wütete und 90-95 % des gesamten Viehbestands vernichtete, war dies ein schwerer Schlag für die Oberschicht im Haya-Land (*Buhaya*).

Kaffee wird gekaut

Auf Marktständen und an Kiosken im Haya-Land hängen, aufgereiht an einem langem Faden, kleine dreieckige braune Säckchen aus getrockneten Bananenblättern. Kein Tourist würde ohne weiteres vermuten, dass darin Kaffeebohnen eingewickelt sind. Diese kleinen dunkelbraunen oder schwarzen Bohnen stammen von den Kaffee-Kirschen der Robusta-Sorte (*Coffea canephora*) und sind in einem abgedeckten Topf in einem Kräutersud 24 Stunden lang gekocht worden. Danach brauchen die Bohnen mehrere Tage, um auf einem besonderen Tablett über einer Feuerstelle zu trocknen.

Diese Böhnchen benutzt man seit Jahrhunderten zum Kauen, das hält wach und dabei lassen sich stundenlang Geschichten erzählen.

Einem Gast bei einer traditionellen Haya-Familie werden ein paar solcher *emwaani* (Kaffeebohnen zum Kauen) in einer geflochtenen Schale angeboten. Die gute Sitte erfordert es, dass man, bevor man zugreift, seine Hände mit einem Büschel gebleichter Fasern der Papyrus-Staude rituell „reinigt".

Die härtere Schale, die die Kaffeebohne umschließt, beißt man auf und entfernt sie aus dem Mund, der Rest wird langsam und lange gekaut und dann hinuntergeschluckt.

183 mal Banane

Die Haya haben allein 183 Wörter, um verschiedene lokale Arten und Zubereitungsformen von Bananen zu bezeichnen. Kochbananen sind das Hauptnahrungsmittel, das tägliche Brot der Haya. Diese Bananen isst man nie roh; sie wer-

» Karte S. 222-223, Info S. 239

den geschält und gekocht, sind dann weich und mehlig, aber nicht süß.

Bananen zum traditionellen Bierbrauen werden kurz vor der Reife gepflückt, dann in einer Grube mit schwelender Holzkohle mehrere Tage künstlich gereift. Die Früchte werden geschält oder bleiben ungeschält, je nach Art des Biers. Männer zertreten sie dann mit nackten Füßen in einem großen hölzernen Trog. Der ausgequetschte Saft wird mit Wasser vermischt, gesiebt und unter Zufügung von gerösteter Mohrenhirse (Sorghum) zur Fermentation einige Tage lang stehen gelassen: das *pombe* ist fertig.

Auch Bananenschnaps, *rubisi*, wird hergestellt; Frauen trinken ihn aus einer kleineren, Männer aus einer größeren Kalebasse.

Eine besondere Sorte von Bananen nimmt man nur zum Rösten: So entsteht eine leckere Knabberei für Gäste. Bananen, die dagegen süß und weich werden, wenn sie reifen, isst man frisch. Sie dienen als Nahrung für Kinder und alte Leute, die auf Reisen gehen.

Kriegerische Konflikte

Es waren europäische Missionare, die seit 1892 nicht nur den christlichen Glauben verbreiteten, sondern auch den auf dem Weltmarkt begehrteren *Arabica*-Kaffee (*Caffea arabica*) nach Buhaya brachten.

Die Rinderpest hatte die Oberschicht bereits ihrer Statussymbole beraubt und die Legenden über die göttliche Abstammung der Könige waren ins Wanken geraten. Außerdem schwächten die Kolonialherren deren Stellung, indem sie den Anbau von Kaffee förderten – eine neue Zeit brach an: Das Gebiet der Haya entwickelte sich erfolgreich auf der Grundlage der Bananen-Kaffee-Mischkultur, die auch heute noch überwiegend von Kleinbauern betrieben wird.

Rechts: Frauen pflücken Kaffeekirschen in einer typischen Bananen-Kaffee-Plantage.

Der Kaffee-Boom und der überdurchschnittliche Bestand an Schulen führten in der ersten Hälfte des 20. Jh. in diesem Gebiet zu einem beachtlichen Fortschritt. Doch als die Weltmarktpreise für Kaffee sanken, stagnierte das Land wirtschaftlich.

Die politische Entwicklung in Ostafrika in den 1970er Jahren brachte der Region *West Lake*, wie sie damals hieß, noch schwerere Nackenschläge. Der damalige Diktator von Uganda, Idi Amin, forderte einen Krieg mit Tansania heraus, Anlass war angeblich die koloniale Grenzziehung: 1890 hatten Deutschland und Großbritannien die Grenze zwischen Uganda und Tansania auf 1° südlicher Breite festgelegt, nur im äußersten Westen ist der Kagera Grenzfluss zwischen beiden Ländern. Das ugandische Militär besetzte im Jahr 1978 das gesamte Gebiet am Kagera-Fluss im Grenzland von Tansania und Uganda. Die Tansanier wehrten sich, marschierten 1979 in Uganda ein und konnten die beanspruchten Gebiete zurückerhalten. Damals wurde die **Region** demonstrativ in **Kagera** umbenannt

Der seit Jahrzehnten immer wieder aufflackernde Bürgerkrieg der westlichen Nachbarn Ruanda und Burundi hat dieser Region geschadet. Hunderttausende Flüchtlinge hat Tansania beherbergt, viele von ihnen blieben im Land. Unverschuldet geriet so die Region Kagera ins Abseits und wurde nicht nur wirtschaftliches, sondern auch gesundheitliches Opfer: Wohl als Folge der Kriegsereignisse schwächte AIDS dieses Gebiet verheerend, doch die Lage hat sich deutlich gebessert. Friedensbemühungen und das internationale Augenmerk auf die Region geraten allmählich zum Vorteil: Bessere Straßen und diverse Projekte bringen Kagera neuen Aufschwung.

Bukoba

Dreimal pro Woche, immer nachts, verkehrt zwischen der größten tansa-

 » Karte S. 222-223, Info S. 239

Foto: Heiner Heine (Silvestris Online)

nischen Stadt am Victoria-See Mwanza und der Hauptstadt der Kagera-Region **Bukoba** ❶ die meist zuverlässige Fähre MV Victoria, die Zwischenstation im Hafen **Kemondo** ❷ einlegt. Mindestens ein Linienflug täglich verbindet Bukoba und Mwanza.

Der Straßenverkehr in die abgelegene Provinz hat sich in den letzten Jahren deutlich verbessert, dank der Asphaltierung der Nationalstraße T 4 von Bukoba rund um den südlichen Victoriasee. Vom Süden der Kagera-Region fließt der Verkehr auf Asphaltstraßen durchgängig bis Dar es Salaam, im Norden zur ugandischen Grenze nach **Mutukula**.

Eine bildschöne Lage hat Bukoba: An eine weite **Bucht** mit **Sandstrand** schließt sich niedriges, grünes Sumpf- und intensiv bebautes Gartenland an, hier stehen noch einige wenige Gebäude aus der deutschen Kolonialzeit. In hohen Bäumen wimmelt es von Pelikanen, Marabus und Reihern, und in den Papyrusstauden bauen Scharen von Webervögeln ihre kunstvollen Nester.

Den Stadtkern, ca. 3 km vom Hafen entfernt, umgibt eine schroffe Granit-Kulisse. Viele Gebäude wurden in den 50er-Jahren des 20. Jahrhunderts von Asiaten errichtet und besitzen inzwischen einen gewissen morbiden Charme. Indische **Tempel**, **Moscheen** und auffällige moderne christliche **Kirchen** konkurrieren miteinander. Während es in den meisten Straßen gemächlich zugeht, zeigt der kleine, aber lebendige **Markt** die Bedeutung der Stadt. Das **Museum** nördlich des Zentrums zeigt lokales Handwerk und Naturfotos; interessant ist **BUDAP**, eine Behindertenwerkstatt, in der Trommeln und Gebrauchsgegenstände handgefertigt werden.

Dank dem engagierten **Touristenbüro** kann man die Stadt am See und die vielfältige Region auf hochinteressanten Wegen kennen lernen. Ziele um Bukoba sind unter anderem der Pilgerort **Nyahijoga** mit seinem Heilwasser, Felsmalereien, traditionelle Haya-Häuser, ein **Botanischer Garten** für afrikanische Arzneipflanzen oder die **Insel Musila**.

» Karte S. 222-223, Info S. 239

Foto: Elke Frey

Region Kagera

Hügelketten ziehen sich südlich von Bukoba in einiger Entfernung vom See entlang. Hier fällt ausreichend Regen für Bananen- und Kaffeepflanzungen sowie Gärten und einige Teeplantagen. An manchen Steilhängen wurden Kiefern, Eukalyptus und Grevillea aufgeforstet; im Tal breitet sich Grasland aus.

Weiter westlich, im Distrikt **Karagwe** zieht sich eine bis über 1700 m hohe Bergkette von Norden nach Süden. Die Distriktverwaltung sitzt in **Kayanga**, größerer Marktort ist **Bugene** ❸. Hier lag das Königreich von Karagwe; 1860 besuchte Afrikaforscher Speke dort den Hinda-König Rumanyika, und Stanley sah 1876 die königliche Schatzkammer in **Bweranyange** ❹. Der Aufbau eines Kulturzentrums dort ist zwar geplant, aber noch nicht zustandegekommen.

Kagera ist in den fruchtbaren Landschaften dicht besiedelt; dagegen konnten in einigen abgelegenen Landesteilen Naturschutzgebiete eingerichtet werden: **Minziro Forest Reserve** ❺ nahe der Mündung des Kagera ist ein Wald- und Sumpfland mit seltenem Tiefland-Steineibenwald (*Podocarpus*) und findet seine Fortsetzung in der ugandischen **Sango Bay Forest Reserve**. Baumbestand und Vogelwelt sind hier einmalig.

Die Wildschutzgebiete **Ibanda** ❻ und **Rumanyika** ❼ im Norden und besonders **Burigi** (s. u.) im Süden sind zu trocken für Ackerbau und durch die Tsetsefliege verseucht. Keines der Reservate ist touristisch erschlossen.

Oben: Kolonialzeitliches Haus im Zentrum von Bukoba. Rechts: Milchuhus ruhen sich gern tagsüber auf Bäumen aus.

Biharamulo

Auf der Fahrt von Bukoba nach Süden führt die Nationalstraße T 4 durch das feuchte, üppig bebaute Randgebiet des Victoria-Sees; zahlreiche Dörfer säumen sie. Doch zunehmend wird die Landschaft trockener und geradezu einsam südlich der **Ruiga Bay**, die in

» Karte S. 222-223, Info S. 239

Foto: Günther Lahr

der Ferne von der Hauptstraße aus zu sehen ist.

Wie ein breiter, menschenleerer Grenzgürtel wirkt die abwechslungsreiche Landschaft des **Burigi-Wildreservats** ❽, das die T 4 auf einer Strecke von 40 km durchquert; östlich schließt sich das **Biharamulo-Reservat** an. Die am weitesten nördlich wachsenden Bestände von Miombowald finden sich hier. Weiter südlich ändert sich das Bild in eine weit gespannte, übersichtliche Hügellandschaft mit Feldern. Dies ist das Land der *Zinza*.

Der Distriktort **Biharamulo** ❾ liegt westlich der asphaltierten Fernstraße. Der Anschluss ans landesweite Straßennetz brachte dem bisher recht armen, abgelegenen Ort einen gewissen Aufschwung.

Eine schattige Mango-Allee führt vom staubigen Ortszentrum nach einem Kilometer auf einen Hügel, der gute Rundumsicht gestattet – 1890 der ideale Platz für die **Deutsche Boma**, die als Station zwischen Victoriasee und Burundi diente. Sie wurde gut 100 Jahre später mit niederländischer Hilfe sachkundig restauriert und dient der Regierung für Sitzungen. Wenn die wenigen Gasträume nicht offiziell genutzt werden, können auch Touristen das Glück haben, hier Unterkunft zu finden.

Ein Verkehrsknoten ist 40 km südlich **Lusahunga** ❿: Aspaltiert ist die T 3 nach Burundi (Grenzübergang Kabanga) und Ruanda (**Grenzfluss Kagera** nach 93 km, dort liegen die **Rusumu Falls** ⓫). Ostwärts sind die Nationalstraßen bis zur Hafenmetropole Dar es Salaam asphaltiert. 370 km sind es auf einsamen Staubstraßen (T 9) bis Kigoma am Tanganyika-See. Der Bürgerkrieg in Ruanda und Burundi führte in dieser Gegend zu vielen Flüchtlingslagern.

★Rubondo Island National Park

Im Südwesten des Victoria-Sees liegt Tansanias einziger Insel-Nationalpark: ★**Rubondo Island National Park** ⓬, in der Region Geita. Seine Spezialität: Safari ohne Auto. Hier ist vor allem Wandern und Bootfahren angesagt. Auf der

250 km² großen Insel **Rubondo** gibt es rund 50 km Wege und wenn es in der Wildnis nicht zu beschwerlich ist, darf man auch querfeldein gehen. Drei Viertel der Insel sind Waldland: Regenwald, Miombowald, auch Baumsavanne; der Rest ist Grasland, teilweise vernässt, mit ausgedehnten Papyrussümpfen, ein ideales Gebiet für Wasserböcke und Sitatungas (*Tragelaphus spekii*).

Schon zur deutschen Kolonialzeit war Rubondo zu einem Naturschutzgebiet erklärt worden. Die damaligen Bewohner, ebenso wie diejenigen, die auf der Nachbarinsel **Maisome** lebten, wurden gezwungen, auf dem Festland zu siedeln. Doch später hatten sich allmählich wieder Bauern und Fischer auf den Inseln niedergelassen.

Die Bewohner von Rubondo wurden 1964 wieder ausgesiedelt, um Tieren Platz zu machen: Zwischen 1964 und 1967 führte man Nashörner, Giraffen, Schimpansen, Pferdeantilopen und Guerezas auf der Insel ein, die sich gut einlebten – bis auf die Nashörner, die vermutlich Wilderern zum Opfer fielen. Darüber hinaus fühlen sich hier Elefanten, Flusspferde, Krokodile, Büffel, mehrere Affenarten, Dikdiks und viele weitere Säugetiere wohl, denn es gibt keine Löwen, Leoparden oder Hyänen. Die Vogelwelt ist besonders reich, verstärkt durch zahlreiche Zugvögel.

Die Parkverwaltung besitzt Boote, mit denen man Buchten und kleinere Inseln durchstreifen und die vielen Wasservögel beobachten kann, außerdem ist Sportfischen erlaubt. Einsame Strände laden zum Baden ein.

Zur Übernachtung stehen Zeltplätze und Bandas für Selbstversorger zur Verfügung sowie ein Luxus-Zeltcamp. Das **Park-Hauptquartier**, Unterkünfte und Landepiste befinden sich in **Kageye** auf der Ostseite der Insel.

Nach Kageye fährt man mit einem Boot zwei Stunden von **Nkome** ⓭ aus. Dorthin sind es, je nach Route, ca. 200 km guter Straße von Mwanza über Geita. Es gibt einen Wildhüterposten des Nationalparks in Nkome.

Von Biharamulo aus fahren täglich Busse nach dem 60 km entfernten **Nyamirembe** ⓮; von hier oder besser vom 20 km nördlich gelegenen **Muganza** ⓯ kann man sich mit einem Boot auf die Insel übersetzen lassen (ca. 2 Stunden von Nyamirembe; ca. 20 Minuten von Muganza). Man landet dann auf der Westseite am Wildhüterposten **Mlaga**. Von dort sind es 8 km nach **Kageye** zum Hauptquartier auf der Ostseite der Insel; diese Strecke müsste man zu Fuß gehen, wenn man keinen Transfer im voraus bestellt hat. Die Anreise von Bukoba nach Muganza dauert nur ca. 3 Stunden.

Rechts: Im Rubondo-Nationalpark zu beobachten – Kampf zweier Flusspferdbullen.

Von den Zinza zu den Sukuma

Täglich fährt ein Bus von Biharamulo nach Mwanza, die Strecke von 230 km ist fast vollständig asphaltiert. In ihrem westlichen Teil, in der Kagera-Region, wohnen nur wenige Menschen in den felsigen Hügelketten und den Restflächen von Miombowald und Buschland. Säcke mit Holzkohle am Straßenrand warten auf Abholer. Doch überall, wo die Bauern genügend Wasser finden, wachsen Mais, Gemüse, Bananen, Baumwolle, in den Flussniederungen sogar Reis, wie in **Buziku**.

Weiter östlich, in Richtung der Region **Mwanza**, gedeiht intensivere Landwirtschaft. Ein ausgedehnter Marktort ist **Buseresere** ⓰; an Markttagen kommen die Menschen von weit her – häufig noch zu Fuß.

Im Hügelland östlich davon entdeckten die Deutschen im 19. Jh. **Gold**, abgebaut wird es in vielen Minen südlich des Victoria-Sees. Die Nationalstraße T 4 macht zugunsten einer lukrativen Goldmine einen Bogen um das 2012 zur Regionalhauptstadt erhobene **Geita** ⓱ (über 50 000 Einwohner).

Sengerema ⓲ 80 km weiter hat städtisches Flair – man spürt schon die

» Karte S. 222-223, Info S. 239

Foto: Rudolf H. Berger (Tierbildarchiv Angermayer)

Nähe der Großstadt **Mwanza**. Die bedeutende Regionalhauptstadt liegt jenseits des **Mwanza Gulf**, eines schmalen Wasserarms, der vom Victoria-See ca. 60 km ins Hinterland einschneidet. Zwei Autofähren überqueren ihn. Die Fähre von **Kamanga** ⓳ landet tagsüber stündlich nach 20 Min. im Zentrum von Mwanza, man nimmt dafür ab Sengerema eine Sandpiste in Kauf. Die Strecke von Sengerema bis Mwanza ist länger, wenn man die Fähre von **Busisi** ⓴ nach **Kikongo** ㉑ benutzt, aber man wird mit einer durchgehenden Asphaltstraße (T 4/T 8) entschädigt. Über Usagara und die Fernstraße Shinyanga – Mwanza gelangt man dann ins Zentrum von Mwanza.

Südwärts von Usagara liegt die Nachbarregion **Shinyanga**, das weite, fast ebene Land der **Sukuma**. Die ausgezeichnete Straße T 8 ist über Shinyanga hinaus asphaltiert und gut entwässert. Das steppenhafte, oft baumlose Land ist z. T. das Ergebnis langer Nutzung als Weideland durch die Rinderherden der Sukuma; sie sind mit über 2 Millionen Angehörigen das größte Volk in Tansania. Nach der Rinderpest-Epidemie 1890/91 breitete sich stellenweise Buschland aus. Es wurde während der Kolonialzeit teils beseitigt, um einerseits Flächen für den **Baumwollanbau** zu schaffen, andererseits die Verbreitung der Tsetsefliege einzudämmen. Heutzutage trifft man in dieser Region wieder riesige **Rinderherden** an.

Mwanza

Mwanza ㉒ ist auf mehr als sieben Hügeln erbaut: Unübersehbar viele Felsen aus grauen, gerundeten Granitblöcken gliedern das Stadtgebiet so, dass man ihm die über 700 000 Einwohner auf den ersten Blick nicht ansieht. Die vielen Steine wirken nicht abstoßend, sondern eher dekorativ; manche Felsen haben so eigentümliche Formen, dass sie wie Skulpturen erscheinen, und überall schaut Grün heraus: Buschwerk, dunkelgrüne Wäldchen, Feldstücke, blühende Gärten. Gleichzeitig wachsen Häuser und Hütten aus den Tälern die Hänge hinauf. Das Wasser des Sees und saftig

» Karte S. 222-223 u. S. 231, Info S. 239

grün umwachsene Buchten runden das angenehme Bild, das die Stadt bietet, ab.

Eine markante Felsgruppe mit einem wacklig darauf thronenden Granitblock ragt aus dem Wasser neben dem Kamanga-Fähranleger: der ★**Bismarck Rock**. Der Park davor ist ein beliebter Treffpunkt zum Sonnenuntergang. Hier prangte bis zum 1. Weltkrieg ein Bismarckdenkmal. Der Bismarckfelsen gilt als Wahrzeichen Mwanzas; seine Partnerstadt Würzburg hat ihn in Franken nachgebildet. Gigantischer türmen sich die Felsen jedoch weiter südlich auf der Halbinsel **Capri Point**. In diesem Villenviertel laden ruhige Straßen, schattige Bäume und Aussichten auf Buchten und Inseln zum Spazieren ein. Hier existiert noch der alte **Deutsche Friedhof**.

Die Innenstadt zwischen **Bahnhof** im Süden, dem **Markt** im Osten und dem **Hafen** im Westen ist überschaubar, begrünte Felsgruppen lockern sie auf. Jenseits eines kleinen Flusslaufs im Norden liegen Krankenhäuser, Fischereihafen und der Weg zum **Flughafen** (10 km).

Ihre Bedeutung bekommt die Hafenstadt durch Umschlag und Verarbeitung besonders des wichtigsten Agrarprodukts aus dem weiten Umland: Baumwolle. Auch Fisch, Vieh, Mais und Kassava sowie Bergbauprodukte werden zunehmend in diesem Ballungszentrum umgeschlagen. Der Zuzug von neuen Einwohnern ist beträchtlich, die zunehmende Ausbeutung der reichen Goldvorkommen hinterlässt ihre Spuren u. a. in schicken Villen am Capri Point, asphaltierten Straßen und modernisierten Häusern in der Innenstadt.

Verkehrsknoten Mwanza

Mwanza ist das Wirtschaftszentrum am Victoria-See und der wichtigste Verkehrsknoten. Das Hafenwasser ist tief genug für größere Schiffe; die Marine Services Company betreibt Passagierfähren nach Bukoba und Nansio (Insel Ukerewe) sowie Frachtschiffe zu anderen Häfen des Sees, auch nach Uganda und Kenia. Der Zug – seit 1928 gibt es einen Abzweig von der *Central Line* in Tabora – fährt zweimal wöchentlich Richtung Tabora und hat dort Anschluss an die Central Line. Die Straße läuft derweil der Schiene den Rang ab. Das Verkehrskreuz Mwanza ist mit Kenia durch die asphaltierte Nationalstraße T 4 bis zur tansanisch-kenianischen Grenzstation Sirari verbunden. Da auch die Straßen bis zur Metropole Dar es Salaam komplett asphaltiert sind, liegt die Busstation **Nyegezi** sinnvollerweise an der T 8, 10 km südlich der City.

Beliebt sind Flüge für den weiten Weg nach Dar es Salaam (Dauer ca. 2 Stunden); an allen Tagen der Woche gibt es Linienverbindungen nach Dar und Shinyanga. Häufig sind Flüge nach Arusha, Sansibar und Bukoba. Kilimanjaro Airport (Arusha/Moshi) wird mehrmals wöchentlich angeflogen. Internationale Flüge gehen nach Nairobi, Mombasa, Entebbe und Kigali.

Busfahrten von Mwanza nach Arusha verlaufen auf den 900 km asphaltierter Straßen, die die Landschaft von Serengeti und dem Vulkanhochland südlich umrunden. Die Reise berührt die Regionen Mwanza, Shinyanga, Tabora, Singida, Manyara und Arusha; Direktbusse schaffen die Tour in 10 bis 12 Stunden. Landschaftlich attraktiv ist sie zwischen Singida und Arusha, vorbei an Vulkanen und der Riftflanke beim Manyarasee.

★Saanane Island

Ein kleines **Naturschutzgebiet** ist die felsige, aber üppig grüne Insel ★**Saanane** im Golf von Mwanza. Man erreicht sie in zehn Minuten mit einem Motorboot der TANAPA vom Ostteil der Halbinsel Capri Point (neben dem **Tilapia Hotel**). Das Boot fährt am Wochenende, für Gruppen nach Vereinbarung auch an Werktagen. Die Wartezeit bis zur Abfahrt (etwa alle zwei Stunden) kann man verkürzen, indem man das kleine **Naturkundemuseum** gegenüber dem Landungssteg anschaut.

 » Karte S. 231, Info S. 239

9
Am Victoria-See

Foto: Elke Frey

Man sieht neben Impalas und Klippschliefern auch Zebras und vor allem Reptilien, insbesondere Krokodile, Schlangen, Schildkröten und Agamen. Es ist wirklich nur ein Mini-Nationalpark, den Familien mit Kindern gern besuchen. Für Ausländer ist die Eintrittsgebühr wesentlich teurer und mit ca. 30 $ ziemlich stolz.

Die auf der Insel angesiedelte Tierwelt bietet eine Art Ersatz-Safari für Leute, für die ein Ausflug in einen der großen Nationalparks unerschwinglich ist. Schulklassen besuchen Saanane, um afrikanische Wildtiere einmal aus der Nähe zu betrachten. 20 000 Besucher zählt der Park jährlich. Besonders an Wochenenden ist er ein beliebtes Ausflugsziel und dann stark frequentiert. Es gibt viele malerische Picknickplätze zwischen Büschen, Bäumen und Felsen, auf denen gern die bunten Siedleragamen herumturnen.

Oben: Das Tilapia-Hotel vor der Felsenkulisse von Capri Point in Mwanza. Rechts: Tausende von Siedleragamen bevölkern Saanane Island.

Es empfiehlt sich, nach Saanane ein Fernglas mitzunehmen, nicht nur, weil der Rundblick auf Teile der Stadt während der Bootsfahrt lohnend ist, sondern auch wegen der schier unglaublich reichen natürlichen Vogelwelt auf der Insel.

★Kulturzentrum Bujora

An Mwanzas kleinem City-Busbahnhof am Markt oder an der Hauptstraße T 4 Richtung Musoma findet man Kleinbusse, mit denen man über sehr belebte Vororte und Industriegebiete das 18 km entfernte **Kisesa** erreicht.

Die recht flache Landschaft ist intensiv bebaut, in den Niederungen mit Reis. Auf den Bäumen in den Feldstücken hocken Tausende von Marabustörchen. Nach Norden gelingt gelegentlich ein Blick auf den fernen Victoria-See. Schon von Weitem fällt in dieser Richtung eine Hügelreihe mit zahllosen Resten von abgerundeten Granitblöcken auf. Auf einem Hügel ist ein auffälliger Radiomast installiert – das moderne Tansania lässt grüßen.

» Karte S. 231, Info S. 239

Foto: Javed Jafferji

Der halbstündige Fußweg von Kisesa hügelan nach **Bujora** ㉓ führt in Gegenwart und Vergangenheit. In der Sukuma-Sprache bedeutet *Bujora n'hingo* „strangulieren" – ein nicht besonders schmeichelhafter Name für ein Dorf. Doch das ist lange her, dass in dieser Gegend Menschen überfallen und getötet wurden. Dieser Ort ist bis in die jüngste Vergangenheit Sitz eines Sukuma-Königs gewesen, was man der ländlichen Gemeinde nicht ansieht.

Die Geschichte der Sukuma verlief ähnlich wie die der Haya westlich des Victoria-Sees: In der riesigen Weite südlich des Sees, etwa auf dem Gebiet der heutigen Regionen Mwanza und Shinyanga, lebten verschiedene Bantustämme in vielen kleinen Einheiten. Vor ca. 300 bis 500 Jahren kamen Viehzüchter aus der Gegend nordwestlich des Victoria-Sees in dieses Land und vermischten sich mit der ansässigen Bevölkerung. Aus den Familien der ursprünglichen Viehzüchter bildete sich eine Herrscherschicht heraus, deren Macht anfänglich dadurch ausbalanciert war, dass die Könige gewählt wurden. Im Lauf der Kolonialzeit erfuhr ihre Stellung eine Schwächung.

Schon die Deutschen hatten erkannt, dass sich das trockene Sukuma-Land für den Baumwollanbau gut eignete. Nachdem die Sukuma bemerkten, dass sie nur als billige Arbeitskräfte auf den Plantagen der Europäer ausgebeutet wurden, begannen sie, ihre eigenen Felder mit Baumwolle zu bestellen sowie genossenschaftlich zu verarbeiten und zu vermarkten.

Mit neuen Lebensweisen verschwindet leicht das Wissen um die alte Kultur. Der Kanadier David Clement war als Priester der Weißen Väter in das Sukuma-Land nach Bujora gekommen. Er brachte zwar den christlichen Glauben, aber sein Interesse galt ebenso der Kultur der Sukuma. Seine Gemeindemitglieder gründeten mit ihm 1954 das ★**Bujora Cultural Centre**. Pater David Clement war daran gelegen, die christliche Liturgie mit den Traditionen der Sukuma zu verknüpfen. Eine bloße Kopie europäisch-amerikanischer Formen im

Kirchenwesen wollte er verhindern. Es entstand eine Kirche, wie es sie vorher noch nicht gegeben hatte: ein modernes Gebäude, aber mit Stilelementen und Bemalungen aus der Sukuma-Kultur. Als Kirchenmusik dient afrikanische Musik auf traditionellen Instrumenten; jeden Sonntag um 10 Uhr findet eine Messe statt.

1968 begann man das Kirchengelände um ein **Museum** zu erweitern. Es gibt mittlerweile ein **Archiv** für die Sukuma-Kultur, einen nachempfundenen **Königspavillon**, einen **Tanzpavillon**, in dem Kunstgegenstände und Handwerksgeräte ausgestellt werden. Das **Haus des Medizinmanns** beherbergt Sammlungen von Kräutern und Gegenständen für die Zauberei. Ein **Sukuma-Haus** informiert über die allmählich verschwindende herkömmliche Wohnkultur. Die Hütten der **Schmiede** vermitteln den Prozess der afrikanischen Eisenherstellung und -bearbeitung. In einem Pavillon werden alle Zaubertricks der **Regenmacher** der Sukuma gesammelt.

Besonderen Wert legt das Zentrum darauf, dass hier nicht nur an die historische Sukumakultur erinnert, sondern die aktuelle Kultur der Region gepflegt wird. Außerdem ist ein **Forschungsprojekt für afrikanische Medizin** in Angriff genommen worden.

Das spektakulärste Ereignis ist das alljährlich im Juni zelebrierte Fronleichnamsfest, das ★**Bulabu-Festival**. Dazu kommen über 10 000 Teilnehmer, vorwiegend aus Sukuma-Land, und feiern hier eine Woche lang. Es ist traditionelle Erntedankzeit der Sukuma und die berühmten Gruppen *Bagalu* und *Bagika* tragen einen Tanzwettbewerb aus. Dafür reicht das Kulturzentrum nicht mehr aus, und man muss ins nahe Stadion umziehen.

Das Kulturzentrum selbst ist weit mehr als eine Ansammlung von Museumsgebäuden: Ein **Handwerkszentrum** für Schnitzerei, Teppichknüpfen und traditionelle Keramik, aber auch für moderne Techniken: Schweißen, Backen, Nähen gehört dazu. Natürlich freut man sich über Besucher, die sich nicht nur im Museum informieren, sondern auch im **Laden** Souvenirs erstehen oder sich im **Restaurant** laben. Das Gelände hat einen **Campingplatz**.

Für Seminare und andere Treffen kann man Räumlichkeiten und Bandas mieten. Interessierte können an Tanzworkshops teilnehmen. Es ist möglich, Tanzgruppen für Vorführungen zu bestellen.

Rechts: Viel Platz für Pelikane gibt es auf dem größten See Afrikas.

★UKEREWE

Fährüberfahrt von Mwanza nach Nansio

Die *Kerewe* sind den Sukuma nah verwandt; sie haben ein Reich für sich: auf der größten Insel im Victoria-See, ★**Ukerewe**. Täglich verkehren Fähren zwischen Mwanza und dem größten Ort der Insel **Nansio** ㉔ (am Wochenende manchmal nur in einer Richtung).

Selbst wenn man sich nicht lange auf der Insel aufhalten möchte, so ist allein die Schifffahrt, die rund zwei bis drei Stunden dauert, ein angenehmes Erlebnis. Wer's mag, setzt sich unter Deck vor den Fernseher...

Auf dieser Strecke ist an einigermaßen klaren Tagen immer Land in Sicht. Ein eindrucksvolles Schauspiel sind die bizarren Granitfelsen der Hügel von Mwanza, während die Fähre langsam aus dem Golf gleitet. Nach 45 Minuten treten die steilen Felsen zurück, das Ufer im Osten wird flach und grün. Man passiert den nahen Flughafen; Sandstrand ist nicht in Sicht. Pelikane rücken vor dem Schiff aus, gelegentlich schweben riesige Insektenwolken über dem Wasser. Hier lohnt sich ein Fernglas für die Vogelbeobachtung.

Der **Speke Gulf** dehnt sich über 100 km weit nach Osten aus, sein fernes

» Karte S. 231, Info S. 239

Foto: Paul McCullagh (Silvestris Online)

Ostufer sieht man nicht, aber aus dem Seespiegel ragen, stellenweise wie aufgereiht, vereinzelte Granitfelsen heraus und erinnern daran, dass die Landschaft der felsbedeckten Hügel, die man vom Festland her kennt, hier nur im flachen Seewasser versunken ist. Die weiß bekleckerten Kuppen der einsamen Felsen zeigen, wie beliebt sie bei den Vögeln sind.

Traditionelle kleine, flache Fischerboote mit spitzem Bug und Heck und größere hölzerne Lastkähne kreuzen die Fährroute. Letztere entpuppen sich aus der Nähe als Dauen, selbst ihre Segel unterscheiden sich kaum von denen im Indischen Ozean. Als Speke und Stanley im 19. Jh. den Victoria-See erkundeten (Stanley umrundete ihn 1876 sogar mit seinem von der Küste mitgeschleppten, zerlegbaren Boot, der *Lady Alice*), schienen hier Segel noch unbekannt zu sein. Erst durch den stärkeren Karawanenverkehr im späten 19. Jh. wurden diese „modernen" Schiffe eingeführt, und 1895 fuhr bereits der erste Dampfer auf dem See. Sie trugen dazu bei, Trägerkarawanen im Bereich des Sees unnötig zu machen.

Zu Beginn des 21. Jahrhunderts sind Dauen immer noch unentbehrlich für den Transport eines bedeutenden Teils der Lasten auf dem größten See Afrikas. Vielleicht ist diese umweltschonende Art der Fortbewegung ohnehin zukunftweisend?

Die Silhouette von Ukerewe: eine Gruppe von spitzen Hügeln in grüner Landschaft. Der höchste von ihnen, **Kuruego Hill**, misst 1306 m über dem Meeresspiegel. Das sind nur 172 m über der Oberfläche des Victoria-Sees, hoch genug immerhin, um diese Erhebung als Ausguck für die Insel und die umgebende Wasserfläche zu benutzen. Die Kerewe ehren diesen **Handebezyo** genannten Punkt mit einem kleinen **Museum**.

Im Ukerewe-Archipel, auf einer Fläche von weniger als 650 km^2, wohnen 350 000 Menschen, eine erstaunliche Bevölkerungsdichte für ein Land, das von Ackerbau und Fischerei lebt. Es ist begünstigt durch reichlichen Nieder-

» Karte S. 231, Info S. 239

Foto: Djembe (Dreamstime)

schlag, nur die kleinere Nachbarinsel **Ukara Island** erhält noch mehr Regen. Die Kerewe bebauen ihr Land mit sehr viel Fleiß. Wo man hinschaut: Kleine grüne Feldstücke, Beete, Gärten, Obsthaine. An vielen Stränden arbeiten zeitweilig *dagaa*-Fischer.

An die Unterkünfte in **Nansio** sollte man nicht zu hohe Erwartungen stellen. Hotels in Strandnähe, wie das einfache Gallu Beach Hotel, konnten sich nicht lange halten. Letzteres hätte heute schon etwas Museales, es stammte aus den 1970er-Jahren, als in Gallu, im Nordwestzipfel der Insel, eine *ujamaa*-Siedlung angelegt wurde. Man schaue sich am besten nach den neuesten „Motels" (z. B. **Holiday Motel**) oder Gästehäusern um, die in dem kleinen Ort nicht weit vom Schiffsanleger entfernt sind.

Oben: Frauen waschen Wäsche und holen Wasser am Ufer des Victoria-Sees. Rechts: Wilde Büffel in der grasbewachsenen Ebene südlich von Bunda weisen auf die Nähe der Serengeti hin – Wildtiere halten sich nicht an Nationalparkgrenzen!

Die Straßen auf der Insel sind einfach, es gibt kaum Busse. Man leiht sich am besten ein Fahrrad aus, um die steinernen historischen Zeugen kennen zu lernen. Viele stammen von Europäern: die neugotische 100-jährige katholische Kirche von **Kagunguli** oder Ostafrikas allererste Baumwoll-Entkernungsanlage von 1904 in **Murutunguru**. Die **Häuptlingsresidenz** von **Bukindo** wurde 1928 von Italienern errichtet; vom deutschen **Fort** in **Hamyebe** am westlichen Ende der Hafenbucht von Nansio sind nur noch Ruinen übrig geblieben.

Noch größere Reize bietet die Natur: **Rubya Forest Reserve**, ein Kiefernwald am **Rubya-Strand** im Südwesten, Vogelkolonien auf **Kiregi Island**, einsame Inseln und Sandbuchten zum Baden, die man am besten per Boot erreicht.

Der östlichste Zipfel der Insel endet im Dorf **Rugezi** mit monumentalen Granitfelsen, nahe dem Anleger der Autofähre zum Festland (Pick-ups brauchen ca. 30 Minuten von Nansio). Die Fahrt über den **Rugezi Channel** nach **Kisorya** ㉕ dauert nur wenige Minuten.

» Karte S. 231, Info S. 239

Foto: Duncan Willetts (Camerapix)

Kommt man mit der letzten Fähre am Spätnachmittag an, muss man sich auf eine Übernachtung in einem sehr einfachen Gästehaus gefasst machen, weil ein Bus erst am folgenden Tag fährt.

Von Bunda in die ★★Serengeti

Rund 120 km sind es vom Fähranleger in Kisorya zur Nationalstraße T 4 und dem Distriktort **Bunda** ㉖. Die Busse brauchen 3-4 Stunden, da sie außer Passagieren oft auch Lasten zu befördern haben, z. B. Säcke mit Mais, die die Bauern in die Stadt schicken, oder Ölkuchen aus Baumwollsamen von den Egrenierwerken, der als Viehfutter verkauft wird. Die Rinder auf den grünen Weiden in der Nähe des Victoria-Sees sehen recht gut genährt aus.

Gelegentlich hat man südlich der Straße Durchblick auf die weite Fläche des **Speke-Golfs**: am Ufer große Papyrussümpfe, im Wasser ganze Scharen von Granitinseln. Schon wenige Kilometer vom See entfernt geht das Land bald in trockene Savanne über, großflächige Baumwollfelder unterbrechen sie gelegentlich. Kurz vor Bunda zeigt eine riesige, moderne Egrenieranlage, wie bedeutsam der Anbau von Baumwolle hier ist.

Die steilen Felsen der **Ushashi-Berge** begrenzen den Ort Bunda auf der Ostseite. Nach Süden machen sie abrupt einer schier endlosen, grasbewachsenen Ebene Platz, die ein Stück weiter in den Westkorridor der ★★**Serengeti** übergeht. Während nahe den Bergen noch Rinder weiden, hat man weiter südlich schon das Gefühl, im Nationalpark zu sein. Da grasen Büffel, Gnus, Gazellen oder Zebras. Man passiert die Zufahrt zum **Ndabaka Gate** ㉗, dem westlichen Zugang zur Serengeti. Diese bequeme Verkehrsanbindung lässt den Westkorridor der Serengeti zu einer immer häufiger genutzten Einfahrt in den Nationalpark werden. Rund drei Stunden braucht man von hier bis **Seronera**. Von Mwanza zum Ndabaka Gate sind es nur 140 km Asphaltstraße.

Einige preiswertere Übernachtungsmöglichkeiten bieten sich in der Nähe

» Karte S. 231, Info S. 239

Foto: Hans Reinhard (Tierbildarchiv Angermayer)

Oben: Der Goliathreiher sucht Unterschlupf zwischen hohen Papyrusgräsern.

des Parkeingangs: z. B. das **Kijereshi Tented Camp** etwas außerhalb der Parkgrenze oder die **Speke Bay Lodge** am Ufer des Victoria-Sees.

Von hier bis Mwanza führt die Nationalstraße T 4 bis **Magu** immer wieder in Seenähe entlang. Ab 30 km vor Mwanza zeigt dann der zunehmende Verkehr die boomende Großstadt an.

Von Bunda nach Musoma

Nördlich von Bunda quert die T 4 auf ihrem Weg zur kenianischen Grenze durch die feuchte, intensiv bebaute Ebene des Flusses **Suguti**; falls die Brücke gesperrt ist, müht sich der Verkehr durch eine Furt.

Ab Bunda führt alternativ östlich des Gebirges eine raue Nebenstraße durch das hügelige, fruchtbare Hinterland nach Norden. Von ihr zweigt im Dorf **Nyamuswa** ㉘ ein Weg Richtung Serengeti ab, von dort zum **Ikoma Gate** (s. S. 90) sind es auf einer Sandstraße ca. 100 km.

Nördlich von Nyamuswa kommt man durch **Butiama** ㉙, das Dorf, aus dem Tansanias erster Präsident Julius Nyerere stammt. Zum Geburtshaus und zum Grab des hoch verehrten Mwalimu („Lehrer") pilgern viele Tansanier. Auch ein **Museum** über sein Leben und seine Zeit gibt es vor Ort. In einem neuen kleinen Gästehaus kann man übernachten.

Etwa 62 km nach Bunda trifft man, nun wieder auf der Hauptstraße T 4, auf eine wichtige Kreuzung: Knapp 100 km sind es Richtung Nordosten nach Sirari bis zur kenianischen Grenze (und dann weitere rund 470 km Asphaltstraßen nach Nairobi) und Richtung Nordwesten erreicht man auf der T 17 nach 20 km **Musoma** am Victoria-See.

Musoma

Musoma ㉚ ist mit ca. 135 000 Einwohnern bedeutend kleiner als Mwanza, das Zentrum um Markt und Busstand wirkt bescheidener, aber die Regionalhauptstadt ist sehr weitläufig. Sie zieht sich an zwei größeren Buchten der weit ins Hinterland eingreifenden Deltamündung des Flusses **Mara** entlang. Im **Hafen** im Osten liegen nur Frachtschiffe, sie verbinden Musoma mit Mwanza, Bukoba und Kisumu (Kenia). Personenfähren, z. B. nach **Kinesi** auf die gegenüber liegende Seite der **Mara Bay**, gehen von einem Anleger am Fischmarkt nahe dem Zentrum ab.

Hinter einem auffälligen Felshügel folgen eine zweite Bucht und die feineren Teile der Stadt mit schattigen Bäumen: Regionalverwaltung, Villen, Post, Polizei.

Das Seeufer wird oft von felsigen Partien unterbrochen. Das Strandhotel **Matvilla Beach** ist ca. 2 km vom Stadtkern entfernt. Auf der felsigen und üppig grünen Insel Lukuba (Rukoba) 12 km nordwestlich der Stadt ist die **Lukuba Island Lodge** mit Bandas am einsamen Strand die bessere Wahl.

» Karte S. 231, Info S. 239

Bukoba (☎ 28)

Touristische Infos, Buchungen: **Kiroyera Tours**, Sokoine St, östlich des Markts, Tel. 2220203, www.kiroyeratours. com. **Handelskammer Kagera**, übersichtliche Infos und Stadtplan: www.kagera.org.

Rose Café, Jamhuri Rd. beliebter Treffpunkt. **Lake Hotel**, bewährtes Restaurant und Bar, schöner Blick auf Victoria-See, Shore Rd.

FLUG: **Precision Air**, Mwanza, mind. einmal tägl., www.precisionairtz.com.
SCHIFF: Mwanza Mo, Mi, Fr (21 Uhr): **M.V. Victoria**, Passagierfähre, Kabinen 1. und 2. Klasse, Sitzplätze 2. und 3. Klasse; Touristen zahlen zusätzlich zum Fahrpreis 5 US$ Hafengebühren; www.mscl.go.tz.
BUS: Tägl. Kampala/ Uganda (in Kampala Anschluss nach Kenia) auf asphaltierten Straßen. Tägl. Kasulu, Kigoma/Lake Tanganyika (Straße sehr schlecht); Ngara (burundische Grenze) über Biharamulo, Lusahunga: mehrmals wöchentl.

Biharamulo (☎ 28)

Ortstypisches Essen in einfachen *Guesthouses* nahe dem Busstand.

BUS: Tägl. Mwanza, Nyamirembe, Bukoba; Kigoma über Kasulu, s. Hinweis unter Bukoba.

Rubondo Island National Park

FLUG: Charter, z. B. **Auric Air**, Mwanza, www.auricair.com. Buchg. auch bei Luxuscamp-Anbietern.
SCHIFF, BOOT: Lokale Boote ab Muganza und Nkome, Parkverwaltung: www.tanzaniaparks.go.tz.

50 km Fußwege, Fahrzeug und Boot von Parkverwaltung, n. V. zu leihen.

Mwanza (☎ 28)

www.mwanza-guide.com, allg. Infos, Stadtplan, einige Hotels, Restaurants.

Tilapia Hotel, schöne Lage auf Capri Point, Dachrestaurant am See, Strand-Restaurant und Pavillon mit Teriyaki-Grill, renommierte Küche, Tel. 2500517. **Kuleana Pizzeria**, fantasievolle Pizza-Kreationen; Post St., neben New Mwanza Hotel, **Tunza Lodge**, Ilemela Beach, beliebtes Sonntags-Barbecue am Strand; 3,5 km vom Flughafen, Tel. 0788 008171.

Saa Nane National Park, Abfahrt neben Tilapia Hotel; **Naturkundemuseum**, 100 m davor.

FLUG: u.a. **Precision Air**, **Air Tanzania**, **Fastjet**, tägl. Dar es Salaam, Kilimanjaro, Bukoba, Musoma; intern.: Entebbe, Nairobi.
SCHIFF: Bukoba 2-3-mal wöchentlich, Ukerewe täglich 1- 2-mal.
BUS: Tägl. Arusha, Musoma, Singida, Tabora, Biharamulo.

Bujora (☎ 28)

Bujora Cultural Centre, 18 km östl. v. Mwanza, 2 km nördl. v. Kisesa, beschildert, Tel. 0765 667661, www.sukumamuseum.org.

BUS: Häufig Kleinbusse ab Mwanza/Nyerere Rd.nach Kisesa.

Ukerewe (☎ 28)

Ukerewe Island Tours, https://visitukereweisland.wordpress.com.

Bunda / Butiama (☎ 28)

Tembea Mara: Wanderungen am östlichen Victoriasee, www.tanzaniaculturaltourism.go.tz.

Mwalimu Julius K. Nyerere Memorial Museum, Butiama, tägl. 9.30-18 Uhr.

REISEVORBEREITUNGEN

Ein- und Ausreise / Visum

Bei der Einreise nach Tansania benötigen Ausländer einen gültigen Reisepass und ein Visum. Auch bei einer Inlands-Reise vom tansanischen Festland nach Sansibar muss der Reisepass mit Visum mitgeführt werden.

Das **Visum** sollte vor der Einreise bei einer Botschaft Tansanias bzw. als E-Visum online beantragt werden: https://eservices.immigration.go.tz/visa.

Alternativ dazu ist das Visum auch bei Einreise nach Tansania erhältlich (50 US$, bar vor Ort zu zahlen), was aber umständlich sein kann und bis zu zwei Stunden dauern kann, insbesondere am Kilimanjaro Airport.

Das Touristenvisum für die einmalige Einreise (50 €) ist 3 Monate gültig. Will man die Grenze öfter überqueren, beantragt man ein Mehrfach-Visum in Tansania bei der Einwanderungsbehörde (*Dept. of Immigration*, Dar es Salaam, Loliondo St., Kurasini, www.immigration.go.tz, Mo-Fr 7.30-15.30 Uhr); evtl. ist es praktischer, sich bei Wiedereinreise an der Grenze ein neues Visum für 50 € / 50 US$ zu besorgen.

Bei der Einreise aus gelbfiebergefährdeten Gebieten wie z. B. Zentralafrika muss man eine Gelbfieberimpfung nachweisen; ein Nachweis der Rück- oder Weiterreise sowie ausreichender finanzieller Mittel für den Aufenthalt kann verlangt werden.

Persönliche Reiseausrüstung – Fotoapparat, Fernglas etc. – sowie 200 Zigaretten, 1 l Spirituosen und 250 g Parfüm darf man zollfrei einführen.

Bei Wertgegenständen, für die bei Einfuhr Zoll erhoben würde – Computer, Filmkamera, Musikinstrument oder Ähnliches – kann eine Zollbürgschaft (*customs bond*) verlangt werden, damit sichergestellt ist, dass diese Dinge nicht im Land verkauft, sondern bei der Heimreise wieder ausgeführt werden.

Die Ein- und Ausfuhr von **Plastiktüten** ist verboten, kleine Plastikbeutel mit Zipp-Verschluss für Kosmetika und Flüssigkeiten im Handgepäck ausgenommen.

Geld

Die Landeswährung ist der **Tansania-Schilling**. 1 US$ ≈ 2300 Tsh (bzw. TZS), 1 Euro ≈ 2600 Tsh (tagesaktueller Kurs unter www.oanda.com). Da international nicht in Umlauf, besorgt man sich Tansanische Schillinge erst in Tansania (bei der Ausreise darf man nur bis zu 2000 Tsh ausführen). Ausländische Währung darf man unbegrenzt einführen, ist aber ab 10 000 US$ zu deklarieren.

Der **US-Dollar** fungiert als inoffizielle Parallelwährung, es werden nur neuere Dollarscheine (nur solche ab 2006!) angenommen. In großen Städten werden auch **Euro** akzeptiert bzw. gewechselt.

Bargeld mit der (am häufigsten akzeptierten) **Visa-Kreditkarte** erhält man an Bankautomaten (ATM) von Standard Chartered, Tanpay, NBC und CRDB. Mit **MasterCard** oder **EC-Karte** (Maestro, nicht V-Pay) gibt es an deutlich wenigeren Bankautomaten Bargeld (u.a. an Automaten von Barclays Bank und Stanbic in Dar es Salaam, Arusha und Stone Town/ Sansibar). An Automaten ist schon Betrug vorgekommen: Kartenabrechnung prüfen!

Bargeld kann man bei Banken oder Forex-Büros (autorisierten Geldwechslern) eintauschen; Reiseschecks jedoch nirgends mehr. Vorsicht: Nie auf der Straße Geld wechseln. Forex-Büros gibt es u. a. in Dar es Salaam, Sansibar, Arusha und Moshi. Für kleine Dollar- oder Euronoten (unter 50 US$) erhält man oft einen schlechteren Kurs als für große.

Größere Hotels, insbesondere in den Touristenregionen, akzeptieren ausländisches Geld, in der Regel US$, häufig auch Euro – aber auf den Kurs achten!

Viele Hotels verlangen von Ausländern Bezahlung in Dollar (besonders auf Sansibar!) – obwohl die tansanische Regierung den Devisenzwang bei Hotelübernachtungen abgeschafft hat. Auch Museen kassieren von Touristen oft das Eintrittsgeld in US$. Die Gebühren und Dienstleistungen der Nationalparks und anderer Reservate *müssen* ausländische Touristen in Dollars bezahlen – zur Vermeidung von Unregelmäßigkeiten an manchen Gates nur unbar, d.h. per Kreditkarte.

Wechselgeld, besonders in Dollars, scheint knapp zu sein; man sollte immer auch kleine Dollarscheine dabei haben.

Viele Hotels, Reisebüros und Geschäfte in großen Orten, besonders in Touristengebieten, akzeptieren Kreditkarten. Achtung: Dabei können 5-10 % auf den Rechnungsbetrag aufgeschlagen werden, weil die Kreditkarteninstitute dies bei Auslandsgeschäften ebenfalls tun. Reiseschecks werden beim Bezahlen nur selten akzeptiert.

Gepäck

Auf Mehrtages-Safaris mit Geländewagen und auf Inlandsflügen mit Kleinflugzeugen besteht pro Person meist die Beschränkung auf ein Gepäckstück bis 15 kg (Reisetasche empfehlenswert). In öffentlichen Verkehrsmitteln ist handliches Gepäck vorteilhaft: Man kann es unterm Sitz oder oben auf der schmalen Gepäckablage verstauen; ist es zu groß, muss es bei Bussen oft aufs Dach – nicht selten gegen Extra-Gebühr, um die man hart feilschen muss. Hotels und *Guesthouses* haben einen Wäschedienst – das hilft, sich beim Gepäck zu beschränken.

Gesundheit

Vor der Reise erkundige man sich bei einem Tropeninstitut nach der aktuell nötigen Gesundheitsvorsorge! Nur aus einem Gelbfiebergebiet Einreisende (z. B. von Zentralafrika; oder nach einem Zwischenaufenthalt von über 12 Std. auf einem afrikanischen Flughafen) auf das Tansania-Festland und nach **Sansibar** (!) benötigen einen **Gelbfieberimpfnachweis**. (Übertragung der Viren durch Stechmücken, Schutzdauer: 10 Jahre). Impfschutz wird empfohlen gegen Kinderlähmung, Tetanus, Hepatitis, Diphtherie, Typhus.

Die gefährliche **Malaria tropica** ist fast überall in Tansania verbreitet. Der beste Schutz ist, sich nicht von den die Krankheit übertragenden Anopheles-Mücken stechen zu lassen. Das tun sie in der Regel bei Sonnenuntergang und nachts. Deshalb: Schlafen Sie unter einem Moskitonetz (in vielen einfachen *Guesthouses* vorhanden, seltener dagegen in teuren Hotels – doch eine Klimaanlage ist keine Garantie für das Fernbleiben von Mücken); tragen Sie Kleidung, die die Mücken nicht an die Haut lässt, und behandeln Sie unbedeckte Körperteile mit insektenabweisenden Mitteln. Malariatabletten bieten keinen absoluten Schutz vor der Krankheit, mildern aber deren Verlauf. Mefloquin/Lariam, Atovaquon-Proguanil/Malarone/Malanil, Doxycyclin und Cotexin/Artemisinin sind in Tansania billiger als in Europa. Die regelmäßige Einnahme zur Vorbeugung (Prophylaxe) soll vor der Reise beginnen und erst einige Zeit danach abgesetzt werden. Bei einem akuten Malariaanfall helfen fiebersenkende Maßnahmen und eine hohe Dosis von Malariamitteln; in Tansania sind die Ärzte mit der Behandlung von Malaria vertraut.

Gegen die **Schlafkrankheit** (Trypanosomiasis), übertragen durch bremsenähnliche, tagaktive Tsetsefliegen in trockenen Savannengebieten wie der Serengeti, ist die einzige Vorbeugemöglichkeit der Schutz vor Stichen, u. a. durch möglichst helle Kleidung.

Keine Prophylaxe gibt es gegen **Bilharziose**. Gefahr dafür besteht im Habitat von Wasserschnecken: in wenig bewegten Binnengewässern mit starkem Uferbewuchs, besonders in der Nähe von Siedlungen. Vorsichtige Reisende baden nirgendwo im Landesinneren. Die großen Seen sollen schneckenfreie Abschnitte haben – man erkundige sich vor Ort. **Trinkwasser** aus Seen, Flüssen und Leitungen stets keimfrei machen (am sichersten ist Abkochen), denn darin können sich Viren, Bakterien (u. a. Salmonellen), Amöben, Shigellen, Lamblien, Würmer und sonstige Parasiten tummeln, die u. a. schwere Durchfälle verursachen.

Auf längeren Campingsafaris, bei der Koch und Nahrungsmittel mitreisen, sollte man sicherheitshalber auf Fleisch- und Eierspeisen verzichten.

Die **Höhenkrankheit** ist eine potentiell tödliche Gefahr für jeden, der zu schnell (ideal wären plus 300 Höhenmeter pro Nacht) die Übernachtungshöhe steigert – was auf der Kili-Hauptroute leider der Normalfall ist; tritt sie akut am Berg auf – typische Symptome sind u. a. starke Kopfschmerzen, Übelkeit und Atemnot –, hilft nur absteigen bzw. abtransportieren lassen (am Kili gibt es dafür eine Einrad-Bahre). Wer die Zeit hat, sollte als Höhentraining zuvor den Mt. Meru besteigen oder wenigstens in den Alpen in großer Höhe mehrmals übernachten, beispielsweise auf dem Stilfser Joch (2757 m).

Ukimvi ist das Kiswahili-Wort für **Aids**. Die Regierung betreibt Aufklärung; in einigen Landesteilen, z. B. in der Region Rukwa, findet man selbst in den Zimmern einfachster Gästehäuser kostenlose Kondome vor. Manche Reisende haben aus Furcht vor HIV-Übertragung durch infizierte Spritzen – falls eine Behandlung in einem tansanischen Krankenhaus nötig sein sollte – sterile Einmalspritzen im Gepäck.

Mindestausstattung der Reiseapotheke: Malaria-Tabletten, insektenabweisendes Mittel, desinfizierende Salbe, Mittel gegen Durchfall (z. B. Loperamid), Breitbandantibiotikum, Salztabletten (Elektrolyte), Sonnencreme, Sonnenbrandlotion, Cortisonsalbe, Antihistamin, Verbandpflaster, ev. sterile Injektionsnadeln/-spritzen, Ohrenstöpsel.

Klima und Reisezeit

Tansania liegt in den Tropen: Im Tiefland und am Meer muss man mit großer Hitze und viel Sonne rechnen. Auch wenn die Temperaturen in den Bergländern niedriger ausfallen, ist die Sonne gleichermaßen intensiv.

Haupt-Reisezeiten: Juni bis Oktober und Dezember bis März.

März bis Mai/Juni ist die Zeit der großen Regenfälle. Zwar regnet es nicht ständig, aber der Boden ist vielerorts so aufgeweicht oder gar fortgespült, dass ein Vorwärtskommen selbst mit Geländewagen stellenweise nicht möglich ist; manche Flüsse schwellen derart stark an, dass Fähren ihren Dienst einstellen. In manchen Parks schließen dann einige der Unterkünfte (Selous, Ruaha u. a.).

Die Sicht beim Schnorcheln und Tauchen ist in der Regenzeit schlecht. Am Tanganyika-See ist die günstigste Reisezeit März-Oktober.

Die kühlere, trockene Jahreszeit Juni-Juli ist klimatisch angenehm, nachts kann es im Bergland kalt werden. Bis November wird es zunehmend heißer und es bleibt trocken, die Wege sind dann am besten befahrbar, viele Bäume verlieren ihre Blätter, das Gras ist kurz, in den Parks sammeln sich Tiere an den schrumpfenden Wasserstellen.

Die Niederschläge der kleinen Regenzeit im November/Dezember sind geringer, regenerieren aber die Natur und bringen die Tierwanderung in der Serengeti in Schwung, bis in den März kann man sie beobachten. Im Februar herrscht oft besonders klare Sicht.

Kleidung

Auf Safaris in Geländefahrzeugen und auf Fahrten in klapprigen Bussen bewährt sich leichte Baumwollkleidung. Der Hitze wegen sollte sie luftig und nicht zu eng sein, des Staubs wegen leicht waschbar; der Insekten, der Sonne und des Anstands wegen den Körper ausreichend bedecken. Auch

Kopf und Arme vor Sonne schützen!

Im Gebirge (z. B. Arusha, Usambara-Berge, Ngorongoro, Njombe, Kitulo-Plateau, Mbeya) braucht man in der kühlen Periode Juni-August warme, winddichte Kleidung, feste Schuhe, Socken. Die Erkältungsgefahr in klimatisierten Räumen ist nicht zu unterschätzen!

Gipfelstürmer am Mt. Meru und am Kilimanjaro kleiden sich wie auf entsprechenden Touren zu schneebedeckten Bergen in anderen Erdteilen (Daunenjacke, Handschuhe, Mütze, warmer Schlafsack etc.). Viele Bergsteiger verschenken nach dem Abstieg Ausrüstungsteile an ihre Crew. Bei einigen Trekking-Agenturen kann man gebrauchtes Equipment ausleihen – vorher abklären!

REISEWEGE NACH TANSANIA

Flug

Hauptsächlich folgende Gesellschaften verbinden Tansania (Internationale Flughäfen: Kilimanjaro, Dar es Salaam oder Sansibar) regelmäßig mit dem Ausland: British Airways, EgyptAir, Emirates, Ethiopian Airlines, Kenya Airways, KLM, Qatar Airways, South African Airways, Swiss, Turkish Airlines. Preisgünstig bei größerer Auswahl an Fluglinien sind Flüge nach Kenia (Nairobi, Mombasa), von dort gibt es gute, preiswerte Bustransfers nach Tansania (Arusha, Moshi, Tanga).

Am internationalen Verkehr innerhalb Ostafrikas beteiligen sich u. a. Precision Air und die kenianische Billigfluglinie Fly540 (Sansibar).

Schiff

Kongo: Offiziell: Frachtverkehr über den Tanganyika-See zwischen Kalemie und Kigoma.

Zambia: Mpulungu – Kigoma einmal alle zwei Wochen.

Mosambik: unregelmäßige Fähre über den Ruvuma bei Mtwara.

Bahn

TAZARA (Tanzania-Zambia Railway) zweimal wöchentlich Kapiri Mposhi – Dar es Salaam.

Bus

Kenia: tägliche Fernbusse Nairobi – Arusha (Moshi / Dar es Salaam); Nairobi – Musoma – Mwanza; Mombasa – Tanga – Dar es Salaam; mehrmals pro Woche Mombasa – Moshi.

Uganda, Ruanda, Sambia: Fernbusse selten, eher Busverkehr bis/ab Grenze.

Malawi: Lilongwe – Dar es Salaam.

Auto

Autos mit ausländischem Kennzeichen zahlen mindestens US$ 60 an der tansanischen Grenze, und in den Parks sind die Gebühren für ausländische Wagen viel höher als für tansanische.

Geschlossene Grenzübergänge

Der für Safaritouristen aus Kenia eigentlich ideale Grenzübergang Bologonja, zwischen Masai Mara (Kenia) und der Serengeti, ist wegen tansanischem Protektionismus seit 1977 geschlossen. Seitdem wird verhandelt...

REISEN IM LAND

Flug

Precision Air, Diamond Plaza, Mirambo Street/Samora Ave., Dar es Salaam, Tel. (22) 2191000, www.precisionairtz. com; **Air Tanzania**, ATC House, Ohiho/Garden Ave., Dar es Salaam, Tel. 0800-110045, www.airtanzania.co.tz: **Regional Air**, Arusha, Tel. 0784-285753, www.regionaltanzania.com; **Coastal Aviation**, 107 Upanga Rd., Dar es Salaam, Tel. 0713-325763, www.coastal.co.tz, **SafariAIRLink**, www.flysal.com (viele Linienflüge in die Parks des *southern circuit*), **Zan Air Ltd.**, Sansibar, Tel.

(24) 2233670, www.zanair.com (Sansibar). Weitere s. www.tanzaniatouristboard.go.tz.

Der Flughafen für Inlandsflüge in Dar es Salaam befindet sich neben dem internationalen Flughafen. In Arusha liegt der Inlandsflughafen 5 km westlich der Stadt, einige Inlandsflüge gehen auch vom Kilimanjaro Airport ab. **Flughafengebühr Inland**: 13 000 TSh.

Schiff

Festland – Sansibar/Pemba: Zwischen Dar es Salaam und Sansibar verkehren moderne Schnellfähren, ebenso zwischen Sansibar und Pemba. Auf beiden Strecken fahren auch langsame, ältere Motorschiffe. Zwar nehmen sie Passagiere mit und sind billiger, werden aber in erster Linie für Frachten eingesetzt – ihr Fahrplan ist unzuverlässig; Vorsicht: Fatale Havarien dieser völlig überfüllten Fähren sind schon öfter vorgekommen!

Dau: Die Hafenbehörden erlauben die Mitnahme von Touristen auf Frachtseglern nicht, auch wenn Kapitän und Mannschaft nichts dagegen haben. Jedoch gibt es **Charter-Dauen** eigens für Touristen. Bei günstigen Winden sind sie die langsamere, leisere und weitaus schönere Alternative zu Motorbooten, um abgelegene Strände, Inseln oder Tauch- und Schnorchelstellen zu erreichen. Unbedingt probieren!

Linienschiffe auf Binnenseen: Auf Victoria-, Tanganyika- und Nyasa-See betreibt die **Marine Services Company** Personen- und Frachtfähren; für Reisende mit Zeit ideal, um interessante, abgelegene Landesteile zu besuchen. Die Flotte ist betagt (die berühmte Liemba ist über 100 Jahre alt!) und wenig zuverlässig. Zentrale: Marine Services Company in Mwanza, www.mscl.go.tz.

Bahn

Es gibt zwei voneinander unabhängige Bahnsysteme mit unterschiedlichen Spurbreiten. Reservierung für die knappen Plätze der 1. und 2. Klasse dringend empfohlen. Bahnhof heißt auf Kiswahili *stesheni* von Englisch *station*.

Die **TRL** (Tanzania Railways Ltd., www.trl.co.tz) verwaltet das Eisenbahnnetz, das aus der Kolonialzeit stammt (Dar–Kigoma/Mwanza/Mpanda für Passagiere; die Eisenbahn nach Arusha und Tanga transportiert nur Frachten). Die TRL-Bahnhöfe liegen nahe den Stadtzentren. Die Firma leidet unter dem überalterten Material von Schienen und Fahrzeugen und unter zu geringem Kapital. Die Gleise sind sehr anfällig bei schweren Regenfällen, wie im Jahr 2017, als ganze Schienenabschnitte zerstört wurden. Meist fahren nur zwei Personenzüge pro Woche auf der Strecke Dar–Kigoma, mit Wagen der 1. und 3. Klasse.

Die **TAZARA** (Tanzania-Zambia Railway Authority, www.tazarasite.com), in den 1970er Jahren von den Chinesen errichtet, verbindet Dar es Salaam mit Zambia; beliebt für Fahrten zwischen Dar es Salaam und Mbeya (derzeit wöchentlich nur zwei Züge). Die Bahnhöfe liegen meist außerhalb der Stadtzentren.

Der privat betriebene Luxuszug **Safari Express Train** auf dem TAZARA-Streckenabschnitt Dar–Selous fährt z. Z. nicht (s. Hinweise S. 167/Selous).

Bus

Bequeme große Fernbusse (u. a. Dar Express, Abood Bus) verkehren meist auf den Strecken mit gut asphaltierten Straßen. Kleinbussfahrer auf denselben Strecken gebärden sich oft extrem waghalsig. Die meisten übrigen tansanischen Straßen erlauben kein allzu schnelles Fahren: Sandpisten, felsige oder schlammige Strecken, Schlaglöcher, uralte pannenanfällige Busse und das zeitraubende Laden von Gepäck lassen nur eine Durchschnittsgeschwindigkeit von 20-30 km/h zu. Angaben zu Ankunftszeiten sind oft Wunschdenken.

Umsicht ist nötig beim Ticketkauf auf Stationen mit starker Bus-Konkurrenz: Oft fahren die Busse erst ab, wenn sie randvoll sind.

Busbahnhöfe heißen *stendi* – von Englisch *bus stand*.

Daladala, LKW

Wo Busse rar sind, wird jedes Fahrzeug zum Allzweck-Transporter: *matatu* oder *daladala* (Sammeltaxi), Pick-up, Motorroller oder LKW; Passagiere zahlen das übliche Bus-Entgelt.

Mietwagen

Es herrscht Linksverkehr. Wegen der enormen **Unfallgefahr** (!) und schwieriger Straßenverhältnisse wird ein Wagen mit seriösem Chauffeur empfohlen; ein großer Vorteil ist auch die Sprach- und Landeskenntnis eines einheimischen Fahrers. Die meisten Verleihfirmen gibt es in Dar es Salaam und Arusha.

Motorrad, Fahrrad

Leih-Motorräder und Leih-Motorroller (oft in verkehrsunsicherem Zustand!) sind besonders auf Sansibar beliebte Transportmittel. Leih-Fahrräder sind in vielen Städten gegen geringe Gebühr erhältlich. Fahrräder lassen sich (gegen Gebühr – Preis aushandeln!) auf den meisten Langstrecken-Bussen mitnehmen.

Längere Reisen im Land mit eigenem Fahr- oder Motorrad erfordern neben guter Kondition (schwierige Sand-Schlamm- und Schlaglochstraßen!) Kiswahili-Kenntnisse, Vertrautheit mit den ortsüblichen Umgangsformen, Zeit und gute Ausrüstung. Die Durchquerung der Nationalparks per Fahrrad ist nicht gestattet.

Taxi

Fahrpreis vor der Fahrt aushandeln (Flughafen – Dar es Salaam/City etwa 15 000 Tsh). Nur **registrierte Taxis** nutzen (markiert mit einem grünen, gelben oder blauen Längsstreifen auf der weißen Karosserie), um nicht Opfer eines kriminellen Fahrers zu werden! Jeder seriöse Fahrer wird seine offizielle Registrierung gerne vorweisen.

Man kann einen Pauschalpreis für Rundfahrten in Städten oder auf Sansibar aushandeln. Auto und Fahrer zuvor auf einer kürzeren Fahrt testen.

Trampen

Trampen ist nicht üblich. In einsamen Gegenden fungiert fast jedes Fahrzeug als „öffentliches" Verkehrsmittel: Wer mitgenommen wird, bezahlt auch dafür.

PRAKTISCHE TIPPS

Allein reisende Frauen

Allein reisende Frauen haben normalerweise kaum Probleme. Bewundernswert, wie das die Einheimischen machen: Reisende Tansanierinnen klettern ohne fremde Hilfe auf die höchsten LKW, feilschen geschickt um den Transportpreis für Lasten und passen nebenbei noch auf ein paar Kinder auf.

Kleidung: besser etwas zu konservativ als zu gewagt.

Betteln

In den meisten Gegenden wird nicht gebettelt. In großen Städten (Dar es Salaam, Mwanza, Arusha) gibt es Bettler am Straßenrand. Eine Art an Geld zu kommen ist der Erweis einer kleinen Dienstleistung, um die man nicht gebeten hat (z. B. Beaufsichtigen eines parkenden Autos) oder die üblicherweise kostenlos ist (z. B. Gepäck auf dem Busdach verstauen).

Gelegentlich wird man direkt von jüngeren Leuten angegangen: *„Naomba hela"* – „Ich bitte um Geld", und nicht selten geschieht es, dass dies älteren

Menschen peinlich ist und sie die jungen Leute zurechtweisen.

Einkaufen

Beliebte Souvenirs: Makonde-Schnitzereien, Tinga-Tinga-Malereien, Bast- und Flechtarbeiten, Matten, gewebte Stoffe, *Kanga* und *Kitenge* (bunt bedruckte modische Tücher, mit denen sich Frauen einhüllen), Arbeiten aus Speckstein – oder Dosenblech: Spielzeug, Öllämpchen, Maasai-Schmuck. Feilschen ist üblich und nötig!

Elektrizität

230 Volt Wechselstrom, 50 Hz. Stromausfall ist keine Seltenheit, besonders in Orten, die nicht an das nationale Verbundnetz angeschlossen sind. Lodges und Hotels in der Wildnis haben meist eigene Generatoren, die oft nur eine begrenzte Zeit über Nacht laufen.

Essen

Internationale Küche gibt es in den großen Hotels. Besonders an der Küste um Dar es Salaam und in anderen größeren Städten bieten Restaurants sehr variantenreiche Kost durch die arabischen, indischen, diversen europäischen und chinesischen Einflüsse.

In ortsüblichen kleinen Restaurants steht das Menü mit Preisliste meist auf einer großen Tafel und lädt zum Kennenlernen z. B. folgender Gerichte ein:

Zu den Grundnahrungsmitteln Reis (*wali*), Maisbrei (*ugali*) oder Kochbanane (*ndizi*) gibt es u. a. als Beigerichte (oft wird nur eins bestellt): *maharag(w)e*, Bohnen; *mchicha*, Spinat; *kabeji*, Kohl; *viazi*, Kartoffeln; *samaki*, Fisch; *nyama*, Fleisch: *ya ng'ombe* (vom Rind), *ya kuku* (vom Huhn), *ya mbuzi* (von der Ziege); Fisch und Fleisch bekommt man meist in einer Schüssel mit *mchuzi*, Soße. Kleinigkeiten: *chapati*, flacher Pfannkuchen; *slesi* oder *mkate*, Weißbrot; *(m)andazi*, in Fett gebackene, süßliche, runde („Berliner") Pfannkuchen; *sambusa*, gefüllte, knusprige Teigtaschen. Zum Würzen steht auf dem Tisch meist ein Teller mit einem Häufchen Salz (*chumvi*), einigen scharfen Pfefferschoten (*pilipili*) und Limonenstückchen (*limao*), oft auch Tomatenketchup und Chilisauce.

Gegessen wird mit der rechten Hand oder mit Löffel/Besteck. Wasser und Seife zum Händewaschen meist in einer Ecke des Speiseraums. Nicht immer ist das komplette Menü erhältlich, man fragt am besten vorher, wenn kein Gast im Restaurant zu sehen ist: *Kuna chakula?* – Gibt es was zu essen? *Chakula gani?* – Was für Essen gibt es? *Bei gani?* – Was kostet es?

Feiertage

1. Januar: Neujahrstag; 12. Januar: Tag der Revolution in Sansibar; 26. April: Tag der Vereinigung von Tanganyika und Sansibar; 1. Mai: Tag der Arbeit; 7. Juli: Gründungstag der TANU, wegen des Datums 7.7. auch *saba saba* genannt; 8. August: Tag der Bauern (oft *nane nane* nach dem Datum 8.8. genannt; 14. Oktober: Todestag v. J. Nyerere; 9. Dezember: Tag der Unabhängigkeit; 25. und 26. Dezember: 1. und 2. Weihnachtstag. Bewegliche muslimische Feiertage: Id el Fitr (Ende des Ramadan), Id el Haji (Pilgerfest), Maulid (Geburtstag des Propheten Mohammed). Bewegliche christliche Feiertage: Karfreitag, Ostermontag.

Fotografieren

Militärische Einrichtungen (ein weitgefasster Begriff) und Uniformierte dürfen keinesfalls fotografiert werden!

Viele Tansanier lassen sich gern fotografieren, wenn man sich so lange mit ihnen unterhalten hat, dass man miteinander vertraut geworden ist (s. a. Verhaltensregeln S. 249 und das Kapitel „Gäste und Gastgeber" S. 55). Viele *wazungu* (Weiße) haben es zu eilig, ein Foto zu machen und verscherzen sich so die Zustimmung dafür. Ablehnung ist in jedem Fall zu respektieren! Die Fotografierten stellen gelegentlich auch Bedingungen: Sie fordern Geld (so etwa Maasai mit häufigem Kontakt zu Touristen) oder bitten um die Zusendung des Fotos – womit man Freude bereiten kann.

Gebühren der Nationalparks und Reservate

Die aktuellsten Eintrittsgebühren findet man unter **www.tanzaniaparks.com**. Die Bewahrung riesiger Gebiete mit großartiger Natur kostet viel Geld. Für ausländische Touristen gelten ungefähr folgende (jährlich steigende) Gebühren für einen Aufenthalt bis 24 Stunden, **plus 18 % VAT** (Mwst.):
100 US$: Gombe Stream N.P.;
80 US$: Mahale Mountains N.P.;
78 US$: Selous Game Reserve;
70 US$: Kilimanjaro;
60 US$: Serengeti N.P.,
60 US$: Ngorongoro Conserv. Area;
45 US$: Arusha, Tarangire, Lake Manyara N.P.;
30 US$: Katavi, Kitulo, Mikumi, Mkomazi, Ruaha, Rubondo, Saadani, Udzungwa N.P., Saanane.

Camping: *Public Campsite* (allgemeiner Zeltplatz) pro Person / 24 Stunden: 30 US$. *Special Campsite* (für eine bestimmte Person oder Gruppe reservierter Zeltplatz): 50 US$ pro Person und 24 Stunden.

Hütten: Berghütten auf der Marangu-Route (Kilimanjaro N.P.): je 60 US$; Berghütten am Mt. Meru: 30 US$. In den übrigen Parks, soweit vorhanden, siehe Website.

Für einen Guide sind 15-35 US$, einen Koch 15 US$, einen, Porter 10 US$ je Führung zu zahlen.

Infos zu weiteren Gebühren wie Kfz-Benutzung, Unfallversicherung; Bergrettungsgebühren; Angelerlaubnis (u.a. Gombe, Rubondo: je 50 US$, Filmen 100-300 US$, Bootfahren: 40-100 US$): siehe www.tanzaniaparks.go.tz.

Geschäftszeiten

Banken: Mo-Fr 8.30-12.30, manche bis 16.00 Uhr; Sa 8.30-11.30; Forex-Büros haben auch außerhalb der Bankzeiten geöffnet, Behörden offiziell Mo-Fr 7.30-15.30 Uhr. Geschäfte in Städten öffnen Mo-Fr ca. 9/10 Uhr und schließen ca. 17/18 Uhr, Sa ca. 12/13 Uhr, manche halten Mittagspausen ein. Straßenstände schließen oft bei Einbruch der Dunkelheit; an belebten Straßen / Busbahnhöfen sind meist ein paar Läden oder Stände auch abends offen.

Kriminalität / Sicherheit

Diebstahl: Wo sich viele Menschen drängeln und die Situation unübersichtlich ist, ist mit Taschendieben zu rechnen. Unterwegs Geld und Dokumente unsichtbar am Körper tragen. In Hotels Wertsachen der Rezeption zur Verwahrung geben. In sehr einfachen Guesthouses erhält man meist ein Vorhängeschloss fürs Zimmer. Nie auf der Straße Geld wechseln! Und mit Drogenhändlern noch nicht mal reden.

Raubüberfälle: Nächtliche Straßen in Dar es Salam und Arusha, und einsame Gegenden (auch die Nationalparks im Norden) sowie insbesondere Strände und weitläufige Bungalow-Hotelanlagen um Dar es Salaam und auf Sansibar bergen ein gewisses Risiko – nicht mehr nur nachts, sondern in zunehmenden Maße auch tagsüber. Nie nachts allein spazierengehen! Von Einheimischen angebotene Gratis-Mitfahrgelegenheiten sollten wegen der Raubüberfallgefahr abgelehnt werden: Aus Sicherheitsgründen nur registrierte Taxis nutzen!

Erkundigen Sie sich immer vor Ort nach der Sicherheitslage! Straßenüberfälle werden gelegentlich aus den nordöstlichen Landesteilen gemeldet.

Gewalttätige Islamisten: Sansibar: Es hat Anschläge auf Pfarrer und Kirchen sowie einen Säureanschlag auf Touristinnen (in Stonetown) gegeben.

Am Freitag, dem Gebetstag der Muslime, sollte die Altstadt von Sansibar gemieden werden. Aktualisierte **Sicherheitshinweise** und Reisewarnungen unter www.auswaertiges-amt.de.

Mehrere **Fähren** sind bereits im Sansibar-Archipel gesunken.

Schwere **Verkehrsunfälle** gibt es oft, meist wegen hoch riskanter Fahrweise und/oder Verkehrsunsicherheit der Fahrzeuge.

Preisniveau

Tansanias Natur-Weltwunder sind nicht billig zu haben (s. „Gebühren"), Camps und Hotels in der Wildnis erfordern eine aufwendige Logistik. Selbst ein Nationalparkaufenthalt ohne Luxus ist teuer. Wer dagegen das weniger touristische Tansania bereist und keine großen Ansprüche an Bequemlichkeit stellt, kann preiswert durchs Land kommen: Budget-Reisende kommen, ohne Nationalparkbesuch, mit 25-30 US$ pro Tag für Übernachtung und Verpflegung aus. Die Preise auf Sansibar liegen etwas höher als auf dem Festland.

Safari – in Tansania organisiert

Viele Touristen buchen ihre Safari zuhause, manche entscheiden sich erst in Tansania, welche Nationalparks sie besuchen wollen, doch eine Nationalparktour alleine zu organisieren ist zeitraubend, teuer und nicht empfehlenswert. Besonders in Arusha und Moshi treffen Individualtouristen auf Gleichgesinnte, die gemeinsam einen lizenzierten Safari-Veranstalter suchen, oder dieser stellt selber Gruppen zusammen. Reisebüros in Moshi und die Hotels von Marangu sind meist spezialisiert auf die Besteigung des Kilimanjaro, die nur „organisiert", also nur mit Hilfe einer tansanischen Agentur erlaubt ist. In Arusha werden eher die „Klassiker"-Parks des *Northern Circuit*, in Dar es Salaam eher Touren im *Southern Circuit* gebucht.

Eine Liste der über 100 lizenzierten Safari-Unternehmen halten die Büros des Tansania Tourist Board bereit – Veranstalter ohne Lizenz sind unseriös. Man vergleicht Angebote verschiedener Safaribüros am einfachsten, indem man sich den Preis pro Tag und Person (bei festgesetzter Gruppengröße) der geplanten Safari geben lässt und Details erfragt über: exakte Route, Zeitplan, Anzahl der eingeschlossenen *game drives*, Personal (nur Fahrer oder auch Koch?), genaue Standorte und Art der Übernachtungen, Größe und **Zustand des Wagens** (oder Flugzeugs), Art der Campingausstattung, Verpflegung, **Sicherheit** (wichtig bei Touren in abgelegene Gebiete: Ist der Wagen mit Funk ausgerüstet? Sind Zeltplätze sicher / bewacht?), Gebühren: Eintritt, Guides, bewaffnete Wildhüter für Fuß-Safaris u. a. (sind noch weitere Extras zu bezahlen oder ist alles inklusive?). Wieviel Geld wird zurückerstattet oder Gratistage angehängt, wenn das Safariauto – was leider häufig vorkommt – eine **Panne** (*breakdown*) hat und ein bezahlter Programmtag nur aus Warten auf Abhilfe besteht? Besonders bei Billigangeboten sorgfältig prüfen! Auch **Verkehrsunfälle**, z. B. wegen riskanter Überholmanöver, kommen öfter vor.

Außerhalb der Nationalparks bietet die Organisation **Cultural Tourism Programme** (CTP, www.tanzaniacultural tourism.go.tz) Ausflugsprogramme in verschiedenen Gebieten des Landes, wo eigens ausgesuchte örtliche Guides Touristen mit Natur, Geschichte und Alltagsleben der Tansanier bekannt machen; die Gebühren hierfür kommen direkt den Orten zugute.

Telefonieren

Mobiltelefone haben das Land erobert. Ihre Nummern beginnen z. B. mit 0777-, 0754-, 0784-, danach folgt die sechsstellige Teilnehmernummer. Vodacom bietet das beste Netz und Roaming (GSM 900/1800). Auch ohne eigenes Handy kann man mobil telefonieren: Es gibt kaum ein Dorf ohne eine Holzbude mit der Aufschrift *huduma za simu*: Hier bietet jemand Telefonservice mit seinem Handy an.

Festnetz: Es wird betrieben von der staatlichen TTCL (Tanzania Telecommunications Company Limited).

Internationale Anrufe nach Tansania: **Landesvorwahl** 00255, danach wählt man die Orts- bzw. Mobilvorwahl ohne Null, dann die Teilnehmernummer.

Anrufe von Tansania ins Ausland: Man wählt 000, dann die Landesvorwahl, Ortsvorwahl (ohne Null) und die Teilnehmernummer. Es gibt in größeren Städten Kartentelefone, u. a. TTCL (passende Karte nötig). In Telefon-Shops kann man gegen Barzahlung telefonieren. Im Telefonbuch sind die Einträge privater Telefonnummern eines Ortes in der Regel nach dem ersten Namen (=Vornamen) geordnet.

Notruf: 112

Trinken

Abgekochtes Trinkwasser steht in vielen Restaurants auf dem Tisch oder man kann danach verlangen. Wasser in Plastikflaschen und Softdrinks sind – wenn auch nicht immer gekühlt – fast überall zu haben; außer den colahaltigen und süß oder sauer schmeckenden ist in Tansania auch *Tangawizi* beliebt, mit scharf-süßem Ingwergeschmack. *Bia* (Bier) aus Flaschen wird in großen Mengen getrunken. Das lokal gebraute Hirse- oder Bananenbier heißt *pombe*. Wasser zum Trinken aus Leitungen oder Gewässern immer desinfizieren!

Trinkgeld

Safaris: Fahrer, Guides, Köche und Träger wissen sehr wohl, dass der Tourist 100 US$ und meist sogar mehr pro Tag für seine Safari zahlt. Sie bekommen nur einen winzigen Bruchteil davon als Lohn, obwohl sie hart schuften müssen. Für diese schwere Arbeit ist ein Trinkgeld pro Person und Tag von 5-10 US$ angemessen. In teureren Restaurants und Hotels enthält die Rechnung Bedienungsgeld (*service charge*). Ansonsten sind in besseren Restaurants 10 % des Rechnungsbetrags als Trinkgeld üblich. Für kleine Dienstleistungen sollte man mit einem kleinen Trinkgeld Anerkennung zeigen.

Verhaltensregeln

In Tansania verwendet man viel Zeit und Geduld darauf, mit seinem Gesprächspartner erst einmal ein harmonisches Einvernehmen herzustellen, bevor man zur Sache kommt. Es wird sehr geschätzt, wenn sich Ausländer der nötigen Höflichkeitsformen bei der Begrüßung bedienen (s. „Gäste und Gastgeber“ S. 55).

Dezente, gepflegte Kleidung ist überall ein Muss, nicht nur in den muslimisch geprägten Küstenregionen. Bei offiziellen Besuchen (Dorfvorsteher, Ämter, Kirchen etc.) sollte man unbedingt in tadelloser Aufmachung von Kopf bis Fuß erscheinen!

Höfliche Tansanier verbergen ihren Ärger, wenn ahnungs- und instinktlose Touristen das gern gewährte Gastrecht über Gebühr ausnutzen. Ein Sprichwort schlägt bezeichnenderweise vor, dem Gast nach drei Tagen eine Hacke in die Hand zu drücken, um ihn damit zur Feldarbeit aufzufordern. Der Aufenthalt eines Fremden in einer abgelegenen Siedlung ist eine kleine, durchaus willkommene Sensation. Um ein gutes Einvernehmen herzustellen, sollte man sich beim Dorfvorsteher vorstellen und um Erlaubnis bitten – beispielsweise zum Wandern im Gebiet, Zelten etc.

Zeit

MEZ + 2 Stunden (GMT + 3), zur europäischen Sommerzeit eine Stunde weniger, MEZ + 1 Std.

Achtung: „0 Uhr“ in Tansania ist etwa die Zeit des Sonnenaufgangs, nämlich 6 Uhr morgens. Sehr häufig werden

Abfahrtszeiten auf die tansanische Weise angegeben: *Saa* (Uhr) *moja* (eins) *asubuhi* (morgens) bedeutet 7 Uhr; *saa moja jioni* (abends) bedeutet: 19 Uhr.

Ganz besonders wichtig ist dies für Reisende in entlegenen Gebieten mit spärlichem Busverkehr, man sollte sich wegen dieser eigenwilligen Zeitrechnung die Zahlen von 1 bis 12 auf Kiswahili (s. Sprachführer S. 250) und die Tageszeiten (*asubuhi* – Morgen, *mchana* – Tag, *jioni* – Abend, *usiku* – Nacht) einprägen, es könnte sonst passieren, dass der einzige Bus der Woche schon vor 6 Stunden abgefahren ist...

ADRESSEN

Diplomatische Vertretungen in Dar es Salaam

Deutschland: Umoja House, Garden Ave., zwischen Shaaban Robert St. und Mirambo St., Tel. (22) 2212300, Notfall-Tel. 0786-971692, www.daressalam.diplo.de.

Schweiz (Botschaft): 79 Kinondoni Rd., Tel. (22) 2666008/ 09, www.eda.admin.ch.

Die Botschaft Österreichs befindet sich in Nairobi/Kenia; Tel. +254 736-800166, www.bmeia.gv.at.

Kenya: Ali Hassan Mwinyi/Kaunda Drive, Tel. (22) 2668285/6. **Malawi**: Rose Garden Rd., Gamshard Circle 54, Mikocheni A, Tel. (22) 2774220; **Mosambik**: 25 Garden Ave, Tel. (22) 2124673. **Südafrika**: Plot 218/50 Corner Garden Avenue/Shabani Robert Road, Tel. (22) 2218500.

Botschaften Tansanias

Deutschland: Eschenallee 11, D-14050 Berlin (Charlottenburg), Tel. (030) 303080-0, info@tanzania-gov. de; www.tanzania-gov.de; Schalterzeiten der Visumstelle: Mo-Fr 10-13 Uhr. Die Botschaft ist auch zuständig für Österreich und die Schweiz.

Touristeninformation in Tansania

Arusha: TTB, Tanzania Tourist Board, 47 E Boma Street, Box 2348 Arusha, Tel. (27) 250 3842/4, 0754-598392; **Dar es Salaam**: TTB, Utalii House, Laibon street/Ali Hassan Mwinyi Road, gegenüber der französischen Botschaft, Tel. (22) 2664873, www.tanzaniatouristboard.go.tz.

Sansibar: Es gibt keine offiziellen Infobüros mit Besucherverkehr. Staatliche Tourismusbehörde: Commission for Tourism, Amaan Rd., Zanzibar, Tel. (24) 2233485, www.zanzibartourism.go.tz.

SPRACHFÜHRER KISWAHILI

Wie geht es Dir?. . . . . *hujambo?*
Wie geht es euch? . . . . *hamjambo?*
Mir / uns geht es gut.. . . . . *sijambo / hatujambo*
Was gibt es Neues?. . . . . *habari gani?*
...Neues von dir? . . . .*habari yako?*
...Neues von heute? . . . . . .*habari za leo?*
...Neues zu Hause?. . . . . *habari za nyumbani?*
...Neues bei der Arbeit?. . . . . *habari za kazi?*
(Antwort immer:) Gut!. . . . . *nzuri!*
(oder:) Gut! . . . . *njema!*
Hallo! (salopp: guten) Tag!. . . . . . *jambo!*
(salopp:) Wie geht's? . . . .*habari?*
Komm näher („willkommen")! . . *karibu!*
bitte; danke. . . . .*tafadhali; asante*
Herr (mit oder ohne Namen) . . . *bwana*
Frau (mit oder ohne Namen) . . . *mama*
Ehrwürdige alte Person . . . .*mzee*
Auf Wiedersehen. . . . .*kwa heri*
Mensch, Menschen . . . . *mtu, watu*
Mann, Männer . . . .*mwanamume, wanaume*
Frau, Frauen . . . *mwanamke, wanawake*
Kind, Kinder . . . . *mtoto, watoto*
Ich heiße... . . . . *ninaitwa*
Wie heißt du? . . . . *unaitwa nani?*
Ich komme aus... . . . . *ninatoka*
Woher kommst du? . . . . .*unatoka wapi?*
Deutschland . . . .*Ujerumani*
die, der Deutsche . . . . *Mjerumani*

Deutsch (Sprache) .... *Kijerumani*
Schweiz, Schweizer/in... *Uswisi, Mswisi*
Österreich/er/in .... *Uaustria; Maustria*
Gute Reise! .... *safari njema!*
Ich fahre mit.... .... *ninakwenda kwa*
...Flugzeug...................... *ndege*
...Eisenbahn; Zug .... *.reli; treni*
...Bus; Schiff; Boot .... *basi; meli; boti*
...Fahrrad; Motorrad .... *baiskeli; pikipiki*
Ich gehe zu Fuß .... *ninakwenda kwa miguu*
rechts; links .... *kulia; kushoto*
geradeaus .... *moja kwa moja*
langsam; schnell ...... *polepole; haraka*
nach; von .... *kwenda; kutoka*
Abfahrt; Ankunft..... *kuondoka; kufika*
Fahrkarte; Fahrpreis .... *tikiti; nauli*
1./2./3. Klasse .... *daraja la kwanza / pili / tatu*
Eingang; Ausgang ..... *kuingia; kutoka*
Ich möchte... kaufen. *ninataka kununua*
Wie viel kostet das? ...*Ni shilingi ngapi?*
Zu teuer!................. *Ghali sana!*

1 .... *moja*
2 .... *mbili*
3 .... *tatu*
4 .... *nne*
5 .... *tano*
6 .... *sita*
7 .... *saba*
8 .... *nane*
9 .... *tisa*
10 .... *kumi*
11 .... *kumi na moja*
12 .... *kumi na mbili*
20 .... *ishirini*
30 .... *thelathini*
40 .... *arobaini*
50 .... *hamsini*
60 .... *sitini*
70 .... *sabini*
80 .... *themanini*
90 .... *tisini*
100..................... *mia (moja)*
423............. *mia nne ishirini na tatu*
1000; 10 000 ...... *elfu (moja); elfu kumi*

teuer; billig .... *ghali; rahisi*
groß; klein .... *-kubwa; -dogo*
nur ein bisschen .... *kidogo tu*

kleines Gepäck.......... *mzigo mdogo*
ich will; ich will nicht ... *ninataka; sitaki*
ja; nein; vielleicht ...... *ndiyo; hapana; labda*
gestern; heute; morgen *jana; leo; kesho*
Montag; Dienstag ..*Jumatatu; Jumanne*
Mittwoch .... *Jumatano*
Donnerstag................. *Alhamisi*
Freitag; Samstag .... *Ijumaa; Jumamosi*
Sonntag; Festtag..... *Jumapili; sikukuu*
Wie spät ist es jetzt?......... *saa ngapi sasa hivi?*
Gibt es hier ein Zimmer? .... *Kuna chumba hapa?*
mit DU/WC .... *selfcontained*
Toilette; Bad .... *choo; bafu*
Einzelzimmer . *chumba cha mtu mmoja*
Doppelzimmer............ *chumba cha watu wawili*
Bitte zeig' mir.... *tafadhali unionyeshe..*
Gibt es Wasser? .... *kuna maji?*
Frühstück.............. *chai ya asubuhi*
Essen .... *chakula*
bitte greif' zu........... *karibu chakula*
Markt........................... *soko*
nahe dem Markt .... *karibu sokoni*
Polizei .... *polisi*
Arzt .... *daktari*
Gefahr......................... *hatari*
Augenblick mal! .... *ngoja kidogo!*
Halt!......................... *simama!*
Entschuldigung! .... *samahani!*
Macht nichts! .... *hamna shida!*
in Ordnung .... *sawasawa*

AUTORIN

Elke Frey hat viele Studienreisen geleitet und schreibt Bücher und Artikel über ihre Lieblingsziele. Sie studierte Geografie und Geologie und zieht es vor, langsam zu reisen, am liebsten zu Fuß oder mit dem Fahrrad. Ihre erste Begegnung mit Tansania fand bei einer Radtour durch wilde Landschaften auf unsäglichen Straßen statt, begleitet vom natürlichen Charme und der Warmherzigkeit der tansanischen Bevölkerung. Außer dem *Nelles Guide Tansania* schrieb sie weitere Reisebücher und Artikel über Ziele in aller Welt.

A

B

C

D

E

F

G

H

REISEAGENTUREN

Arusha (☎ 27)

Über 100 Reiseagenturen organisieren hier Safaris, Meru- und Kili-Besteigungen. TTB hat eine aktuelle Liste der lizenzierten Unternehmen. Gesellschaften wie **Leopard Tours**, (Nelson Mandela/Kijenge Rd. 17, Tel. 2548441, www.leopard-tours.com) oder **Abercrombie & Kent** (www. abercrombiekent. com) u. a. wickeln meist die im Ausland gebuchten Tansania-Safaris ab; andere Unternehmen bieten Individualreisenden vor Ort maßgeschneiderte Touren (siehe S. 248: „Safari in Tansania organisiert").
GEHOBENE PREISKLASSE: Diese Safari-Kategorie wird meist im Ausland gebucht, z.B.: **&Beyond Africa**, www.andbeyond.com, Luxussafaris zu den Zeltcamps bzw. Hotels von &BeyondAfrica (Manyara Tree Lodge, Mnemba Island etc.) in touristischen Top-Locations. **Flycatcher Safaris**, www. flycatcher.ch, individuelle Touren in ganz Tansania, eigene Luxus-Zeltcamps in den Nationalparks Serengeti, Ruaha, Katavi.
MITTLERE PREISKLASSE: **Easy Travel**, Boma Rd. (New Safari Hotel), Tel. 0683-374363, www.easytravel.co.tz; Profis für Touren in alle Parks; gutes Reisebüro. **Hoopoe Safaris**, India Street, Tel. 2507011, www.hoopoe.com, sehr erfahrenes Team für individuelle Touren im *Northern Circuit* und ganz Tansania; betreibt eigene Komfort-Zeltcamps. **Shidolya Tours & Safaris**, AICC Ngorongoro Wing 2nd Floor, Tel. 0754-866068, www.shidolya-safaris.com, eingespieltes Team für bewährte Safaris; ebenso: **Tropical Trails**, Old Moshi Rd., Tel. 0784-290447, www.tropicaltrails.com, nachhaltiger Tourismus besonders in Nord-Tansania etc.
EINFACH: **Bobby Safaris**, Goliondoi Road, Tel. 2503490, 2500020, www.bobbytours.com, verlässlicher Safariveranstalter, preiswert bei Gruppenbuchung.
Tanzania Cultural Tourism Programme (CTP): von Dorfbewohnern geführte Besuche im ganzen Land; Reservierung beim TTB möglich (Tourist Information des Tanzania Tourist Board in Arusha und Dar es Salaam), bei Reiseveranstaltern und im eigenen Büro in der Boma von Arusha; alle Angebote: www.tanzaniaculturaltourism.go.tz.

Moshi (☎ 27)

Ahsante Tours, gut geführte Trekkingtouren: Kilimanjaro, Meru, Ol Doinyo Lengai, mobile Safaricamps in Nationalparks; 29-A, Karanga Drive, Tel. 2750248, www.ahsantetours.com. **Chagga Tours**, Tel. 0754-597109, www.chagga-tours.com, erfahrener Bike- u. Kilimanjaro-Trekking-Veranstalter, organisiert u.a. wie Kilimanjaro-Man und Umrundung des Kilimanjaro per Fahrrad. **Zara Tanzania Adventures**, engagiertes Team für Natur- und Kulturreisen; Tel. 0754-451000, Tel. gebührenfrei 1-866-5504447, www.zaratours.com. Viele **Hotels in Marangu und Moshi** organisieren Touren.

Dar es Salaam (☎ 22)

Coastal Travels, Tour-Organisation und Fluggesellschaft, bedient linienmäßig kleine Plätze in Nationalparks, Selous und Inseln; Upanga Rd., Tel. 2117953-60, www.coastal.co.tz. **Kearsleys (T) Ltd.**, Reisebüro mit langjähriger Erfahrung und bewährtem Team, 16 Zanaki Street, Tel. 2137713, www.kearsleys.com.

Sansibar (☎ 24)

Es gibt über 100 Reisebüros auf Sansibar, z. B.: **The Original Dhow Safaris**, Segeltörns per Dau; Tel. 0772-007090, www.dhowsafa ris.net; **Gallery Tours and Safaris**: Diverse ausgesuchte Touren und Unternehmungen (z. B. Ultraleichtflüge) auf Sansibar. Gallery House, Mbweni, Tel. 0774-305165, www.gallery tours.net. **Maya Tours**, unterhält eine eigene Busflotte; Malindi (nördl. Stone Town), Tel. 2236635, www.mayatours.net.

Mwanza (☎ 28)

REISEBÜROS UND SAFARIVERANSTALTER: **Four Ways Travel Service**, NCU Hostel Bldg., Pamba Rd, an der Kreuzung Station/Kenyatta Rd., Tel. 250 2273, 2501853, www.fourwaystravel.net, langjähriger, versierter Reiseveranstalter, Filialen im Tilapia Hotel und am Flughafen. **Masumin Tours and Safaris**, Kenyatta Rd., Igogu, Tel. 2500192, www. masuminsafaris.com, umfangreiches Wagenkontingent. **Nature's Land Safaris & Rentals,** Touren in ganz Tansania, Ruanda, Uganda und Kenia; Pamba Road, Makufuli Motors Bldg., Tel. 0786-998811, http://naturesl andsafaris.com.

HOTELVERZEICHNIS

Tansanias Angebot an Hotels hat sich in kurzer Zeit vervielfacht und qualitativ verbessert. Mit den steigenden Ansprüchen der Kunden hat Tansanias Hotellerie im Luxussegment stark zugelegt.

Auf jede Hotelübernachtung wird eine Steuer (bed night levy) von 1,50 US$ pro Person und Nacht aufgeschlagen.

$$$ Unterkünfte der Preiskategorie *HOCH* – von 150 (250 in den Parks) US$ aufwärts für ein DZ – haben internationalen Standard und das entsprechende Preisniveau.

Luxus-Zeltcamps verbinden in idealer Weise die Vorzüge eines kleinen, feinen Hotels mit unmittelbarer Naturerfahrung in entlegener Wildnis. Die Preise sind sehr hoch, aber fair: Die Ferne der Camps zu Städten erschwert und verteuert die Logistik; bei einigen sind außer Vollverpflegung auch Getränke und Wäschedienst im Preis inbegriffen.

$$ Die Hotelkategorie *MITTEL* (ca. 50-150 US$ fürs DZ) hat einen rasanten Aufschwung seit den 1990er Jahren erfahren, besonders an der Küste und in Sansibar, aber auch in einigen Regionalstädten. Erfreulich für Individualisten: Es gibt in dieser Preisklasse viele kleine Hotels mit persönlicher Note und Preisen im unteren Bereich dieser Kategorie.

$ Unter *EINFACH* findet sich eine große Bandbreite von Hotels: Mittelklassehotels älteren Datums (ca. 50 US$/DZ) bis zum *nyumba ya wageni* (*Guesthouse; gesti*), z.T. ohne Elektrizität, mit Wasser zum Waschen, das man sich evtl. selbst aus dem Brunnen oder einer Tonne schöpfen muss (ab ca. 5 US$).

Qualitativ viel besser sind die *gesti* geworden: Viele verfügen nun über wenigstens einige Zimmer mit DU/WC (sog. *self contained rooms*), fast alle haben Moskitonetze, die Bettwäsche ist sauber, Schaumstoffmatratzen verhindern Ungeziefer – für ca. 5-10 US$/DZ ein gutes Preis-Leistungsverhältnis. Das Preisniveau auf Sansibar ist trotz großer Konkurrenz gerade in dieser Kategorie höher.

Manche der *gesti* besitzen eine Bar, ein Restaurant, einen Fernseher und sind gut besucht und laut: Ohrenstöpsel sind sehr empfehlenswert.

ZELTPLÄTZE in Nationalparks liegen landschaftlich wunderschön und sind oft nichts anderes als eine einigermaßen ebene Fläche in der Wildnis ohne irgendwelche Einrichtungen (manchmal eine Latrine). Preise 30 oder 50 US$. Private Campingplätze außerhalb der Parks sind meist erheblich besser eingerichtet und ab ca. 5 US$ zu haben.

2 NORD-TANSANIA

Arusha (☎ 27)

IN DER STADT: $$$ **The Arusha Hotel**, zentrale Lage, renoviertes Traditionshaus mit großem Park, Pool, Wellness, Internet, Restaurant; Old Moshi Rd. (beim Uhrturm), Box 88, Arusha, Tel. 2507777, 2508870-3, www.thearushahotel.com.

Mt. Meru Hotel; internationales Großhotel, rundum erneuert; Kanisa Rd., Tel. 2970256-60, www.mountmeruhotel.com.

Naura Springs Hotel, bequemes, 14-stöckiges Hochhaus, modernste Ausstattung; East Africa Community Road, nahe AICC, Tel. 2050001-8, www.nauraspringshotel.com.

East African Hotel, neues Luxushotel nur mit Suiten, in grüner Umgebung; Old Moshi (Nyerere) Rd., Tel. 0786-066060, www.eastafricanhotel-arusha.com.

$$$-$$ *DZ über 75 US$:* **Impala Hotel**, bewährtes Großhotel, hoteleigenes Reisebüro, Reisegruppen, komfortable Zimmer; Old Moshi Rd. (ca. 1 km vom Uhrturm), Box 7302, Arusha, Tel. 2543082-7, www.impalahotel.com.

New Safari Hotel; neu gebautes ehemaliges Traditionshotel im Zentrum, ruhig gelegen; im Besitz der Evangelischen Kirche, mit Reisebüro easytravel im Haus; Boma Rd., Tel. 2545940, www.newsafarihotel.com.

$$ *DZ unter 75 US$:* **Arusha Crown Hotel**, modern und schlicht eingerichtetes neues Mittelklassehotel direkt im Stadtzentrum, mit Restaurant ohne Alkohol; Makongoro Rd./ Ecke Mosque St. (gegenüber dem Stadion), Tel. 2544161, www.arushacrownhotel.com.

Ilboru Safari Lodge, kleines Hotel in besonders schöner Lage zum Mt. Meru, professionell geführt, auch Camping möglich; Biergarten am Wochenende; 2 km nördlich vom Stadtzentrum (ausgeschildert an Nairobi Rd.), Tel. 0754-270357, www.ilborusafarilodge.com.

Le Jacaranda, sieben unterschiedliche Zimmer (vorher ansehen!) in Villa im Grünen, Preise z. T. in der nächstniedrigeren Kategorie; 104, Vijana Rd., abseits von Moshi Rd., Tel. 2544624, www.lejacarandahotel.com.

Arusha Naaz Hotel, preisgünstiges, bewährtes Globetrotterhotel, zentral, ruhig, Restaurant, Geschäft, Internet-Café, Autoverleih, luftige Terrasse im 1. Stock, renovierte und sehr schlichte DU/WC-

Zimmer; Sokoine Rd. (nahe Uhrturm), Tel. 2502087, www.arushanaaz.net.

$ Arusha hat rd. 100 *Guesthouses* und sehr einfache Hotels, oft mit Gemeinschafts-Waschräumen und -WC; nicht immer ist das Frühstück inbegriffen.
ABA Hotel, zentral gelegenes Budget-Hotel; Tukuyu Street, Tel. 0715-989175.
Hotel Flamingo, zentral, nahe Markt, kleines, leistungsfähiges Hotel, DU/WC-Zimmer; 46 Kikuyu St., Tel. 2548812.
Golden Rose Hotel, nahe Stadion, Bar, Restaurant; Col. Middleton Rd., Tel. 2507959. **Midway Hotel**, preiswerte Zimmer mit und ohne DU/WC, Frühstück kostet extra; abseits von Stadium Rd., parallel zu Col. Middleton Rd., Tel. 2502790. **William's Inn**, sehr einfache, aber saubere DU/WC-Zimmer, preiswert, m. Frühstück; neben Midway Hotel, nahe Golden Rose Hotel, Tel. 2503578. **YMCA Youth Hostel**, sehr zentral gelegen, nur Gemeinschafts-DU/WC, etwas teuer für das Gebotene, mit Bierbar/Cafeteria; India St., Tel. 2544032.
Masai Camp, großes Gelände, gut bewacht, heiße Duschen, Restaurant, Bar, Tourbuchungen; Begleitpersonal von Safarigruppen freier Aufenthalt, an einigen Wochenenden Disko; Old Moshi Rd. (ca. 3,5 km ab Uhrturm), Tel. 0784-290447. **Arusha Vision Campsite**, ein stilles, grünes Plätzchen am Themi-Fluss, mitten in der Stadt, heiße Duschen, kleines Restaurant; Boma Rd., neben Equator Hotel, Tel. 0754-344538.

AUSSERHALB DER STADT:
$$$-$$ **Moivaro Lodge**, Bungalows in geschmackvollem Design in weitläufiger ehemaliger Kaffeeplantage, Schwimmbad, viele Aktivitäten in der dörflichen Umgebung; ausgeschildert an Arusha-Moshi Rd. 7 km östl., dann ca. 2 km südl., Tel. 2506315; www.moivaro.com. **Ngare Sero Mountain Lodge**, Öko-Villa an einem See, eigene Energieerzeugung, in Park, mit Schwimmbad; 15 km in Richtung Moshi, Box 425, Arusha, Tel. 0764-305435, www.ngare-sero-lodge.com. **Dik Dik Hotel**, sehr schöne Anlage in der Natur, 18 Zimmer, Schwimmbad und Restaurant; 20 km Richtung Moshi, Box 1499, Usa River, Tel. 2553499, www.dikdik.ch. **Mount Meru Game Lodge & Sanctuary**, einziges Hotel mit privatem Wildschutzgebiet; 20 km Richtung Moshi, Tel. 0684-080002, www.intimate-places.com. **Lake Duluti Serena Hotel**, bildschöne Lage am Lake Duluti, frühere Kaffeefarm, gutes Restaurant; 15 km Richtung Moshi, Box 376, Arusha, Tel. 0732-123333, www.serenahotels.com/serenaarusha.

Serengeti, Ndutu (☎ 27)

$$$ **Four Seasons Safari Lodge Serengeti**, teuerstes Hotel des Nationalparks mit Zimmern/Villen, ca. 350 und 10000 US$; Wellnessbehandlungen, Internet, gepflegtes Restaurant, gut bestückte Bar, ca. 40 km nördlich Seronera, Tel. 0768-981981, www.fourseasons.com/serengeti. **Seronera Wildlife Lodge**, ältestes Hotel, renoviert, in den Felsen im Zentrum der Serengeti, und **Lobo Wildlife Lodge**, 80 km nördlich, Reservierung: Hotels & Lodges Ltd. Tel. 2544595, www.hotelsandlodges-tanzania.com. **Serengeti Serena Lodge**, naturnahe, sehr komfortable Rundhütten in der Wildnis; ca. 25 km nördl. Seronera, Tel. (28) 2621507, Res.: Tel. 2545530-9, www.serenahotels.com. **Serengeti Sopa Lodge**, 70 Luxuszimmer mit Balkon mit Blick auf Wildtiere; ca. 20 km südlich Seronera, Res.: Tel. 0784-250630-1, www.sopalodges.com. **Lake Masek Camp**, Ökolodge mit 20 festen Zelten am Lake Masek, b. Lake Ndutu, www.twetanzania.com.
Ndutu Safari Lodge, Hotel in der großartigen Landschaft am Lake Ndutu; Res.: Tel. 2545856-7, www.ndutu.com.
$$$ *LUXUS-ZELTCAMPS:* **Grumeti Tented Camp**, Westkorridor, und **Klein's Camp**, Nordost-Serengeti, Res.: www.andbeyond.com. **Mbalageti**, weitläufige Anlage im Bereich der Wildtierwanderungen; südl. des gleichnamigen Flusses im Westkorridor, Tel. (28) 2622387, www.mbalageti.com. **Mbuzi Mawe**, ca. 30 km nördl Seronera, und **Serena Kirawira Camp**, Westkorridor, am Grumeti River, Res. wie Serena Lodge, www.serenahotels.com. **Kusini Tented Camp**, ca. 60 km südlich Seronera, nahe Grenze zu Maswa Game Reserve, Res.: www.sanctuaryretreats.com. **Lamai Serengeti Camp**, im Norden des Parks, www.nomad-tanzania.com. **Asilia** wandert mit einigen Camps entsprechend der Migration: **Sayari** (Nordwesten, Süden), **Olakira** (mittl. Serengeti und Ndutu), **Ubuntu** (Nord- und Süd-Serengeti); **Dunia** im westl. Serengeti-Zentrum, www.asiliaafrica.com.
$$-$$$ **Kijereshi Tented Camp**, außerhalb des Parks, nahe Ndabaka Gate, Res.: http://kijereshicamp.wixsite.com/kijereshicamp. **Ikoma Tented Camp**, schlichte Hütten, außerhalb des Parks; nahe Ikoma Gate, www.moivaro.com. **Speke Bay Lodge**, Hotel außerhalb des Parks am Victoria-See,

15 km vom Ndabaka Gate, Tel. (28) 2621237, www.spekebay.com.

TANAPA hat in der Serengeti mehrere *public campsites* (30 US$ pro Nacht und Person) und viele *special campsites* (50 US$), www.tanzaniaparks.go.tz.

Ngorongoro (☎ 27)

$$$ **Ngorongoro Crater Lodge**, individuelle Hütten mit Kamin, direkt am Krater, Res: www.andbeyondafrica.com. **Ngorongoro Serena Safari Lodge**, urige Stein-Reihenhäuser jedes Zimmer mit Kraterblick vom Balkon; Tel. 2537053, www.serenahotels.com. **Ngorongoro Sopa Lodge**, Luxus am östlichen Rand des Kraters; Res.: Tel. 0784-250630-1, www.sopalodges.com. **Ngorongoro Wildlife Lodge**, Zimmer mit großen Fenstern zum Krater, www.hotelsandlodges-tanzania.com.

Z. B.: **Simba Public Campsite**, Res.: am Loduare Gate oder im NCAA-Büro in Arusha; www.ngorongorocrater.org.

Karatu (☎ 27)

$$$ **Gibb's Farm**, stilvolles Haus mit Wohnbungalows in Kaffee-Farmland südlich des Ngorongoro-Kraters; nördlich von Karatu, Tel. 2970438, www.gibbsfarm.com.

$ **Kudu Camp and Lodge**, Zeltplatz und Lodge (40 Betten), Restaurant; von Karatu nach 1 km an der Straße nach Mbulu, Tel. 2534055, www.kuducamp.com.

Manyara (☎ 27)

OBERHALB VOM MANYARA-SEE:

$$$ **Lake Manyara Wildlife Lodge**, herrliche Aussichtslage am Steilhang oberhalb des Nationalparks; www.hotelsandlodges-tanzania.com. **Lake Manyara Serena Safari Lodge**, am Steilhang nördl. der Hauptstraße, Tel. 0787-444003, www.serenahotels.com.

LUXUS-ZELTCAMP: **Kirurumu Manyara Lodge**, Panoramasicht auf Manyara N.P., vogelreiches Buschland, auch Platz für Camper mit eigenem Zelt, gute Küche; ab Hauptstraße 5 km nördl. Tel. 2502417, www.kirurumu.net.

MTO WA MBU/ MANYARA N.P.

$$$ *LUXUS-ZELTCAMP:* **Lake Manyara Tree Lodge**, zehn Suiten, traumhafte Naturlage im Südteil des Parks, www.andbeyond.com.

$$-$ Im Ort einfache *Guesthouses* sowie einige Campingplätze, am gepflegtesten: **Twiga Campsite & Lodge**, mit Restaurant, Tel. 0754-264828, www.twigalodgecampsite.com.

TANAPA hat außerhalb des Parks Gruppenunterkünfte, innerhalb mehrere *special campsites*, auch Bandas, www.tanzaniaparks.go.tz.

Tarangire (☎ 27)

$$$ **Tarangire Sopa Lodge**, strohgedeckte Häuschen unter Baumbestand im Osten des Parks; Tel. 0784-250630-1 www.sopalodges.com.

$$$-$$ **Tarangire Safari Lodge**, Bungalows und Luxuszelte, günstige Preise; im Norden des Parks, nahe Gate, Tel. 0756-914663, Res.: 2544752, www.tarangiresafarilodge.com.

$$$ *LUXUS-ZELTCAMPS INNERHALB DES PARKS:* **Swala Camp**, mit eigener Landepiste, äußerst luxuriös; 68 km vom Parkeingang, im Westen des Parks, www.sanctuary retreats.com. **Oliver's Camp**, sehr kundige Wildnis-Guides; im Südosten des Parks, www.asiliaafrica.com.

Mawe Ninga, Hütten auf einem Felsen mit grandioser Aussicht; Ökolodge, Energie von Solarpaneelen, www.maweninga-camp.com.

AUSSERHALB DES PARKS:

$$$ **Tarangire River Camp**, schöne Lage am Fluss; nahe Gate, Tel. 0732-978879, www.mbalimbali.com, **Kikoti**, 18 Zelte, ideales Gebiet für Buschwanderungen; 6 km östlich der Parkgrenze, Tel. 0787-458400, www.maishacollection.com. **Tarangire Treetops Lodge**, östlich des Parks, Res.: Tel. 0784-250630, www.elewanacollection.com.

$$ **Kirurumu Tarangire Lodge**, nordöstlich des Parks, www.kirurumu.net. Einige Unterkünfte verwalten die Gemeinden der anschließenden Game Reserves: **Boundary Hill**, **Naitolya**, **Sidai**, www.tarangireconservation.com.

TANAPA hat drei *public campsites* nahe dem Parkeingang im Norden und neun *special campsites* in der nördlichen Hälfte des Parks, www.tanzaniaparks.go.tz.

Arusha National Park (☎ 27)

$$$ **Hatari Lodge**, 100-jährige Farm, die oft als Filmkulisse diente und im Besitz von Hardy Krü-

ger war, perfekt restauriert, im 1970er-Jahre-Look mit Hardy-Krüger-Reminiszenzen; Momella Rd., außerhalb Momela Gate (Arusha N.P.), Tel. 0752-553456, www.hatarilodge.de.

$$ **Meru Mbega Lodge**, neue, praktische Bleibe für Parkgäste und Bergsteiger, am südl. Parkeingang, 0784-748888, www.mt-meru.com.

$ *BERGHÜTTEN IM NATIONALPARK:* **Miriakamba Hut** (48 Plätze), **Saddle Hut** (24 Plätze) auf dem Weg zum Gipfel des Mt. Meru; außerdem vier *special campsites*, www.tanzaniaparks.com.

Moshi (☎ 27)

$$$ **Aishi Machame Hotel**, 15 km nordwestl. von Moshi in Machame, am Fuß des Kilimanjaro im Grünen, Sauna, Fitness-Center, Schwimmbad; große Zimmer; Tel. 0758-170254.

$$ **Keys Hotels Uru**, bewährtes, ruhiges Safari-Hotel außerhalb des Stadtzentrums; Uru Rd, nördl. YMCA. **Keys Hotels Mbokomu**, bewährtes, ruhiges Safari-Hotel außerhalb des Stadtzentrums; Mbokomu Rd, 4 km westlich des Zentrums, Tel. 2752250, www.keys-hotel-tours.com. **Kilimanjaro Crane Hotel**, ruhiges Haus nahe Zentrum; Station Rd./Kaunda Street, Tel. 2751114, www.kilimanjarocranehotel.com.

$ **Kindoroko Hotel**, zentrale Lage, schöne Dachterrasse; Mawenzi Rd., Tel. 0715-377795, www.kindorokohotels.com. **Haria Hotel**, preiswertere Filiale des Kindoroko Hotels; Mawenzi Rd./Viwanda St., Tel. 0753-377795. **Stella Maris**, Hotel mit mit 25 Zimmern, neben Grundschul-Projekt; liebevolle Bewirtung, schöner Kili-Blick; Mailisita („sechs Meilen") westlich von Moshi an der Arusha-Moshi-Straße, Tel. 0686-663244, http://stellamarislodge.com. **YMCA Youthhostel**, Gemeinschafts-DU/WC, Cafeteria mit Kili-Ausblick; Kilimanjaro Rd, Tel. 2752923; www.tymca.co.tz; Safari-Agentur Transkibo im Hause: www.transkibo.com.

Marangu / Kilimanjaro (☎ 27)

$$ **Kilimanjaro Mountain Resort**, kolonialer Bau in Garten, viele Aktivitäten des Cultural Tourism Programme; Kyalla, Marangu West, nahe Marangu Gate, Tel. 2758950, 0754-999755, www.kilimountresort.com.

Marangu Hotel, Gartenanlage mit einzelnen Bungalows und Blick auf Kilimanjaro; Box 40, Moshi, Tel. 0717-408615, www.maranguhotel.com.

$$-$ *EINFACHE HOTELS IN DER UMGEBUNG VON MARANGU:* **Mrefu Farm Lodge**, schlichte Zimmer in üppig grüner Umgebung; Tel. 0763-736059. **Babylon Lodge**, kleine Hotelanlage in hübschem Garten; Tel. 0762-016016, www.babylonlodge.com.

$ Ortstypische Unterkünfte in Dorfhäusern oder auf Campingplätzen, u.a. des Cultural Tourism Programme in **Machame**, **Nkweseko**; **Mamba** und **Marangu**, Infos: http://tanzaniaculturaltourism.go.tz, z. B. **Kiliman Cultural Tourism,** Touren in die Kaffeekulturen der Chagga; Tel. 0782-324121, www.kilimanculturaltourism.com.

$$$ *LUXUS-ZELTCAMP:* **Kambi ya Tembo**, nahe kenyanischer Grenze u. Migrationskorridor z. Amboseli-Park, Tel. 0785-069944, www.twetanzania.com.

$$ *HÜTTEN UND CAMPING KILIMANJARO N.P.* Jede Übernachtung in den Hütten **Mandara**, **Horombo** und **Kibo** kostet 60 US$, auf den 22 *campsites* 50 US$ pro Person.

Pare- / Usambara-Berge (☎ 27)

LUSHOTO UND UMGEBUNG:

$$ **Mambo View Point Eco Lodge**, fantastische Aussicht und Anlage mit umweltbewusster Bewirtschaftung; nordwestl. Usambara-Berge, 3 km v. Mtae, Tel. 0785-272150, www.mamboviewpoint.org, www.usambaramountains.com. **Muller's Mountain Lodge**, koloniale Villa mit 40 Betten in frischer Bergwald-Umgebung; 14 km nördl. Lushoto, Tel. 2640204, www.mullersmountainlodge.co.tz. **Maweni Farm**; gemütliches Farmhaus von 1941 in üppigem Regenwald; großes Aktivitätenprogramm mit künstlerischer Note; ökologisches Restaurant, 2 km östl. von Soni, Tel. 0784-307841, www.maweni.com. **Irente View Cliff Lodge**, fabelhafte Ausblick, Restaurant, Bar, Shop, Internet Café, in letzter Zeit mehren sich Servicemängel, Camping auf dem Gelände; am Irente Viewpoint, Tel. 0784-866877, www.irenteview.com.

In Lushoto gibt es nur wenige höherwertige Unterkünfte: **Lushoto Executive Lodge**, komfortable Zimmer; Jaegertal Forest, 1,5 km nördlich Lushoto, Tel. 0784-494664, www.lushotoexecutivelodge.co.tz. **Lawns Hotel**, koloniale über 100-jährige Farm, einige Zimmer mit Kamin, guter Campingplatz; auf Hügel am Ortseingang von Lushoto, Tel. 0759-914144, www.lawnshotel.com.

$ **The White House Annex**, beliebt wegen praktischer Einrichtungen wie Internetzugang; 3 Min. hügelan vom Busstand, Lushoto, Tel. 0784-427471. **Karibuni Lodge**, neu, Zimmer mit DU/WC, aber auch billige Gemeinschafts-Schlafräume und Camping; am südl. Ortseingang im Wald, Tel. 0784-474026. **Viewpoint Guesthouse**, sehr einfach, aber sauber, kein Telefon; gegenüber White House Annex. Zahlreiche weitere *Guesthouses* in der Nähe rund um den Busstand.

Ortstypische Unterkünfte im Rahmen des **Cultural Tourism Programme** s. www.tanzaniaculturaltourism.go.tz, die Regionen: **Northern Pare Mountains**, **Southern Pare Mountains** (nähere Angaben unter: www.tonalodge.org) und **Usambaras**.

Bella Vista Viewpoint Campsite, großartige Aussicht; etwas unterhalb des *Irente Viewpoint*, ca. 5 km von Lushoto.

$$-$ *AMANI NATURE RESERVE:* **Emau Hill**, Amani forest camp; Hütten und gut ausgerüstete Safarizelte, auch Zeltplatz, großes Ausflugsprogramm für die nähere Umgebung, Tel. 0693-119690, www.amaniforestcamp.com.

3 AM INDISCHEN OZEAN

Tanga (☎ 27)

RAS KAZONE, AM MEER:

$$ **Mkonge Hotel**, 1950er-Jahre-Bau, Garten, Zimmer mit Meerblick etwas teurer; Ocean Road, Ras Kazone, 1 km vom Zentrum, Tel. 2643440, www.mkongehotel.com.

Panori Hotel, bewährtes Mittelklassehotel in weitläufigem Garten; Ocean Drive, Tel. 2646044, 0655-049260, www.panorihotel.com.

HOTELS NAHE BUS-STAND:

$ **Khayrat Hotel**, schlichte Zimmer, einige mit Klimaanlage; 10th Street, Tel. 2645508.

Soni Inn, aufwendigere Zimmer, bewachter Parkplatz; 11th Street, Tel. 0656-642086.

Mauwa Hotel, recht einfache Zimmer, Neubau in Busbahnhofsnähe; 8th Street, Tel. 0712-218037.

Pangani (☎ 27)

STRANDHOTELS NÖRDLICH PANGANI:

$$$-$$ **Mkoma Bay Tented Lodge**, Safari-Luxuszelte und Bungalows am Meer, Schnorcheln; Kajaks und Fahrräder, Internet; Pangani Rd., 42 km südl. Tanga, 1 km nördl. d. Einmündung der Straße von Muheza, Tel. 0786-434001, www.mkomabay.com.

$$-$ **Peponi Beach Resort**, komfortable Strandhütten (Rabatt für junge Leute bis 25 Jahre), Zeltplätze, Schnorchel-Verleih; Kigombe, 15 km nördl. Pangani/30 km südl. Tanga, Tel. 0713-540139, www.peponiresort.com.

Capricorn Beach Cottages, drei hochwertig ausgestattete Strandhütten für Selbstversorgung, Besitzerin Modedesignerin,15 km nördl. Pangani, nahe Peponi B. R., Res. 0768-811551, www.capricornbeachcottages.com.

IN PANGANI:

$ **New River View Lodge**, sehr einfache Zimmer, Gemeinschaftsbad, -WC; aber schöne Lage am Fluss.

STRANDHOTELS SÜDLICH VON PANGANI:

$$$ **The Tides Lodge**, sieben elegante Bungalows und zwei exklusive Hütten in verwunschener Strandlage unter Kokospalmen, gute Küche, privater Airstrip in der Nähe; 19 km südl. Pangani, Tel. 0713-325812, www.thetideslodge.com.

$$ **Emayani Beach Lodge**, unter Kokospalmen: komfortable Hütten mit Palmdach direkt a. Strand; ca. 17 km südl., Tel. 0782-457668, www.emayanilodge.com. Die Lodge bietet mit Kasa Divers ein professionelles Tauchprogramm von der naturgeschützten Küste bis nach Sansibar, www.kasa-divers.com.

Pangani Cliffs Lodge, Neubau von 2015 mit Naturmaterialien, moderne Zimmer im Haupthaus und in Strandbungalows; gute Küche mit viel Meeresgetier; viele Aktivitäten, wie Angeln oder Radeln, in der näheren Umgebung; Tel. 0787-282731, http://panganicliffs.com.

$ **The Beachcrab Resort**, Camping im eigenen Zelt oder in schlicht eingerichteten Hauszelten unter schattigem Kokosdach; sportlich, naturnah; Tauchen, Windsurfen, Radfahren, Organsiation v. Safaris; Ushongo, Tel. 0784-543700, deutsche Website: www.thebeach crab.com.

Saadani National Park

$$$ **A Tent With a View Safari Lodge**, sechs Suiten u. neun Safarizelte mit Luxus-Einrichtung;

Mkwaja, nördl. des N.P., Tel. 0713-323318, www.saadani.com.
Saadani Safari Lodge, luxuriöse, luftige Hütten am Meer, kompetentes Team für Safaris im N.P., Saadani Airstrip nahebei; innerhalb des Parks nördlich des Orts Saadani, Res.: Tel. (22) 2773294, 0713-555678, www.saadanilodge.com.
Kisampa Camp, in der Wildnis des südlichen Parks, zwischen Park und Wami-Fluss, Tel. 0753-005442, www.kisampa.com.
Saadanai-Parkverwaltung hat Gruppenunterkünfte und drei Zeltplätze, www.tanzaniaparks.go.tz.

Bagamoyo (☎ 23)

STRAND NÖRDLICH VON BAGAMOYO:
$$ **Millennium Seabreeze Resort**, modernes Konferenzhotel mit Urlaubsatmosphäre, direkter Strandzugang; Tel. 2440301/3, www.millennium.co.tz. **Oceanic Bay Resort**, modernes Konferenzhotel, viele Business-Veranstaltungen, Tel. (22) 2773333, www.oceanic bay.com. **Kasiki Marine Camp**, 6 hübsche Strandbungalows, Wellness- u. Sportangebot; Tel. 0744-278590, www.bagamoyo.org/kasiki.htm.
$$-$ **Travellers Lodge**; preiswerte, gemütliche Bungalows und Cabanas auf großem Grundstück, Kinderspielplatz, Zeltplatz, Restaurant, Bar; nördl. v. Zentrum, Tel. 2440077, www.bagamoyo.com/travellers-lodge. **Bagamoyo Beach Resort**, nur 18 Zimmer, auch billige Strandhütten; nahe Mission; Tel. 244 0083, www.bagamoyo.org/bagbeach.htm.

ZENTRUM/FORT:
$$ **Old Post Office Hotel**, sechs orientalisch inspirierte Suiten im historischen Postamt; India Road, oberhalb vom Dauhafen und dem alten deutschen Zollhaus, Tel. 2440301/3, www.millennium.co.tz.
$ Viele *Guesthouses* nahe Markt/Busstand.

SÜDLICH VON BAGAMOYO:
$$$ **Lazy Lagoon Private Island Retreat**, Robinsonade luxuriös auf einer kleinen Privatinsel; Tel. 0713-237422, www.lazylagoonisland.com.
$$ **Bagamoyo Country Club**, zehn Zimmer (Klimaanlage) mit Meerblick, weite Sicht über die Bagamoyo-Bucht, Restaurant, Schwimmbad; 30, Kwaole Rd., 1 km südl. Bagamoyo Coll. of Arts, Tel. 0684-338077, www.bagamoyocountryclub.com.

Dar es Salaam (☎ 22)

IM ODER NAHE DEM ZENTRUM:
$$$ **Hyatt Regency Dar es Salaam, The Kilimanjaro**, nach intensiver Renovierung wiedereröffnetes Traditionshotel der Luxusklasse; Kivukoni Street, Tel. 0764-701234, www.hyatt.com. **New Africa Hotel**, professionell geführtes Großhotel im Herzen der Stadt; Azikiwe St./Sokoine Drive, Tel. 2117050, www.newafricahotel.com. **Dar es Salaam Serena Hotel**, ausgezeichnetes Großhotel am Rand des Geschäftszentrums – die Rückfront fast im Grünen durch den nahen Golfplatz; Ohio St., Tel. 2212500, www.serenahotels.com. **Southern Sun Dar es Salaam**, ruhige Lage neben dem Botanischen Garten; Zimmer recht klein, nach Sonderpreisen fragen; 1, Garden Ave., Tel. 2137575, www.tsogosun.com. **Protea Hotel Courtyard**, z. T. Zimmer mit Blick auf das nahe Meer, Business Center, Travel desk; Ocean Rd., Tel. 2130130, www.proteahotels.com.
$$ **Harbour View Suites**, moderne Apartments in City-Hochhaus, z. T. mit hervorragender Aussicht; Samora Ave, JM Mall, Tel. 2124040, www.harbour-view-suites.com. **Sophia Hotel and Apartments**, preiswerte, moderne City-Apartments an belebter Straße; Bibi Titi Mohamed Street, Tel. 0713-454242, www.sophiahouse.com. **Peacock Hotel City Center**, modern, direkt an Hauptstraße; B. T. Mohamed St., Tel. 0713-559627/8, www.peacock-hotel.com.
$ Die „klassischen" Billig-Unterkünfte **Luther House** (Lutherkirche, Azikiwe St/Kivukoni Fr., Tel. 2113246, http://elctecd.org), **YWCA** (neben der Post, Ghana Ave. Tel. 0741-622707, 2122439), **YMCA** (Upanga Rd., Tel. 2135457, www.tymca.co.tz) liegen zentral, sind aber teurer als neuere Hotels in der westlichen Innenstadt und im aufblühenden Stadtteil Kariakoo, wie z.B. **Al Uruba**, Mkunguni St., Tel. 2180133/4 (mit preiswertem Lokal, kein Alkohol). **Safari Inn**, mit Internet-Café, Band St., Tel. 2138101-2, http://safariinn.co.tz. **Econo-Lodge**, versteckt zwischen Wohnhäusern; Libya/Band Street, Tel. 2116048, www.econolodge.co.tz.

STRÄNDE SÜDLICH DER STADT:
$$$ **Ras Kutani**, luxuriöse Anlage am Meer, Airstrip in der Nähe; Strand 30 km südl. v. Kigamboni-Fähre, Res.-Tel. 2128485, www.selous.com. **Amani Beach**, elegante Strandbungalows; 30 km südlich der City, Tel. 0782-410033, www.proteahotels.com.

$$-$ **Kipepeo Beach Village/Camp**, 20 bequeme Pfahlbauhütten im Grünen;,Zeltplatz in Strandnähe; Kigamboni, 10 km ab Kivukoni-Fähre, Tel. 0754-276178, www.kipepeovillage.com und www.kipepeocamp.com.

MSASANI-HALBINSEL:
$$$ **Golden Tulip**, großzügige Anlage an der Felsküste mit Fernblick aufs Stadtzentrum; Toure Drive, Tel. 2600288, www.golden tulipdaressalaam.com. **Hotel Sea Cliff**, mehrstöckiges Großhotel am Meer (ohne Strand), Schwimmbad, neben Shopping-Center; Toure Drive, im Norden der Msasani-Halbinsel; Tel. 5529900, www.hotelseacliff.com. **Oysterbay Hotel**, acht luxuriöse Zimmer in elegant modernisiertem Kolonialhaus, großer Garten; Toure Drive, gegenüber öffentlichem Strand, www.theoysterbayhotel.com.

STRANDHOTELS KUNDUCHI/JANGWANI:
$$-$ **Jangwani Sea Breeze Resort**, Livemusik, Wassersport, Wochenend-Specials; Tel. 0786-800960, www.jangwaniseabreezeresort.com.
White Sands, ca. 150 Zimmer und Apartments mit Seeblick, großer Wasserpark Waterworld; Tel. 0758-818696, www.hotelwhitesands.com.

Mafia (☎ 23)

Tauchausflüge bieten fast alle Hotels an. Viele sind im April und Mai geschlossen.
$$$ **Kinasi**, sehr geschmackvolle Bungalows auf abwechslungsreichem Grundstück an der Chole Bay, kl. Bibliothek, guter Service, Kinasi bleibt im April und Mai geschlossen; Utende, Tel. 0715-669145, www.mafiaisland.com, www.kinasilodge.com. **Pole Pole Bungalow Resort**, kleines, feines Ökohotel, Tauchschule, viele Extras im Preis enthalten; Utende, www.polepole.com.
$$ **Mafia Island Lodge**, praktische Reihenbungalows mit schönem Blick auf Chole Island. Angebot von vielen Aktivitäten, Fahrrad- und Kayak-Verleih; Utende, Res.: Tel. (0655-378886, www.mafialodge.com. **Chole Mjini**, Baumhäuser, eingepasst in die Ruinen und den Urwald des Ortes, gleichzeitig ein Projekt zur Unterstützung der Dorfgemeinschaft; Tel. 0784-520799, www.cholemjini.com. **Shamba Kilole Eco Lodge**, kleines Taucherhotel mit Öko-Zertifikat südl. der Chole Bay, geführt von italienischen Tauchlehrern, Tel. 0786-903752, www.shambakilolelodge.com.

$ **New Lizu Hotel**, einfaches Guesthouse im Ortszentrum; Kilindoni, Tel. 0783-323806, www.newlizuhotel.blogspot.de.

Kilwa Masoko (☎ 23)

$$ **Kilwa Seaview Resort**, freundliche Bungalowanlage am Meer, gegenüber dem historischen Kilwa, Organisation von gut durchdachten, preisgünstigen Ausflügen; an der Hafenbucht, Tel. 2013064, 0784-613335, www.kilwa.net.
Kilwa Beach Lodge, weiträume Anlage am Oststrand, Unterkünfte von Öko-Strandhäusern aus Lehm bis Camping, Masoko Pwani, Tel. 0685-411630, www.kilwa.co.tz.
$ Mehrere Guesthouses nahe dem Markt, Übersicht: www.kilwatourism.com.

4 SANSIBAR (☎ 24)

Stone Town

$$$ **Zanzibar Serena Hotel**, Luxushotel in ruhiger Lage am Meer; Ras Shangani; Tel. 2232051, www.serenahotels.com. **Jafferji House & Spa**, luxuriös renoviertes Stonetown-Stadthaus nahe dem Fort, stilvolles Interieur, zwei authentische Restaurants; Gizenga Street, Tel. 0773-284084, http://jafferjihouse.net. **Al-Johari Hotel**, perfekt restaurierter Altbau, 15 Zimmer/Suiten, internat. Restaurant mit Swahili- u. Fusion-Küche; 116 Shangani, Tel. 2236779, www.al-johari.com.
$$$-$$ **The Africa House Hotel**, Traditionshotel mit 15 eleganten Zimmern, günstige Saisonpreise; Bar mit berühmter Sonnenuntergangsterrasse, feines Restaurant; Shangani, Tel. 0773-884606, www.africahousehotel.com.
$$ **Mazsons Hotel**, gediegenes Altstadt-Ambiente, 36 renovierte Zimmer; Kenyatta Rd, Shangani, Tel. 2233694, www.mazsonshotel.com. **Tembo House Hotel**, histor. Häuser am Meer; Forodhani St, Tel. 2233005. **The Zanzibar Coffee House**, perfekt restaurierter Altbau mitten in Stonetown, Dachterrasse, bester tansanischer Kaffee; Mkunazini 1563/64, nahe Market Street, Tel. 0773-061532, www.riftvalley-zanzibar.com.
$ **Malindi Boutique Hotel**, historisches Haus m. Atmosphäre, Gemeinschafts-DU/WC, Dachrest.; nördl. v. Hafen, Tel. 0773-340470. **Karibu Inn**,

Mehrbettzimmer und einige DZ mit Bad/WC, in stiller Seitenstraße; südlich des Forts, Tel. 2233058.

Insel Sansibar (Unguja)

STRANDHOTELS NAHE STONE TOWN:

ⓈⓈⓈ **Chuini Zanzibar Beach Lodge**, solide Strandhütten in üppigem Grün auf dem historischen Palastgelände von Sultan Bargash, familiäres Ambiente; 12 km nördlich Stonetown, Chuini ruins, Bububu, buchbar über Pauschalreiseveranstalter.

Protea Mbweni Ruins, kleines, feines Haus nahe omanischen Palastruinen, mit interessantem botanischen Garten; 7 km südlich von Stone Town, Tel. 2235478, www.proteahotels.com.

ⓈⓈ **Golden Tulip Zanzibar Resort**, mehrstöckiges, modernes und bequemes Strandhotel im grünen Vorort Kibweni, ca. 5 km nördlich Stonetown; Tauchen und Schnorcheln möglich; Kibweni, Beit al Ras, Tel. 0773-900888, www.goldentulipzanzibarresort.com.

Ⓢ **Bububu Beach G.H.**, schlichtes Haus in Meernähe, einfache Zimmer, sportliche Gäste; 10 km nördl., Tel. 0777-422747, www.bububu-zanzibar.com.

INSELN VOR DER WESTKÜSTE:

ⓈⓈⓈ **Chumbe Island Coral Park**, 7 kreativ eingerichtete Bungalows auf naturgeschützter Insel mit unzerstörtem Korallenriff, nachhaltiges Aktivitäts- und Ausflugsprogramm; 40 Min. Bootsfahrt ab Stone Town, Tel. 2231040, 0777-413232, www.chumbeisland.com.

ⓈⓈ **Changuu Private Island Paradise**, 15 luxuriöse Strandhütten im Nordwesten, 12 Zi. i. historischem Quarantäne-Trakt im Osten der Insel; Prison Island, Tel. (27) 2544595, www.hotelsandlodges-tanzania.com.

RAS NUNGWI (UNGUJAS NORDSPITZE):

Ruhige Anlagen eher im Osten von Nungwi. Die Kleinhotels an der Nordwestküste haben zugunsten größerer Anlagen abgenommen. Das einst gemütliche Individualreiseziel ist heute beliebt bei jungen, aktiven Gästen und recht laut; südlich, in Kendwa, setzt sich die Reihe neuer Ferienhotels fort.

ⓈⓈⓈ **Ras Nungwi Beach Hotel**, 32 Zimmer in Bungalows und einer Lodge in schöner Hanglage am einsamen Strand; PADI-Tauchbasis; 2 km östlich Ras Nungwi, Tel. 2941026, www.rasnungwi.com.

Double Tree Resort by Hilton Nungwi, ungestörte Lage, geräumige und komfortable Zimmer in recht sterilen Häusern; westl. v. Dorf Nungwi, Tel. 0779-00008, http://doubletree3.hilton.com.

Z Hotel, Boutiquehotel mit 35 Zimmern im quirligen Teil des Nungwi-Strands; modernes Mobiliar aus Kokosholz; Wellness und Sport; Nungwi Westküste, Tel. 0774-266266, www.thezhotel.com.

Flame Tree Cottages, 14 in schönem Garten verteilte, komfortable und geräumige Bungalows; westlich von Nungwi, Tel. 2240100, www.flametreecottages.com.

ⓈⓈ **Langi Langi Beach Bungalows**, Reihenbungalows u. zweistöckiger Bau oberhalb des Strands, hier beste Aussicht; sportlich-lockere Atmosphäre; westl. Nungwi, Tel. 2240470, www.langilangizanzibar.com. **Mnarani Beach Cottages**, nahe dem Leuchtturm im ruhigen Osten, breite Auswahl verschiedener moderner Hütten und Zimmer, Restaurant. Kurzer Weg zur Küste; östl. Nungwi, Tel. 2240494, www.mnarani-beach-cottages.com.

Ⓢ-ⓈⓈ **Baraka Bungalows**, „in zweiter Reihe" hinter Strandhotels, weitere Zimmer 2 km entfernt, Tel. 0777-422910, http://barakabungalow.atspace.com.

Eden Village Kendwa Beach Resort, riesiger italienischer Ferienkomplex am langen Strand von Kendwa, große Bandbreite an Unterkünften strandnah und in Gartenlage; Kendwa, www.edenincoming.com.

Kendwa Rocks, breite Auswahl von Strandhütten, tolle Partys; Tel. 0774-415475, www.kendwarock.com.

Ⓢ **Nungwi House**, schlichte, aber liebevoll gestaltete Zimmer mit Bad, im Dorf und in Strandnähe; Tel. 0777-777708, www.nungwihouse.com.

UNGUJAS OSTKÜSTE – NORDTEIL:

ⓈⓈⓈ **Mnemba Island Lodge**, private Insel mit 10 luxuriösen *makuti*-gedeckten Hütten, Surfen, Tauchen, Wasserski, Hochseeangeln, viele Extras inkl., April, Mai geschl.; Überfahrt von Matemwe, www.andbeyond.com.

Diamonds Mapenzi Beach Club, 87 geräumige Bungalows in weiter Strandanlage, Wassersport, Beach-Luxus unter Schweizer Leitung; Mahonda, Tel. 0774-414268, http://mapenzibeach.diamond-resorts.com.

Mélia Zanzibar, (ex Kempinski) luxuriöse Anlage mit 110 Zi., Suiten, Ferienvillen; Kiwengwa, Tel. 0774-444477, www.melia.com.

$$ **Sunshine Marine Lodge**, 23 doppelstöckige, fantasievoll konstruierte Lehmhütten am abgelegenen Strand gegenüber der Insel Mnemba; Basis der Tauchschule Dive Point Zanzibar; Matemwe, Muquni, Tel. 0773-236578, 0778-992493, www.marinelodge.com, www.divepointzanzibar.com. **Pongwe Beach Hotel**, 20 solide Strandhütten mit Meerblick, eleganter Pool, ungestörte Lage; Pongwe, Tel. 0784-336181, www.pongwe.com.
$ **Key's Bungalows**, 16 einfache Unterkünfte in Strandhütten, Matemwe, Tel. 0777-411797.

UNGUJA OSTKÜSTE – SÜDTEIL:
$$$ **Karafuu Beach Resort & Spa**, erstes und sehr beliebtes Großhotel an diesem Teil der Küste, umfangreiche Anlage mit vielen Sport-Aktivitäten,Tauchsport; Pingwe, Tel. 0777-413647/8, www.karafuuzanzibar.com.
$$ **Kilimani Kwetu**, nur zwei Doppelbungalows am Strand; Bweju, Tel. 0777-465243, www.kilimani.de.
$ Viele kleine Strandhotels liegen zwischen Pingwe und Makunduchi, u. a.:
Jambiani Beach Hotel, kleine, anspruchslose Strandbungalows, dt. Leitung; Tel. 0629-224522, http://jambiani-beach.com. **Palm Beach Inn**, Ökohotel mit einfachen Hütten, gemütlich, gutes Fischrestaurant; Bwejuu, Tel. 0777-411155.

UNGUJA – SÜDEN UND SÜDWESTEN:
$$$ **Fumba Beach Lodge**, Luxus an naturgeschützter Bucht mit kleinen, einsamen Stränden; Fumba, 25 km südlich Stone Town, Tel. 0777-876298, 0777-703339, www.fumbabeachlodge.com.
$$ **Karamba Resort**, kleine Bungalowanlage zum Wohlfühlen: von Wellness bis Schwimmen mit Delfinen; Kizimkazi Dimbani, Tel. 0773-166406, www.karambaresort.com.
Swahili Beach Resort, 1-2-stöckige Bungalows, Restaurant; direkt am Meer, Tel. 0777-844442, www.swahilibeachresort.com.

Pemba (☎ 23)

$$$ **Fundu Lagoon**, 18 Luxusbungalows, PADI-Tauchzentrum, per Boot 25 Min. ab Mkoani; Wambaa-Halbinsel, Tel. 0774-438668, www.fundulagoon. com.
Gecko Nature Lodge, neue Bungalowanlage für Tauchurlaub mit Swahili Divers; Süden v. Panga ya Watoro, Tel. 0773-176737, www.swahiligecko.com. **The Manta Resort**, Luxus-Wellnessresort und Tauchbasis; schwimmender Unterwasserraum; Panga ya Watoro, (Nordwestküste), Tel. 0776-718852, www.themantaresort.com.
$$ **Pemba Misali Sunset Beach Resort;** 20 palmgedeckte Strandhütten ca. 5 km von Chake-Chake, Tauchbasis, Tel. 0777-470278, http://pembamisalibeach.com.
$ **Pemba Crown Hotel**, schlichtes Stadthotel im Inselzentrum Wete, Startpunkt für Inselexkursionen; Tel. 0777-493667, www.pembacrown.com.

5 ZENTRAL-TANSANIA

Selous Game Reserve

Einige Anlagen schließen zur Regenzeit ca. März-Mai.
INNERHALB DER RESERVAT-GRENZEN: $$$ **Rufiji River Camp**, Luxuscamp, Schwimmbad; 4 km vom Mtemere Gate, Tel. 0784-237422, www.rufijirivercamp.com, www. tanzaniasafaris.info.
Selous Impala Camp, 8 Luxuszelte auf hölzernen Plattformen am linken Rufiji-Ufer, auch Flycamping; 6 km weiter stromaufwärts, Tel. 0753-115908, www.selousimpalacamp.com. **Selous Safari Camp**, 12 Safarizelte mit schönem Ausblick; am Südausläufer des Lake Nzerakera, Tel. (22) 2128485, www.selous.com. **Lake Manze Camp**, zünftige Safarizelte, von Lake Manze umgeben; Tel. (22) 2601747, www.ed.co.tz. **Sand Rivers** und exklusives Privatcamp **Kiba Point**, äußerst luxuriöse kleine Anlage, Schwimmbad, interessante viertägige Fußexkursion; Rufiji-Nordufer, www.nomad-tanzania.com. **Beho Beho Camp**, das erste Camp im Selous: acht rustikale Steinhütten auf Hügelgelände mit bester Aussicht; www.behobeho.com. **Amara Simbazi Camp**, 12 Luxussuiten mit kleinem Pool; grandioser Ausblick auf den Great Ruaha; nahe Airstrip Simbazi, www.amaratanzania.com. **Mivumo River Lodge**, 12 romantisch eingerichtete Bungalows in fantastischer Lage oberh. d. Rufiji-Schlucht; Stiegler's Gorge, Tel. (27) 2545530, www.serenahotels.com, **The Retreat Selous**, hoher Komfort, Wellness, Einkehr in wilder Natur, einsam am Great Ruaha; Tel. 0783-213951, www.retreat-africa.com.

AUSSERHALB DES RESERVATS:
Zahlreiche Camps liegen nahe dem östlichen Parkeingang Mtemere Gate, u. a.:
$$$ **Selous Wilderness Camp**, sieben luxuriöse Zelte, umfangreiche Safaris; Südufer des Rufiji, Tel. 0784-700103, www.selouswilderness.com.
$-$$ **Selous Mbega Camp**, bewährtes Camp am Rufiji, gutes Exkursionsprogramm; Tel. 0784-624664, www.selous-mbega-camp.com. **Selous Riverside Camp**, schlichte Safarizelte und Campingplatz; Tel. (22) 2136770, www.selousriversidecamp.com.
Camps am nördlichen Parkeingang Matambwe Gate sind auch per TAZARA-Bahn erreichbar, Transfer selbst organisieren.
$$$ **Sable Mountain Lodge**, ideale Lage für Exkursionen, gutes Preis-Leistungs-Verhältnis; nahe Beho-Beho Hills, Tel. 0737-226398, www.tentwithaview.com.
$$ **Kisaki Annex**, Filiale des Selous Mbega Camp, einfach, preiswert; Tel. 0784-624664, www.selous-mbega-camp.com.

Udzungwa Mountains National Park (☎ 23)

$$ **Udzungwa Falls Lodge**, 40-Zimmer-Hotel im Grünen am Berghang, mit Weitblick; Schwimmbad, Restaurant, nahe Parkeingang, Tel. 0789-638583, www.udzungwafallslodge.com.
Hondo Hondo, einf. Hütten, Zelte und Zeltplatz, Tel. 0758-844228, www.udzungwafo restcamp.com.
Resthouse und *public campsites* durch die Parkverwaltung: www.tanzaniaparks.go.tz.

Mikumi National Park

$$$ **Stanley's Kopje**, sechs Luxuszelte auf Hügel mit Weitblick auf Mkata-Ebene, nahe der nördl. Parkgrenze und **Vuma Hills Camp**, südlich der A7, nahe Parkeingang, 16 komfortable Zelte, kleiner Pool, Tel. 0784-237422, www.tanzaniasafaris.info.
Guesthouse und *campsites* über Parkverwaltung TANAPA: www.tanzaniaparks.go.tz.

UNTERKÜNFTE IM ORT MIKUMI U.A.:
$ **Tan-Swiss Lodge**, schlichtes Motel, auch Bungalows und Camping; preiswerte Mikumi-Safaris; an Hauptstraße, Tel. 0755-191827, www.tan-swiss.com.

Morogoro (☎ 23)

$$-$ **New Acropol Hotel**, sechs geräumige Zimmer, i. Zentrum, gutes Restaurant; Old Dar Road, Tel. 0754-309410, www.newacropolhotel.com. **Hotel Oasis**, 37 etwas in die Jahre gekommene Zi. nahe Bahnhof; Station Rd., Tel. 0754-377602. **Mbuyuni Farm Retreat**, drei hübsche Ferienhäuser im Grünen auf Biofarm östl. v. Morogoro; 191 Kingolwira, Tel. 0784-601220, www.kimango.com.
$ **Mount Uluguru Hotel**, mehrstöckiges Stadthotel, Zi. m. Kühlschrank, z. T. Klimanlage; Restaurant; Mlapakolo Rd., nahe lokalem Busstand / westl. Boma Street, Tel. 2604079.

Ruaha National Park

Park kann ganzjährig besucht werden.
$$$ **Mdonya Old River Camp**, 11 Zelte, schlicht aber bequem, grandiose Landschaft; am sandigen Mdonyaflussbett; www.adventurecampstz.com. **Jongomero Safari Camp**, Luxuscamp in abgeschiedener Wildnis, viel Wild am saisonal trockenfallenden Fluss; im Westen des Parks a. Jongomero River, Tel. (22) 2128485, www.selous.com/jongomero/camp. **Ruaha River Lodge**, 20 komfortable Steinhütten *(bandas)*, Restaurant auf Hügel oberhalb des Great Ruaha; am Great Ruaha, Tel. 0754-237422, www.ruahariverlodge.com. **Mwagusi Safari Lodge**, 10 Zelte unter Palmdach, Aussicht auf belebtes Wasserloch; Mwagusi River, www.mwagusicamp.com. **Kigelia**, Camp, schlicht. bequem, umweltbewusst; Ifuguru Sand River (Mündung d. Mwagusi in Great Ruaha), Tel. 0787-545908, www.nomad-tanzania.com.
Resthouse, *Bandas*, *campsites* der Parkverwaltung, www.tanzaniaparks.co.tz.

AUSSERHALB DES PARKS:
$$ **Ruaha Hilltop Lodge**, kleine Bandas mit schönem Blick auf das Tal Great Ruaha, Restaurant, Bar, lokale Ausflüge u. Safaris in den Ruaha-Park; 15 km östl. der Parkgrenze, Tel. 0754-489375, www.ruahahilltoplodge.com.

Iringa (☎ 26)

$$-$ **The Umaki, Neema Crafts Guesthouse**, Iringa-Zentrum nahe Post, Behinderteneinrichtung, Shop; 2011 eröffn. Hotel; Tel. 0683-380492, www.neemacrafts.com. **Lutheran**

Centre Guesthouse, ansprechende, schlichte Zimmer, Klimaanlage, ruhiger Garten; 1 km östl. vom Busstand, Tel. 0755-517445, www.iringalutherancentre.com. **Isimila Hotel**, 48 solide, preisw. Zimmer, Restaurant, Bar, Touren; Dodoma Rd., ca. 1 km v. Zentrum, Tel. 2701194. **Rivervalley Campsite**, einf. Zi., Zeltplatz in schöner Natur; 13 km östl. Iringa/1,5 km südl. der A7, Tel. 0782-507017, http://rivervalleycampsites.com. **Wilolesi Hilltop Hotel**, in den Wilolesi-Hügeln, 5 Min. Busfahrt auf der T 5 Richtung Dodoma, etwas abseits der Straße; Tel. 0788-724356, www.vinjeri.co.tz.

Dodoma (☎ 26)

$$ **New Dodoma Hotel** (Railway Hotel), moderne Zimmer um Innenhof mit Garten, Restaurant, Pool, Wellness; gegenü. Bahnhof, Tel. 2321641, www.newdodomahotel.com.
$ **Cana Lodge**, zentral gelegenes, dreistöckiges Hotel, modern ausgestattet; 9th Street, Tel. 0754-919996, www.canalodge.4t.com. **Nam Hotel**, qualitätvolle Zimmer in Villengegend; östlich der A 104, Tel. 2354467, 0756-300200. **Christian Council of Tanzania**, professionell geführt, sauber, preiswert, Cafeteria, Kiosk; CCT-Seminarzentrum b. Anglikan. Kirche, Tel. 2324445, http://cct-tz.org. Billige *Guesthouses* in Marktnähe.

Kondoa, Kolo (☎ 26)

KONDOA: $ **New Planet Hotel**, gepflegtes Haus, acht Zimmer mit DU/WC, ansprechendes Restaurant; nahe Markt/Busstand, ausgeschildert, Tel. 2360357. **Sunset Beach Hotel**, einige DU/WC-Zimmer, großes Restaurant; südwestl. Ortsrand, Tel. 0784-208060.
KOLO: Zeltplatz.

Babati (☎ 27)

$ **Kahembe's Guesthouse**, einfache Zi. mit DU/WC, nebenan Buchung von Cultural Tourism-Touren; nördl. v. Busstand, 0784-397477, www.kahembeculturalsafaris.com. **Ango Lodge & Campsite Babati**, Zimmer mit Bad, Restaurant, Grillplatz, im Grünen an der Straße nach Singida, Tel. 0789-571697.

Singida (☎ 26)

$ **Lake View Resort**, ruhig, in gepflegtem Garten; Shinyanga Rd., 1 km nordwestl. vom Busstand, ausgeschildert, Tel. 0673 510 113,www.lakeview-resort.co.tz. **Singida Stanley Motel** und **Aquae Vitae Resort**, anständige Zimmer mit und ohne Bad, Restaurant; nahe Busstand, Tel. 2502658, http://stanleygroupofhotels.com.
New Embassy Guesthouse, Zimmer ohne eigenes Bad, sauber; Babati Rd., Tel. 250 2123.

Tabora (☎ 26)

$$ **Orion Tabora Hotel**, stilvolles und gut restauriertes deutsches Kolonialgebäude in schöner Gartenanlage, ansprechende historische Räumlichkeiten, angesehenes Restaurant, gut bestückte Bar; Station Rd./Ecke Boma Rd.,Tel. 2604369.
$ **Fama Hotel**, einfache Zimmer, Restaurant; gegenüber v. Stadion nahe Kreisverkehr westl. d. Boma Rd., Tel. 260 4657.
☞ Viele *Guesthouses* nahe Post und Markt.

Nzega (☎ 26)

$ **Forest Inn Motel**, Zimmer mit Du/WC und Frühstück; 1 km westl. vom Zentrum (Straße nach Kahama), Tel. 0754-825369. Sehr einfache Unterkünfte rund um die Bushaltestelle im Zentrum.

6 SÜD-TANSANIA

Lindi (☎ 23)

$$ **Lindi Seaview Beach Resort**, modernes Hotel am Strand nördlich des Zentrums, gemütliche Pool-Bar mit Meerblick, Restaurant, Tel. 2202581, https://seaviewbeachresort.co.tz.
$ **Malaika**, schlichte Zimmer m. Ventilator; Market Str., im Block östl. v. Markt, Tel. 0713-263335.
Diocese of Lindi Guesthouse, nahe der Fähre, einfache Zimmer, Tel. 0656-378622.

Mtwara (☎ 23)

☞ Die besseren Unterkünfte liegen auf der Shangani-Halbinsel, 2 km vom Markt/Busbahnhof; etliche billigere *Guesthouses* in Marktnähe.
$$-$ **The Beach House Mtwara**, kleines Haus mit Strandrestaurant im Osten von Shangani, 151

Chuno Rd, Tel. 0656-711203.
Lutheran Hostel, schlichte, saubere Gästezimmer mit oder ohne Bad; Mikindani Rd., am Ortseingang vor dem Kreisverkehr, Tel. 2333294.

Mikindani (☎ 23)

$$ **The Old Boma**, schöne, unterschiedlich gestaltete Zimmer in der renovierten ehemaligen deutschen Boma, Organisation von Ausflügen im Südosten des Landes; Tel. 0757-62200, www.mikindani.com.
$ **Ten Degrees South Lodge**, acht bequeme Zimmer mit oder ohne Bad, jedes mit schöner Terrasse, Restaurant; an der Mikindani Bay, neben Tauchbasis ECO2 (www.eco2tz.com), Tel. 0766-059380, www.tendegreessouth.com.

STRAND VON RUVULA:
Ruvula Sea Safari Lodge, einfache Hütten (Bandas), etwas überteuert, auch Zeltplatz; Restaurant; Tel. 0748-367439.

Newala (☎ 23)

$ **Country Lodge Newala**, bestes Haus am Platz, ca. 500 m vom Zentrum an Straße nach Masasi, 20 Zimmer mit Bad, Restaurant, Pool; Masasi Rd., Tel. 2410355. Weitere *Guesthouses* in Marktnähe, zumeist mit Gemeinschaftsbad.

Masasi (☎ 23)

$ **BR Hotel**, zentral an der Hauptstraße, einfache Zimmer, Bar, Tel. 0789-504005.
Sechele Lodge, kleines Gästehaus an der Newala Road, Tel. 0716-117572.

Tunduru (☎ 25)

$ **Hunters Guesthouse**, bestes Haus am Ort, gutes Restaurant gegenüber; östlich des Zentrums, Tel. 0788-109570. **Hunters Annex**, hat DU/WC-Zimmer; Filiale des GH am Markt/Busstand. Weitere wie **Tunduru Guesthouse** in Marktnähe und westlich entlang Hauptstraße.

Songea (☎ 25)

$$ **Heritage Cottage Hotel**, moderne Bungalows im Grünen; 3 km nördl. v. Zentrum Richt. Njombe, Tel. 2600888, 0712-242525, www.heritage-cottage.com. **Crown Lodge**, ansprechende Pension, Faranyika Street, östlich des Maji-Maji-Stadions. Mehrere *Guesthouses* nahe der Hauptstraße (Sokoine Rd.).

UMGEBUNG VON SONGEA:
$-$$ **Missionszentrum Peramiho**, Missions-Gästehaus, gut ausgestattete Zimmer, frühzeitige Reservierung empfohlen; 25 km nordwestl. Songea, Tel. 2602162, www.peramiho.org. **St. Piramin Guesthouse**, modernes Gästehaus mit DU/WC-Zimmern, auch Transfers von/nach Songea; Hanga Abbey, 40 km nordöstl. Songea, Tel. 0784-680414, http://hangaabbey.org.

Mbinga (☎ 25)

$ **Mbinga Lodge**, kleines, modernes Konferenzhotel 200 m vom Busbahnhof, Tel. 0763-900932, http://mbingalodge.co.tz.

Mbamba Bay (☎ 25)

$ **Mbamba Bay Bio Camp Lodge**, am Strand des Nyassa-Sees, 6 km nördlich von Mbamba Bay (Anfahrt per piki piki, Motorradtaxi): einfach möblierte Rundhütten und regengeschütze Zelte mit Schlafgelegenheiten; auch Ausflugsprogramm, www.mbambabay-biocamp.com.
Einige sehr bescheidene *Guesthouses* nahe Markt/Busstand/ Anleger.

Njombe, Makambako (☎ 26)

$ **JD Hotel**, großstädtisch wirkt der glasverspiegelte vierstöckige Bau mit 80 Zimmern in drei Kategorien, sie sind schlicht möbliert und preiswert; WLAN, Fitnessraum, zwei Restaurants; 500 m nördlich des Busbahnhofs von Njombe; Kwivaha Street, Block G, Plot No. 78, Tel. 0744-207475, www.jdhotel.co.tz. **Jay Jay Highlands Hotel**, kl. Zi. mit Bad, gutes Rest. Makambako, Songea Rd., gegenüber Polizeiwache, Tel. 2730475, www.jayjay.highlandshotel.4t.com. Weitere kleine Hotels entlang der Hauptstraße.

Mbeya (☎ 25)

$$-$ **Utengule Coffee Lodge**, bestes Hotel weit und breit, inmitten einer Kaffeeplantage ge-

legen, 17 komfortable Zimmer, Ferienwohnung, Zelten möglich; Internet; Utengule, 17 km westl. Mbeya; großes Angebot an Ausflügen in die nähere Umgebung und ganz Tansania, Tel. 0753-020901, www.riftvalley-zanzibar.com. **Mount Livingstone Hotel**, 47 Zi., ruhig i. Garten, Restaurant, Bar; nahe Lumumba St., 300 m südl. v. Zentrum, Tel. 2503334, 0754-885358, www.twiga.ch/TZ/mtlivingstone.htm.

$ **Mbeya Peak Hotel**, zentral, ruhig, renovierungsbedürftig, aber mit Charme, Restaurant, Gartenbar, preisgünstig; Acacia St., östlich vom Markt, Tel. 0754-756101. **Rift Valley Hotel**, großes Haus mit sicherem Parkplatz, Restaurant, Bar; Kaunda St., nahe Stadion, Tel. 2504351, www.twiga.ch/TZ/riftvalley.htm.

Karibuni Centre (Kirchenzentrum), gut geführte Anlage, einige DU/WC-Zimmer; 2,5 km vom Stadtzentrum – ab Caltex-Tankstelle an T 1 (Busstopp) 200 m auf Sandweg nach Norden, Tel. 2503035, www.twiga.ch/TZ/karibunicenter.htm. **Moravian Youth Centre Hostel**, beliebter Treffpunkt, billig; nahe Busstand, Hügel neben Radiomast,Tel. 2503263.

Tukuyu und Umgebung (☎ 25)

$$-$ **Landmark Hotel**, bestes Haus in Tukuyu, große Zimmer m. Bad; b. Clocktower, Tel. 2552400; sonstige Unterkünfte: www.rungweteatours.blogspot.de. **Matema Lake-Shore Resort**, ein- und doppelstöckige Strandbungalows direkt am Nyasa-See, z. T. Mehrbettzimmer; viele mit herrlichem Seeblick, Restaurant, Tel. 0782-179444, www.mec-tanzania.ch/de/matema.

Blue Canoe Safari Camp, ex Crazy Crocodile, uriger Zeltplatz, Hütten a. See, mit Bio-Restaurant; 3 km östl. Matema, Tel. 0783-575451, www.bluecanoelodge.com.

Kyela, Itungi Port (☎ 25)

$ **Kyela Resort**, Konferenzzentr., einfacher Komfort, Tel. 2540152. Weitere s. www.sisikwasisi.com.

7 AM TANGANYIKA-SEE

Tunduma (☎ 25)

$ **Sacse High Class Hotel**, Neubau nördlich der Hauptstraße, an der Grenze nach Zambia, Tel. 0765-195710. Weitere Pensionen in Marktnähe und an der Straße nach Sumbawanga.

Sumbawanga (☎ 25)

$ **Forestway Country Club**, 2 km vom Ort, gutes Restaurant, Bar, geräumige DU/WC-Zimmer; Tel. 0785-902940. **Moravian Conference Centre**, Zimmer mit und ohne Bad in dreistöckigem Bau im Zentrum, Cafeteria; Nyerere Rd., Tel. 0754-502251. Viele *Guesthouses* nahe Total- u. Esso-Tankstelle sowie westlich u. südlich vom Markt.

Häfen zwischen Kasanga und Kigoma

$$$ **Lupita Island**, exklusive Bungalows auf privater Insel; Kipili, Res. Tel. 0784-278639, http://lupitaisland.com.

$$-$ **Lake Shore Lodge & Campsite**, 14 komfortable Hütten in Ufer- und Gartenlage, Zeltplätze; Kipili, Tel. 0783-993166, www.lakeshoretz.com.

Unterkunft bieten auch erschlossene Uferorte am See wie Kasanga, Kirando u. Karema.

Mpanda (☎ 25)

$ **Super City Guesthouse & Bar**, bekanntestes Hotel am Ort, modern, einige DU/WC-Zimmer, Restaurant, Bar; Straße nach Sumbawanga, nahe Bahnlinie, Tel. 2820160, 0783-304608.

Dubai Lodge, im östlichen Zentrum, zwischen Supercity-Kreisel und Flughafen: einfache Ausstattung, ruhiger als Super City, Tel. 0758-010265; mehrere sehr einfache *Guesthouses* westlich vom Markt.

Katavi National Park

$$$ **Foxes Katavi Wildlife Camp** (Juni-Feb.), voll ausgestattete Safarizelte, die auch als Beobachtungsstände dienen können; im Parkzentrum, www.kataviwildlifecamp.com.

Chada Katavi, sechs Luxuszelte, 20 Min. vom Airstrip Ikuu; am Rand der Chada-Ebene, Tel. 0784-208343, www.nomad-tanzania.com.

Katuma Bush Lodge, luxuriöse Zelt-Hütten auf Stelzen mit guter Aussicht; Zentrum des Parks, am Rand der Katisunga Plains, Tel. 0732-978879, www.mbalimbali.com.

Palahala Camp, exklusives Camp, bis zu 16 Personen; am Kapapa-Fluss, http://tanzaniafirelightsafaris.com.
ⓈⓈ-Ⓢ **Hütten** beim Park Gate, für Selbstversorger, Wasser ist mitzubringen; Reserv.: TANAPA, www.katavipark.org.
Buchung wie Rest House.
Weitere Unterkünfte s. a. Mpanda

Mahale Mountains National Park

Beste Reisezeit ca. März-Okt.
ⓈⓈⓈ **Kungwe Beach Lodge**, solides Zeltcamp am Seeufer; Tel. 0732-978879, www. mbalimbali.com. **Mahale Greystoke**, ab Airstrip noch 1,5 Std. per Boot zum Luxuscamp, www.nomad-tanzania.com/west/greystoke-mahale.

Gombe Stream National Park

ⓈⓈⓈ **Gombe Forest Lodge**, geräumige Komfortzelte auf Holzplattformen nahe d. See; Mitumba, im Norden des Parks, Tel. 0732-978879, www.mbalimbali.com.
ⓈⓈ-Ⓢ **Resthouse**, einfache Baracken, für Selbstversorger; Kasekela, beim Parkbüro, www.tanzaniaparks.com. Der Zeltplatz nahe dem Resthouse erfordert Bewachung durch bewaffneten Wildhüter (US$ 120).

Kigoma (☎ 28)

ⓈⓈⓈ-ⓈⓈ **Lake Tanganyika Hotel**, modernstes Hotel am Ort an der Stelle des früheren Railway Hotel, direkt am Strand (hier kein Baden möglich), Pool, Restaurant, gut ausgestattete Zimmer; Stanley Rd., Tel. 2803054, www.laketanganyikahotel.com.
Kigoma Hilltop Hotel, der Ausblick auf See und Stadt ist unvergleichlich, die schönen Zimmer sind durch neue Bewirtung aufgewertet; auf Hügel 3 km südl. v. Zentrum, Tel. 0732-978879, www.mbalimbali.com.
ⓈⓈ-Ⓢ **Jakobsen Beach & Guesthouse**, Ferienhaus mit 10 Betten und Zeltplätze; privater Strand 6 km südl. Kigoma/westl. Ujiji, Tel. 0768-119449, www.kigomabeach.com.
Nzimano Hostel, modernes kleines Hotel mit 14 Einzel- und drei Doppelzimmern; 500 m vom Bahnhof, Tel. 2802276, www.diocesekigoma.org/nzimano.html.

Viele *Guesthouses* entlang der Lumumba Street, auch im Vorort Mwanga.

8 AM VICTORIA-SEE

Bukoba (☎ 28)

ⓈⓈ-Ⓢ **Kolping Bukoba Hotel**, schönes neues Haus mit tadellosen Zimmern und gutem Service; Kashura Hill, Tel. 2221236, www.kolpingguesthouses-africa.com. Nebenan: **BCD Stelle Hotel**, neueres Hotel in schöner Aussichtslage oberhalb der Stadt, Sauna, Schwimmbad, Restaurant; Kashura Hill. **Walkgard Transit Hotel**, östl. v. Zentrum: Uganda Street, Tel. 2220626.
Balamaga Bed & Breakfast, vier angenehme Zimmer in Haus mit herrlichem Garten; Maruku Rd. 27/28, Tel. 0787-757289, www.balamagabb.com.
E.L.C.T. Conference and Training Centre, modernes Gästehaus in Seenähe, Kantine; Aerodrome Rd., Tel. 0754-415404, www.elctbukobahotel.com.
Spice Beach Hotel, neues, kleines Hotel mit nettem Restaurant; in Seenähe, Tel. 2220142.

Biharamulo (☎ 28)

Ⓢ Nahe Busstand einfache *Guesthouses*.

Rubondo Island National Park

ⓈⓈⓈ **Rubondo Island Camp**, 10 Zelte ohne besondere Luxusausstattung nahe d. Seeufer; www.asiliaafrica.com; weitere Infos: http://rubondoislandcampproject.wordpress.com, Berichte über Aktivitäten: www.facebook.com/rubondoislandcamp.
ⓈⓈ-Ⓢ **Hostel**, **Hütten**, **Zeltplätze** buchbar bei TANAPA, www.tanzaniaparks.go.tz.

Mwanza, Bujora (☎ 28)

ⓈⓈ **Hotel Tilapia**, Aussichtslage am Viktoriasee, gute Restaurants, Schwimmbad; Capri Point, Tel. 22500517, www.hoteltilapia.com.
Victoria Palace Hotel, imposanter Glasbau, schnörkellose Business-Zimmer; Capri Point nahe Seeufer, Tel. 2503068, www.victoriapalacehoteltz.com.
New Manza Hotel, altbewährtes, bequemes Haus mit 54 Zimmern, zentral und nahe dem Hafen, Posta Street, Tel. 2521070, www.newmwanzahotel.com.

Weitere neuere Hotels: siehe www.mwanza-guide.com.
$ **Lake Hotel**, renovierungsbedürftig, aber gut geführt, beliebte Bar; Station Rd., nahe Bahnhof, Tel. 2500658. Billige *Guesthouses* östl. vom Busstand nahe Zentrum.
Bujora Cultural Centre, Museumsdorf, Hütten, Zeltplatz; 17 km östl. Mwanza, 2 km nördl. von Kisesa, ausgeschildert, Tel. 0765-667661, www.sukumamuseum.org.

Ukerewe (☎ 28)

$ **La Bima Hotel**, 26 komfortable Zimmer m. Bad und TV, Restaurant nebenan; Nansio, hinter der Post, Tel. 0784-682488. Weitere Empfehlungen s. http://visitukereweisland.wordpress.com

Musoma (☎ 28)

$$$ **Lukuba Island Lodge**, fünf luxuriöse Bungalows am Seeufer; Insel Lukuba/Rukoba, Res.: Tel. (27) 2548840, www.anasasafari.com.
$ **Matvilla Beach**, grasgedeckte Hütten am Strand, ca. 1,5 km vom Zentrum, auch Camping möglich: Tel. 0782-696188, www.matvillabeach.co.tz.